# Judíos y Judeoconversos en la Corona de Castilla en los Siglos XIV, XV y XVI

*Máximo Diago Hernando*

Copyright © 2024 Máximo Diago Hernando
Copyright © 2024 Generis Publishing

All rights reserved. This book or any portion thereof may not be reproduced or used in any manner whatsoever without the written permission of the publisher except for the use of brief quotations in a book review.

Title: Judíos y Judeoconversos en la Corona de Castilla en los Siglos XIV, XV y XVI

ISBN: 979-8-88676-314-0

Author: Máximo Diago Hernando

Cover image: https://pixabay.com/

Publisher: Generis Publishing
Online orders: www.generis-publishing.com
Contact email: info@generis-publishing.com

# LISTA DE TRABAJOS

LA IRRUPCIÓN DE LOS CONVERSOS PORTUGUESES EN EL COMERCIO DE EXPORTACIÓN DE LANAS DE LA CORONA DE CASTILLA EN EL TRÁNSITO DEL SIGLO XVI AL XVII .................................................................................................. 7

EL ASCENSO DE LOS JUDEOCONVERSOS AL AMPARO DE LA ALTA NOBLEZA EN CASTILLA DESPUÉS DE 1492: EL CASO DE ALMAZÁN ........................................ 43

LA COMUNIDAD JUDÍA DE CALATAYUD DURANTE EL SIGLO XIV. INTRODUCCIÓN AL ESTUDIO DE SU ESTRUCTURA SOCIAL .................................... 79

JUDÍOS Y JUDEOCONVERSOS EN EL NEGOCIO DE LA LANA Y LOS PAÑOS EN SORIA: SIGLOS XIV-XVII ................................................................................................. 117

LUCES Y SOMBRAS EN EL PROCESO DE INTEGRACIÓN DE LOS JUDEOCONVERSOS EN LA REGIÓN SORIANA DURANTE LOS SIGLOS XV Y XVI .................................................................................................................................................. 155

FINANCIEROS Y MERCADERES JUDÍOS EN SORIA Y SU ENTORNO EN LOS SIGLOS XIV Y XV ............................................................................................................... 183

EFECTOS DEL DECRETO DE EXPULSIÓN DE 1492 SOBRE EL GRUPO DE MERCADERES Y FINANCIEROS JUDÍOS DE LA CIUDAD DE SORIA ....................... 203

EL ASCENSO SOCIOPOLÍTICO DE LOS JUDEO- CONVERSOS EN LA CASTILLA DEL SIGLO XVI. EL EJEMPLO DE LA FAMILIA BELTRÁN EN SORIA .................... 219

LA MOVILIDAD DE LOS JUDÍOS A AMBOS LADOS DE LA FRONTERA ENTRE LAS CORONAS DE CASTILLA Y ARAGÓN DURANTE EL SIGLO XIV ............................ 239

EL PROTONOTARIO LUCENA EN SU ENTORNO SOCIOPOLÍTICO NUEVOS DATOS SOBRE SU BIOGRAFÍA ........................................................................................ 273

LOS JUDEOCONVERSOS EN SORIA DESPUÉS DE 1492 ............................................. 293

THE QUARTERS OF THE JEWISH AND MUSLIM MINORITIES IN THE SPANISH TOWNS UNTIL THE EXPULSION OF THE CONVERTED MOORS (MORISCOS) IN 1609 ......................................................................................................................................... 327

# LA IRRUPCIÓN DE LOS CONVERSOS PORTUGUESES EN EL COMERCIO DE EXPORTACIÓN DE LANAS DE LA CORONA DE CASTILLA EN EL TRÁNSITO DEL SIGLO XVI AL XVII

Los judeoconversos portugueses, muchos de ellos descendientes de judíos castellanos expulsados en 1492, desempeñaron un destacado papel en el comercio exterior de la Corona de Castilla durante el siglo XVII. Entre sus múltiples actividades estuvo la de exportación de lana fina castellana a Francia, los Países Bajos y otros territorios europeos. En el presente trabajo el autor contribuye a la reconstrucción de la primera fase de participación de estos mercaderes en dicho negocio, a partir de las últimas décadas del siglo XVI, tras el abandono de la actividad por los mercaderes burgaleses. Y lo hace desde una perspectiva geográfica limitada, centrando el análisis en una región en concreto, la de la Tierra de Soria y su entorno.

*PALABRAS CLAVE*: Castilla; Portugal; Edad Moderna; historia económica; comercio lanero; judeoconversos; mercaderes.

# THE INRUSH OF PORTUGUESE CONVERSOS IN THE WOOL EXPORT TRADE FROM THE CROWN OF CASTILE AT THE END OF THE 16th AND THE BEGINNING OF THE 17th CENTURY

Portuguese Conversos, many of them descendants of the Castilian Jews that were expelled in 1492, played a very important role in the export trade of the Crown of Castile during the 17th century. Among their multiple activities, the export of Castilian wool to France, the Low Countries and other European regions, was a prominent one. In this article the author contributes to the reconstruction of the first phase of the process of involvement of these merchants in this business, from the last decades of the 16th century onwards, after the merchants of Burgos abandoned it. He adopts a limited geographical perspective, because he circumscribes his analysis to a single region, that of Soria and its surroundings.

*KEYWORDS*: Castile; Portugal; Modern Period; Economic History; Wool Trade; Conversos; Merchants.

Han sido muchos los historiadores que han llamado la atención sobre el destacado papel que los hombres de negocios portugueses de origen judeoconverso desempeñaron en la economía de la Corona de Castilla durante el siglo XVII, aunque ciertamente la faceta de su actividad a la que más atención se ha prestado ha sido la financiera. Muchas páginas se han dedicado a analizar y poner de relieve la intensa actividad desplegada por individuos pertenecientes a esta «nación» en la contratación de «asientos» con la Real Hacienda durante los reinados de Felipe IV y Carlos II, en especial a partir de mediados de la década de 1620, cuando, por iniciativa del Conde-Duque de Olivares, se les dio entrada en un negocio hasta entonces en gran medida controlado por los financieros genoveses[1]. También se ha llamado la atención, por supuesto, sobre la actividad desplegada por estos mismos portugueses como mercaderes[2]. Y, más en concreto se ha puesto el acento en algunos trabajos recientes en la demostración de la tesis de que se contaron entre los mayores contrabandistas del reino, que introducían en la Corona de Castilla grandes cantidades de mercancías que en virtud de los embargos decretados contra los holandeses en 1623 y los franceses en 1635 estaba prohibido introducir en los dominios de la Monarquía Hispánica, a no ser que se dispusiese de licencia para ello[3].

No ha pasado desapercibido tampoco a los investigadores el hecho de que, entre las mercancías con las que negociaron los mercaderes portugueses de origen judeoconverso que operaron en Castilla durante el siglo XVII, ocupó un lugar muy destacado la lana fina de ganado trashumante. No obstante, el papel que estos mercaderes desempeñaron en el mercado lanero no ha sido valorado en toda su complejidad, puesto que la atención preferente de los investigadores se ha dirigido precisamente hacia las exportaciones de lanas realizadas por los grandes asentistas de origen portugués que estuvieron al servicio de la Real Hacienda durante los reinados de Felipe IV y Carlos II, las cuales se han explicado como consecuencia de la necesidad que tenían estos grandes financieros de disponer de plata en el exterior, para realizar allí las provisiones concertadas con la Monarquía, dado que

---

[1] Entre otras muchas obras cabe destacar James C. BOYAJIAN, *Portuguese Bankers at the Court of Spain. 1626-1650* (New Brunswick 1983); Julio CARO BAROJA, *La sociedad criptojudía en la Corte de Felipe IV* (Madrid 1963); Carlos ÁLVAREZ NOGAL, *El crédito de la Monarquía Hispánica durante el reinado de Felipe IV* (Valladolid 1997); Antonio DOMINGUEZ ORTIZ, *Política y Hacienda de Felipe IV* (Madrid 1960); Carmen SANZ AYÁN, *Los banqueros de Carlos II* (Valladolid 1988).
[2] Nicolás BROENS, Monarquía y capital mercantil: Felipe IV y las redes comerciales portuguesas (1627-1635) (Madrid 1989); Bernardo LÓPEZ BELINCHÓN, Honra, Libertad y Hacienda (Hombres de negocios y judíos sefardíes) (Madrid 2001).
[3] Bernardo LÓPEZ BELINCHÓN, «Sacar la sustancia del reino. Comercio, contrabando y conversos portugueses, 1621-1640», Hispania 209 (2001), págs. 1017-1050. Sobre los efectos que los sucesivos embargos y represalias decretados por la monarquía española a lo largo del siglo XVII tuvieron sobre el comercio, vid. Ángel ALLOZA APARICIO, Europa en el mercado español. Mercaderes, represalias y contrabando en el siglo XVII (Valladolid 2006).

ellos compraban la lana en Castilla con moneda de vellón y la vendían en el extranjero exigiendo su pago en plata [4]

Lo cierto, no obstante, es que el número de individuos de origen judeoconverso portugués que participaron activamente en el comercio de lanas en Castilla desde las últimas décadas del siglo XVI, y durante gran parte del siglo XVII, fue elevadísimo y, entre ellos, los grandes asentistas representan una exigua minoría, que además está en gran medida ausente en la primera fase de participación de este grupo en el mercado lanero, la que abarca los reinados de Felipe II y Felipe III. Hubo, pues, muchos portugueses que participaron en el comercio de lanas por motivos que nada tienen que ver con el objetivo de disponer de plata en el extranjero para cumplir con los compromisos contraídos en los asientos concertados con la Real Hacienda. Y sobre ellos apenas encontramos referencias en la bibliografía especializada en la historia económica de la Castilla del siglo XVII, que, por el contrario, en ocasiones contiene afirmaciones que no valoran adecuadamente el papel que desempeñaron en esta actividad, de importancia clave para el reino en esta época. Así, por ejemplo, tenemos que un historiador de tan reconocido prestigio como Jonathan Israel sostiene que en el período entre 1609 y 1621 los conversos portugueses que habían emigrado a Castilla apenas consiguieron controlar una pequeña parte del mercado lanero y sólo más adelante, en las décadas de 1640 y 1650, alcanzaron en él un mayor protagonismo, proporcionando al reino de Castilla algunos de sus principales tratantes, tales como Sebastián Cortizos, Fernando Montesinos y Francisco Duarte Méndez, es decir, personajes que fueron al mismo tiempo destacados asentistas[5]. Y, por su parte, Carla y William Philipps, en su panorámica general sobre la evolución del comercio de exportación de lanas de la Corona de Castilla entre los siglos XV y XIX, prácticamente ignoran el papel que en el mismo desempeñaron los mercaderes de origen portugués, limitándose a indicar que en el siglo XVII los extranjeros más prominentes en el comercio de exportación de lanas a través de los puertos del norte fueron los franceses, seguidos de los naturales de Gran Bretaña, Portugal y Flandes, sin hacer más

---

[4] Una primera formulación de esta tesis en Ángel GARCÍA SANZ, «Crédito, comercio y exportación de lana merina», en Antonio M. BERNAL (Ed.), Dinero, moneda y crédito en la monarquía hispánica (Madrid 2000), págs. 495-510. Más adelante fue asumida por Enrique LLOPIS AGELÁN, «La pila de lana de la cabaña trashumante del monasterio de Guadalupe: dimensión, venta y estrategia comercial», en Agustín GONZÁLEZ ENCISO (ed.), El negocio de la lana en España (1650-1830) (Pamplona 2001), págs. 48 y ss.; y Carmen SANZ AYÁN, «Las redes financieras franco-holandesas y la lana en el tránsito del siglo XVII al XVIII», en GONZÁLEZ ENCISO (ed.), El negocio de la lana, págs. 82 y ss.
[5] Jonathan ISRAEL, Empires and Entrepots. The Dutch, the Spanish Monarchy and the Jews, 1585-1713 (London 1990), págs. 395-396.

precisiones[6].

Existe, por lo tanto, a nuestro juicio, un importante vacío historiográfico en lo que se refiere al conocimiento de los cambios que en la composición de los grupos que controlaron el comercio exterior de la Corona de Castilla tuvieron lugar tras la desaparición de las grandes casas de negocios burgalesas en las décadas finales del reinado de Felipe II. El abandono de los negocios mercantiles, y más en particular del de exportación de lanas finas a los Países Bajos y Francia, por la práctica totalidad de los vecinos de Burgos, que habían desempeñado un papel hegemónico en el mismo durante el siglo XV y la primera mitad del siglo XVI[7], dejó abierto un importante hueco en el ámbito del comercio exterior de la Corona de Castilla que, por falta de investigaciones, no sabemos muy bien cómo fue progresivamente cubierto en las últimas décadas del siglo XVI y en las primeras del siglo XVII. De ahí que un estudio orientado a profundizar en la reconstrucción del proceso de irrupción de los judeoconversos portugueses en el mercado lanero de la Corona de Castilla ofrezca un indiscutible interés, porque precisamente éste fue uno de los grupos que mayor protagonismo llegó a alcanzar en el comercio de exportación de lanas, en especial a través de los puertos del Cantábrico, por mar, y a través de Navarra, por tierra, durante el siglo XVII.

En el estado actual de las investigaciones, y dado que la documentación disponible para el análisis de esta problemática es muy abundante, se encuentra bastante dispersa, y es de difícil manejo por falta de instrumentos descriptivos en los archivos, resulta imposible de momento realizar un estudio en profundidad de este proceso desde una perspectiva global. Se impone por el contrario la necesidad de adoptar perspectivas parciales, que permitan un aprovechamiento más intensivo de la documentación. Y una de estas perspectivas es la que se limita a tomar en consideración un espacio geográfico muy limitado, como es la Tierra de Soria y su entorno serrano, que ofrece el incentivo de haber constituido entre los siglos XV y XIX una de las principales regiones productoras de lanas finas para la exportación de la Corona de Castilla. En el comercio lanero de esta región alcanzaron durante los siglos XV y XVI un indiscutido protagonismo las firmas mercantiles burgalesas, que, no obstante, a partir de la década de 1580 abandonaron en su mayoría el negocio, con la consecuencia de que a principios del siglo XVII sólo encontramos operando con lanas en la región soriana a unos

---

[6] Carla RAHN PHILLIPS y William D. PHILLIPS Jr., Spain's Golden Fleece. Wool Production and the Wool Trade from the Middle Ages to the Nineteenth Century (Baltimore 1997), págs. 184-185.
[7] Vid. Hilario CASADO ALONSO, «El comercio internacional burgalés en los siglos XV y XVI», en Actas del V Centenario del Consulado de Burgos (Burgos 1994), vol. I, págs. 175-247; y Manuel BASAS FERNÁNDEZ, El Consulado de Burgos en el siglo XVI (Madrid 1963). De este mismo autor interesan varios artículos publicados en el Boletín de la Institución Fernán González.

pocos vecinos de la ciudad del Arlanzón, que, por lo demás, ocupaban una posición claramente secundaria en el mercado.

Hasta ahora apenas se ha prestado atención por los investigadores al análisis de la evolución del comercio lanero en la región soriana tras el período de esplendor de las exportaciones a Flandes, canalizadas de forma preferente, aunque no exclusiva, por las grandes casas mercantiles burgalesas, que podemos dar ya por concluido en la década de 1570, cuando se produjo una primera caída importante de las exportaciones y de los precios de la lana. Esta primera gran crisis del comercio lanero soriano, que tuvo un importante efecto sobre las explotaciones ganaderas trashumantes de la región, constituye un complejo proceso con múltiples ramificaciones, y que cabe estudiar desde numerosas perspectivas. El abandono del negocio de la exportación de lanas por los mercaderes burgaleses, y su sustitución por mercaderes de otras procedencias, representa sólo una entre las muchas caras de este poliédrico fenómeno. Pero no cabe duda de que la clarificación de esta cuestión puede contribuir a la mejor comprensión del proceso en su conjunto. Y lamentablemente hasta ahora es muy poco lo que se ha avanzado en este terreno, pues en las publicaciones disponibles apenas se dice nada sobre quiénes se hicieron con el control de las exportaciones de las lanas sorianas a partir de los últimos años del reinado de Felipe II.

Por ello hemos juzgado de interés escoger la región soriana para iniciar nuestra tarea de indagación sobre la irrupción de los mercaderes portugueses en el comercio lanero de la Corona de Castilla, del que se mantuvieron apartados durante la mayor parte del siglo XVI, pero en el que, por contraste, alcanzaron un decisivo protagonismo en el siguiente siglo.

Al acometer este trabajo pretendemos por consiguiente efectuar una contribución a la historia económica de la Castilla moderna, profundizando en el análisis de la evolución de un sector clave de su comercio exterior. Pero, al mismo tiempo, es nuestra intención contribuir también a la historia social, iluminando una importante faceta de la actividad de la minoría judeoconversa en los territorios de la Monarquía de los Austrias. Los mercaderes de lanas de los que vamos a hablar aquí aparecen siempre identificados en los documentos como portugueses. Pero, según todos los indicios, eran en su práctica totalidad descendientes de judíos, por lo que muchos de ellos tuvieron problemas con la Inquisición, e incluso algunos, cuando se instalaron en lugares donde se observaba la tolerancia religiosa, terminaron por practicar abiertamente la religión judía. Teniendo en cuenta que muchos judíos castellanos se instalaron en Portugal tras la publicación del decreto de expulsión por los Reyes Católicos en 1492, no consideramos improbable que una parte importante de los portugueses que se instalaron en Castilla, todos ellos ya formalmente convertidos al cristianismo, durante el reinado de Felipe II y, en número aún mayor, durante el de Felipe III, tuviesen en sus venas sangre de aquellos judíos desterrados. Por ello al hablar de los portugueses como de un grupo de extranjeros habría que tomar muchas cautelas. Pero, ante todo, lo que nos interesa aquí resaltar es que el grupo de mercaderes que vamos a tomar en consideración en el presente trabajo, más que por el hecho de ser súbditos del rey de Portugal, que a partir de 1580 fue la misma persona que ocupaba el trono castellano, se definían por su común condición de descendientes de judíos, que resultaba determinante para muchos aspectos de su modo de vida, entre otras razones porque seguían observando muchas de las costumbres de sus antepasados.

No es nuestra intención profundizar en este trabajo en el estudio de las condiciones de vida y formas de sociabilidad de los mercaderes de los que vamos a tratar. Por el contrario, nos centraremos exclusivamente en dar cuenta del papel que desempeñaron en el mercado lanero. Pero, sin duda, éste también se explica en gran medida como consecuencia de la adopción por dichos mercaderes de unas pautas de vida y de comportamiento que se explican por razón de su pertenencia a la minoría judeoconversa. Y así tendremos ocasión de irlo comprobando en las siguientes páginas.

## *LA INCORPORACIÓN DE LOS MERCADERES DE ORIGEN PORTUGUÉS AL MERCADO LANERO DE LA REGIÓN SORIANA EN LOS AÑOS FINALES DEL SIGLO XVI*

Los individuos de origen portugués comienzan a hacer acto de presencia de forma progresiva en la región soriana en el transcurso de la segunda mitad del siglo XVI, pero su irrupción en el comercio de lanas no tuvo lugar hasta los años finales de dicho siglo, a juzgar por las informaciones hasta ahora disponibles. Los primeros contactos de la sociedad soriana con los mercaderes originarios de Portugal tuvieron por escenario las ferias de Medina del Campo, en las que la presencia portuguesa ya venía siendo un fenómeno importante desde el siglo XV[8], que, por lo demás, fue adquiriendo cada vez mayor relevancia en el transcurso del siglo XVI, a juzgar por las noticias encontradas en los protocolos notariales de esta villa vallisoletana, que, desafortunadamente, todavía no han sido objeto de

---

[8] Vid. Mª. Isabel DEL VAL VALDIVIESO, «Mercaderes portugueses en Medina del Campo (siglo XV)», en Actas das II Jornadas Luso-Espanholas de Historia Medieval (Porto 1987), vol. II, págs. 591-608.

un análisis sistemático desde esta perspectiva[9].

En Medina del Campo, por ejemplo, mercaderes sorianos concertaron la venta a mercaderes portugueses de productos textiles fabricados en la región soriana, como nos testimonia el contrato concertado en 1549 por el mercader pañero Mateo Sanz, quien vendió a Pedro Váez y Manuel Hernández 27 piezas de tejidos a 7.000 mrs. cada una[10]. Y, en contrapartida, los sorianos adquirieron en dicha plaza de sus colegas portugueses productos colorantes destinados a la manufactura pañera, como el añil. Pero pronto estos últimos pasaron a trasladarse en persona a la región soriana para llevar adelante sus negocios, aunque sin abandonar Medina del Campo como su principal centro de operaciones en Castilla. Así lo prueba el contrato firmado en Soria el 19 de marzo de 1572 por Juan de Fonseca Ferraz, mercader originario de Trancoso, con el soriano Antón de Santa Cruz, empresario fabricante de paños. En él este último se obligó a poner a disposición del portugués en Medina del Campo ocho paños palmillas dieciochenos morados y verdes de 26 varas cada uno, que habían de ser examinados por dos vecinos de Soria vinculados con el negocio pañero para que certificasen que no presentaban ningún defecto. Y, una vez superado el examen, se transportarían a Medina del Campo a costa del comprador, quien los había de pagar a razón de 26,5 ducados por cada uno de los paños morados, y 22 ducados por cada uno de los verdes[11].

Los mercaderes portugueses a los que encontramos en la región soriana durante el reinado de Felipe II desarrollaron una actividad muy diversificada, negociando con una amplia gama de productos, entre los que, no obstante, en un primer momento no figuró la lana, o, al menos, no en un lugar destacado. Por otra parte, aunque el contrato que acabamos de mencionar nos los muestra en su faceta de compradores de mercancías, en esta primera fase su papel principal fue el de abastecedores de productos destinados a satisfacer la demanda local. Así, además de proveer a la manufactura pañera soriana de algunos productos colorantes, como el añil, y de otros como el hilo de cardas, que nos consta que les fueron comprados por fabricantes pañeros de la comarca serrana de Yanguas[12],

---

[9] Referencias someras a esta cuestión en Falah H. A. AL-HUSSEIN, «El comercio de los géneros textiles: seda, paños y lienzos», en Historia de Medina del Campo y su Tierra. Vol. II. Auge de las Ferias. Decadencia de Medina (Valladolid 1986), págs. 61 y ss. Afirma este autor que en el siglo XVI la «nación» portuguesa llegó a ser preeminente en Medina del Campo.
[10] Da noticia del contrato, conservado en los protocolos notariales de Medina del Campo, AL-HUSSEIN, «El comercio de los géneros textiles», pág. 61.
[11] Archivo Histórico Provincial de Soria, Protocolos Notariales [en adelante, AHPS, PN], 79- 178, Soria, 19-III-1572.
[12] Noticia de la compra en 1586 de madejas de hilo de cardas por un matrimonio de Yanguas a Pedro Rodríguez, mercader de origen portugués avecindado en la villa riojana de Haro, en AHPS, PN, 2758-4711.

vendieron gran cantidad de lienzos, adquiridos de ellos a crédito por mercaderes sorianos[13]. Y, entre la amplia gama de productos por ellos ofertados estuvieron también presentes las medicinas y las drogas, adquiridas por boticarios de muy diversos puntos de la geografía soriana[14].

En un primer momento los mercaderes portugueses que realizaron negocios con sorianos fueron individuos que permanecían avecindados en ciudades de Portugal, pero que realizaban frecuentes y prolongados viajes de negocios a Castilla, para comprar y vender todo género de mercancías. Con el transcurso del tiempo, y conforme nos acercamos al final del reinado de Felipe II, fue resultando cada vez más frecuente, sin embargo, que hubiesen pasado a fijar su residencia en ciudades de la Corona de Castilla, o del sudoeste francés. Algunos, incluso, se avecindaron en la propia ciudad de Soria, donde durante el reinado de Felipe II se constituyó una pequeña comunidad de mercaderes portugueses, probablemente de origen judeoconverso, aunque no se dispone de pruebas contundentes que lo confirmen, la cual proporcionó a esta ciudad a varios de sus más dinámicos hombres de negocios a todo lo largo del siglo XVII, con notorio protagonismo en el comercio lanero, como propietarios y gestores de lavaderos de lanas, en el trato con cueros y en la manufactura pañera.

La presencia de mercaderes de origen portugués, pero emigrados a Castilla o al sur de Francia, se fue, pues, intensificando de forma apreciable en las tierras de Soria en las dos últimas décadas del reinado de Felipe II, tras recaer en este monarca la sucesión al trono de Portugal como consecuencia de la prematura muerte de su sobrino el rey Don Sebastián en su desafortunada campaña africana. En un primer momento, sin embargo, estos mercaderes se mantuvieron al margen del gran comercio lanero, dedicándose a negociar con otras mercancías como los lienzos, los paños, los colorantes, o las especias, aunque pronto los más emprendedores de entre ellos advirtieron las posibilidades de rápido enriquecimiento que ofrecía el negocio de la exportación de lanas finas a las regiones pañeras de la Europa ultrapirenaica, y comenzaron a realizar incursiones en el mismo.

Las trayectorias de algunos de estos mercaderes, que gracias a la documentación inquisitorial podemos reconstruir con mayor detalle, pueden

---

[13] En Soria, 17-VII-1589, Pedro de Aguilar se obligó a pagar a Alonso Gómez Enríquez, mercader originario de Trancoso, 200 reales para el próximo día de Todos los Santos por seis piezas de lienzos que le había comprado. AHPS, PN, 195-398-469.
[14] En Soria, 5-I-1585, Jerónimo de Melian, boticario vecino de Calatañazor, se obligó a pagar en dos plazos a Luis Núñez, mercader portugués residente en Burdeos, 251 reales que le adeudaba de resto del valor de medicinas y drogas que le había comprado. AHPS, PN, 83-189-208.

servirnos de ilustración para conocer cómo tuvo lugar el proceso. Así, cabe destacar como caso paradigmático el de Baltasar Méndez Trancoso, individuo descendiente de judíos, originario de esta ciudad portuguesa de la región de Trasos-Montes, que fue cuna de otros muchos mercaderes que desarrollaron una intensa actividad mercantil en la Corona de Castilla en las últimas décadas del siglo XVI y durante el siglo XVII[15]. Gracias a una detallada declaración que realizó ante un tribunal inquisitorial[16], sabemos que tuvo una ajetreada existencia, desde que con apenas 10 años abandonó la casa de sus padres en Trancoso para ir a vivir con un hermano que tenía en Lisboa, el cual le puso a trabajar como paje con una hidalga que era criada de la camarera de la infanta doña María. Tras permanecer en este puesto durante unos cuatro años fue llevado luego por sus hermanos a Castilla, a un lugar del señorío del marqués de Cañete, cercano a Cuenca, llamado La Parrilla, donde permaneció durante cuatro años haciendo paños y sirviendo como paje a una cuñada del marqués de Cañete. Poco después se inició su carrera como mercader, tras haberle entregado un hermano suyo en Lisboa 300 cruzados en dinero a fin de que con ellos se comenzase a ejercitar en el trato mercantil, yendo en compañía de un corredor que se lo había de enseñar. Compró y vendió todo tipo de mercancías, desde paños hasta plomo, pasando por añinos negros para sombreros, algodón, añil, pastel, almizcle, pimienta, clavo, canela, o ropa de India y Brasil. Habitualmente adquiría una partida de alguna de estas mercancías en un lugar y la llevaba a vender a otro, trocándola por mercancías de otro género, que de nuevo llevaba a vender a un tercer lugar diferente. Como consecuencia, en estos años, en que todavía permanecía soltero, estuvo moviéndose continuamente entre ciudades del reino de Portugal y lugares muy diversos del reino de Castilla, como Medina del Campo, Medina de Rioseco, Villoslada de Cameros, Alcalá de Henares, Priego, Cuenca, Palencia o Puente del Arzobispo, entre otras. Pronto dio además el salto al otro lado de los Pirineos, a raíz de llevar a vender a Bayona unas frazadas que había adquirido en Palencia, las cuales trocó por pastel que destinó a la región de Cuenca. Y fue con ocasión de esta estancia en la referida ciudad francesa cuando se produjo su primera toma de contacto con el negocio lanero, pues, según su propia confesión, a raíz de la misma «vio el trato de las lanas y quedó con ánimo de tratar en él, porque vio que se ganaba mucho». Por ello poco tiempo después, habiendo llevado a vender desde Lisboa a la villa castellana de Puente del Arzobispo un cargamento de plomo, decidió invertir parte del dinero obtenido en la operación en la compra de 2.300 arrobas de lana, que lavó y ensacó *in situ* para a continuación hacerlas transportar en cabalgaduras

---

[15] Más detalles sobre las comunidades judeoconversas del noroeste de Portugal, región de fuerte impronta rural en la época, de donde fueron originarios muchos hombres de negocios que operaron en Castilla durante el siglo XVII, tales como el célebre Fernando Montesinos, en LÓPEZ BELINCHÓN, Honra, Libertad, capítulo I.
[16] AHN, Inquisición, 62-5.

hasta la ciudad de Vitoria, a poder de Martín de Aramayona, aduanero, a quien transmitió la orden de que se las encaminase hasta el puerto francés de San Juan de Luz. Hasta allí se trasladó el propio Baltasar Méndez Trancoso para hacerse cargo de la venta de las lanas, que llevó a efecto trocándolas por «lencerías de Navales, Ruanes y lencería cruda». La operación resultó de su entera satisfacción, pues «halló que en el dicho trato había ganado en aquella partida ciento por ciento». Y ello le animó a continuar con este negocio, del que hasta entonces se había mantenido totalmente apartado, de modo que «con la codicia del provecho, se fue a Soria, donde compró más de tres mil arrobas de lana de Don Diego de Medrano», caballero que en aquellos momentos era uno de los mayores propietarios de ganado trashumante de esta ciudad[17], las cuales de nuevo hizo conducir hasta San Juan de Luz, a donde se trasladó en persona para hacerse cargo de su venta, que también en esta ocasión realizó con provecho y amplio margen de ganancia. Animado por los buenos resultados obtenidos en estas operaciones decidió incrementar sus inversiones en este negocio, de modo que, tras una breve estancia de un mes en su ciudad natal de Trancoso, a donde se trasladó a visitar a su mujer, volvió de nuevo a Soria para adquirir lanas, haciéndose en esta ocasión otra vez con una partida de Don Diego de Medrano, a la que sumó otra de 1.500 arrobas de un primo suyo vecino de Ágreda, las cuales de nuevo llevó a vender a San Juan de Luz. Poco después constituyó una compañía mercantil con otros dos mercaderes portugueses, Melchor Gómez y Diego Ferreira, que estaban establecidos en Vitoria, por cuenta de la cual se realizaron varias operaciones de compra de lanas en la región soriana en los años 1595 y 1596[18], y se tomó a renta un lavadero para beneficiarlas a Juan García de Tardajos, destacado hombre de negocios de la ciudad de Soria, de probable origen judeoconverso[19]. Y, además, también se efectuaron diversas operaciones de venta a crédito de una amplia gama de productos, desde lienzos de Flandes[20], hasta corchetes, alfileres, agujetas y otros productos de mercería[21]. Según la declaración prestada por Baltasar Méndez

---

[17] Vid. Máximo DIAGO HERNANDO, «Los caballeros ganaderos de Soria y su Tierra durante los siglos XVI y XVII. Contribución al estudio del grupo de los grandes señores de ganados mesteños», Celtiberia 97 (2003), págs. 127-172.
[18] En 8-VII-1596 Melchor Gómez y Baltasar Méndez, estando ambos en Soria, se dieron mutuamente poderes para todos sus negocios. AHPS, PN, 202-418-30. Noticia sobre la compra por estos dos a Bernardino de las Heras de las lanas del esquileo de 1595 en AHPS, PN, 202-416-86. Sobre la compra al mismo de las lanas del esquileo de 1596, AHPS, PN, 203-420-255.
[19] Sobre este personaje vid. Máximo DIAGO HERNANDO, «Los hombres de negocios en la ciudad de Soria durante el siglo XVI», Hispania 205 (2000), págs. 479-514. Noticia del arrendamiento del
lavadero en AHPS, PN, 205-422-351. Un contrato de un operario para trabajar en el lavadero a partir de mediados de junio de 1596, realizado por Melchor Gómez, estante entonces en Soria, en AHPS, PN, 202-416-117, Soria, 16-VIII-1595.
[20] En Soria, 19-VIII-1596 Cristóbal Hernández de Zamudio, mercader de origen portugués vecino de Soria, se obligó a pagar a Baltasar Méndez Trancoso y Melchor Gómez 1.782,5 reales por el valor de 819 varas de lienzo de Flandes a 74 mrs. la vara. AHPS, PN, 203-420-219.
[21] En Soria, 19-VII-1596 Blasco Herrero, mercader vecino de Soria, se obligó a pagar a Baltasar Méndez Trancoso y Melchor Gómez el dinero que les adeudaba por la compra de dos docenas de corchetes de millares, 6 rebenas

Trancoso ante los inquisidores, en aquel momento decidió fijar su residencia en Castilla, para lo cual se trajo a su mujer desde Trancoso, avecindándose en la villa de Madrid, donde entonces tenía fijada su sede la Corte. Los documentos notariales sorianos atestiguan que en 1597 ya era vecino de la villa del Manzanares, desde donde continuó realizando tratos con lanas en Soria, ahora en compañía con otro portugués llamado Pedro Álvarez, vecino a su vez de Madrid[22]. Continuó en relación, no obstante, con sus compañeros de Vitoria, Melchor Gómez y Diego Ferreira, que le enviaban a la Corte mercancías procedentes de San Juan de Luz, a donde tal vez se había trasladado a residir alguno de ellos, mientras que él por su parte les enviaba lanas para que las vendiesen en la mencionada ciudad francesa. En Madrid permaneció durante unos tres años, dedicado a estos negocios, y allí dio a luz su mujer a su hija Leonor, que fue bautizada en la iglesia de San Sebastián. Al cabo de los tres años, decidió, no obstante, trasladarse a residir a San Juan de Luz, a donde al poco le siguieron su hija y su mujer, que, nada más llegar, dio a luz a un varón, Juan Méndez Pastor[23]. Y allí continuó dedicado al trato en lanas y en «otras muchas suertes de mercancías», al menos hasta el año 1620, fecha en que prestó declaración ante los inquisidores, siendo todavía vecino de la referida ciudad francesa.

Nos hemos detenido en dar cuenta pormenorizada de todos estos detalles de la trayectoria de Baltasar Méndez Trancoso, aunque hemos pasado por alto otros muchos para evitar resultar prolijos, porque nos proporciona una buena ilustración de cómo los mercaderes judeoconversos de origen portugués se adentraron de forma progresiva en el negocio de la exportación de lanas finas de la región soriana en las últimas décadas del siglo XVI. En su caso sabemos con certeza que su dedicación a este trato se inició en una fase relativamente avanzada de su carrera como mercader, después de haber estado muchos años negociando con otras mercancías de muy variada índole. Y, según propia confesión, la razón principal por la que se decidió a tratar con lanas estribó en que pudo comprobar que se trataba de un negocio muy lucrativo, dado que, comprándolas y lavándolas en Soria, y llevándolas a vender a San Juan de Luz, se podían obtener unos enormes márgenes de beneficio. Las razones por las que dichos márgenes eran tan grandes no son fáciles de precisar, aunque quizás influía el hecho de que se trataba de un

---

grandes, 10 millares de alfileres, una docena de papeles de alfileres chiquitos, 4 papeles de alfileres, 3 papeles de agujetas y 4 piezas de lienzo de lo ancho, con 156 varas. AHPS, PN, 203-420-220 y 252.
[22] Noticia de la compra de las lanas del esquileo de 1597 a Bernardino de las Heras, por Baltasar Méndez Trancoso y Pedro Álvarez, en escritura de obligación otorgada por este último en Soria, 21-VIII-1597, en AHPS, PN, 205-422-345. En octubre de 1596 a Baltasar Méndez todavía se le identifica como vecino de Trancoso. AHPS, PN, 257-526-86, Soria, 6-X-1596.
[23] Consta que ya residía en San Juan de Luz en 1601 por un documento conservado en los protocolos notariales sorianos, que pone de manifiesto que mantenía relaciones de negocios con Juan García de Tardajos, mercader soriano de origen judeoconverso, de quien había tomado a renta su lavadero en 1596. AHPS, PN, 211-432-79.

negocio arriesgado, teniendo en cuenta que la Monarquía hispana estuvo en guerra con Francia hasta 1598. De hecho, los precios de las lanas finas estuvieron muy deprimidos en la región soriana durante toda la década de 1590, y, aunque la cuestión no está todavía suficientemente esclarecida por falta de investigaciones, parece que uno de los motivos principales radicó en que la demanda estuvo entonces muy deprimida, porque escaseaban los mercaderes dispuestos a comprar lanas para su exportación. El hecho de que Baltasar Méndez Trancoso, un desconocido y sin experiencia previa en el negocio lanero, llegase a Soria y lograse adquirir una de las pilas de más reputación de la ciudad, la de Diego de Medrano, señor de San Gregorio, nos confirma en esta impresión de que no abundaban entonces los mercaderes dispuestos a comprar las lanas finas sorianas. La quiebra de las grandes casas mercantiles burgalesas, que habían absorbido una parte importante de la producción lanera soriana hasta la década de 1570, probablemente dejó un vacío que no pudo ser cubierto de forma inmediata, y que aprovecharían individuos emprendedores, como el referido Baltasar Méndez Trancoso, para prosperar con relativa rapidez, aunque incurriendo en evidentes riesgos, dada la situación de enfrentamiento bélico con las potencias atlánticas en que estaba sumida entonces la Monarquía Hispánica.

Baltasar Méndez Trancoso se diferenció de los grandes mercaderes exportadores extranjeros que durante el siglo XVII acapararon gran parte de la producción lanera de Soria y su Tierra, en especial las pilas de mayor tamaño y reputación, en el hecho de que fue un individuo que se implicó personalmente en la gestión de su negocio, y que recorrió las sierras sorianas, para concertar directamente con los ganaderos la compra de sus lanas, y que luego se desplazó hasta San Juan de Luz para buscarles allí comprador. Nada que ver con los grandes mercaderes exportadores de la época de Felipe IV, avecindados en Madrid, varios de ellos también de origen portugués, los cuales, sin moverse del entorno cortesano, negociaban con enormes cantidades de lanas, que nunca llegaban a ver ni tocar, salvo, a lo sumo, si se les enviaba alguna muestra para que la examinasen. Eran agentes, recibidores de lanas y encomenderos residentes en los puertos los que, con su experiencia, que les permitía valorar la calidad de las fibras, garantizaban el buen funcionamiento del negocio, mientras que los mercaderes por cuenta de los cuales se compraba y vendía la mercancía se limitaban a proporcionar el necesario respaldo financiero a las operaciones. En el caso de Baltasar Méndez Trancoso la implicación personal en todas las fases y facetas del negocio fue mucho mayor. Y, ante la imposibilidad material de estar en todas partes al mismo tiempo, cuando advirtió las grandes posibilidades que ofrecía el negocio de exportación de lanas, para poder aprovecharlas mejor, optó por recurrir a la constitución de compañías con otros portugueses, instalados en puntos estratégicos, como era, por ejemplo, el puerto aduanero de Vitoria, aunque en última instancia tampoco pudo prescindir del todo del recurso a los encomenderos y los agentes. Este portugués, originario de Trancoso, fue un individuo con notable predisposición hacia la movilidad, que cambió de residencia innumerables veces a lo largo de su vida, arrastrando consigo a su familia, y que además realizó otros muchos viajes, que le llevaron a recorrer en poco tiempo muy largas distancias. Y siempre lo hizo con el objetivo de atender su negocio, para obtener de este modo el máximo beneficio posible de sus inversiones, que inició en su juventud con un capital muy reducido, casi insignificante, los 300 cruzados que le entregó su hermano en Lisboa cuando aún era muy joven.

Estos rasgos los compartió, por lo demás, con la mayor parte de los mercaderes portugueses que, por los mismos años que él, comenzaron a interesarse por el negocio de la compra de lanas finas en Soria y su Tierra, para su exportación al sur de Francia. A juzgar por las noticias aportadas por los protocolos notariales conservados, fue en la década de 1590 cuando se produjo ya de forma perceptible esta incorporación de judeoconversos nacidos en el reino de Portugal al mercado lanero soriano, en el que en muy breve plazo de tiempo lograron hacerse con una posición dominante. Y al igual que Baltasar Méndez, la mayoría de ellos fueron individuos con notable grado de movilidad, que cambiaban de lugar de residencia con frecuencia, y que en ocasiones estaban tan desarraigados que en los documentos se les identifica simplemente como «andantes en ferias»[24].

Otros varios, por su parte, aparecen calificados como «estantes en Soria», sin precisar si tenían adquirida la vecindad en algún otro lugar, bien de la Corona de Castilla o de fuera de ella. Es el caso, por ejemplo, de Diego y Jorge Rodríguez, Tomás y Antonio Brandon, Hernán Gómez, Diego de la Costa Pereira y Manuel Páez, todos los cuales aparecen identificados de esta manera en documentos de los años 1595, 1596 y 1597, aunque en otras fechas de algunos de ellos se nos informa que eran vecinos de otras ciudades castellanas, como Madrid o Haro. En cualquier caso se trataba siempre de vecindades de carácter muy inestable, que llegaron a ser denunciadas en ocasiones como ficticias, pues cuando se trataba de localizar a alguno de estos portugueses en los lugares donde habían declarado

---

[24] A un mismo individuo lo podemos encontrar en unas ocasiones identificado como «andante en ferias» y en otras como vecino de un lugar concreto. Así, a Alejo Gómez de Santiago se le identifica en 1605 como «portugués andante en ferias», mientras que en 1607 se dice que es vecino de Tordesillas.

estar avecindados no se hallaba rastro de ellos, ni de sus haciendas[25]. Por otra parte, llama la atención advertir que algunas de las ciudades de las que eran vecinos estaban ciertamente muy alejadas de las rutas por donde solían transitar las lanas sorianas. Así, por ejemplo, Álvaro de Paz, que efectuó compras en Soria en 1599, aparece como vecino de Granada[26], mientras que los miembros de una compañía que en 1597 adquirió las lanas de Juan de Barrionuevo, vecino de Soria, se repartían por las ciudades de Murcia, Ciudad Rodrigo y Zamora.[27]

La mayoría de los portugueses que llegaron a Soria a negociar con lanas en la década de 1590 fueron, en consecuencia, individuos desarraigados en continuo movimiento, con intereses mercantiles muy diversificados, y que tomaban a su cargo prácticamente todas las tareas relacionadas con el trato lanero, desde la concertación de las compras con los ganaderos, hasta el lavado y ensacado de las lanas, e incluso su posterior venta en los puertos del sur de Francia. A este respecto llama la atención advertir que, a pesar de su falta de relación previa con la región soriana, en su afán por hacer prosperar su negocio, no dudaron en hacerse cargo personalmente de las tareas de lavado y ensacado de las lanas, que los mercaderes exportadores acostumbraban a delegar en destajeros sorianos. Así, nos consta que tomaron a renta algunos de los lavaderos existentes en la jurisdicción. En concreto Jorge y Diego Rodríguez arrendaron en 1595 de María Jiménez de Cabredo, viuda de Cristóbal Hurtado de Mendoza, señor de Hinojosa de la Sierra, el que ésta poseía en dicha villa a orillas del Duero, por una renta anual de 300 reales[28]. La compañía de Melchor Gómez y Baltasar Méndez Trancoso ya referimos que tuvo a renta por estos mismos años el que en la ciudad de Soria poseía el mercader soriano, de origen judeoconverso, Juan Garcíade Tardajos. Por otra parte, la compañía constituida por portugueses vecinos de Murcia, Ciudad Rodrigo y Zamora que adquirió en 1597 las lanas del platero Juan de Barrionuevo contrató ese mismo año operarios de lavadero y realizó adquisiciones de cola, pruebas inequívocas de que se hizo cargo de su lavado[29]. Y otros varios contratos de venta de lana de desechos de lavadero efectuados por mercaderes portugueses en estos años a fabricantes pañeros de Soria y su entorno nos confirman, por si

---

[25] Tomamos la referencia de estas denuncias de Alberto ANGULO MORALES, «En poco tiempo vienen ricos e hazen a sus amos pobres. De factores o encomenderos a protagonistas directos del gran comercio internacional (siglos XV-XVII)», en Ernesto GARCÍA FERNÁNDEZ (ed.), Bilbao, Vitoria y San Sebastián: Espacios para mercaderes, clérigos y gobernantes en el Medievo y la Modernidad (Bilbao 2006), págs. 79-116: 94.
[26] Ese año compró 807 arrobas de lana a Pedro de Burgos, mercader vecino de Soria. AHPS, PN, 239-481-433.
[27] La compañía formada por Garcí Méndez, vecino de Murcia, Diego Enríquez y Francisco de Valverde, vecinos de Ciudad Rodrigo, y Sebastián Fernández de Reyna, vecino de Zamora, concertó en marzo de 1597 la compra a Juan de Barrionuevo, platero, de 1.100 arrobas de lana AHPS, PN, 238-480-96
[28] AHPS, PN, 114-245, Soria, 6-VII-1595.
[29] Contrato firmado por esta compañía con Antón de Grandes para servirles como marcador de las sacas que hiciesen en sus lavaderos, con sueldo de 7 ducados por mes, más comida, en AHPS, PN, 238-480-94, Soria, 13-III-1597. Contrato de la compra de la cola necesaria para el lavadero (ibíd., fol. 98).

quedaba alguna duda, que en la mayor parte de las ocasiones se hicieron ellos mismos cargo del lavado de las lanas que adquirían para exportar, volcándose en una tarea de la que los grandes exportadores tendían a desentenderse.

Además de por su propensión a la movilidad en seguimiento de sus negocios, y por su espíritu emprendedor, los portugueses que irrumpen en el mercado lanero soriano en la década de 1590 se caracterizan por su perfil de compradores de modesta talla, que no adquirían grandes cantidades de lanas, rara vez se hacían con las pilas de mayor tamaño y reputación, y, además, se interesaban por negociar con otros muy variados productos. Es el caso, por ejemplo, de Marcos Rodríguez, avecindado en la villa riojana de Haro, quien en el verano de 1595 realizó varias compras de lanas y añinos a pequeños y medianos propietarios de la villa serrana de Carrascosa, a uno de los cuales adquirió también una pequeña partida de 181 carneros viejos capados[30].

Por otra parte, no se interesaron exclusivamente por el trato con lanas finas de ganado trashumante, las llamadas *estremeñas*, sino que también nos consta que adquirieron lanas churras y riberiegas[31], aunque no conocemos bien el destino que les dieron. Sí nos consta, en cualquier caso, que algunos se interesaron por el trato con fabricantes de paños de las aldeas serranas, a los que proporcionaron materia prima, y no sólo procedente de los desechos de lavadero de las lanas compradas para exportar. Así nos lo testimonia, por ejemplo, la venta efectuada por dos mercaderes vecinos de Trancoso a Antón Martínez del Rincón, vecino de Bretún, aldea de Yanguas, de cierta cantidad de añinos por un valor total de 18.000 reales, luego rebajados a 16.000, que éste se obligó en junio de 1606 a pagarles a razón de 1.000 reales cada año, entregados en Vitoria en poder de Antonio Méndez, hermano de los susodichos[32]. Dado, no obstante, que la cantidad de añinos vendida en esta ocasión debió ser muy grande, a juzgar por su elevado valor, entendemos que el comprador no debía ser un simple fabricante pañero, sino más bien un tratante que, o bien revendía a pequeños fabricantes de las aldeas de la Tierra de Yanguas, o bien tenía intención de llevar los añinos en sus recuas a los puertos del Cantábrico para revenderlos allí a mercaderes exportadores. Pero, como quiera que fuese, esta operación nos confirma que los portugueses que negociaron en la región soriana en esta primera etapa no se

---

[30] Los contratos en AHPS, PN, 243-488. A Francisco Ruiz le compró 214 arrobas de lana y 38 de añinos. A Miguel Antón y Antón Romero 464 arrobas de lana y 58 de añinos. Y, a Miguel Antón además 181 carneros viejos capados. En todos los casos los ganaderos concedieron pago aplazado al mercader comprador.
[31] Sobre los diversos tipos de lana con los que se negoció en la región soriana, vid. Máximo DIAGO HERNANDO, «El mercado lanero en la región soriana durante los siglos XVI y XVII: Tipología y destino de las lanas», Celtiberia 96 (2002), págs. 47-88.
[32] AHPS, PN, 2777-4740-62, Yanguas, 1-VI-1606.

limitaron a comprar lanas y añinos para sacarlos fuera de Castilla, sino que parte también los revendieron en esta misma región.

La mayoría de los mercaderes portugueses a los que encontramos negociando con lanas churras y riberiegas durante la década de 1590 son identificados en los documentos, no obstante, como vecinos de Soria. Y algunos de ellos, en efecto, pertenecían a familias arraigadas en esta ciudad desde hacía ya varias décadas, y que lo continuaron estando durante el siglo XVII, que mostraron un fuerte interés por la inversión en la fabricación de paños, como es el caso de los Oporto-Azambújar, Rico o Méndez, entre otros. Pero junto a ellos también encontramos individuos que, según todos los indicios, estuvieron avecindados en Soria sólo de forma temporal, habiendo acudido a ella atraídos por el señuelo de las lanas, que no bastó, sin embargo, para retenerlos en esta ciudad durante mucho tiempo. Éste podría ser el caso, por ejemplo, de Pedro Gómez, quien en 1593 adquirió importantes cantidades de añinos churros en la villa de Deza, fronteriza con Aragón, a los que desconocemos qué destino dio[33].

## *ACELERACIÓN DEL PROCESO DE CONTROL DE LAS EXPORTACIONES DE LAS LANAS FINAS SORIANAS POR LOS MERCADERES PORTUGUESES DURANTE EL REINADO DE FELIPE III (1598-1621)*

En claro contraste con lo ocurrido durante los últimos años del reinado de Felipe II, cuando la penetración de los mercaderes portugueses en el negocio de la exportación de lanas finas de la región soriana tuvo lugar de forma todavía muy ocasional y puntual, en el de su sucesor, Felipe III, los miembros de la «nación» portuguesa llegaron a hacerse en muy breve plazo de tiempo con el pleno control de un segmento muy importante de dicho mercado, y, aunque no llegaron a monopolizarlo por completo, sí lograron erigirse en el grupo con mayor volumen de negocio. Sin duda este salto cualitativo fue favorecido por la autorización concedida por este monarca en 1601 a los judeoconversos portugueses para que en adelante pudiesen abandonar Portugal, a cambio de la entrega de un cuantioso donativo, la cual, a juicio de Domínguez Ortiz, desencadenó un proceso de masiva migración de familias pertenecientes a esta minoría desde Portugal a la Corona de Castilla, en donde se desparramaron a todo lo largo y ancho de su geografía[34].

---

[33] Por 4 contratos firmados en mayo y junio de 1593 nos consta que adquirió un total de 500 arrobas de añinos, a 11,5 reales la arroba. AHPS, PN, 144-301.
[34] Vid. Antonio DOMÍNGUEZ ORTIZ, Política y Hacienda de Felipe IV (Madrid 1960), pág. 128. Durante el

A partir de 1602, en efecto, una vez superada la grave crisis de las exportaciones de lanas finas sorianas a los mercados atlánticos que se produjo en el tránsito del siglo XVI al XVII, y que propició que temporalmente las grandes cabañas buscasen una salida alternativa para sus lanas en el mercado italiano[35], los mercaderes portugueses adquirieron un protagonismo sin precedentes en el negocio de la contratación lanera en esta región. Una buena prueba del salto cualitativo que en estos años se produjo nos lo proporciona la constatación del hecho de que a partir de 1602 fueron sin interrupción individuos pertenecientes a esta minoría los que adquirieron las pilas de mayor tamaño y reputación del partido mesteño soriano. Entre ellas cabe destacar la del alférez mayor de Soria, Antonio López de Río, que en 1602 alcanzó la astronómica cifra de 6.000 arrobas[36], la cual a partir de ese ejercicio fue adquirida año tras año por portugueses durante un largo período de tiempo, mientras que con anterioridad a esta fecha nunca había ido, ni siquiera en parte, a poder de miembros de esta «nación». Pero, además de ésta, los portugueses también lograron adquirir a partir de estos primeros años del siglo XVII la mayoría de las pilas de mayor tamaño y reputación entonces existentes en el mercado soriano[37]. Es el caso, por ejemplo, de las de los diversos miembros de los linajes de Sanz Cadima y Salcedo, quienes entre 1602 y 1630 les entregaron partidas de extraordinaria envergadura, como, por ejemplo, la de 1608 de Martín Sanz Cadima, vecino de Gallinero, y su sobrino Francisco de Salcedo, señor de la torre de Aldealseñor, que alcanzó la cifra record de 6.339 arrobas de lana, sin añinos[38]. Otro destacado linaje al que también pasaron a comprar de forma continuada sus lanas mercaderes portugueses fue el de los Carrillo, de Vinuesa, que, del mismo modo les proporcionó partidas de enorme envergadura. Así, Alonso Carrillo, sumando a sus lanas las de otros parientes suyos, les vendió en 1606 un total de 5.307 arrobas, y en 1610 en torno a las 5.000, facilitándoles además la utilización de un lavadero que poseía en dicha aldea serrana para que las

---

siglo XVI se habían alternado los períodos en que los judeoconversos pudieron salir libremente de Portugal con los períodos en que les estuvo prohibida la salida de dicho reino. Vid. María José PIMENTA FERRO TAVARES, Los judíos en Portugal (Madrid 1992), págs. 175 y ss. y 320 y ss.

[35] Nos referimos a este fenómeno, que en gran medida fue consecuencia de las medidas de embargo contra Flandes dictadas por Felipe III nada más acceder al trono, en 1598, en Máximo DIAGO HERNANDO, «El mercado lanero en la región soriana durante los siglos XVI y XVII: Tipología y destino de las lanas», Celtiberia 96 (2002), págs. 47-88.

[36] Sobre la importancia de la explotación ganadera de los miembros de este linaje, y la reputación de sus lanas, vid. Máximo DIAGO HERNANDO, «Una explotación trashumante en la Castilla moderna: La cabaña de los Río de Soria», Historia Agraria 48 (2009), págs. 13-44.

[37] Información sobre los mayores propietarios de ganado trashumante en Soria en los siglos XVI y XVII en Máximo DIAGO HERNANDO, «Los caballeros ganaderos de Soria y su Tierra durante los siglos XVI y XVII. Contribución al estudio del grupo de los grandes señores de ganados mesteños», Celtiberia 97 (2003), págs. 127-172.

[38] AHPS, PN, 340-637-735.

beneficiasen en él, a cambio del pago de una renta de 1.000 reales[39].

Además de acaparar las mayores y más reputadas pilas, los portugueses concertaron en estos años otros muchos contratos que les permitieron hacerse con una importante porción de la producción de lana fina de Soria y su Tierra. En particular les reportaron importantes cantidades de lanas los contratos concertados con vecinos de Soria especializados en el negocio de la reventa, que compraban lanas a pequeños y medianos ganaderos de las sierras en el otoño, invierno y primavera anteriores al esquileo, adelantándoles dinero, y las revendían poco después de esquiladas a mercaderes exportadores, quienes por su parte también solían diferir el pago varios meses tras la entrega de la mercancía. Eran individuos, en muchos casos también de origen judeoconverso[40], como Juan García de Tardajos, su pariente el licenciado Juan García, médico, o el doctor Santa Cruz, por citar sólo tres de los más activos en las dos primeras décadas del siglo XVII. Con todos ellos pasaron a negociar de forma sistemática los exportadores portugueses, comprándoles año tras año partidas de cierta envergadura, que en ocasiones superaban las 2.000 arrobas por contrato, al tiempo que los sorianos, por su parte, también solían concertar en un mismo ejercicio varios contratos con diferentes exportadores, lo que da idea de su elevado volumen de negocio[41].

La proporción de la producción lanera soriana que en las primeras décadas del siglo XVII llegaron a acaparar los mercaderes portugueses en su conjunto fue considerable, aunque las cantidades adquiridas por cada uno de ellos en particular no fueron, salvo excepciones, muy grandes. El mercado estuvo, en efecto, en este período bastante fragmentado si comparamos con momentos posteriores del siglo XVII, puesto que el número de operadores fue en estas primeras décadas bastante elevado, y no se advierte la presencia de figuras descollantes, que adquiriesen grandes cantidades de lanas y permaneciesen en el negocio durante bastantes años seguidos. Por el contrario, salvo raras excepciones, como la del portugués Antonio López, vecino de San Sebastián, que compró en solitario al alférez mayor de Soria una partida de lanas de 6.000 arrobas en 1602, y volvió a adquirir su pila al año siguiente, también en solitario, lo habitual fue que todos los contratos de compra de partidas de lana de cierta envergadura se concertasen en nombre de compañías

---

[39] Para 1606, vid. AHPS, PN, 100-223-292 y para 1610, ibíd. 104-230-86.
[40] Sobre el origen judeoconverso de muchos de los mercaderes de la ciudad de Soria en el siglo XVI Vid. Máximo DIAGO HERNANDO, «Los judeoconversos en Soria después de 1492», Sefarad 51 (1991), págs. 259-297.
[41] Así, por poner un ejemplo ilustrativo, recordaremos que el licenciado Juan García, médico, realizó en el año 1614 los siguientes contratos de venta de lanas a portugueses. A Antonio de Soria le vendió 658 arrobas de sus propios ganados a 27 reales. A Francisco de Acosta Cardoso le vendió a 24 reales 1.196 arrobas de lana, que él había comprado en las aldeas de Cirujales, Carrascosa, Narros y Castilfrío. A Francisco Manuel y Francisco López, les vendió a 25 reales 2.102 arrobas de lana que había comprado en Vinuesa. Y a Nicolás Ferraz le vendió 231 arrobas de añinos a 35 reales. Los contratos en AHPS, PN, 226-462-564, y 347-645-55, 57 y 79.

en las que se integraban varios mercaderes, todos ellos, por supuesto, portugueses, y con frecuencia miembros de una misma familia. Y la nómina de mercaderes activos en cada ejercicio estuvo renovándose constantemente, con frecuentes entradas y salidas de individuos que, además, en cada ocasión aparecían como vecinos de un lugar distinto.

Dado que nuestra principal fuente de información para analizar la presencia de los portugueses en el mercado lanero soriano han sido los protocolos notariales, resulta arriesgado proponer valoraciones de carácter estadístico. Pero, al menos, sí conviene tener en cuenta algunas referencias puntuales que nos confirman el alto grado de fragmentación del mercado y el gran número de miembros de la «nación» portuguesa, todos ellos de origen converso, que trataron en lanas en la región soriana en los primeros años del siglo XVII. Así, sabemos que en 1608 un tal Luis de Salazar seguía pleito contra al menos 18 mercaderes portugueses, porque no habían registrado las lanas que habían comprado y lavado en Soria «y enviado a navegar y sacar de estos reinos», aunque el número de individuos implicados en estos negocios mercantiles debía ser mucho más elevado, ya que, además de a ellos, se alude en el documento a «los demás portugueses de sus compañías»[42].

Por su parte, para poder evaluar con un mayor grado de precisión la proporción de la producción lanera soriana destinada a la exportación que llegaron a acaparar los miembros de la «nación» portuguesa en estas primeras décadas del siglo XVII disponemos de otra valiosa fuente de información en los registros que por ley estaban obligados a efectuar ante los escribanos de Soria quienes compraban lanas para exportarlas, que se conservan en los protocolos notariales para diversos años a partir de 1616, aunque, según todos los indicios, sólo de forma fragmentaria. Pues bien, todas las partidas que aparecen mencionadas en los registros conservados para el año 1616 son de portugueses, aunque de esta constatación no cabe deducir que ese año fuesen los únicos que exportaron lanas en la región soriana, pues la cantidad de arrobas registradas ascendió en ese ejercicio a tan sólo 20.139, cifra muy inferior a la de los demás años para los que se dispone de datos, por lo cual deducimos que los disponibles para ese año son muy incompletos. Al siguiente, en 1617 fueron ocho los mercaderes que declararon haber comprado lanas para exportar, de los cuales todos eran

---

[42] La relación nominal de estos portugueses con los que seguía pleito Luis de Salazar figura en una carta de poder otorgada a un procurador, en Soria, 1-IX-1608. AHPS, PN, 296-580-329. Sus nombres eran: Nicolás Ferraz, Pedro de Silva, Manuel Rodríguez, Manuel Díez, Santiago Gómez, Fernán Simón, Francisco Juan, Francisco Manuel, Antonio Fernández, Nicolás de Acebedo, Mendo López, Antonio Brandon, Melchor Méndez, Francisco Valverde y Villalobos, Hernando Quirós, Francisco Tejera, Sancho Méndez y Fernando Gómez. En otra carta de poder otorgada en la misma fecha (ibíd., fol. 632) aludió a los pleitos que seguía por el mismo motivo con Juan de Biduña «y otros portugueses», por lo que el número de portugueses activos en el mercado lanero soriano en esas fechas debía ser muy superior a la veintena.

portugueses, menos uno, originario de la aldea serrana de Yanguas, aunque residente en aquellos momentos en San Sebastián[43]. En 1618 seis de los siete mercaderes que declararon haber comprado lanas para exportar fueron portugueses, mientras que en 1619 y en 1620 descendió un poco la proporción, aunque se siguió manteniendo alta, pues fueron cinco de un total de siete. 1621 fue el año en que mayor número de mercaderes efectuaron registros, al ascender a once, y de nuevo fue mayoritario el grupo de los portugueses, con seis representantes, mientras que el resto fueron mercaderes de la propia región soriana, en concreto tres procedentes de aldeas de la Tierra de Yanguas, uno de la villa de Lumbreras de Cameros y uno de la propia ciudad de Soria. Por fin, en 1622, último ejercicio para el que se nos han conservado registros, de un total de cinco mercaderes que declararon haber comprado lanas para exportar, cuatro fueron portugueses.

Consideramos prácticamente seguro que, además de estos mercaderes que aparecen efectuando registros en los protocolos conservados, hubo otros que también compraron lanas para exportar, que quizás registraron ante otros escribanos. Y, por supuesto, el número de individuos implicados en el negocio exportador fue bastante mayor, dado que en los registros sólo suele aparecerel nombre de uno de los integrantes de las compañías por cuenta de las que se compraban las lanas. Pero, en cualquier caso, entendemos que los datos proporcionados por los registros notariales sorianos entre 1616 y 1622 no dejan lugar a dudas de que el grupo hegemónico en el mercado de exportación de lanas de esta región fue en ese período el portugués, tras el que se situó, a bastante distancia, el constituido por mercaderes locales, preferentemente yangüeses y vecinosde villas cameranas como Lumbreras[44].

A partir de 1622 se interrumpe la primera serie de registros conservados en los protocolos notariales sorianos, y no volvemos a disponer de datos seriales de este género hasta el año 1638. Pero a partir de esta fecha en los registros conservados advertimos que ya no se da un predominio tan marcado de las compañías portuguesas como entre los años 1616 y 1622. Por supuesto, siguen

---

[43] Sobre el destacado papel desempeñado por los yangüeses, es decir los originarios de la villa de Yanguas y las aldeas de su Tierra, en el comercio lanero durante el siglo XVII, vid. Máximo DIAGO HERNANDO, «Mercaderes propietarios de ganado trashumante en la cuadrilla mesteña soriana en los siglos XVI y XVII», Studia Historica. Historia Moderna 26 (2004), págs. 255-282; e IDEM, «Comerciantes campesinos en la Castilla bajomedieval y moderna: La actividad mercantil de los yangüeses entre los siglos XIV y XVII», Historia. Instituciones. Documentos 32 (2005), págs. 115-144.

[44] Para más detalle puede consultarse la información que ofrecemos sistematizada en cuadro adjunto, en que indicamos la proporción del total de lanas que aparecen declaradas en los registros de la ciudad de Soria que fueron adquiridas por mercaderes portugueses. Como puede observarse, hay diferencias importantes en la cantidad total de lanas declaradas cada año, que obedecen, más que a bruscas alteraciones de la producción, que también las hubo, al hecho de que los registros son fragmentarios.

apareciendo en estos registros nombres de exportadores portugueses, los cuales estaban ya concentrados en su gran mayoría en Madrid, y en un alto porcentaje eran asentistas al servicio de la Monarquía. Pero, al mismo tiempo, una parte muy importante del mercado había pasado a estar controlada por otros mercaderes de muy variada procedencia, aunque en su mayoría extranjeros, entre los cuales encontramos ingleses, franceses, flamencos, loreneses e italianos.

**Relación de mercaderes portugueses que registraron lanas para exportar en Soria entre 1616 y 1622[45]**

### AÑO 1616

Todos los que registran son portugueses. Registro muy incompleto:

Francisco de Acosta Fonseca, vecino Valladolid: 9.660 arrobas.
Antonio de Figueroa, vecino de Madrid: 2.979 arrobas.
Francisco López, vecino de Soria: 3.000 arrobas.
Nicolás Ferraz, vecino de Soria: 4.500 arrobas.

TOTAL REGISTRADO: 20.139 arrobas

### AÑO 1617

De 8 partidas registradas 7 son de portugueses:

Antonio Méndez Soto, vecino de Madrid: 7.000 arrobas.
Gonzalo Fernández, vecino de Valladolid: 3.000 arrobas.
Antonio de Soria, vecino de Medina de Rioseco, y Antonio de Acosta Tejera, vecino de Valladolid: 4.500 arrobas.
Fernando de Quirós, vecino de Madrid: 8.020 arrobas.
Francisco López, vecino de Soria: 3.500 arrobas.
Pablo Rodríguez de Aguiar, vecino de Madrid: 4.080 arrobas.
Nicolás Ferraz, vecino de Soria: 1.171 arrobas[46].

TOTAL REGISTRADO: 34.551 arrobas, de ellas 28.271 por portugueses, 81,8%.

---

[45] Tomamos los datos de los registros efectuados ante el escribano Miguel de La Peña, en AHPS, PN, cajas 441-447.
[46] No se conserva el registro. Nos consta por la escritura de obligación de Francisco González de Río con Nicolás Ferraz. AHPS, PN, 230-468-306.

## AÑO 1618

De 7 partidas registradas 6 son de portugueses:

Antonio de Acosta de Paz y Francisco de Acosta Fonseca, vecinos de Valladolid: 8.000 arrobas.
Pedro Álvarez y Francisco de Acosta Fonseca, vecinos de Valladolid: 5.500 arrobas.
Bartolomé Gómez, vecino de Madrid: 1.600 arrobas.
Francisco López, vecino de Soria: 2.600 arrobas.
Fernando de Quirós, vecino de Madrid: 7.808 arrobas.
Antonio Méndez Soto: 7.609 arrobas[47].

TOTAL REGISTRADO: 38.117 arrobas, de ellas 33.117 por portugueses, 86,8%.

## AÑO 1619

De 7 partidas registradas 5 son de portugueses:

Francisco López de Quirós, Enrique Méndez y Fernán Báez de Quirós, vecinos de Madrid: 9.900 arrobas.
Fernán Báez de Quirós, vecino de Madrid, 1.305 arrobas.
Francisco López, vecino de Soria: 2.000 arrobas.
Pedro Álvarez, vecino de Valladolid, y Antonio de Soria, vecino de Medina de Rioseco: 5.500 arrobas.
Bartolomé Gómez Sánchez, vecino de Madrid: 1.120 arrobas.

TOTAL REGISTRADO: 30.465 arrobas, de ellas 19.825 por portugueses, 65,07%.

## AÑO 1620

De 7 partidas registradas 5 son de portugueses:

Pedro Álvarez, vecino de Valladolid, y Antonio de Soria, vecino de Medina de Rioseco: 6.000 arrobas.
Pedro Álvarez, Antonio de Acosta de Paz y Duarte de Acosta, vecinos de Valladolid: 3.000 arrobas.
Martín Rodríguez, vecino de Madrid: 7.500 arrobas.

---

[47] No se conserva el registro. Hemos sumado las cantidades que aparecen en seis contratos de obligación.

Francisco López de Quirós y su tío Fernán Báez de Quirós, vecinos de Madrid: 10.000 arrobas.
Juan de Cardona, vecino de Soria: 2.850 arrobas.

TOTAL REGISTRADO: 41.350 arrobas, de ellas 29.350 por portugueses, 70,9%.

## AÑO 1621

De 11 partidas registradas 6 son de portugueses:

Francisco de Acosta Fonseca y su cuñado Antonio de Acosta de Paz, vecinos de Valladolid: 11.300 arrobas.
Pedro Álvarez, vecino de Valladolid: 4.200 arrobas.
Jerónimo de Fonseca, vecino de Madrid: 4.500 arrobas.
Enrique Méndez y Fernán Báez de Quirós, vecinos de Madrid: 10.000 arrobas.
Fernán Pérez, vecino de Valladolid: 944 arrobas.
Juan Pereira, vecino de Valladolid: 1.500 arrobas.

TOTAL REGISTRADO: 58.094 arrobas, de ellas 32.444 por portugueses, 5,8%.

## AÑO 1622

De 5 partidas registradas 4 son de portugueses:

Jerónimo de Fonseca, vecino de Madrid: 6.020 arrobas.
Enrique Méndez, vecino de Madrid: 7.405 arrobas.
Enrique Méndez y Francisco López de Quirós: 5.550 arrobas.
Juan Pereira, vecino de Valladolid: 800 arrobas.

TOTAL REGISTRADO: 22.775 arrobas, de ellas 19.775 por portugueses, 86,8%.

## *PERFIL DE LOS MERCADERES PORTUGUESES EXPORTADORES DE LANAS FINAS SORIANAS DURANTE EL REINADO DE FELIPE III*

Como hemos adelantado, el número de portugueses de origen judeoconverso que participaron en el negocio de exportación de lanas en la región soriana durante las dos primeras décadas del siglo XVII fue extraordinariamente elevado, y por ello no resulta fácil abordar una caracterización del mismo en su conjunto. Aún a riesgo de generalizar y ofrecer una imagen ligeramente deformada de la realidad, trataremos, no obstante, de llamar la atención sobre algunos rasgos que consideramos definitorios de un número muy importante de individuos pertenecientes a este grupo, y que permiten diferenciarlos de otros portugueses de más talla como hombres de negocios, que desarrollaron su actividad durante el reinado de Felipe IV, alcanzando entonces un notable protagonismo en el mundo de las altas finanzas como prestamistas al servicio de la Monarquía, pero que también desarrollaron una extraordinaria actividad como exportadores de lanas.

Para empezar, los portugueses que nos encontramos negociando en lanas en la región soriana durante el reinado de Felipe III son individuos que tenían fijada su residencia en lugares muy diversos de la geografía peninsular, tanto de la Corona de Castilla como del reino de Portugal, y también, al otro lado de los Pirineos, en la región del sudoeste francés, y, en menor número, en otros puertos del Atlántico como Rouen, en Normandía. En ningún otro momento de los siglos XV, XVI y XVII encontramos en esta región tratando con lanas tanta gente de tan diversa procedencia geográfica, pero que al mismo tiempo formaban parte de un mismo grupo o «nación», dotado de una fuerte identidad, como era el constituido en la primera mitad del siglo XVII por los judeoconversos portugueses. Era la lógica consecuencia de la extraordinaria movilidad de la que entonces hicieron gala los miembros de esta «nación», desperdigados a lo largo y ancho de la geografía de la Europa Occidental en busca de la ganancia mediante el ejercicio del comercio, siempre dispuestos a reorientar sus inversiones hacia el negocio que mayores beneficios pudiera reportarles.

Los mercaderes de origen portugués que compraron lanas para exportar en laregión soriana durante el reinado de Felipe III fueron en su mayoría individuos que no llegaron a avecindarse ni en Soria ni en ningún otro núcleo de su entorno, lo que no les impidió a muchos de ellos frecuentar esta ciudad y su comarca para atender asuntos relacionados con el trato lanero, especialmente durante la temporada de los lavaderos. Algunos de ellos seguían estando avecindados en ciudades del reino de Portugal como La Guardia (Guarda), de donde era vecino Jerónimo Méndez, quien en el verano de 1606 se encontraba en la aldea serrana de Vinuesa[48], y también los hermanos Francisco, Juan y Antonio Méndez Enríquez,

---

[48] Estando en Vinuesa, otorgó poder al portugués Antonio Brandon, vecino de Madrid, para que le pudiese obligar como fiador para un contrato de compra de lanas a ganaderos visontinos por valor de 102.481,75 reales, y para otro contrato por valor de 29.854,5 reales, AHPS, PN, 100-223- 29, Vinuesa, 23-VIII-1606. Por otros documentos nos consta que este Jerónimo Méndez formó una compañía junto con Antonio Brandon, vecino de Madrid, y Francisco Méndez Soro, vecino de Rouen, al servicio de la cual estuvo el judeoconverso soriano Juan García de Tardajos.

hijos de Francisco Méndez Enríquez, quienes en 1608 compraron al alférez mayor de Soria, Antonio López de Río, 300 sacones de lana lavada y 1.000 arrobas de añinos[49]. Por su parte de Olivenza, perteneciente entonces a Portugal, era vecino Andrés Báez Núñez, quien en 1608 realizó adquisiciones de lanas de modesta envergadura en la región soriana[50].

Muchos otros de los portugueses que estuvieron negociando con lanas en esta región durante las dos primeras décadas del siglo XVII habían adquirido la vecindad en ciudades castellanas, no siempre relacionadas directamente con las rutas de la lana. Entre ellas cabe destacar las dos en las que en este período llegó a tener su sede la Corte, Madrid y Valladolid, de las que fueron vecinos un elevado número de individuos integrados en compañías exportadores de lanas finas sorianas. En las ciudades portuarias de Bilbao y San Sebastián, donde se embarcaba una parte importante de la lana destinada a la exportación, también hubo avecindados varios mercaderes, mientras que a otros los encontramos identificados como vecinos de otros núcleos urbanos más alejados de la ruta de salida de las lanas como Tordesillas, Palencia, importante centro de producción pañera, o Medina de Rioseco, centro comercial que durante el siglo XVII no alcanzó, sin embargo, la relevancia que había tenido en los dos siglos anteriores gracias a sus ferias. En cualquier caso, aunque los portugueses a los que encontramos tratando con lanas en Soria se concentraron en mayor número en ciudades de la submeseta norte, también los hubo que estuvieron avecindados en ciudades de la Corona de Castilla bastante más alejadas, como, por ejemplo, Jaén, de donde era vecino en 1613 Alonso Martínez, quien en compañía con Gonzalo Méndez Enríquez, vecino de Madrid, compró en 1613 una gran partida de lanas a dos destacados señores de ganados, Francisco de Salcedo y Martín Sanz Cadima, de la que se hicieron 256 sacones que fueron transportados a Pamplona[51].

Por fin, un tercer ámbito en el que habían adquirido la vecindad varios de los miembros de las compañías exportadoras que negociaron con lanas sorianas en este período es el de las ciudades portuarias de las costas atlánticas de Francia, desde Biarritz, Bayona o San Juan de Luz hasta Rouen en Normandía, pasando por Burdeos[52]. En bastantes casos los judeoconversos portugueses avecindados

---

[49] El contrato en AHPS, PN, 102-227-551. Estos vecinos de La Guardia (Guarda) no se encontraron, sin embargo, presentes en Soria a la firma del contrato, sino que éste fue suscrito en su nombre por Luis Gómez Pérez, vecino de Medina de Rioseco.
[50] Sobre la compra de 548,5 arrobas de lana estremeña a García Malo de Río, vid. AHPS, PN, 217-445-350, Soria, 1-X-1608.
[51] AHPS, PN, 224-458-375.
[52] Sobre las comunidades de conversos portugueses en las ciudades francesas, vid. Gérard NAHON, «Comunidades españolas y portuguesas de Francia (1492-1992)», en Henry MECHOULAN (ed.) Los judíos de España. Historia de una diáspora (1492-1992) (Madrid 1993), págs. 125- 156.

en alguna de estas ciudades francesas participaron en la adquisición de lanas sorianas como miembros de compañías en las que también estaban integrados otros parientes suyos vecinos de ciudades de la Corona de Castilla. Pero en otras ocasiones nos consta que efectuaron compras por su propia cuenta, utilizando los servicios de intermediación de algún otro portugués residente en territorio castellano. Así, por ejemplo, en 1618 Manuel Díez Sánchez, vecino de Rouen, compró 1.330 arrobas de lana segoviana a uno de los principales señores de ganados de la oligarquía soriana, Don Rodrigo de Salcedo, caballero de Santiago, aunque cerró el contrato en su nombre Bartolomé Gómez Sánchez, portugués vecino de Madrid[53].

Además de su notable dispersión geográfica, un segundo rasgo fundamental que caracteriza a los portugueses que negociaron con lanas sorianas en las dos primeras décadas del siglo XVII es que se trataba de individuos con limitados medios financieros, que no tenían capacidad para afrontar cada uno de ellos por separado la compra de partidas de lana de gran envergadura, y que por ello tendían a constituir compañías con gran número de miembros, para poder hacer frente así mejor a la compra de partidas de cierta entidad. Sus procedimientos habituales de contratación también sugieren que su posición financiera era relativamente frágil, pues cabe advertir que, en la mayor parte de las ocasiones, tanto cuando negociaron directamente con los señores de ganados como cuando lo hicieron con los mercaderes intermediarios sorianos, exigieron a éstos que les concediesen aplazamientos de varios meses, e incluso años, en el pago de la mercancía recibida. Además, entre los grandes señores de ganados sorianos que les vendieron sus lanas cabe advertir que existía cierta suspicacia hacia ellos, derivada de la falta de información segura sobre su solvencia, que se tradujo en la incorporación de algunas cláusulas inhabituales en los contratos de venta de lanas, con las que se pretendía añadir garantías adicionales frente a hipotéticos impagos. Así, por ejemplo, podemos destacar el hecho de que en la operación de venta de 300 sacones de lana lavada que realizó el alférez mayor de Soria, Antonio López de Río, a unos portugueses vecinos de La Guardia (Guarda) en 1608, concediéndoles un aplazamiento del pago de su valor de más de dos años, en cuatro plazos de igual cuantía, se estipuló que 100 de los dichos sacones permaneciesen en el lavadero de Almenar «en resguardo», hasta que se hubiese cumplido con los pagos de los dos primeros plazos[54].

---

[53] AHPS, PN, 289-570-258, Soria, 24-IX-1618.
[54] El contrato en AHPS, PN, 102-227-551. Se dispuso que las lanas se pagasen en 4 plazos iguales, en enero y agosto de 1609 y en abril y diciembre de 1610. Las cien sacas permanecerían retenidas en Almenar hasta fin de agosto de 1609.

Las compañías por cuenta de las que se adquirieron y exportaron las lanas estuvieron con frecuencia integradas por individuos residentes en lugares muy dispares y alejados entre sí, dándose el caso de que en algunas hubo miembros avecindados en ciudades de Portugal, de la Corona de Castilla y de Francia. La participación en una misma compañía de mercaderes residentes en ciudades castellanas, por un lado, y en ciudades portuarias de Francia, bien de la región del sudoeste o bien de Normandía, por otro, que se dio con bastante frecuencia, sin duda resultó muy positiva para la buena marcha del negocio de exportación de lanas, pues facilitó el reparto de tareas, y permitió en cierta medida prescindir del recurso a la colaboración de terceros. Así, mientras por un lado unos miembros de la compañía se ocupaban en Castilla de las tareas de adquisición, lavado y ensacado de las lanas, por otro los que residían en los puertos franceses tomaban a su cargo las tareas de recibirlas allí y buscar para ellas compradores, que bien podían ser fabricantes pañeros o bien mercaderes que compraban para revender a fabricantes de otras regiones, más o menos lejanas[55].

En bastantes casos estas compañías tenían un marcado carácter familiar, pues integraban a padres, hijos, hermanos y tíos, y otros parientes, que a lo largo de su vida cambiaban repetidas veces de lugar de residencia, conforme lo iba exigiendo la buena marcha del negocio. Así, por poner un ejemplo ilustrativo, recordaremos que Bartolomé Febo, mercader procesado por el tribunal de la Inquisición en 1633, declaró que había nacido en Madrid hacía unos 25 años, y que, cuando tenía alrededor de 9 años, se había trasladado a Lisboa con un tío suyo, para regresar de nuevo a Madrid, a casa de otro tío, al cabo de 6 años. Pero sólo permaneció allí un mes, porque a continuación se trasladó a vivir a Rouen, donde permaneció junto con su padre y su madrastra unos 4 años, transcurridos los cuales regresó de nuevo a Madrid[56]. Su caso no fue, por lo demás excepcional, sino que, por el contrario, la documentación notarial nos revela los nombres de numerosos portugueses interesados en el trato con lanas en la región soriana en las primeras décadas del siglo XVII, los cuales unos años aparecen como vecinos de ciudades castellanas, como Madrid o Valladolid, y otros son identificados como vecinos de ciudades francesas como San Juan de Luz, Bayona, Sablar o Rouen. Es el caso, entre otros, de Francisco de Acosta Fonseca, identificado como vecino de Valladolid en 1606 y de San Juan de Luz en 1608, pero que vuelve a aparecer como vecino de la ciudad

---

[55] Por ejemplo, tenemos noticia de que Francisco Ortiz, vecino de San Juan de Luz, se concertó con Carlos Pubillon, vecino de Lille, en Flandes, en que le entregaría 2.000 arrobas de lana estremeña puesta en San Juan de Luz, comprometiéndose además a comprarle en Soria y su Tierra otras 2.000 arrobas de lana, fiadas. AHPS, PN, 140-294, Soria, 13-VIII-1607.
[56] Su declaración en AHN, Inquisición, 146-4. También declaró que durante su estancia en Rouen realizó un viaje a Amberes para «olgarse» y permaneció allí unos 20 días. Tenemos noticia de compras de lanas en Soria por Bartolomé Febo en los años 1629 y 1630.

del Esgueva en diversos años de la década de 1610 y por fin en 1622 ya es identificado como vecino de la ciudad francesa de Sablar.

La extrema movilidad de los miembros de las familias judeoconversas portuguesas en estas primeras décadas del siglo XVII, unida a la fuerza que en su seno mantuvieron los lazos de parentesco, les facilitaron la consolidación de sólidas redes mercantiles en el espacio europeo occidental, que les proporcionaron la más eficaz herramienta para hacerse con el control de una fracción importante del comercio internacional en esta época. Fue por ello que entre los exportadores laneros pertenecientes a la «nación» portuguesa que operaron en la región soriana advertimos que no resultó tan frecuente e intenso el recurso a la colaboración de terceros, que asumiesen por su cuenta el desempeño de determinadas tareas, como lo fue entre otros mercaderes exportadores. Por el contrario, como ya hemos adelantado, los mercaderes portugueses, incluso cuando eran vecinos de ciudades muy alejadas de Soria, de los reinos de Francia o Portugal, o de regiones muy distantes dentro de la Corona de Castilla, como Andalucía o Murcia, frecuentaron con asiduidad las tierras sorianas, bien para cerrar personalmente los contratos de compra de lanas, o para supervisar las tareas del lavado y ensacado de las mismas. Y en esto se diferenciaron frontalmente de la mayoría de los grandes exportadores que dominaron en el mercado lanero soriano en fechas más avanzadas del siglo XVII, durante el reinado de Felipe IV, los cuales apenas hicieron acto de presencia en tierras de Soria, pues delegaron todas las tareas que el trato con lanas finas requería realizar en dichas tierras en agentes reclutados entre los mercaderes sorianos[57]. Los portugueses que desarrollaron su actividad durante las dos primeras décadas del siglo XVII pudieron en muy mayor medida prescindir de la colaboración de estos mercaderes locales, grandes conocedores de los entresijos del negocio lanero por tradición familiar y muchos años de experiencia, aunque de hecho no lo hicieron de forma radical, sino que por el contrario son muchos los testimonios que confirman que mantuvieron una muy estrecha relación con algunos de ellos. Para empezar, ya hemos advertido cómo una parte importante de las lanas que adquirieron en la región soriana procedieron de compras efectuadas a intermediarios vecinos de la ciudad de Soria, que las habían adquirido previamente a medianos y pequeños ganaderos trashumantes de las comarcas serranas.

Por otra parte, en segundo lugar, aunque muchos de ellos comenzaron

---

[57] Un ejemplo ilustrativo de esta forma de proceder nos lo proporcionan algunos mercaderes flamencos que negociaron con lanas sorianas durante el reinado de Felipe IV, a los que dedicamos un análisis monográfico en M. DIAGO HERNANDO, «Actividad mercantil y financiera de los hombres de negocios flamencos en Madrid a mediados del siglo XVII», Anales del Instituto de Estudios Madrileños 41 (2001), págs. 165-206.

haciéndose cargo en persona de la organización de las tareas del lavado y ensacado de las lanas, tomando a renta para ello alguno de los varios lavaderos existentes en la región, pronto, a medida que sus inversiones en el negocio iban alcanzando mayores dimensiones, terminaron inclinándose por la opción de delegar esta compleja tarea en especialistas locales, los llamados «destajeros». Pero cabe advertir que éstos fueron en bastantes casos vecinos de Soria de origen portugués, que pertenecían a familias que habían arraigado en la ciudad del Duero durante el reinado de Felipe II. Es el caso, entre otros, de Simón Fernández de Oporto Azambújar, Juan Rico[58], y Pablo Méndez[59].

En líneas generales los mercaderes vecinos de Soria con los que más estrechamente tendieron a colaborar en sus negocios los portugueses exportadores de lanas que operaron en las primeras décadas del siglo XVII fueron individuos miembros de familias de origen judeoconverso, como era el caso del ya mencionado Juan García de Tardajos, y de su pariente, el licenciado Juan García, médico, dos de los más activos hombres de negocios de la ciudad del Duero en este período. Este último, en una declaración efectuada en el año 1608, cuando contaba 60 años de edad, manifestó que desde hacía varios años «había tratado muy particularmente con los portugueses»[60]. Y su colaboración con ellos llegó hasta el extremo de ofrecerse en alguna ocasión como su fiador para el pago de los derechos aduaneros debidos por determinadas partidas de lanas destinadas a la exportación[61]. Por su parte, Juan García de Tardajos mantuvo una estrecha relación de negocios con el portugués Antonio Brandon, vecino de Madrid, hasta el punto de que llegó a encomendarle alguna pequeña partida de sacas de lanas propias para que se las hiciese vender junto con las suyas en Normandía, y le remitiese luego el dinero obtenido de la venta[62]. Y esta predisposición a

---

[58] Simón Fernández de Oporto Azambújar y Juan Rico tuvieron compañía «en el beneficio de lanas estremeñas de mercaderes portugueses y de otras personas», que se lavaron en el lavadero propiedad de Simón y en otros lavaderos en 1614, 1615 y 1616, noticia en AHPS, PN, 356-654-131. En los protocolos notariales sorianos abundan los contratos firmados por Juan Rico con exportadores laneros portugueses para lavarles y beneficiarles sus lanas. Por ejemplo, con Gonzalo Fernández y Manuel López Téllez, vecinos de Valladolid, en 1617, AHPS, PN, 230-468-254. Con Martín Rodríguez, vecino de Madrid, en 1620, AHPS, PN, 445-785-240. Con Hernán Báez de Quirós y Enrique Méndez, hermanos vecinos de Madrid, en 1620 y 1621, AHPS, PN, 445-785-297 y 437-774-277.
[59] Pablo Méndez tomó a destajo en 1617 el lavado de las lanas de Hernán Báez de Quirós en los lavaderos de Soria y Tera, AHPS, PN, 230-468-278.
[60] AHPS, PN, 340-637-726v.
[61] Un ejemplo en AHPS, PN, 399-710-33, Soria, 20-IX-1606. El licenciado Juan García, médico, se obligó como fiador al pago de los derechos aduaneros debidos por las lanas que exportasen en aquel ejercicio Diego de Acosta Pereda y Alejo Gómez de Santiago, portugueses estantes en Soria.
[62] Noticia de una operación de este tipo en AHPS, PN, 345-642-682, Soria el 23-VIII-1612. Carta de finiquito otorgada a Antonio Brandon por María de Soria, viuda de Juan García de Tardajos. Se hace constar que éste había enviado a Rouen por hacienda propia, aunque por orden de Antonio Brandon, 18 sacones y medio de lana estremeña lavada, que recibió en Rouen Francisco Méndez Soto. Quedaban por cobrar todavía del producto de la venta de dicha lana 103 escudos franceses, que debía enviar Francisco Méndez Soto a Antonio Brandon, y éste a su vez entregaría luego a María de Soria, vid. AHPS, PN, 345-642-682.

colaborar con exportadores de lanas pertenecientes a la «nación» portuguesa tuvo continuidad en la siguiente generación, dado que nos consta que su hijo Lucas García de Vera sirvió como agente al célebre asentista Fernando de Montesinos, vecino de Madrid, quien, por ejemplo, en 1638 le otorgó poder para comprar en la región soriana hasta un total de 10.000 arrobas de lana fina[63].

## *EL ARRAIGO DE LOS MERCADERES LANEROS PORTUGUESES EN SORIA DURANTE EL REINADO DE FELIPE III*

Por contraste con el gran número de mercaderes de origen portugués que durante las dos primeras décadas del siglo XVII operaron con lanas en la región soriana con vistas a su exportación, fueron pocos los que en este período llegaron a arraigar en la ciudad del Duero o en alguna otra población de su entorno. Por supuesto Soria contó durante el siglo XVII con una importante minoría portuguesa, fácilmente identificable por la marcada tendencia de sus miembros a la concertación de matrimonios endogámicos. Y entre los integrantes de dicha minoría el interés por la negociación con lanas estuvo muy desarrollado, manteniéndose a lo largo de toda la centuria. Pero no se orientó de forma preferente hacia la actividad exportadora propiamente dicha, sino que por el contrario se concentró en actividades como el lavado y ensacado de lanas finas adquiridas para su exportación por otros mercaderes[64], la compra de lanas churras y riberiegas para su reventa a fabricantes pañeros de las regiones soriana y camerana, y la puesta en marcha de empresas de fabricación de paños en la propia ciudad de Soria. Por contraste fueron muy pocos los portugueses avecindados en Soria para los que disponemos de noticias que nos confirmen su directa participación por cuenta propia en empresas de exportación de lanas. Uno de ellos es Diego Rodríguez, de quien nos consta su actividad como exportador lanero en 1607[65], y de quien sabemos además que llegó a arraigar en la ciudad del Duero, donde contrajo matrimonio con Margarita de Oporto Azambújar, perteneciente a una familia de origen portugués instalada en Soria desde tiempos de Felipe II, que proporcionó destacados hombres de negocios a esta ciudad durante el siglo XVII.

---

[63] AHPS, PN, 454-794-122.
[64] Uno de los lavaderos que funcionó en Soria durante el siglo XVII fue propiedad de una familia de origen portugués, la de los Oporto-Azambújar.
[65] Otorgó poder a Juan González de Heredia, administrador de las rentas reales del puerto de Salvatierra, para que se obligase en su nombre al pago de los derechos aduaneros que le correspondiese pagar por sus lanas, AHPS, PN, 360-658-375, Soria, 12-II-1607.

También fue exportador de lanas Nicolás Ferraz, quien comenzó a negociar con esta mercancía en tierras sorianas hacia 1606, cuando todavía estaba avecindado en la ciudad de Palencia[66], donde a su vez residían varios de sus cuñados, hermanos de su mujer, Isabel Pereira, con los que realizaba negocios en compañía. En 1610 decidió, por fin, avecindarse en Soria, presentando como fiador para su vecindad a un mercader vecino de esta ciudad llamado Juan de Ayuso, de quien desconocemos el origen[67]. Y debió entonces contemplar la posibilidad de arraigar en esta ciudad, puesto que poco tiempo después dio un paso inusual entre los miembros de su «nación», al adquirir por compra a un clérigo, miembro del cabildo de la catedral de Osma aunque residente en Salamanca, un rebaño de ganado ovino de raza churra de algo más de medio millar de cabezas, que era llevado a pastar en invierno al reino de Aragón, a Alfamen, cerca de La Almunia de Doña Godina[68]. Fue una operación de carácter excepcional, pues es el único mercader portugués del que tenemos noticia que llegó a convertirse en propietario ganadero, aunque desconocemos cuánto tiempo mantuvo en propiedad los ganados, que, además, conviene recordar que no eran trashumantes, y por lo tanto producían un tipo de lana que no era la que habitualmente se destinaba a la exportación. A este respecto cabe dejar constancia también del hecho de que, aunque Nicolás Ferraz se interesó ciertamente por la compra de lanas finas *estremeñas* para su exportación, dedicó una parte importante de su actividad al trato con lanas churras y riberiegas, procedentes del esquileo de ganados estantes y trasterminantes, y así mismo adquirió en algunos ejercicios grandes partidas de añinos. Por ello nos sentimos inclinados a pensar que en su actividad como mercader lanero tuvo más peso su papel como proveedor de materia prima para la manufactura pañera castellana que su papel como exportador. Y, a este respecto, consideramos bastante significativo el hecho de que llegase a Soria procedente de Palencia, pues esta última ciudad fue en la primera mitad del siglo XVII, junto con Segovia y los Cameros, uno de los principales focos de demanda de lanas de la región soriana, para la fabricación de mantas, cobertores, paños y bayetas[69]. Por otra parte, Nicolás Ferraz, aunque desplegó una intensa actividad y demostró estar dotado de notable capacidad de iniciativa y dinamismo, no fue un hombre de negocios al que podamos calificar de exitoso, pues su etapa final se vio ensombrecida por las graves dificultades financieras a las que tuvo que hacer

---

[66] Noticia sobre compras de lanas de escasa envergadura efectuadas al mercader soriano, y propietario de ganados trashumantes, Hernando de Lumbreras en 1606 y 1607, en AHPS, PN, 100-223-281 y 101-224-284. Resulta significativo que en los contratos se contempló que Nicolás Ferraz realizase algunos de los pagos en las ferias de Mondéjar, para San Andrés de noviembre de 1606, y en las de Tendilla para Carnestolendas de 1608.
[67] AHPS, PN, 141-296-180, Soria, 23-IX-1610.
[68] AHPS, PN, 326-618-177 y 181. En el momento de realizarse la venta se contabilizaron 627 cabezas que quedaron reducidas a 585 pagaderas, valoradas a 11 reales cada una.
[69] Vid. DIAGO HERNANDO, «El mercado lanero en la región», págs. 72-73.

frente, y la declaración del concurso de acreedores, tras la cual su pista desaparece de la documentación notarial soriana, y no volvemos a saber nada más de él.

Un tercer personaje identificado como portugués vecino de Soria que participó activamente en la exportación de lanas finas adquiridas a ganaderos sorianos en la segunda década del siglo XVII es Francisco López, quien aparece efectuando registros de lanas compradas para exportar en los años 1616, 1617, 1618 y 1619, y nos consta que, al menos en alguno de estos ejercicios, formó compañía con otro portugués residente en Bayona, Francisco Manuel[70]. Pero de este individuo no volvemos a tener noticias para fechas más tardías que confirmen que continuó residiendo en Soria, o dejó descendientes en esta ciudad, y por ello estimamos probable que su avecindamiento en esta ciudad tuviese sólo carácter temporal y terminase abandonándola, quizás para instalarse en alguna ciudad del sur de Francia o de Normandía, como hicieron otros muchos portugueses por estos años.

En conjunto, por lo tanto, cabe concluir que los miembros de la «nación» portuguesa más volcados hacia el negocio de la exportación de lanas que desarrollaron su actividad en la región soriana en las primeras décadas del siglo XVII, aunque ciertamente prodigaron bastante más sus estancias por estas tierras que otros grandes exportadores foráneos que operaron en ellas en fechas más avanzadas de este mismo siglo, mostraron escasa predisposición por fijar allí de forma estable su residencia, adoptando la vecindad en la ciudad del Duero o en algún otro núcleo del entorno, como, por ejemplo, la villa aduanera de Ágreda. Por el contrario, los más activos exportadores de origen portugués que operaron con lanas sorianas en este período fueron individuos con notable grado de movilidad, que cambiaban de residencia cada poco tiempo y vivían a caballo entre Portugal, Castilla y Francia, y que, cuando decidieron arraigar en un lugar, optaron finalmente por ciudades francesas u otras de la Corona de Castilla, como Madrid o Valladolid. En claro contraste con ellos, los portugueses que arraigaron en Soria tuvieron escasa participación en el comercio de exportación, o, al menos, ocuparon en el mismo una posición claramente subordinada. Y, aunque ciertamente éstos también dedicaron una parte importante de su actividad al trato con lanas, se centraron de forma preferente en las churras y ribeiegas, destinadas a satisfacer la demanda de la manufactura pañera local, que ellos mismos potenciaron en calidad de empresarios-pañeros. Por otro lado, mientras que el

---

[70] En Soria, 28-VII-1616 Francisco López se obligó conjuntamente con Francisco Manuel a pagar al regidor soriano Francisco González de Río 5.198 reales por el valor de 226 arrobas de añinos que le habían comprado a 23 reales la arroba. AHPS, PN, 441-781-235. En otras ocasiones en que Francisco López aparece asociado con Francisco Manuel, el primero es identificado como vecino de Segovia. Un testimonio en AHPS, PN, 220-450-137, Soria, 3-VIII-1610. Deducimos, por tanto, que debió ser vecino de la ciudad del Eresma antes de serlo de Soria.

origen judeoconverso de la práctica totalidad de los exportadores de lanas portugueses está fuera de duda, en lo que respecta a las familias originarias de Portugal que se asentaron en Soria a finales del reinado de Felipe II se nos plantean más dudas a la hora de determinar si descendían de judíos o no, sobre todo porque, habiendo logrado la plena integración en la sociedad soriana, se esforzaron a lo largo de todo el siglo XVII por resaltar su condición de hidalgos y cristianos viejos. En cualquier caso, no ha sido nuestro objetivo en el presente trabajo profundizar en el análisis del proceso de asentamiento en Soria de estas familias portuguesas, a las que tenemos intención de dedicar un estudio monográfico más adelante, en el que trataremos de poner de manifiesto sus peculiaridades.

## *CONCLUSIÓN*

La irrupción de los mercaderes portugueses de origen judeoconverso en el comercio de exportación de lanas finas de la región soriana a partir de los últimos años del siglo XVI, que muy probablemente tuvo sus equivalentes en otras regiones de la Corona de Castilla productoras de lanas finas para la exportación, aunque hasta el momento no se han emprendido apenas trabajos de investigación para comprobarlo, representa un fenómeno de gran relevancia para la historia económica y social de la Corona de Castilla, sobre el que se ha llamado muy poco la atención en las obras de síntesis. En el presente trabajo hemos tratado de demostrar que se trató de un proceso muy rápido y de efectos contundentes, en el que participaron multitud de individuos que, en líneas generales, no responden al perfil de los grandes financieros portugueses, con intereses en la exportación de lanas, que son los únicos que hasta ahora han despertado el interés de los historiadores del siglo XVII castellano. Por el contrario, fueron personajes de modesto origen, y capacidad financiera bastante limitada, pero dotados de un extraordinario espíritu emprendedor y sorprendentemente predispuestos a los continuos cambios de residencia y a traspasar una y otra vez las fronteras entre los reinos para sacar adelante sus negocios.

La irrupción de estos portugueses en el comercio de exportación de lanas no tuvo lugar inmediatamente después de que se produjese la quiebra y retirada de las principales casas mercantiles burgalesas, que habían controlado una parte importante del comercio de exportación de lanas finas por los puertos del Cantábrico durante los siglos XV y XVI. Hubo una fase intermedia en que coexistieron exportadores de muy variadas procedencias, aunque la identidad de muchos de ellos todavía está pendiente de clarificación, pues no se han acometido los trabajos de investigación precisos para conocer con más detalle esta etapa del comercio exterior castellano. Pero no cabe duda de que la desaparición de los burgaleses generó un cierto vacío que finalmente los portugueses supieron aprovechar. Queda por explicar por qué no comenzaron a hacerlo antes. Probablemente las trabas a la libre circulación de los judeoconversos por el territorio de la Corona de Castilla que todavía estuvieron vigentes durante el reinado de Felipe II supusieron un importante freno. Pero no hay que descartar que también interviniesen otros factores, que sólo podrán ser identificados mediante análisis en profundidad de la evolución del negocio de producción y exportación de lanas de ganado trashumante en la Corona de Castilla en las tres últimas décadas del siglo XVI, período extraordinariamente complejo en el que se produjo la primera gran crisis que afectó a esta actividad, que hasta entonces había atravesado una etapa extraordinariamente prolongada de prosperidad.

Los factores que propiciaron el fulgurante éxito de los portugueses en la empresa de hacerse con el control del mercado de exportación de lanas finas en la región soriana también resultan difíciles de precisar en el estado actual de las investigaciones. No obstante, consideramos que está fuera de duda que algunos de los principales guardan relación con la propia idiosincrasia del grupo mercantil portugués que operó en la región soriana, derivada del hecho de que sus miembros conformaban una minoría social, definida por sus creencias religiosas y costumbres y formas de vida asociadas a las mismas. La práctica totalidad de los mercaderes exportadores de origen portugués que irrumpieron en esta región a fines del siglo XVI fueron, en efecto, judeoconversos. Y su pertenencia a esta minoría, que en muchos aspectos puede considerarse que se encontraba discriminada en las sociedades castellana y portuguesa de los siglos XVI y XVII, explica determinados rasgos de sus formas de vida que resultaron a todas luces propicios para facilitar su éxito en el negocio del comercio exportador. Entre ellos cabría destacar la propensión a la movilidad, con la consiguiente dispersión de los miembros de una misma familia por áreas geográficas sumamente extensas, que terminaron por abarcar prácticamente toda Europa Occidental, y el importante papel que desempeñaron en su vida profesional los vínculos del parentesco, sin duda determinantes para la buena marcha de cuantos negocios emprendieron.

# EL ASCENSO DE LOS JUDEOCONVERSOS AL AMPARO DE LA ALTA NOBLEZA EN CASTILLA DESPUÉS DE 1492: EL CASO DE ALMAZÁN

Contribución al análisis del proceso de integración social de los judíos convertidos al cristianismo en la Corona de Castilla después de 1492, a partir del estudio de un caso local concreto, el de la villa de Almazán, señorío de los condes de Monteagudo. Se centra el análisis en unas pocas familias que destacaron por su elevada posición económica, derivada de su intensa dedicación al comercio y las finanzas, y por la estrecha relación de servicio que mantuvieron con los condes, señores de la villa.

*PALABRAS CLAVE:* Castilla; historia social; siglo XVI; judeoconversos; Inquisición moderna; Lainez.

# THE SOCIAL PROMOTION OF THE CONVERTED JEWS UNDER THE PROTECTION OF THE MEMBERS OF THE HIGH NOBILITY IN CASTILE AFTER 1492: THE CASE OF ALMAZÁN

Contribution to the study of the process of social assimilation of the Jews that adopted the Christian faith in the Crown of Castile after 1492, based on the analysis of a local case, that of the small town of Almazán, subject to the lordship of the counts of Monteagudo. The author pays special attention to a few families of converted Jews that attained a high social and political position, as a result of their notorious role as merchants and financiers, and of the close relationship that they kept, in the role of servants, with the counts, lords of the town.

**KEYWORDS**: Castile; Social History; 16th Century; Converted Jews; Modern Inquisition; Lainez.

Sobre la suerte de los judíos convertidos al cristianismo en la Corona de Castilla a partir del siglo XIV, y la actitud que hacia ellos manifestó la sociedad cristiana mayoritaria, en la que se habían de integrar tras la adopción de la nueva fe, se ha debatido mucho entre los historiadores, que han defendido puntos de vista muy dispares al respecto. No cabe duda de que al plantearse esta cuestión hay que evitar las generalizaciones, porque las experiencias vividas fueron extraordinariamente diversas, y resulta de todo punto imposible reducirlas todas ellas a un patrón común. Para empezar, hay que diferenciar entre los diferentes momentos cronológicos en que tuvieron lugar las conversiones, y al mismo tiempo también hay que tener en cuenta que no en todas las regiones de Castilla el problema se planteó de idéntica manera. De hecho, pueden advertirse contrastes notables incluso entre localidades muy próximas geográficamente entre sí, pero que presentaban estructuras sociopolíticas diferentes, en función de si formaban parte del realengo o estaban sometidas al señorío jurisdiccional de un poderoso miembro de la alta nobleza, y también de la importancia relativa que la comunidad de judeoconversos alcanzaba en el conjunto de la población.

Los problemas a los que tuvieron que hacer frente los judeoconversos antes y después del establecimiento de la Inquisición no resultan sin duda equiparables, y de igual manera tampoco lo son los que afectaron a los miembros de esta minoría en las primeras décadas de funcionamiento de la institución, y en las décadas que siguieron a la publicación del decreto de expulsión de los judíos en 1492.

Todavía continúa generando polémica la interpretación de esta medida de los Reyes Católicos desde la perspectiva de la definición de los objetivos principales que se persiguieron con la misma, y de la identificación de los motivos que llevaron a estos monarcas a adoptarla. Un hecho bien probado es, sin embargo, que fueron muchos los judíos que, ante las nada halagüeñas perspectivas vitales que se les presentaban si persistían en continuar profesando la fe de sus mayores, optaron por aceptar el bautismo para poder residir en territorio castellano. Y fueron las propias autoridades castellanas, desde los reyes para abajo, los que les animaron a que lo hiciesen, presionándoles incluso en algunos casos con insistencia. Hubo conversiones masivas en 1492 y en 1493, y en buena lógica cabe alimentar sospechas sobre la plena sinceridad de las mismas, dadas las circunstancias en que tuvieron lugar, en muchos casos después de haber tomado en un primer momento la decisión de emprender el camino del exilio, pues fueron muchos los que se bautizaron tras haber pasado unas amargas semanas en Portugal.

Si los que se habían convertido en las décadas finales del XIV y a lo largo del siglo XV habían alimentado las sospechas de que eran falsos cristianos, y en secreto seguían profesando la religión judía, con más razón habría cabido esperar que resultasen sospechosos los que se convirtieron *in extremis* en los años 1492 y 1493. Por ello ofrece particular interés centrarse en el análisis de las trayectorias de estos judeoconversos de la última «oleada», para poner a prueba algunas de las tesis que sobre el antijudaísmo de inspiración racial de la sociedad castellana han defendido algunos autores.

El que se ha manifestado en términos más radicales en este sentido ha sido Benzion Netanyahu, para quien, en la sociedad castellana bajomedieval, y de forma aún más exacerbada en sus sectores populares, estaba arraigada una fuerte animadversión hacia los judíos, que tenía su origen en prejuicios de carácter racial más que religioso, razón por la cual nada podía hacer para desarraigarla la sincera conversión a la fe y prácticas cristianas de los miembros de dicha comunidad. En consecuencia, según este autor, la introducción de la Inquisición por los Reyes Católicos no tuvo como principal objetivo erradicar las prácticas y creencias heréticas de los cristianos de origen judío que no se habían convertido sinceramente a la nueva fe, y seguían profesando en secreto su antigua religión. Para Netanyahu, cuando la Inquisición se introdujo, no existía en los reinos hispanos un auténtico problema de expansión del criptojudaísmo, puesto que la inmensa mayoría de los judeoconversos habían asumido para entonces plena y sinceramente su nueva fe, y la figura del criptojudío estaba en proceso de extinción. Lo que preocupaba verdaderamente al grueso de la población era que la conversión de los judíos al cristianismo les permitiese «infiltrarse» en la sociedad y ocupar posiciones influyentes, que les habían estado vedadas mientras habían profesado la religión hebrea. Por lo tanto, según su punto de vista, los Reyes Católicos accedieron finalmente a implantar la Inquisición, movidos por la presión popular, con el objetivo principal de impedir la integración de los judeoconversos en la sociedad cristiana. Más aún, empleando sus propias palabras: «Se esperaba del tribunal la difamación, degradación, segregación y ruina económica y social de todo el grupo hasta eliminarlo por completo de la vida española»[1].

Interesa poner a prueba la validez de esta rotunda tesis profundizando en el análisis de las trayectorias de los judíos que se convirtieron a la fe cristiana después de 1492, cuando ya estaba implantada la Inquisición, pues, de ser acertada, resulta lógico pensar que los mismos constituyesen las presas susceptibles de sucumbir con más facilidad ante este afán aniquilador de la «raza judía» que al parecer se había «apoderado» de la sociedad española, y más en

---

[1] NETANYAHU, 2002: 188.

particular de la castellana.

El análisis de dichas trayectorias puede llevarse a cabo desde muy diversas perspectivas. Ofrecen indudable interés las monografías centradas en determinados personajes o familias, como la de los Coronel en Segovia o la de los Beltrán en Soria, que, aunque puedan representar casos excepcionales, no dejan de proporcionar información de la que cabe extraer interesantes conclusiones[2]. Adoptando un enfoque algo más amplio, cabe también centrar la atención en el conjunto de familias convertidas al cristianismo en un determinado núcleo de población, que es precisamente la tarea que nos hemos propuesto llevar a cabo en el presente trabajo.

Hemos escogido para ello el caso de la villa de Almazán, de la que eran señores los condes de Monteagudo, del linaje Mendoza[3], que ofrece notable interés desde esta perspectiva de análisis por varias razones. En primer lugar, porque contaba a principios del siglo XVI con una comunidad judeoconversa muy numerosa, que representaba una fracción importante del total de la población de la villa, y que estaba constituida en su inmensa mayoría por familias que se habían convertido al cristianismo después de 1492. Almazán había albergado durante el siglo XV una de las comunidades judías más numerosas y dinámicas de la región[4]. Pero, en notable contraste con lo sucedido en la ciudad de Soria, donde proliferaron los judeoconversos en posiciones influyentes a lo largo de todo este siglo[5], en Almazán no se tiene noticia apenas de la presencia de judíos convertidos al cristianismo antes de 1492. Por contraste, después de esta fecha pasó a contar con una comunidad de en torno a las cien familias de origen judío que habían adoptado la fe cristiana, las cuales, por una averiguación del tribunal de la Inquisición realizada en esta villa soriana en 1505, nos consta que vivían concentradas desde el punto de vista topográfico en un barrio bien identificable, que comprendía cinco calles, lascuales estaban significativamente ubicadas dentro del perímetro del que había sido barrio judío hasta 1492[6].

Esta nutrida comunidad de judeoconversos, de origen reciente, y que desde muchos puntos de vista había podido dar continuidad a su régimen de vida tras 1492 sin dramáticas alteraciones, como bien lo testimonia el hecho de que continuasen ocupando el mismo barrio en el que habían vivido como judíos,

---

[2] La bibliografía dedicada a los Coronel de Segovia es abundante y se va engrosando cada vez más. Desde la perspectiva que aquí nos interesa resulta particularmente interesante LADERO, 2003. Para el caso de la familia Beltrán de Soria, véase DIAGO, 1996.
[3] DIAGO, 1993b
[4] CANTERA, 1976; CASTAÑO, 1994.
[5] DIAGO, 1992a.
[6] CARRETE y FRAILE, 1987.

ofrece un interesante campo de análisis para el investigador que, despojado de prejuicios, trate de indagar sobre las condiciones concretas en que se produjo la incorporación de los judíos a la sociedad castellana de los siglos XV y XVI. Y este es el objetivo que nos hemos propuesto alcanzar mediante el presente trabajo, en el que, teniendo en cuenta la notable incidencia que para la vida sociopolítica de Almazán a fines del siglo XV y en las primeras décadas del siglo XVI tuvo la residencia estable de sus señores, los condes de Monteagudo, tendremos ocasión además de valorar los efectos que para la suerte de los judeoconversos residentes en ciudades de señorío nobiliario pudieron tener sus relaciones con los miembros de la alta nobleza, y determinar cuáles eran las actitudes dominantes entre los representantes de este grupo sociopolítico en lo que respecta a la cuestión judeoconversa.

## *LOS JUDÍOS DE ALMAZÁN Y EL PRIMER CONDE DE MONTEAGUDO*

Aunque las referencias documentales disponibles para conocer en profundidad las relaciones que los señores de Almazán del linaje Mendoza mantuvieron con los judíos residentes en la capital de su estado señorial son muy escasas, resultan suficientes para confirmar que, al igual que otros muchos nobles castellanos de fines de la Edad Media, estos recurrieron con frecuencia a judíos para que les prestasen servicios, en especial de tipo financiero[7]. Así, en el momento de la publicación del decreto de expulsión en 1492, nos consta que el primer conde de Monteagudo, don Pedro de Mendoza, se servía de judíos para que tuviesen cargo de la recaudación de sus rentas. De ello da fe una provisión de abril de 1493 en la que se recoge la noticia de que ciertos judíos que habían tenido cargo de cobrar rentas pertenecientes a la casa condal, y habían tenido que emprender el camino del exilio, le habían transferido al propio conde ciertas cantidades de dinero que les adeudaban diversas personas por virtud de obligaciones[8]. Nada sabemos en concreto sobre la identidad de estos judíos, pero no hay que descartar que hubiese entre ellos individuos que poco después terminaron recibiendo el bautismo, a los cuales encontramos prestando servicios de carácter financiero al conde de Monteagudo durante las primeras décadas del siglo XVI.

---

[7] Sobre la presencia de judíos en el desempeño de servicios de carácter financiero a miembros de la nobleza castellana proporciona datos CALDERÓN ORTEGA, 1993. Para la región soriana interesan DIAGO, 1992a y CASTAÑO, 1994.
[8] Archivo General de Simancas [= AGS], Registro General del Sello [= RGS] IV 1493, fol. 78. Comisión al bachiller de Portillo.

Por alusiones dispersas en documentación de principios del siglo XVI hemos podido constatar que uno de los judíos más hacendados y emprendedores que vivieron en Almazán en la segunda mitad del siglo XV, del que descienden todos los miembros de la familia Lainez, a los que nos referiremos con frecuencia a lo largo del presente artículo, Abraham Abén Rodrique mantuvo estrechas relaciones financieras con los primeros condes de Monteagudo, Pedro de Mendoza y su esposa Isabel de Zúñiga, puesto que en el momento de su muerte estos le debían una elevada cantidad de dinero, próxima a los 5.000 ducados, que se encargó de cobrar su hijo, el que tras su conversión al cristianismo adoptó el nombre de Francisco Lainez, pero que al morir su padre profesaba todavía el judaísmo[9].

Francisco Lainez siguió el camino marcado por su padre, Abraham Abén Rodrique, y mantuvo estrechos contactos con la casa condal, aunque la mayor parte de las noticias relativas a los mismos de que disponemos se refieren a la etapa de su vida posterior a su conversión al cristianismo en 1492. Otro tanto cabría decir de sus hermanos, entre los que figura Pedro Lainez, que antes de su conversión se llamaba Rabí Ça Carrillo[10]. En su caso llama la atención, sin embargo, que antes de 1492 ya había tenido una importante actividad como recaudador de rentas al servicio de miembros de la alta nobleza. En concreto nos consta que había servido en estos menesteres al duque de Medinaceli[11], pero no consideramos improbable que también llegase a desempeñar la misma función al servicio de su señor, el conde de Monteagudo, y se contase entre los judíos que, según este noble, tenían cargo de la recaudación de sus rentas en el momento de decretarse la expulsión.

La escasa documentación conservada nos proporciona en cualquier caso algunos otros indicios que sugieren que el primer conde de Monteagudo se mostró protector hacia los judíos, llegando incluso a proporcionar amparo a algunos que acudieron a su estado huyendo de castigos o represalias de otros miembros de la nobleza con señoríos en el entorno de Almazán. Desde este punto de vista es muy revelador el caso de Yuçé Paçagón, su esposa y otro judío llamado Vidal Francés, hacia los que había manifestado enemistad el señor de la villa de Serón, Sancho de Rojas, hasta el punto de haber ordenado embargarles sus bienes. Dichos judíos

---

[9] Esta información y todas las relativas a Abraham Abén Rodrique, identificado como padre de Francisco Lainez, proceden de Archivo de la Real Chancillería de Valladolid [= AChV], reales ejecutorias [= RE], 350-65 (19-X-1521).
[10] Es el único de los hermanos del que conocemos el nombre judío. A título de
hipótesis cabe plantear que rabí Yuçé Abén Rodrique, y Jacó Abén Rodrique, su hermano, judíos vecinos de Almazán mencionados en un documento de mayo de 1492, fuesen otros dos de los hermanos Lainez, hijos todos de Abraham Abén Rodrique. Vid. AGS, RGS, V-1492, fol. 438.
[11] Sobre la participación de Rabí Ça Carrillo en la recaudación de rentas del duque de Medinaceli en compañía con dos judíos de Sigüenza, véase CASTAÑO, 1994, 222-223.

estaban residiendo en una aldea de Almazán, llamada Velilla, hasta la que acudieron armados un grupo de vasallos del señor de Serón, encabezados por el alcaide de la fortaleza de esta villa fronteriza, Mosén Bernal Sánchez, quienes los tomaron presos y se los llevaron consigo a la jurisdicción de Serón, suscitando la comprensible ira del conde de Monteagudo por el grave acto de violación de su señorío jurisdiccional cometido por los vasallos de Sancho de Rojas[12].

En el momento de la publicación del decreto de expulsión no podemos afirmar con seguridad cuál fue la actitud que los condes adoptaron ante una medida que les afectaba muy seriamente, por la elevada importancia porcentual que los judíos alcanzaban en el total de la población residente en Almazán, la capital de su estado señorial. Ciertamente los condes, para quedar en alguna medida compensados por la pérdida de tan gran número de vasallos, recibieron de los reyes, al igual que otros muchos miembros de la alta nobleza castellana, un privilegio por el que se les concedían los bienes que dejaban atrás en su estado señorial los judíos forzados a tomar el camino del exilio[13]. No obstante, cabe presumir que para ellos había de resultar preferible conservar los vasallos antes que unos bienes que sin fuerza humana que los hiciese fructificar necesariamente quedaban muy devaluados. Por ello consideramos muy probable que se movilizasen para lograr la permanencia del máximo número posible de sus vasallos judíos, y el regreso de muchos de los que inicialmente habían optado por marchar a Portugal. En la documentación no hemos encontrado, sin embargo, noticias que corroboren de forma explícita esta hipótesis, ni tampoco relativas a intercesiones a favor de los nuevos conversos, como la que realizó el duque de Alburquerque en 1493 para que dos judíos vecinos de Cuéllar que se habían convertido al cristianismo que tenía presos en Segovia el corregidor Día Sánchez de Quesada, acusados de haber sacado moneda y cosas vedadas al tiempo de su expulsión, fuesen liberados[14].

Lo cierto es que muchos de los judíos de Almazán que habían inicialmente optado por el destierro regresaron a los pocos meses, sin que se les planteasen

---

[12] Comisión al licenciado Sebastián de Balboa, del Consejo Real, para conocer de este asunto, en AGS, RGS, I-1490, fol. 187.
[13] AGS, Cámara-Cédulas, 1, 133, 4, Segovia, 5-IX-1494.
[14] SUÁREZ, 1964: doc. 252. Se ha de tener en cuenta que en el momento de la expulsión algunos judíos de Cuéllar tenían a su cargo la recaudación de rentas pertenecientes al duque de Alburquerque, los cuales, habiendo decidido marchar al exilio en un primer momento, regresaron al poco a Cuéllar convertidos. Es el caso de Francisco Sánchez de la Cueva (SUÁREZ, 1964: doc. 241), y también de Fernando Pérez de Cuéllar (ol. Mosé Barroso), quien declaró que, habiendo marchado en un primer momento con los demás judíos, decidió al poco volver convertido a Cuéllar «para servir al duque y estar a su sombra», esta declaración en AChV, RE, 127-12 (9-IX-1498). Francisco Sánchez de la Cueva no fue, por otra parte, el único convertido de Cuéllar que adoptó como apellido el de los duques, señores de la villa, es decir, «De la Cueva». Otro caso notable es el de Fernán Gómez de la Cueva (SUÁREZ, 1964: doc. 245).

dificultades reseñables para reemprender sus vidas y retomar el control de sus haciendas y patrimonios en el estado en que los habían dejado al emprender el camino del exilio. Y que el conde debió tener un fuerte interés en que se quedasen nos lo prueba también, por vía indirecta, la denuncia presentada por uno de los hijos del ya mencionado Abraham Abén Rodrique, Fernando Lainez, vecino de Almazán, en 1493, manifestando que se recelaba que el conde de Monteagudo no le permitiría marcharse a vivir fuera de esta villa, como era su intención[15].

## *JUDEOCONVERSOS AL SERVICIO DE LOS CONDES DE MONTEAGUDO*

La documentación de los últimos años del siglo XV y de la primera mitad del siglo XVI pone de manifiesto que los dos primeros condes de Monteagudo, don Pedro y don Antonio de Mendoza, tuvieron a su servicio, en posiciones de la máxima confianza, a un gran número de judeoconversos, pertenecientes a unas pocas familias que habían adoptado el cristianismo después de 1492, entre las que destaca la de los Lainez por el gran número de miembros de la misma que sirvieron en la casa condal, sobre todo en el desempeño de funciones con una importante vertiente financiera. Así, al menos dos miembros de esta familia sirvieron como mayordomos, primero García Lainez, y luego su hermano Alonso Lainez. Otros dos, Diego Lainez y Juan Lainez, desempeñaron el cargo de contadores[16], mientras que un quinto miembro, Antonio Lainez, sirvió bastantes años como tesorero.

Paradójicamente no le conocemos el desempeño de ninguno de estos oficios al miembro de la familia que en un primer momento ocupó, según todos los indicios, una posición más influyente en la casa condal, hasta el punto de recibir el honor de ser nombrado alcaide de la fortaleza de la villa señorial de Moñux. Nos referimos a Francisco Lainez, el mayor de los numerosos hijos del judío don Abraham Abén Rodrique. Los indicios que nos ofrece la documentación sobre la estrecha relación que mantuvo este judeoconverso con los condes de Monteagudo, pese a lo reciente de su conversión al cristianismo, son, sin embargo, sumamente ilustrativos. Sorprendente resulta a este respecto la noticia de que el conde de Tendilla le hizo una merced de 100.000 mrs. en premio por haber mediado para que se llevase a efecto el casamiento de su hija María de Mendoza

---

[15] AGS, RGS, VIII-1493, fol. 133.
[16] Juan Lainez, probablemente el padre del jesuita, era contador en 1532 Vid. AChV, Pleitos Civiles [= PC], Masas, Fenecidos [= F], Caja [= C.] 4-6. Diego Lainez, que figura entre los que acudieron al concurso de acreedores a los bienes del segundo conde tras su muerte en 1547. AChV, PC, fernando Alonso, f, C. 967-8.

con el segundo conde de Monteagudo[17]. Por otra parte el propio Francisco Lainez en su testamento otorgado en el año 1520 dejó una buena prueba de la estrecha relación que había mantenido con su señor el conde al reconocer que «me ha hecho mucha falta su ausencia»[18], para después suplicarle que «sea favorecida mi mujer y mis cosas, como yo siempre tuve deseo a su señoría y a sus cosas».

En la estrecha relación mantenida por este judeoconverso con la casa condal debió desempeñar sin duda un papel fundamental su notoria capacidad para la prestación de servicios financieros. Así, nos consta que, siguiendo el ejemplo de su padre, efectuó importantes adelantos de dinero a los primeros condes de Monteagudo, pues la primera condesa, Isabel de Zúñiga, hizo mención expresa en su testamento del año 1505 a las deudas que tenía contraídas con los hermanos Francisco y Pedro Lainez[19]. Por su parte, tanto el testamento como el inventario *post mortem* de su hacienda, del año 1520, contienen numerosas noticias relativas a préstamos efectuados a diferentes miembros de la familia condal[20].

Además de Francisco Lainez, otros varios miembros de su familia prestaron continuado auxilio financiero a los señores de Almazán, muy en particular al segundo conde de Monteagudo, que estuvo afectado durante toda su vida por graves problemas de liquidez. Ejemplo notable nos lo proporciona en primer lugar su hermano Alonso Lainez, que sirvió como mayordomo al segundo conde, el cual figura en la larga lista de acreedores que acudieron al concurso cuando este noble se declaró en suspensión de pagos en 1524, reclamando el pago de 350.000 mrs. que le debía su señor por el valor de diversos paños y tejidos de seda que le había entregado[21]. En su condición de mayordomo parece que con relativa frecuencia este judeoconverso concertó compras de productos de consumo

---

[17] Esta noticia se incluye en las relaciones sobre la composición de la hacienda de Francisco Lainez que se aportaron en el pleito que siguió su viuda Elena Lainez contra los hermanos y sobrinos de su difunto marido, por el reparto de la herencia. De hecho, con el conde de Tendilla se negoció un matrimonio doble, el de su hija María, con el conde de Monteagudo, don Antonio, y de su hijo primogénito, Luis, futuro conde de Tendilla, con Catalina, hermana de Antonio.
[18] El conde había abandonado Castilla en el séquito del emperador Carlos, cuando este embarcó en La Coruña en mayo de 1520. Más detalles en DIAGO, 2013.
[19] El testamento de Isabel de Zúñiga, condesa de Monteagudo, en Archivo Histórico Nacional [= AHN] (Nobleza, Toledo) Osuna, leg. 2023-10.
[20] En el testamento indica que le deben dos hermanos del conde las siguientes cantidades: Doña Inés de Mendoza 27.000 mrs; y don Alonso de Mendoza y su mujer Juana de la Cerda 17.898,5 mrs. En el inventario de escrituras realizado tras la muerte de Francisco Lainez en abril de 1520 se menciona una carta del conde de mayo de 1512 asegurando a Francisco Lainez podría cobrar los 483.000 mrs que le había librado en sus rentas de los sexmos de Tierra de Almazán. También aparece una carta cuenta del año 1494, firmada de la condesa difunta, de lo que se cobró en la feria de mayo y lo que se gastó, que prueba que Francisco Lainez, a los pocos meses de su conversión, acudía a las ferias de Medina del Campo para hacer gestiones por cuenta de la primera condesa de Monteagudo. También se menciona una cuenta de Martín de Castejón, secretario del conde, con Francisco Lainez. Testamento, otorgado en Almazán, 3-IV-1520, e inventario post mortem, pueden consultarse en AChV, PC, Fernando Alonso, f, C. 1358-1.
[21] DIAGO, 2013.

suntuario a mercaderes de Valladolid por elevadas cuantías de dinero, y, aunque se trataba de mercancías destinadas a la propia casa condal, en más de una ocasión fue él quien fue requerido para efectuar el pago. Así lo testimonia, entre otros, el pleito seguido contra el mercader vallisoletano, Diego de Valladolid, quien le reclamó el pago de cerca de 200.000 mrs. que le debía por el valor de mercancías que le había entregado, y que Alonso Lainez se resistía a pagarle con el argumento de que las mercancías eran para el conde de Monteagudo, y por lo tanto Diego de Valladolid debía cobrar lo que se le adeudase por ellas entrando al concurso junto con los demás acreedores del conde[22].

Problemas muy parecidos a los del mayordomo Alonso Lainez tuvo que afrontar su pariente Antonio Lainez, que fue muchos años tesorero del segundo conde. Así, tenemos noticia de varios pleitos que siguió con mercaderes de Valladolid, por no haber cumplido puntualmente con el pago de las deudas contraídas con ellos. En concreto Pedro Fernández de Portillo les reclamó en una primera ocasión conjuntamente a él y a Hernando Álvarez, vecino de Almazán, 80.000 mrs. que le adeudaban por el valor de ciertas mercancías, los cuales fueron obligados a abonar por ejecutoria del año 1511[23]. Pocos años después, en 1518, la misma Chancillería de Valladolid volvió a obligarle a abonar a este mercader vallisoletano 22.658 mrs. que le adeudaba por el valor de ciertas mercancías que por cuenta suya había comprado Gracián de Santa Cruz, judeoconverso vecino de Almazán[24]. Y, por su parte, en 1509 fue el mercader vallisoletano Diego de Valladolid el que consiguió ejecutoria a su favor, por la que se obligó a Antonio Lainez, conjuntamente con otros dos vecinos de Almazán llamados Antón Gómez y García Gonzalo, a pagarle 40.600 mrs. que le adeudaban[25]. En todos estos casos el origen de las deudas estaba en la compra de mercancías, pero parece bastante probable que el auténtico destinatario de las mismas fuese el propio conde de Monteagudo, quien, no obstante, evitaba obligar sus propios bienes a la paga, por lo que eran sus criados con mayor capacidad financiera, o los representantes de sus vasallos encargados de la recaudación de impuestos, los que en primer lugar eran llamados a responder cuando se producían demandas de los acreedores[26].

Teniendo en cuenta todo esto, no podemos dejar de concluir que la estrecha relación que varios de los más destacados miembros de la familia judeoconversa

---

[22] AChV, RE, C. 381, X-1525. Ejecutoria a petición de Diego de Valladolid, por la que se condena a Alonso Lainez a pagarle 198.969 mrs.
[23] AChV, RE, 261-40, Valladolid, 5-III-1511.
[24] AChV, RE, 325-49, Valladolid, 25-II-1518.
[25] AChV, RE, 235-19, Valladolid, 22-V-1509.
[26] Más detalles sobre las presiones que ejerció el segundo conde de Monteagudo sobre sus criados y vasallos para que saliesen fiadores en sus contrataciones en DIAGO, 2013.

de los Lainez mantuvieron con los señores de Almazán a principios del siglo XVI, debido precisamente al papel central que en la misma desempeñó la prestación de servicios financieros, fue una relación cargada de riesgos. No fueron ellos, sin embargo, los únicos que se vieron afectados por esta paradoja, sino que hubo al menos otro personaje perteneciente al círculo de más estrechos colaboradores del conde, su contador Gómez Ruiz de Mercado, que también sufrió en sus propias carnes las consecuencias de la falta de estabilidad de las finanzas de la casa condal durante toda la primera mitad del siglo XVI, y a pesar de ello permaneció inquebrantablemente al servicio del segundo conde hasta su muerte[27].

Los Lainez, al igual que Gómez Ruiz de Mercado, con relativa frecuencia se vieron en aprietos financieros por motivos en los que una parte importante de la responsabilidad radicaba en el propio conde. Pero parece que se trató de un riesgo que asumieron gustosos porque a cambio alcanzaron una envidiable posición de preeminencia e influencia en la sociedad adnamantina, como tendremos ocasión de comprobar más adelante. Por el momento interesa advertir, no obstante, que además de los miembros de esta prolífica familia otros varios notorios judeoconversos residentes en Almazán a principios del siglo XVI mantuvieron una muy estrecha relación con los señores de la villa. Cabe destacar desde este punto de vista la figura de Álvaro de Luna, quien, por lo demás, estaba emparentado con los Lainez, al haber casado con Catalina Lainez, hermana del licenciado Lainez, médico[28]. De su estrecha relación con el conde de Monteagudo, don Antonio, nos da idea el hecho de que cuando en 1510 este y su único hermano varón, el señor de Tejado don Alonso de Mendoza, precisaron que se les nombrase curador, por ser ambos mayores de 14 años pero menores de 25, fue precisamente este judeoconverso el designado para desempeñar tal función[29]. Por otra parte, por estos mismos años lo encontramos participando en algunos acontecimientos de la vida política de Almazán que ponen bien en evidencia su condición de hombre de confianza del señor de la villa. En concreto cabe destacar que en febrero de 1513 estuvo a su lado en una acción de fuerza perpetrada contra el monasterio de Santa Clara de Almazán, en el que ambos penetraron rompiendo una pared, al frente de gran número de gente armada, tras lo cual se llevaron por la fuerza a la abadesa y monjas a un mesón de la villa que al parecer servía a la vez de burdel[30]. Por otro

---

[27] Más detalles sobre la relación entre el conde don Antonio y su contador Gómez Ruiz de Mercado en DIAGO, 2013. No hay constancia de que este individuo fuese de origen converso.
[28] CARRETE y FRAILE, 1987: 67 y 70.
[29] Su nombramiento como curador del conde y su hermano, tiene lugar en Almazán 1-VIII-1510, ante el alcalde ordinario Gonzalo Ruiz de Ledesma. El acta aparece transcrita en diversos documentos. Por ejemplo, en AChV, PC, Pérez Alonso, f, C. 847-5, y AGS, Mercedes y Privilegios, 236. Se ha de destacar que Álvaro de Luna presentó como fiadores a Juan de Puelles, hidalgo cristiano viejo, y Juan Lainez, judeoconverso.
[30] AGS, RGS, V-1513. Para encuadrar este episodio en su contexto, véase DIAGO, 2011.

lado, su notoria influencia política queda también puesta de manifiesto en la sorprendente frecuencia con que desempeñó en las primeras décadas del siglo XVI los oficios de regidor y alcalde ordinario de Almazán, que eran de duración anual, a los que además accedió por el cupo de la mitad del oficios que correspondían al estamento hidalgo, pese a que, paradójicamente su hermano Ximeno de Luna formó parte del estamento pechero[31].

Que hubo un elevado porcentaje de judeoconversos en el círculo de criados de la máxima confianza del segundo conde de Monteagudo queda, por otra parte, bien puesto de relieve en una relación que su primera esposa, la condesa María de Mendoza, presentó en la Corte para su defensa en el pleito que se seguía por el asesinato de Juan Garcés, ocurrido durante la ausencia del conde en Flandes, del que se acusaba a la propia condesa. En dicha lista incluyó a todos aquellos criados de su marido que habían testificado contra ella, a todos los cuales los calificó de «personas sospechosas y viles», que estaban predispuestos en contra suya[32]. Y llama la atención el gran número de judeoconversos que había entre ellos, pues, de un total de dieciséis vecinos de Almazán nombrados, cabe identificar como de origen judío a los siguientes: Álvaro de Luna, Ximeno de Luna, Rodrigo de Torres, Álvaro Daza, Diego Lainez, Diego Vélez, García de Alvez, Hernando Alvez, y Elena Lainez.

## *INDICIOS DEL RÁPIDO ASCENSO SOCIAL*

La comunidad judeoconversa de Almazán destacó en las décadas inmediatamente posteriores a la publicación del decreto de expulsión de 1492 no solo por el gran número de miembros con que contó, sino también por la elevada posición socioeconómica que varios de ellos pasaron a ocupar en la villa, prácticamente desde el mismo momento de su conversión al cristianismo. La reconstrucción de la trayectoria de los hijos y demás descendientes del judío don Abraham Abén Rodrique, que en su gran mayoría adoptaron el apellido Lainez, proporciona abundantes pruebas de este fenómeno, y por ello nos vamos a detener a continuación en proporcionar algunos detalles al respecto.

En primer lugar hemos de llamar la atención sobre el hecho de que todos los

---

[31] Información sobre los oficios de gobierno desempeñados en Almazán por los hermanos Álvaro y Ximeno de Luna, en DIAGO, 1993c: 138-139. Ximeno de Luna, pese a su inferior posición sociopolítica, traducida en su pertenencia al estamento pechero, también
estuvo en estrecha relación con la casa condal, pues, como atestiguan los libros de actas de la Mesta, sirvió de mayoral de sus ganados a la condesa de Monteagudo, María de Mendoza.
[32] AGS, RGS, X-1523. Provisión a Alonso Pérez y Juan Ruiz, escribanos públicos de Almazán.

hijos de este judío recibieron un privilegio de los Reyes Católicos el 2 de mayo de 1494 por el que se les concedieron generosas exenciones de impuestos que les convertían a efectos prácticos en hidalgos, aunque en el documento no se hizo mención expresa al concepto de «hidalguía»[33]. No se trata de un hecho excepcional o insólito pues en estos mismos meses inmediatamente posteriores a la publicación del decreto de expulsión estos mismos monarcas concedieron privilegios aún más generosos a otros varios judíos que accedieron a bautizarse, todos los cuales presentan como rasgo en común el haber estado al servicio de la Real Hacienda en la recaudación de rentas. Es célebre el caso del judío segoviano Abraham Seneor, y de su yerno Mayr Melamed, que recibieron el bautismo en una solemne ceremonia en el monasterio de Guadalupe, a la que asistieron los reyes como padrinos, los cuales les convirtieron acto seguido en hidalgos de solar conocido, dándoles por linaje el de los Coroneles, antiguo linaje castellano extinto, a la vez que les hicieron merced de sendos oficios de regidor en la ciudad de Segovia[34]. Otro ejemplo notable lo tenemos en el judío soriano Vicen [sic] Bienveniste, que después de marchar a Portugal en 1492 regresó convertido al cristianismo, para recibir de los reyes privilegio de hidalguía para él y sus descendientes en 30 de abril de 1493[35]. Este judío había mantenido estrechas relaciones de negocios con el mencionado Abraham Seneor y su yerno, que es probable que trabajasen por convencerle para que regresase convertido al cristianismo a Castilla[36]. Por otra parte, también sabemos de múltiples contactos que mantuvieron, tanto él como su hijo Antonio Beltrán, con los Lainez de Almazán, y significativamente también con varios judeoconversos residentes en la ciudad de Sigüenza, que igualmente fueron premiados por los Reyes Católicos con privilegio de hidalguía, en atención a su conversión. Nos referimos a Alvar Pérez y Ruy Pérez de Cusanca y Fernán Gómez de León, que conjuntamente recibieron tal privilegio de los Reyes Católicos el 23 de agosto de 1492[37]. Las noticias que proporciona la documentación sobre relaciones de negocios y de parentesco que establecieron estos conversos seguntinos tanto con los Lainez de Almazán, como con los Beltrán de Soria y los Núñez Coronel de Segovia son numerosos y no hay aquí lugar para detallarlas, pero no dejan lugar a dudas sobre el hecho de que formaban una densa red, de modo que la circunstancia de que todos ellos fuesen generosamente premiados por los reyes por su conversión no

---

[33] El privilegio fue concedido por los Reyes Católicos, en Medina del Campo, 2-V 1494, e iba dirigido a Pedro, Hernando, Francisco, Diego, Alonso, García y Antonio Lainez, vecinos de Almazán. Se conserva inserto en varias ejecutorias de hidalguía de la Chancillería de Valladolid, y recientemente ha sido publicado en MARTÍN GALÁN, 2012.
[34] LADERO, 2003.
[35] DIAGO, 1992c.
[36] DIAGO, 2002; ÁLVAREZ GARCÍA, 1990.
[37] MARTÍN GALÁN, 2012: 66-69.

cabe interpretarla como mera casualidad[38].

Martín Galán al comentar el privilegio que obtuvieron los hermanos Lainez en mayo de 1494 ha resaltado que no conllevaba en rigor el reconocimiento para ellos y sus descendientes de la condición hidalga, sino una mera exención de impuestos, en contraste con el resto de privilegios que hemos comentado, que sí conllevaban el reconocimiento explícito de la hidalguía. No le falta razón, pero al mismo tiempo también es cierto que, pese a que en la memoria de todos debía estar el reciente pasado judío de toda esta familia, muchos de sus miembros no tropezaron con ningún tipo de dificultad para hacerse reconocer a todos los efectos la condición hidalga, gracias entre otros muchos factores a que fueron los propios condes de Monteagudo los que lo hicieron posible designándoles para cargos y funciones que solo podían desempeñar los hidalgos, como es el caso, por ejemplo, de la tenencia de fortalezas.

Así tenemos que Francisco Lainez, al parecer primogénito de don Abraham Abén Rodrique, convertido al cristianismo junto con su mujer judía, que adoptó el nombre de Elena Lainez, tras 1492, fue designado por el segundo conde de Monteagudo, don Antonio, alcaide de la fortaleza de su villa de Moñux. Este judeoconverso murió en 1520 sin haber tenido hijos de su matrimonio, pero hasta tal punto había asumido la mentalidad hidalga que decidió fundar un mayorazgo constituido en su totalidad por heredades a favor de uno de sus muchos sobrinos, habiendo recibido para ello licencia del rey en 1512[39]. Y resulta revelador comprobar que prefirió para ello escoger a uno por cuyas venas corriese sangre hidalga del mayor prestigio, postergando a los que solo tenían por antepasados a judíos. Prueba de ello es que no escogió a ninguno de los hijos de sus numerosos hermanos varones, todos ellos casados con conversas, sino a un hijo de su hermana, Francisca Lainez, que había contraído matrimonio con Juan Garcés, un caballero de la villa de Ágreda, perteneciente a un linaje de hidalgos de rancio abolengo, el de los Garcés de los Fayos, que además había destacado como uno de los miembros más encumbrados de la clientela del segundo conde de Monteagudo, pues, además de su contino, fue un tiempo su mayordomo, le sirvió como capitán de los hombres de armas que el conde aportó en 1512 para la conquista de Navarra, y desempeñó un notable papel en la vida política de Almazán en 1521, mientras el conde estaba ausente en Flandes en compañía del emperador Carlos[40]. La concertación del

---

[38] Identificación de las principales familias judeoconversas de Sigüenza, y noticias de interés sobre sus vínculos con las de Almazán en CASTAÑO, 1994, y MARTÍN GALÁN, 2011-2012.
[39] AGS, RGS, VI-1513.
[40] Abundante información sobre Juan Garcés y sus relaciones con el conde de Monteagudo y otros miembros destacados de la sociedad política adnamantina en los procesos que se siguieron ante el Consejo de las Órdenes contra los hermanos de la condesa de Monteagudo, Bernardino y Antonio de Mendoza, ambos comendadores, de

matrimonio de Francisca Lainez, quien, según declaraciones de un testigo ya había estado casada con un judío antes de su conversión al cristianismo en 1492[41], con un acreditado hidalgo de la máxima confianza del conde de Monteagudo, como era el agredeño Juan Garcés, proporciona buena prueba de que la cualidad hidalga de los Lainez fue de facto reconocida desde prácticamente el momento de su conversión al cristianismo, independientemente de que en el privilegio que los reyes les concedieron en 1494 no se hiciese mención expresa a la misma. En cualquier caso, dentro de la propia familia se habría asumido el principio de que era preferible la hidalguía vieja a la reciente, y por ello cuando Francisco Lainez tuvo que elegir un sobrino para fundar en su cabeza un mayorazgo escogió a uno de los hijos varones de Juan Garcés. El elegido fue Garci Garcés, quien, al igual que su tío tuvo también a su cargo la tenencia de la fortaleza de Moñux, y, además, sirvió al conde de Monteagudo como mayordomo.

Por lo demás la documentación proporciona algunos otros indicios concluyentes que no dejan lugar a dudas sobre el hecho de que los hijos de Abraham Abén Rodrique, que abrazaron el cristianismo después de 1492 adoptando el apellido Lainez, disfrutaron desde el propio momento de su conversión de una posición preeminente en la sociedad adnamantina. En este sentido resulta muy reveladora la real provisión de diciembre de 1493 que recoge la solicitud del mercader burgalés Andrés Escobar para que la demanda que había presentado contra los hermanos Francisco, Pedro y Garcia Lainez, a los que reclamaba 400.000 mrs. fuese tramitada por el Consejo Real, porque en Almazán ellos eran «personas principales y poderosas, y muy favorecidos por el conde y condesa de Monteagudo»[42]. Ciertamente estos calificativos podían tener algo de exagerados, pero no dejan de resultar chocantes si tenemos en cuenta que los individuos a los que se aplican habían estado profesando el judaísmo hasta hacía pocos meses, y por tanto habían estado formando parte de una minoría marginada.

## *ACTIVIDADES ECONÓMICAS EN QUE DESPUNTARON LOS JUDEOCONVERSOS ADNAMANTINOS*

La comunidad judeoconversa de Almazán después de 1492 fue muy

---

Estremera y Socuéllamos respectivamente, por el asesinato del propio Juan Garcés en diciembre de 1521. En AHN, Órdenes Militares [= OOMM], Archivo Histórico de Toledo, 13.361 y 19.889.

[41] Juramento de calumnia de Antonio de Mendoza, comendador de Socuéllamos, hermano de la condesa de Monteagudo, acusado de la muerte de Juan Garcés, en AHN, OOMM, Archivo Histórico de Toledo, 13.361. Declara que franciska Lainez «seyendo judía fue desposada con uno que se dice el doctor de Almazán, y después que se tornó cristiana fue casada con Juan Garcés».

[42] AGS, RGS, XII-1493, fol. 154.

numerosa, y diversificada. Hubo en ella familias de posición socioeconómica muy elevada, y también abundaron las de condición humilde. No cabe duda, no obstante, de que dicha comunidad contribuyó notablemente a la dinamización de la vida económica de la villa por la intensa actividad desplegada por algunos de sus miembros en aquellos sectores de la economía que más potenciaron el desarrollo y progreso económico.

Entre ellos cabe destacar en primer lugar el comercio de la lana. Para la región soriana esta actividad económica fue fundamental durante un largo período que abarca desde comienzos del siglo XV hasta finales del siglo XVIII, gracias a la fuerte demanda de lanas finas que durante estos siglos existió en numerosos países europeos, que carecían de materia prima local de suficiente calidad para sus manufacturas pañeras. Almazán, por ubicarse en una comarca llana con dedicación preferente al cultivo del cereal, no era la mejor dispuesta para convertirse en un gran centro para el trato de lanas finas, a diferencia de Soria o Ágreda, o de las villas serranas de Yanguas o San Pedro Manrique. No obstante, lo cierto es que la documentación acredita que en las últimas décadas del siglo XV y durante gran parte del siglo XVI un pequeño grupo de vecinos de Almazán desarrollaron una notable actividad como mercaderes laneros, que, no obstante, solo en casos excepcionales dieron el salto al gran negocio de la exportación, que es el que mayores beneficios generaba. De hecho, el atractivo que llegó a ofrecer el negocio de la cría de ganados trashumantes para la producción de lanas finas, muy demandadas en el mercado internacional, llevó a varios vecinos de la villa de Almazán a invertir en esta actividad, convirtiéndose en grandes señores de ganados. Pero fue sobre todo con lanas de inferior calidad, procedentes del esquileo del ganado estante y trasterminante que poseían los campesinos de la comarca, así como algunos vecinos de la villa, con las que negociaron los mercaderes avecindados en esta. Este tipo de lanas eran muy demandadas por los fabricantes pañeros de la región soriana y de los Cameros, especializados en la fabricación de paños de baja calidad. Pero llama la atención advertir que en la segunda mitad del siglo XV y la primera mitad del siglo XVI también fueron muy demandadas por mercaderes burgaleses, que es muy probable que destinasen a la exportación las de mayor calidad entre las mismas, en unos momentos en que la cabaña ovina trashumante de la Corona de Castilla no debía bastar para satisfacer la demanda de lanas finas que se estaba disparando en otros países europeos en aquellos momentos.

Pues bien, hasta 1492 prácticamente todas las noticias de que disponemos sobre tratantes de lanas residentes en Almazán se refieren a judíos, lo que sugiere que estos debieron ejercer entonces una suerte de monopolio sobre esta actividad. La relevancia que los judíos adnamantinos alcanzaron en el comercio de lanas queda además puesta de manifiesto por el hecho de que no se limitaron a operar en el entorno geográfico más inmediato de la villa, sino que despuntaron también en comarcas más alejadas, como, por ejemplo, la Tierra de Molina, una de las principales regiones productoras de lanas finas de ganado trashumante de la Corona de Castilla en aquellos momentos[43].

Varios de estos judíos que habían despuntado como mercaderes laneros lo continuaron haciendo, incluso a mayor escala, tras su conversión en 1492. Un primer ejemplo lo tenemos en los varios hijos de don Abraham Abén Rodrique. Este ya había desplegado una intensa actividad en el trato lanero, negociando no solo en la comarca de Almazán, sino también en la de Atienza, donde tenía a su servicio un judío, que tras su conversión al cristianismo en 1492 adoptó el nombre de Francisco del Águila, quien, entre otras dedicaciones, tenía la de hacer sacas de lana para vender. Y nos confirma la envergadura de sus tratos con lanas la constatación del hecho de que en el momento de su muerte dejó en sus lonjas alrededor de 400 sacas, que se encargó de vender su hijo mayor, el que luego se llamaría Francisco Lainez, a mercaderes burgaleses de la familia Paredes, a quienes concedió aplazamiento de pago[44].

Nada más sabemos sobre los tratos laneros de este último antes de su conversión, aunque sí disponemos de noticias relativas a su hermano Çag Carrillo, que tras 1492 pasó a llamarse Pedro Lainez, el cual, siendo judío, compraba lanas a campesinos del entorno de Almazán, y revendía sacas a otros judíos adnamantinos que estaban al servicio de exportadores genoveses[45].

Es muy probable que estos dos hermanos, y alguno más, como, por ejemplo, García Lainez, actuasen en compañía en el trato lanero cuando todavía eran judíos, pues así se desprende de una denuncia presentada en 1493 por un conocido exportador, el burgalés Andrés de Escobar, en la que manifestaba que Francisco, Pedro y Garcia Lainez, le estaban adeudando 400.000 mrs. por ajuste de cuentas de los tratos que con ellos había tenido, de lanas que les había comprado y mercancías que les había vendido a cambio, los cuales no lograba cobrar pese a que los plazos de pago hacía tiempo que habían cumplido[46].

Andrés de Escobar tuvo frecuentes tratos con judíos vecinos de Soria que

---

[43] DIAGO, 1992.
[44] Noticia en AChV, RE, 350-65 (19-X-1521).
[45] Noticias en AChV, RE, 85-22 (VII-1495), y AChV, RE, leg. 44, 18-VII-1495.
[46] AGS, RGS, XII 1493, fol. 154.

le vendieron lanas[47], y sus negocios con los hijos de don Abraham Abén Rodrique debieron obedecer al mismo patrón. De hecho, estos, tras su conversión al cristianismo, realizaron frecuentes operaciones de venta de sacas de lana a mercaderes de la ciudad de Burgos que las compraban presumiblemente para su exportación, aunque parte importante de dichas lanas debían ser de calidad mediocre, pues procedían del esquile de ganado estante. Desde esta perspectiva cabe destacar la actividad desplegada por Francisco Lainez que, como hemos adelantado, fue el que se encargó de vender en la feria de mayo de Medina del Campo a mercaderes burgaleses las 400 sacas de lana que había dejado almacenadas en lonjas su padre cuando murió. Su interés por el trato lanero queda bien puesto de manifiesto en el hecho de que fue propietario de un lavadero de lanas en la villa de Almazán, y, por otra parte, tanto en su testamento como en el inventario *post mortem*, ambos del año 1520, abundan las noticias sobre compras y ventas de lanas, concertadas incluso con la propia condesa de Monteagudo, que explotaba una cabaña al cargo de la cual estaba como mayoral el judeoconverso Ximeno de Luna[48]. En particular son dignas de notar desde esta perspectiva las noticias sobre ventas de importantes cantidades de sacas de lana efectuadas a mercaderes burgaleses, a los que concedía aplazamientos de pago relativamente generosos, que podían acercarse hasta los tres años, utilizando las ferias de mayo y octubre de Medina del Campo como referencia para fijar los plazos[49]. En esta misma línea se han de interpretar los contactos que consta que mantuvo con el judeoconverso soriano Antonio Beltrán, el principal exportador lanero residente en la ciudad del Duero en la primera mitad del siglo XVI[50].

Además de Francisco Lainez otros miembros de su familia vendieron sacas de lanas a mercaderes burgaleses. Es el caso, por ejemplo, de su sobrino Juan Lainez, padre del célebre general de la Compañía de Jesús, quien en julio de 1523 vendió en Medina del Campo junto con otro vecino de Almazán llamado Diego González, 127 sacas de lana merina lavada y estivada, procedente del esquileo del año 1521, a los mercaderes burgaleses Pedro de Burgos y Pedro de Cuesvasrubias,

---

[47] DIAGO, 2002.
[48] Entre otras referencias del inventario cabe destacar las que hay al libro de recibo de lanas de 1500, al libro de 1505, al libro grande de 1519 de cosas fiadas y lanas. También hay referencias a conocimientos firmados por vecinos de aldeas, obligándose a la entrega de lanas, y a un albalá firmado de la condesa, por el que consta que esta le debe a Francisco Lainez cuatro sacas de lana lavada que están en el lavadero.
[49] Como ejemplo ilustrativo de este tipo de contratos en Almazán, podemos citar el firmado en Almazán 9-II-1520, con Pedro de Castromocho, representante de los mercaderes burgaleses Cristóbal de Haro y Gonzalo de Almazán, a los que vendió ciertas sacas de lana por valor de 171.584 mrs que estos se obligaron a pagar en seis plazos, en ferias de mayo y octubre de Medina del Campo, desde la de mayo de 1520 hasta la de octubre de 1522. Copia del contrato en AChV, PC, Fernando Alonso, f, C. 1358-1.
[50] En el inventario post mortem se hace mención a un «envoltorio con cartas mensajeras de Antonio Beltrán», y a «dos cartas de Antonio Beltrán, de un factor y de cierta contratación de ciertas sacas de lana». Sobre el perfil de Antonio Beltrán como exportador lanero, véase DIAGO, 2009.

a razón de 2.500 mrs. por saca[51]. Pero, además de ellos, otros notorios judeoconversos de Almazán desempeñaron un destacado papel en el comercio lanero, algunos de los cuales llegaron incluso a participar en el negocio exportador, aunque con inversiones de pequeña envergadura, como es el caso de Mateo de Luna[52].

En la primera mitad del siglo XVI, entre otros notorios judeoconversos de Almazán que actuaron como intermediarios que vendían sacas de lana a mercaderes burgaleses cabe mencionar a Ramiro López de Calatayud, quien en 1505 reclamó al burgalés Pedro de Arceo 129.000 mrs. que le debía por razón de lana que le había vendido[53]. Otra figura destacada sería la de Gracián de Santa Cruz, que se convirtió al cristianismo tras breve estancia fuera del reino en 1492[54], y al que nos consta que el mercader burgalés Diego Ruiz de Miranda había quedado debiendo 102.000 mrs. que cobró tras su muerte, en Medina del Campo en 1515, su hijo Diego de Santa Cruz[55].

Para fechas más avanzadas resulta obligada la mención a Luis Coronel[56], que fue un ambicioso hombre de negocios, de marcado talante especulativo, y también sirvió al conde de Monteagudo como contador[57]. Buena prueba de su espíritu emprendedor y amante del riesgo nos la proporciona, entre otros indicios, el hecho de que tomó a su cargo en compañía con un acaudalado señor de ganados trashumantes de la ciudad de Soria, Pedro González de Río, de acrisolado linaje de hidalgos cristianos viejos, la recaudación de los derechos aduaneros que se cobraban en los puertos secos de la frontera de Castilla con Aragón entre 1552 y 1555[58]. Tuvo a su servicio al ya mencionado Mateo de Luna, por lo que cabe la posibilidad de que las lanas registradas en las aduanas a nombre de este fuesen

---

[51] Archivo Histórico Provincial de Valladolid [= AHPV], 6814-s.f. Medina, 24-VII1523. Se acordó que el comprador pagase la mitad del valor de las lanas de contado, y el resto por mitad en las ferias de octubre de Medina de 1523 y 1524.
[52] figura en la relación de exportadores publicada por Lapeyre, abonando derechos aduaneros en 1571 (LAPEYRE, 1981).
[53] AGS, RGS, VI-1505. Provisión a las justicias de Burgos. Noticia de la conversión de Ramiro López de Calatayud tras breve estancia fuera del reino, a raíz de la publicación del decreto de expulsión, en AGS, RGS, III-1501. Provisión al corregidor de Ágreda.
[54] Noticia en AGS, RGS, XI-1494, fol. 218.
[55] AHPV, 7839-303, Medina del Campo, 21-XI-1515. Es probable que la deuda tuviese su origen en una venta de sacas de lana, aunque el documento no lo aclara.
[56] El apellido Coronel fue llevado por varios judeoconversos de Almazán, y de otros lugares de la geografía soriana, como Ágreda, algunos de ellos emparentados con los Lainez. No hay constancia de que tuviesen parentesco con los Coronel de Segovia, sobre los que trata LADERO, 2003. No hemos podido trazar la genealogía de Luis Coronel, aunque nos consta que estaba casado con una judeoconversa, francisca de Santa Cruz, hija de Diego de Santa Cruz y Luisa Lainez. Diego de Santa Cruz era a su vez hijo de Gracián de Santa Cruz, de quien acabamos de tratar.
[57] Noticia de los pleitos que tenía con el conde después de haber sido su contador en, Archivo Histórico Provincial de Soria [= AHPS], Protocolos Notariales [= PN], 5-14. Soria, 21-VII-1543. Había sustituido en 1541 como contador a Gómez Ruiz de Mercado. Noticia en AChV, PC, Pérez Alonso, f, C. 47-2.
[58] AChV, PC, Pérez Alonso, f, C. 271-3, y AChV, PC, Moreno, Olvidados, C. 843-6.

realmente suyas[59]. De hecho nos consta que él también negoció personalmente con lanas, razón por la cual, por ejemplo, en 1551 y 1552 se le reclamó en la ciudad de Soria el pago de una elevada cantidad de dinero por el recaudador de las alcabalas[60]. A su vez tenemos noticia de una importante operación de venta de sacas de lana que efectuó en 1557 a mercaderes burgaleses, pero conviene precisar que en esta ocasión las fibras procedían del esquileo de sus propios ganados[61]. Porque Luis Coronel llegó a convertirse al final de su vida en un destacado señor de ganados, que combinó la explotación de rebaños churros estantes y rebaños trashumantes que pastaban en verano en las sierras sorianas, con la de rebaños trashumantes que tenían sus agostaderos en la montaña de León, que eran los que producían la lana de máxima calidad y precio. De hecho su interés por este último tipo de explotación se despertó en fecha muy tardía, cuando ya le quedaba poco tiempo de vida, al adquirir, por compra concertada en Valladolid en julio de 1555, de Hernando Ochoa, receptor general de la paga de las guardas del rey, una cabaña de 7.804 ovejas mayores, 634 cabras, y 4.452 corderos y corderas, por la que se obligó a abonar en varios plazos la elevada cantidad de 4.238.000 mrs[62]. A diferencia de los ganados que Luis Coronel venía poseyendo con anterioridad, que también eran relativamente numerosos[63], estos rebaños que compró en 1555 no llegaron a ser traídos nunca a tierras sorianas, puesto que en invierno pastaron en las dehesas pertenecientes a la encomienda del Portezuelo, que el propio Luis Coronel había tomado a renta, y en verano fueron llevados a agostar a varios puertos tomados a renta en la montaña de León, mientras que se esquilaban en la sierra segoviana u otro lugar de la submeseta norte cuando iban camino de dichos puertos[64]. Se trató de una compra de marcado carácter especulativo, para la que Luis Coronel demostró no tener suficiente respaldo financiero, pues al final de su vida se vio involucrado en arriesgadas operaciones de cambios[65], que dieron como resultado que tras su muerte sus hijos se viesen

---

[59] Mateo de Luna declaró que había estado en Zaragoza sirviendo como factor en diversos negocios a Luis Coronel, AChV, PC, Fernando Alonso, f. C. 215-7.
[60] AChV, RE, 859-76.
[61] Por contrato firmado en Vitoria, 14-VII-1557, se vendieron a los herederos de Diego de Carrión y compañía, vecinos de Burgos, 95 cuerpos de lana, procedentes del esquileo de las ovejas, carneros y corderos de Luis Coronel del año anterior, por precio cada cuerpo de lana a 6.300 mrs y de añinos a 5.000 mrs. En AChV, PC, Fernando Alonso, f, C. 215-7.
[62] Copia del contrato firmado en Valladolid, 3-VII-1555, en AChV, RE, 955-19.
[63] En concreto el ganado trashumante soriano, que pastaba en verano en Tierra de Almazán, y en invierno en la dehesa de San Bartolomé, perteneciente a una encomienda de la que era comendador Lope Hurtado de Mendoza, vecino de Burgos, comprendía en 1558 cuatro rebaños, que sumaban 1.949 cabezas de lanar y cabrío. Noticia en AChV, PC, Pérez Alonso, f, C. 637-7.
[64] Información de interés al respecto en las cuentas de la administración de la cabaña lanar que tras la muerte de Luis Coronel rindió su cuñado Gracián de Santa Cruz, curador de sus hijos menores. En AChV, PC, Pérez Alonso, f, C. 637-7.
[65] Noticia de varias operaciones de cambio con Flandes, a las que Luis Coronel recurrió para financiarse en 1557, en los protocolos notariales de Diego de Espinosa, escribano de Medina del Campo. Se copian varios contratos en AChV, PC, Fernando Alonso, f, C. 2875-1.

apremiados, para atender las demandas de los acreedores[66], a vender a un mercader de lanas vecino de Palencia, Andrés Gallo, la cabaña de ganados segovianos-leoneses que en 1555 había comprado su padre, a pesar de que todavía no se había terminado de pagar el precio convenido al contador Hernando Ochoa, el que la había vendido a Luis Coronel, y que por consiguiente exigió que fuese embargada en tanto no se le pagasen los 1.832.000 mrs. que todavía se le adeudaban[67].

Luis Coronel terminó sus días, pues, como muchos hombres de negocios que arriesgaron en exceso, en situación de práctica bancarrota, aunque finalmente parece que sus hijos, que en un primer momento habían optado por renunciar a la herencia, lograron recuperar bastante, tras resolverse favorablemente para ellos algunos de los muchos pleitos en que se vieron involucrados, en especial los relacionados con la liquidación de las cuentas del arrendamiento de los puertos secos, que su padre había tenido en compañía con Pedro González de Río. No podemos entrar aquí a proporcionar detalles al respecto. Solo hemos querido hacer una somera mención a estas cuestiones para poner de relieve la relevancia que, como hombre de negocios, con intereses muy diversificados, alcanzó el judeoconverso adnamantino Luis Coronel, hombre con talante emprendedor y proclive a embarcarse en arriesgadas empresas, durante la primera mitad del siglo XVI.

Por lo demás, la mayoría de los rasgos que definen su figura desde el punto de vista socioeconómico, también los encontramos en mayor o menor grado en otros varios miembros de la comunidad judeoconversa adnamantina de ese período. Así, el interés por invertir en la explotación de ganados trashumantes lo compartió con notorios integrantes de dicha comunidad como los hermanos Diego y Enrique Hurtado, a los que se atribuyó la posesión de más de 4.000 cabezas de ganado lanar, o Ximeno de Luna, quien sirvió como mayoral a la condesa de Monteagudo[68]. Y, sobre todo, interesa precisar que este interés por la ganadería, aunque probablemente todavía no por la trashumante, ya estaba presente en la comunidad judía de Almazán antes de 1492. Buena prueba de ello nos la proporciona la figura del patriarca de la familia Lainez, Abraham Abén Rodrique, que al morir dejó en Almazán un rebaño de ganado ovino que se estimó que rondaría las mil cabezas, y un centenar de cabezas de ganado vacuno, repartidas entre los términos de Ariza,

---

[66] Uno de los principales acreedores fue un vecino de Valladolid, Luis Falaguer, quien le prestó importantes cantidades en 1556 y 1557, en AChV, PC, Fernando Alonso, C. 271-1.
[67] Noticia sobre los pleitos que se siguieron tras la muerte de Luis Coronel, por demandas puestas por sus acreedores en AChV, PC, Fernando Alonso, f, C. 2875-1; AChV, RE, 937-2 (23-II-1559); y AChV, RE, 955-19.
[68] DIAGO, 1993: 253-254.

en Aragón, y Serón, en Castilla[69].

Por su dedicación al comercio de lanas, y a la explotación de ganados trashumantes, los judeoconversos efectuaron una valiosa contribución a dinamizar la vida económica de Almazán durante la primera mitad del siglo XVI, que, por supuesto, a ellos les debió reportar importantes beneficios que facilitarían su ascenso social. Otra actividad en la que despuntaron fue la del comercio de tejidos y otros productos de importación, en la que también pudieron enlazar con importantes precedentes sentados por los judíos antes de 1492.

La figura de Abraham Abén Rodrique nos vuelve a proporcionar una vez más el mejor ejemplo ilustrativo de la importancia que esta actividad llegó a tener para algunos judíos adnamantinos en la segunda mitad del siglo XV. Nos lo confirma la noticia sobre la presencia entre los bienes que dejó a su muerte[70] de una «botica» de paños y sedas en la plaza de Almazán, que se valoró en 3.000 ducados de oro, y de una segunda «botica» de mercería en la misma plaza, que había estado a cargo de un judío llamado Barú, que era su factor[71], y de otro criado, convertido al cristianismo después de 1492 con el nombre de Francisco López, que había pasado a vivir a Atienza. Probablemente la labor de redistribuidor de mercancías llevada a cabo por este judío no se limitaba a la venta al detalle en sus dos tiendas de la plaza de Almazán. Es probable que también hubiese incorporado a su clientela al campesinado de la región que circundaba a Almazán, pues nos consta que tenía a su servicio varios factores, todos ellos judíos, distribuidos por las principales cabezas de jurisdicción de la comarca[72]. Ciertamente no sabemos mucho sobre la labor desarrollada por estos factores, salvo que algunos, muy en particular el de Atienza, compraban y lavaban lanas. Es probable, no obstante, que atendiesen las necesidades de consumo de los campesinos, y les proporcionasen crédito, a cambio de asegurarse en condiciones ventajosas parte de su cosecha de cereal o de su producción lanera.

Sobre la faceta de los judíos de Almazán como tratantes laneros ya hemos

---

[69] AChV, RE, 350-65 (19-X-1521).
[70] AChV, RE, 350-65 (19-X-1521).
[71] Debe tratarse del don Barú, que, según información proporcionada por CARRETE y FRAILE, 1987: 69, adoptó el nombre de Diego de Salazar. Este, tras su regreso de Portugal, permaneció un año al servicio de Francisco Lainez en Almazán, pero luego se volvió a marchar, según algunos a «Judea».
[72] AChV, RE, 350-65 (19-X-1521). En concreto su factor Paçariel [sic] tenía cargo de sus tratos y hacienda en Monteagudo, Serón, Ariza (Aragón) y Peñalcázar, y sus jurisdicciones. Un factor llamado Cosniel [sic], y luego otro llamado Açán, estuvieron al cargo de la hacienda de Almazán, y su Tierra, y de Soria con la suya. Otro factor llamado Abufavera [¿sic?] gestionó los negocios en Ayllón y su Tierra y en El Burgo de Osma, y por fin otro judío que tras su conversión al cristianismo adoptó el nombre de Francisco del Águila, gestionaba su hacienda en el entorno de Atienza, dedicándose en particular a la compra de lanas. Consta que este Francisco del Águila estuvo dedicado después a la compra de lanas por cuenta de Pedro Lainez, hijo de don Abraham.

hablado. Pero, en una comarca cerealera como la adnamantina, no podían dejar de verse tentados por el trato con granos. Y el caso de don Abraham Abén Rodrique, el patriarca de la familia Lainez, nos lo confirma una vez más. En efecto, en la reconstrucción de la composición de su hacienda en el momento de su muerte se hizo mención a nada menos que 14.000 fanegas de cereal que había dejado almacenadas, y que se valoraron en el entorno de los 14.000 florines[73]. Parte de este cereal procedería de las cosechas obtenidas en las heredades de cereal que poseía en propiedad en las aldeas de Taroda, Adradas, Centenera del Campo y Torluenga, pero también es muy probable que lo obtenido de la producción de dichas heredades se viese considerablemente incrementado por el trato especulativo y la recaudación de rentas, bien eclesiásticas o bien del propio conde de Monteagudo. En cualquier caso la figura de don Abraham Abén Rodrique nos confirma que entre los judíos de Almazán hubo auténticos terratenientes, propietarios de numerosas fincas dedicadas al cultivo del cereal[74]. Esto explica que también los primeros judeoconversos adnamantinos destacasen como grandes propietarios de tierras. Y el mejor ejemplo que podemos traer a colación para demostrarlo es el de Francisco Lainez, hijo del anterior, quien a su muerte en 1520 ya había reunido una gran propiedad en tierras, suficiente para con ella poder fundar un mayorazgo a favor de su sobrino, el hijo de Juan Garcés y de su hermana Francisca Lainez[75].

## *MANIFESTACIONES EXTERNAS DE LA RELIGIOSIDAD DE LOS PRIMEROS JUDEOCONVERSOS ADNAMANTINOS*

Al abordar el análisis de las manifestaciones de la religiosidad de los judíos que abrazaron el cristianismo en Almazán después de 1492 nos encontramos con un cuadro en el que abundan profundas contradicciones. Por un lado, la documentación inquisitorial publicada por Carrete y Fraile contiene numerosas denuncias por prácticas judaizantes presentadas en los años 1504 y 1505 contra un gran número de cristianos nuevos de esta villa soriana, entre los que figuran individuos que cabe incluir entre los de posición social más preeminente de la

---

[73] AChV, RE, 350-65 (19-X-1521).
[74] Por su importancia como propietario de tierras don Abraham presenta evidentes parecidos con don Mosé de Cuéllar, el más hacendado judío de Buitrago en las vísperas de la expulsión (CANTERA y CARRETE, 1972: 34).
[75] En Almazán 9-IV-1516 Francisco Lainez funda mayorazgo en cabeza de su sobrino García Garcés con hacienda valorada en 2.000 ducados, integrada por heredades en Almarail, aldea de Soria, y Nolay, Borjabaz y Momblona, aldeas de Almazán. Copia de la escritura de fundación del mayorazgo en AChV, RE, 374 (XII-1524). En su inventario post mortem del año 1520 se incluyen heredades en Soliedra, Castilruiz, Momblona, Tejado, Nolay, Borjabaz, Almarail, Cavanillas, Centenera, Torremediana, Matamala y Ciadueña. Además, poseía casas en Almazán, Velilla y Matamala, un lavadero de lanas en Almazán y un batán en Matamala, y viñas en Almazán y Matamala.

villa. El caso que más llama la atención es el del matrimonio formado por Pedro Lainez y su mujer doña Aldonza, pues, teniendo en cuenta cuanto hemos dicho sobre la familia del primero, su elevada posición socioeconómica y la notoria influencia que se le atribuía en la casa condal, tan precisada de su asistencia financiera, resulta sorprendente la gravedad de las acusaciones que contra el propio Pedro, y sobre todo contra su mujer, lanzaron los testigos que declararon ante el tribunal inquisitorial en Almazán en 1505. Sin entrar a analizar en detalle el contenido de las mismas, baste con hacer constar que a esta última se le atribuyó el haber pronunciado frases tales como «maldito fuese quien avía vedado el Testamento Viejo» y otras que evidenciaban la nostalgia por el pasado judío, tales como «mejor nos yva antes e más teníamos que agora», o «[…] mientras fueran judíos nunca les faltara el bien y que les faltaba»[76].

Testimonios de este género sugieren una muy deficiente integración en la comunidad cristiana de miembros prominentes de la que probablemente era la familia judeoconversa más rica e influyente de Almazán a principios del siglo XVI, aunque habría que tener en cuenta que en 1505 apenas habían pasado diez años desde la formalización de su conversión al cristianismo, por lo que el escaso tiempo transcurrido habría resultado insuficiente para la superación de los obstáculos surgidos. Por otro lado, también se ha de tener en cuenta que, pese a la gravedad de algunas de las denuncias, la Inquisición no tomó ningún tipo de medida, ni contra Pedro Lainez, ni contra su esposa, por lo que cabe presumir que en el medio plazo los problemas de integración se lograron resolver.

Pero, sobre todo, se ha de tener en cuenta que, junto a estos testimonios de graves dificultades en el proceso de integración, nos encontramos con otros que apuntan en un sentido completamente opuesto. En efecto, continuando con el ejemplo de la familia Lainez, advertimos que otro de sus miembros principales, Francisco Lainez, hermano mayor de Pedro, destaca precisamente por el afán demostrado por hacer pública ostentación de su adhesión a su nueva fe cristiana, que abrazó, junto con su esposa, que adoptó el nombre de Elena Lainez, en 1492. Así, invirtió en torno a 150.000 mrs. para edificar una capilla en el monasterio de San Francisco, extramuros de Almazán, destinada para su enterramiento, en la que financió también el retablo. Quiso además demostrar su devoción hacia la orden franciscana haciendo donación a su casa de Almazán de 20 ducados y 20 fanegas de trigo, «por que tengan cargo de rogar a Dios por mi ánima». Y también en la misma línea apunta el hecho de que dos frailes franciscanos del convento adnamantino, fray Pedro de Villabrájima, y fray Francisco de Vergara, asistieron

---

[76] CARRETE y FRAILE, 1987: 20, 21 y 24.

como testigos al otorgamiento de su testamento. Por otra parte, se hizo construir además una tribuna en la iglesia parroquial de San Pedro, en la que se gastó 35.000 mrs., con el objeto de poder asistir a las celebraciones litúrgicas desde un puesto preeminente, que le permitiese marcar las distancias respecto al pueblo llano, conforme a la mentalidad hidalga entonces predominante. Por fin, también dotó con generosidad fundaciones de capellanías y aniversarios de misas, para lo cual hizo donación perpetua al cabildo de clérigos de Almazán de una renta anual de 155 fanegas de pan mediado, situada en ciertas heredades de Almazán y su Tierra, y un censo perpetuo de 1.300 mrs. anuales, situado sobre un batán edificado en el río Izana, en término de Matamala de Almazán[77]. Y, por otra parte, las ceremonias que encargó que se celebrasen tras su muerte confirman, por si hubiese alguna duda, su plena adhesión a las prácticas piadosas entonces prevalecientes entre las familias cristianas que aspiraban a que se les reconociese cierto *status* social. En concreto dispuso en su testamento de abril de 1520 que el día de su enterramiento le honrasen los cabildos de los señores «caballeros», y los señores abad y cabildo de los clérigos, y el cabildo de Nuestra Señora de Guadalupe de Almazán, y ese mismo día se celebrasen diez misas en el monasterio de San Francisco, otras doce al día siguiente, otras doce al tercer día, y otras doce al cabo de año. Además, ordenó que durante un año llevasen a su sepultura en este monasterio un añal de pan, vino y candela, y se le dijese diariamente en el mismo una misa, pagando 20 mrs. al capellán que la celebrase.

De todo lo dicho se deduce que mantuvo una especial devoción hacia la orden franciscana, que al parecer pudo tener su contrapartida en otra de semejante tenor mantenida por su esposa, Elena Lainez, con la orden de Santa Clara. Esto al menos es lo que intuimos de la constatación de que cuando esta, en junio de 1523, en una sorprendente decisión, hizo donación de todos sus bienes a una hija de los condes de Monteagudo, otorgó el documento precisamente en el interior del monasterio de Santa Clara de Almazán[78]. Tanto el monasterio de San Francisco como el de Santa Clara de esta villa soriana fueron comunidades en las que al principio del siglo XVI los condes de Monteagudo desplegaron una intensa actividad intervencionista[79]. Y, por tanto, la evidente inclinación que hacia los mismos manifestaron Francisco Lainez y su esposa pudo en gran medida ser consecuencia de los estrechos lazos que a ambos les unieron con la casa condal. Pero aquí nos interesa sobre todo valorar estas manifestaciones de devoción como prueba de una exitosa integración en la comunidad cristiana, que, en el caso de Francisco Lainez, también resulta confirmada por diversas noticias sobre las estrechas relaciones que mantuvo con

---

[77] Archivo Diocesano de Osma, 39-D-1 (memorial de censos del cabildo de Almazán, 1557).
[78] Copia de la carta de donación, fechada el 8 de junio de 1523, en AChV, RE, 374-7 (20-XII-1524).
[79] DIAGO, 2011.

algunos prominentes miembros del clero secular. En concreto cabe destacar que entre sus testamentarios designó, junto a varios laicos, al clérigo adnamantino Sancho Fernández, además de al prior del monasterio de Nuestra Señora de Allende Duero de Almazán. Y, por otro lado, también en su testamento encargó a dos miembros del cabildo de la catedral de Sigüenza, el deán, Clemente López de Frías, y el arcediano de Molina, Andrés de Atenas, que asumiesen la tarea de cobrar el dinero que le debían dos mercaderes burgaleses por el valor de unas sacas de lana que les había vendido, por lo que cabe presumir que eran personas de su confianza, y con las que había mantenido una estrecha relación.

El matrimonio de Francisco y Elena Lainez, tras su adopción del cristianismo en 1492, no escatimó, por consiguiente, en medios por dejar bien puesta de manifiesto su adhesión a su nueva fe, asumiendo en su integridad las prácticas piadosas asociadas a la misma, y manteniendo una estrecha relación con numerosos miembros del clero, tanto secular como regular. Quizás por ello ninguno de los dos nos consta que llegase a despertar en ningún momento las sospechas de la Inquisición. Pero tampoco otros parientes próximos suyos contra los que se elevaron denuncias de cierta gravedad llegaron a sufrir ningún tipo de condena. Es el caso de sus hermanos Pedro Lainez, y Aldonza, su esposa, ya mencionados, pero también de algunos miembros de la familia de generaciones más tardías, como Luisa Lainez, hermana del padre del que fue general de la compañía de Jesús, contra la que ciertamente fue incoado un proceso ante el tribunal de Cuenca en el año 1537, pero que no acabó en condena. Por el momento el único individuo con el apellido Lainez avecindado en Almazán que nos consta que fue condenado como hereje judaizante por la Inquisición fue Alonso Lainez, yerno del doctor Antonio Vélez, que fue relajado en 1541, al igual que su suegro[80].

Llama la atención, no obstante, que también entre los miembros de la comunidad judeoconversa adnamantina que ocuparon una posición social más preeminente, y se esforzaron por hacer ostentación de su adhesión a la nueva fe, hubo algunos que terminaron sucumbiendo a la condena del tribunal inquisitorial, aunque la misma recayese simplemente sobre su memoria, al haberse iniciado los procesos contra ellos después de haber fallecido. Un ejemplo notable lo tenemos en el ya mencionado doctor Antonio Vélez, quien estuvo al servicio de los condes de Monteagudo como médico. La documentación consultada no nos ha permitido ciertamente reconstruir su perfil con tanto detalle como el de Francisco Lainez, pero sí nos ha llamado la atención constatar que, al igual que este, costeó la

---

[80] Referencias varias a estos procesos en MARTÍN GALÁN, 2012: 56, CARRETE y FRAILE, 1987, y PÉREZ RAMÍREZ, 1982. Queda pendiente realizar un análisis pormenorizado de los mismos.

construcción de una capilla funeraria de cal y canto, en su caso en una de las iglesias parroquiales de Almazán, la de San Vicente.

Lo sabemos porque una hermana del segundo conde de Monteagudo, Isabel de Zúñiga, dispuso en su testamento que se edificase en dicha iglesia otra capilla de cal y canto junto a la que había hecho construir dicho doctor[81]. Ciertamente no era la intención de la hija del conde que se la enterrase en dicha capilla, pues prefirió la de sus padres en el monasterio de San Francisco en espera de que se terminase de construir la que había ordenado edificar en el monasterio franciscano de Cornago, villa del señorío de su difunto marido, para que finalmente se trasladasen a ella sus huesos. Mandaba construir la capilla en San Vicente para que se depositasen en ella los restos mortales de su ama, de su amo, y de una hija de ambos. Pero, a pesar de todo, no deja de resultar sorprendente que al redactar su testamento hiciese mención expresa al doctor Vélez y a su capilla, cuando hacía pocos años que se había concluido un proceso que contra este había seguido la Inquisición después de haberse producido su muerte, en el que había sido encontrado culpable, y condenado a la relajación en efigie. No debió considerar doña Isabel de Zúñiga irremediablemente manchada la memoria del que había sido el médico de su familia cuando dispuso de forma explícita que se edificase la capilla que era su intención construir para sus amos, al lado precisamente de la que él había construido. Pero no es este el lugar para entrar a elucubrar sobre las huellas que las relajaciones en efigie dejaban en la memoria colectiva en la Castilla del siglo XVI. Lo que nos interesa resaltar es el hecho, aparentemente contradictorio, de que quien había destinado una parte de su fortuna, trabajosamente reunida mediante el desempeño de la medicina y otras actividades, a financiar la construcción de una capilla funeraria en una iglesia, fuese hallado culpable tras su muerte de haber profesado en secreto el judaísmo. Por supuesto estas contradicciones, y otras de mucha más envergadura, han abundado en los comportamientos humanos y lo siguen haciendo en el presente. Aquí simplemente nos interesa valorarlas como un síntoma de que la incorporación de los judíos a la comunidad cristiana después de 1492 constituyó un proceso complejo, con sus luces y sus sombras, en el que nos podemos encontrar fenómenos que sugieren que la misma se produjo con rapidez y facilidad, junto con otros que invitan a sospechar lo contrario, a veces incluso cuando repasamos la trayectoria de un mismo individuo o de una misma familia.

En un balance global, sin embargo, hay motivos para concluir que finalmente

---

[81] Testamento de Isabel de Zúñiga, hija del primer conde de Monteagudo, Pedro de Mendoza, y viuda del señor de Cornago y Jubera, Álvaro de Luna, en AHN (Nobleza, Toledo), Osuna, 2188-3-6.

prevalecieron las tendencias a favor de la integración. Así, desde el punto de vista de la asimilación de las creencias cristianas, y sin abandonar el caso concreto de la comunidad judeoconversa de Almazán, no podemos pasar por alto el hecho de que la familia más rica e influyente de dicha comunidad, la de los Lainez, en su tercera generación tras la conversión al cristianismo proporcionó a la Iglesia católica uno de sus teólogos más activos y reputados, el segundo general de la Compañía de Jesús, Diego Lainez[82]. Y, no solo eso, sino que pronto, siguiendo el ejemplo de este, varios hermanos suyos y otros parientes ingresaron en dicha Compañía.

Ciertamente son más escasas, en el estado actual de la investigación, las noticias sobre el ingreso en conventos de monjas de doncellas de la familia. Pero familias judeoconversas de otras ciudades castellanas proporcionan numerosos ejemplos de tales ingresos, a veces en fechas no muy alejadas del momento de la conversión al cristianismo. Y no hay que excluir, por tanto, que un rastreo más intensivo de la documentación pueda proporcionarlos también en el futuro en el caso de Almazán.

## *CONSIDERACIONES FINALES*

De haber estado tan enraizado el odio contra la «raza judía» del que habla Netanyahu, resulta difícil comprender cómo a la familia Lainez y otras familias judeoconversas de Almazán les resultó posible, después de su conversión al cristianismo en 1492, incorporarse a posiciones de primera fila en la sociedad adnamantina en tan estrecho margen de tiempo. Podría argumentarse que un factor decisivo que jugó a su favor fue la protección que les dispensaron los señores de la villa, los condes de Monteagudo, que no obedecería a motivaciones meramente altruistas, sino que tendría bastante de contraprestación por los valiosos servicios de carácter financiero y de otro tipo que les prestaban, y de los que no podían prescindir.

No hay que excluir, por tanto, que en determinados sectores de la sociedad

---

[82] Es abundante la bibliografía existente sobre este personaje, y en las obras más recientes es habitual encontrar algunas breves consideraciones sobre su condición de descendiente de judíos, mientras que en las más antiguas o bien se negaba, o se admitía con reservas, cuando no se evitaba decir algo al respecto. Interesa consultar, MARTÍNEZ DE AZAGRA, 1933; RIBADENEIRA, 1944, y CERECEDA, 1945-1946: Para la reconstrucción de la genealogía de Diego Lainez, y confirmación de la tesis de que todos sus antepasados fueron judíos, tras la publicación de la colección documental de CARRETE y FRAILE, 1987, han resultado concluyentes los trabajos de MARTÍN GALÁN, 2011-2012 y 2012. Prueba del arraigo que en la historiografía ha tenido el prejuicio que consideraba el origen judío como una «mancha» la encontramos en la biografía del padre Lainez, de Cereceda, quien al referirse a su «posible origen judío», habla literalmente de «un defecto en el que no tuvieron culpa alguna», que habían compensado con «grandes y virtuosos hechos», CERECEDA, 1945-1946: vol. I, 22

adnamantina estuviese arraigada una cierta animadversión contra estas familias de nuevos cristianos que, habiéndose incorporado a la comunidad prácticamente a la fuerza después de 1492, inmediatamente se habían encaramado a las posiciones de la máxima influencia. Pero hoy por hoy queda lejos de estar probado que estos sectores se sirviesen de la Inquisición para frustrar los procesos de integración y ascenso de dichas familias, y lograr, en mayor o menor grado, su aniquilación.

Ciertamente, si tenemos en cuenta el gran número de procesos que a lo largo del siglo XVI el tribunal de la Inquisición de Cuenca siguió contra vecinos de Almazán[83], hemos de admitir que el proceso de integración del centenar de familias judeoconversas que pasó a albergar esta villa soriana después de 1492 no fue un camino de rosas, como el seguimiento de la trayectoria de algunos miembros de la familia Lainez, en particular el de Francisco Lainez, podría invitar a presumir. Hubo resistencias y graves dificultades, que no todos lograron superar con la misma fortuna. Y entre las víctimas de las actuaciones de la Inquisición pertenecientes a la comunidad judeoconversa adnamantina nos encontramos también con individuos de notable relieve político y socioeconómico.

Ciertamente no hemos constatado la existencia de ningún caso equiparable al que se dio en la villa señorial de Buitrago, dependiente de otra rama del prolífico linaje Mendoza, la de los duques del Infantado, donde nada menos que un regidor, el converso Íñigo López de León, acusado de viajar al reino de Portugal a visitar a su padre judío allí residente y de mantener en su casa una «sinagoga» secreta, terminó siendo condenado en 1519 a relajación, excomunión mayor y confiscación de su patrimonio[84]. Pero un individuo que en vida había alcanzado una posición de influencia política en Almazán equiparable a la de Íñigo López de León en Buitrago, Álvaro de Luna, también llegó a contarse entre los merecedores del máximo castigo impuesto por la Inquisición, con la importante diferencia de que en su caso el proceso se puso en marcha en una fecha muy tardía, cuando ya había fallecido, por lo que la severa condena dictada contra él solo afectó a su memoria, y en cierta medida de forma más material a sus descendientes.

A este respecto llama la atención que en Almazán los tres judeoconversos de mayor relieve sociopolítico castigados con las penas más severas por la Inquisición fueron procesados en la década de 1540, cuando ya habían fallecido.

---

[83] Relación detallada en PÉREZ RAMÍREZ, 1982.
[84] CANTERA y CARRETE, 1972: 50.

Se trata, además del mencionado Álvaro de Luna, de su hermano Ximeno de Luna, y del doctor Antonio Vélez, médico del conde de Monteagudo. Los tres fueron encontrados culpables de las acusaciones de judaísmo contra ellos presentadas, y condenados a relajación en efigie. Pero llama poderosamente la atención el hecho de que, cuando la Inquisición hizo sus averiguaciones en Almazán en 1505, ya hubo muchos testigos que atribuyeron prácticas judaizantes a estos tres individuos, sin que ninguna acción se emprendiese entonces contra ellos, por lo que pudieron continuar participando en la vida política de la villa desde las posiciones de máxima influencia, de forma muy evidente en el caso de Álvaro de Luna. Cabe preguntarse entonces por qué se esperó hasta después de su muerte para iniciar procesos contra ellos. La estrecha vinculación que mantuvieron los tres con la casa condal invita a presumir que pudo ser un factor disuasorio para sus enemigos. En el estado actual de la investigación no podemos entrar a hacer más precisiones. Pero lo tardío de los procesos, añadido al hecho de que se llevaron a cabo contra personas fallecidas, arroja una sombra sobre los mismos que no puede ser ignorada a la hora de valorarlos.

Sin duda hubo gradaciones en el éxito alcanzado a la hora de lograr la integración y el ascenso social entre las distintas familias judeoconversas de la Castilla del siglo XVI, y no siempre resulta fácil identificar los factores que las explican. En Almazán la familia Lainez proporciona el ejemplo de éxito más completo en dicho proceso, aunque tampoco estuvo completamente a salvo de amenazas, pues individuos con los que estaba relacionada por vínculos de parentesco más o menos próximo se contaron entre los procesados y, también entre los condenados, por la Inquisición. Pero la mayoría de sus miembros lograron salir indemnes, incluso aquellos contra los que se presentaron más graves acusaciones, como es el caso de Pedro Lainez y de su mujer Aldonza. La presencia masiva de miembros de la familia entre los servidores de los condes de Monteagudo, con destacado papel en la gestión de sus finanzas, es probable que les sirviese como escudo protector, y facilitase su integración y ascenso.

Los Lainez, descendientes del judío Abraham Abén Rodrique, alcanzaron una posición de preeminencia en la primera mitad del siglo XVI que justifica el calificarlos como la familia más rica e influyente de Almazán por debajo de los Mendoza, sus señores jurisdiccionales. Resultaría de interés dar continuidad a las investigaciones para determinar cómo evolucionó dicha posición durante la segunda mitad de dicho siglo y en el siguiente. Podemos adelantar, atendiendo a los indicios hasta ahora reunidos, que aparentemente no lograron mantenerla, pues son otras las familias que en el siglo XVII, cuando los condes de Monteagudo habían dejado de residir habitualmente en su palacio de Almazán, encontramos en la cúspide de la jerarquía sociopolítica adnamantina, tales como los Martínez de Azagra o los González de Ocampo, típicos ejemplos de familias que prosperaron gracias a su dedicación a la explotación de rebaños de ganado ovino trashumante, al comercio de lanas y a otras actividades vinculadas al mundo financiero. Pero también se ha de tener en cuenta que varios prominentes representantes de estas nuevas familias concertaron matrimonios con miembros de la familia Lainez, y otras de indudable origen judeoconverso, como la de los Coronel[85]. Y por ello habría que evitar precipitarse a la hora de concluir que estas entraron en proceso de decadencia en la segunda mitad del siglo XVI, pues no se dispone de momento de una reconstrucción detallada de las trayectorias de sus diferentes miembros en este período, que quizás pudiese llevarse a cabo sin demasiada dificultad mediante la utilización intensiva de los libros parroquiales. Mientras esta tarea no se realice, consideramos precipitado aventurar que la familia Lainez, por la simple razón de la progresiva disminución de la frecuencia con que el apellido aparece en las fuentes documentales, entró en un irreversible proceso de decadencia. Y, por supuesto, menos justificable resultaría aún atribuir ese pretendido proceso a actuaciones de la Inquisición o al sentimiento anticonverso prevaleciente en la sociedad castellana de los siglos XVI y XVII, pues ningún indicio documental de peso contribuye por el momento a corroborar dicha hipótesis.

---

[85] Noticias que lo prueban, tomadas de las probanzas para entrada en las Órdenes Militares en DÁVILA, 1967.

## BIBLIOGRAFÍA CITADA

ÁLVAREZ GARCÍA, Carlos (1990): «Los judíos y la Hacienda Real bajo el reinado de los Reyes Católicos. Una compañía de arrendadores de rentas reales», en *Las Tres Culturas en la Corona de Castilla y los Sefardíes* (Valladolid: Junta de Castilla y León), 87-125.

CALDERÓN ORTEGA, José Manuel (1993): «Médicos, arrendadores y prestamistas de la casa de Alba durante el siglo XV», en *Proyección Histórica de España en sus tres culturas: Castilla y León, América y el Mediterráneo* (Valladolid: Junta de Castilla y León), vol. I, 31-35.

CANTERA BURGOS, Francisco (1976): «Conversos y judaizantes en la provincia de Soria (Con especial referencia a los Lainez)», *Revista de Dialectología y Tradiciones Populares* 32, 87-102.

CANTERA BURGOS, Francisco y Carlos CARRETE PARRONDO (1972): «La judería de Buitrago», *Sefarad* 32, 3-87.

CARRETE PARRONDO, Carlos y Carolina FRAILE CONDE (1987): *Los judeoconversos de Almazán, 1501-1505. Origen familiar de los Lainez* [= *Fontes Iudaeorum Regni Castellae*, IV] (Salamanca: Universidad Pontificia de Salamanca).

CASTAÑO GONZÁLEZ, Javier (1994): *Las comunidades judías en el obispado de Sigüenza en la Baja Edad Media: Transformación y disgregación del judaísmo en Castilla a fines de la Edad Media* (Madrid: Universidad Complutense de Madrid, tesis doctoral).

CERECEDA, Feliciano (1945-1946): *Diego Láinez en la Europa religiosa de su tiempo: 1512-1565* (Madrid: Instituto de Cultura Hispánica), 2 vóls.

DÁVILA JALÓN, Valentín (1967): *Nobiliario de Soria* (Madrid: Talleres Prensa Española).

DIAGO HERNANDO, Máximo (1989): «El comercio de la lana en Soria en época de los Reyes Católicos», *Celtiberia* 77-78, 25-75.

DIAGO HERNANDO, Máximo (1992a): «Judíos y judeoconversos en Soria en el siglo XV», *Celtiberia* 83, 225-253.

DIAGO HERNANDO, Máximo (1992b): «Ganaderos trashumantes y mercaderes de lanas en Molina y su Tierra durante el reinado de los Reyes Católicos», *Wad-al-Hayara* 19, 129-149.

DIAGO HERNANDO, Máximo (1993a): «El protonotario Lucena en su entorno sociopolítico. Nuevos datos sobre su biografía», *Sefarad* 53, 249-272.

DIAGO HERNANDO, Máximo (1993b): «Almazán en época de los Reyes Católicos. Estructura social de una pequeña capital de estado señorial», *En la España Medieval* 16, 239-264.

DIAGO HERNANDO, Máximo (1993c): *Estructuras de poder en Soria a fines de la Edad Media* (Valladolid: Junta de Castilla y León).

DIAGO HERNANDO, Máximo (1996): «El ascenso sociopolítico de los judeoconversos en la Castilla del siglo XVI. El ejemplo de la familia Beltrán en Soria», *Sefarad* 56, 227-250.

DIAGO HERNANDO, Máximo (2002): «Efectos del decreto de expulsión de 1492 sobre el grupo de mercaderes y financieros judíos de la ciudad de Soria», en Elena ROMERO (ed.), *Judaísmo hispano: Estudios en memoria de José Luis Lacave Riaño* (Madrid: CSIC), 749-764.

DIAGO HERNANDO, Máximo (2009): «Mercaderes exportadores de lanas en la ciudad de Soria durante los siglos XVI y XVII», *Celtiberia* 103, 5-60.

DIAGO HERNANDO, Máximo (2011): «El factor religioso en la actividad política y social de los linajes de alta nobleza en la región soriana a fines de la Edad Media», *Hispania Sacra* 127, 7-39.

DIAGO HERNANDO, Máximo (2013): «El endeudamiento de la alta nobleza castellana durante la primera mitad del siglo XVI: El caso del segundo conde de Monteagudo (1506-1547)», *Chronica Nova* 39, 175-203.

LADERO QUESADA, Miguel-Ángel (2003): «Coronel, 1492: De la aristocracia judía a la nobleza cristiana en la España de los Reyes Católicos», *Boletín de la Real Academia de la Historia* 200-201, 11-24.

LAPEYRE, Henri (1981): *El comercio exterior de Castilla a través de las aduanas de Felipe II* (Valladolid: Universidad de Valladolid).

MARTÍN GALÁN, Manuel (2011-2012): «La familia seguntino-atencina del padre Diego Laínez, S. J.», *Anales Seguntinos* IX / 26, 79-98.

MARTÍN GALÁN, Manuel (2012): «El adnamantino Diego Laínez, S. J., converso e hidalgo», *Celtiberia* 106, 53-72.

MARTÍNEZ DE AZAGRA Y BELADIEZ, Andrés (1933): *El padre Diego Lainez. Segundo prepósito general de la Compañía de Jesús* (Madrid: V. Suárez).

NETANYAHU, Benzion ($2002^2$): *Los marranos españoles* (Valladolid: Junta de Castilla y León).

NETANYAHU, Benzion (2005): *De la anarquía a la Inquisición. Estudios sobre los conversos en España durante la Baja Edad Media* (Madrid: La Esfera de los Libros).

PÉREZ RAMÍREZ, Dimas (1982): *Catálogo del Archivo de la Inquisición de Cuenca* (Madrid: fundación Universitaria Española).

RIBADENEIRA, Pedro de (1944): *Vida del padre Diego Laínez* (Madrid: Ediciones Atlas).

SUÁREZ FERNÁNDEZ, Luis (1964): *Documentos acerca de la expulsión de los judíos* (Valladolid: CSIC).

# LA COMUNIDAD JUDÍA DE CALATAYUD DURANTE EL SIGLO XIV. INTRODUCCIÓN AL ESTUDIO DE SU ESTRUCTURA SOCIAL

**RESUMEN**

La comunidad judía de Calatayud fue una de las más pobladas y con mayor potencial económico del reino de Aragón, tras la de Zaragoza, en la Baja Edad Media. En este artículo el autor, utilizando fundamentalmente información tomada de los registros de cancillería del Archivo de la Corona de Aragón, analiza la estructura social de dicha comunidad durante el siglo XIV. Constata la existencia de grandes diferencias de riqueza entre sus miembros, y la dedicación de éstos a muy diversas actividades económicas. Pasa revista a algunas de estas actividades, como la recaudación de impuestos de la monarquía, el préstamo de dinero, el comercio y la fabricación de paños o la práctica de la medicina.

*PALABRAS CLAVE:* CALATAYUD. ARAGÓN. SIGLO XIV. COMUNIDADES JUDÍAS.

## SUMMARY

The Jewish community of Calatayud was one of the most populous and affluent in the kingdom of Aragón, after the community of Zaragoza, during the late Middle Ages. In this article the author, using mainly the information that he has obtained from the Chancery Registers of the Archive of the Crown of Aragon, analyses the social structure of this community during the fourteenth century. He proves that there were big wealth differences among its members, and that they were devoted to a wide variety of economic activities. He gives account of some of these activities, namely: recollection of taxes due to the king, money lending, trade, cloth manufacture and medicine.

*KEYWORDS.* CALATAYUD. ARAGÓN. FOURTEENTH CENTURY. JEWISH COMMUNITIES.

Calatayud fue durante el período bajomedieval la segunda ciudad más poblada del reino de Aragón, después de Zaragoza[1], y destacó además por ser uno de sus núcleos urbanos más dinámicos en el desempeño de funciones mercantiles y financieras[2]. En consonancia con ello su comunidad judía también se contó entre las más numerosas, dinámicas y prósperas del reino, según nos confirman diversos indicios. Así, por ejemplo, cuando en 1383 Pedro IV convocó a su Curia al tesorero y síndicos de las aljamas judías de sus dominios acudieron en representación de las del reino de Aragón los nuncios de las de Zaragoza y Calatayud, Salamon Abanarrabi e Içach de Quatorze, respectivamente. Estos dos judíos permanecieron entonces con este motivo en la ciudad de Tortosa durante noventa días, e incurrieron por ello en elevados gastos, que el rey accedió a que se les compensasen mediante la entrega de 450 florines, 120 para Salamon Abenarrabi y 330 para Içach de Quatorze. Esta cantidad ordenó que se repartiese entre todas las aljamas judías del reino de Aragón conforme a su capacidad contributiva. Y el reparto que se efectuó nos da perfecta idea de la enorme distancia que separaba entonces a las dos grandes aljamas del reino, la de Zaragoza y la de Calatayud, de las restantes, puesto que mientras que estas dos debieron pagar 140 y 105 florines respectivamente, a las demás se les exigieron cantidades muy inferiores, que iban desde los 30 florines cargados a la de Huesca, a los 5 que se repartieron a las de Sos, Uncastillo y Tamarite[3], aunque, en honor a la verdad, conviene llamar la atención sobre la ausencia, por motivos que desconocemos, de la aljama de Teruel, que también se contaba en aquellas fechas entre las principales del reino. Esto nos da idea de la elevada capacidad contributiva de la aljama judía de Calatayud, que podía ser fruto tanto de la concentración en ella de un elevado número de familias, como también de la presencia entre ellas de varias particularmente acaudaladas, aunque es probable que ambos factores coadyuvasen. En cualquier caso los reyes de Aragón tenían conciencia de este hecho, y así lo reconocieron expresamente en algunos documentos en que calificaron a la aljama judía bilbilitana como "uno de los

---

[1] Como consecuencia también se le reconocía por este motivo la segunda posición en rango. Así lo reconoce por ejemplo el rey Martín I en carta al justicia de Aragón, en que la califica como la más insigne del reino de Aragón después de Zaragoza. ACA (= Archivo de la Corona de Aragón), C (= Cancillería), reg. 2168-132v (Indicamos siempre número de registro y primer folio del documento), Valencia, 27-V-1402.
[2] Sobre el papel de Calatayud en las rutas mercantiles del reino de Aragón Vid. Máximo DIAGO HERNANDO, "Desarrollo de las ciudades aragonesas fronterizas con Castilla como centros mercantiles durante el siglo XIV: Tarazona, Calatayud y Daroca", *Cuadernos de Historia Jerónimo Zurita*, 74 (1999), pp. 211-246. Una introducción al estudio de la estructura socioeconómica de la ciudad de Calatayud en época bajomedieval en Máximo DIAGO HERNANDO, "Calatayud en la Baja Edad Media. Organización sociopolítica y actividades económicas", *Actas del VI Encuentro de Estudios Bilbilitanos*, Centro de Estudios Bilbilitanos-Institución Fernando el Católico, Calatayud, 2005, pp. 237-274.
[3] Carta de Pedro IV fechada en Monzón, 31-X-1383, que se inserta en sobrecarta otorgada en Barcelona, 12-XII-1386, en ACA (=Archivo de la Corona de Aragón), C (=Cancillería), reg. 857-25 (Indicamos siempre el número de registro y, seguido de guion, el del primer folio del documento).

principales miembros de nuestro patrimonio"[4].

Por otra parte, otro significativo indicio que da idea de la magnitud que llegó a alcanzar la comunidad judía bilbilitana en el transcurso del siglo XIV nos lo proporciona la noticia que aporta Baer, según el cual a fines de este siglo las ocho sinagogas disponibles en esta ciudad ya no resultaban suficientes para atender las necesidades de la población judía y se consideró necesario edificar una novena para que los judíos que vivían en las calles más alejadas pudiesen visitarla[5]. Y, en otro orden de cosas, también disponemos de indicios que sugieren que, desde la perspectiva del prestigio alcanzado en los planos religioso, espiritual e intelectual, la comunidad judía de Calatayud pudo rivalizar con la de Zaragoza. Es el caso, por ejemplo, de la noticia, proporcionada por Baer, de que Isaac Perfet pensó en una ocasión cambiar su puesto de rabino en esta última ciudad por otro semejante en Calatayud[6].

Aunque para la ciudad de Calatayud el siglo XIV fue un período cargado de turbulencias, particularmente en sus décadas centrales, cuando sufrió durante bastantes años la ocupación castellana, y se vio directamente afectada durante muchos años más por los efectos de una devastadora guerra, probablemente la más cruenta de cuantas se sucedieron en el solar hispano durante los siglos bajomedievales, la llamada de los dos Pedros, también es cierto que a lo largo de esta centuria se reforzó su papel como centro manufacturero, mercantil y financiero, a la vez que mejoró su rango, al ser elevada de la categoría de villa a la de ciudad por merced del rey Pedro IV, en recompensa por la fidelidad demostrada durante las guerras contra Castilla.

La contribución de la comunidad judía al progreso económico de Calatayud fue en este período considerable, pues, a diferencia de lo que ocurrió en la siguiente centuria, entonces su potencial todavía no se vio apenas mermado por la sangría que más adelante representaron las conversiones de judíos al cristianismo, que experimentaron una auténtica explosión en los primeros años del siglo XV y privaron a la comunidad judía bilbilitana de muchos de sus miembros más acaudalados y emprendedores. Ciertamente, según apunta Baer, las actuaciones

---

[4] Un ejemplo de utilización de esta expresión en ACA, C, reg. 2181-95v, Barcelona, 21-V-1406.
[5] Fritz BAER, Studien zur Geschichte der Juden im Königreich Aragonien während des 13. und 14. Jahrhunderts, Berlin, 1913, p. 147. Por su parte A. NEUMAN afirma que en Calatayud llegó a haber hasta siete sinagogas. The Jews in Spain. Their social, political and cultural life during the Middle Ages, Philadelphia, 1942, vol. II, p. 150. Por fin, más recientemente, José Ramón MAGDALENA NOM DE DÉU ha conseguido identificar diez centros de oración en la judería de Calatayud, de los cuales tres eran sinagogas, tres madrazas, y cuatro simples oratorios. Vid. "Sinagogas, madrazas y oratorios de la aljama de Calatayud", Anuari de Filologia, vol. XIV (1991), sección E, nº. 1, pp. 117-123. Vid. también Asunción BLASCO MARTÍNEZ, "Las sinagogas de Aragón: Datos de los últimos diez años", en Juderías y sinagogas de la Sefarad Medieval, Cuenca, 2003, pp. 210-3.
[6] Fritz BAER, op. cit. p. 147.

de la Inquisición en la década de 1320 pudieron tener efectos devastadores sobre la comunidad judía bilbilitana, obligando a muchas familias a emigrar[7], pero, en caso de que así fuese, los problemas debieron quedar muy pronto superados, a juzgar por los muchos indicios sobre la prosperidad de dicha comunidad que proporciona la documentación del siglo XIV, a algunos de los cuales haremos referencia a lo largo del presente trabajo.

En función de lo dicho entendemos, por tanto, que ofrece un indiscutible interés detenerse en el análisis de la trayectoria histórica de la comunidad judía de Calatayud en el siglo XIV, por tratarse del período en que culmina su fase de prosperidad, que da inmediatamente paso a una nueva fase de crecientes dificultades, que en el plazo de apenas un siglo precipitarán la definitiva desaparición de la misma, por virtud del doble proceso de la conversión al cristianismo de una parte importante de sus miembros y de la expulsión de los demás.

Con respecto a períodos anteriores, que probablemente fueron tanto o más venturosos para la comunidad judía de Calatayud como el siglo XIV, este último ofrece por otra parte al investigador la ventaja de que para su estudio dispone de un conjunto documental mucho más abundante y diversificado, custodiado en su mayor parte en el Archivo de la Corona de Aragón, dado que los fondos de los archivos locales, particularmente los notariales, sólo comienzan a resultar abundantes a partir del siglo XV[8]. De hecho, los documentos que custodia este archivo que hacen referencia directa a judíos avecindados en Calatayud, o a la aljama judía de esta ciudad aragonesa en su conjunto, son extraordinariamente numerosos, pero se encuentran muy dispersos, por lo que su localización exige una importante inversión en tiempo, del que habitualmente no disponen los investigadores. Hasta que no se lleve a cabo una labor sistemática de localización y análisis de estos documentos no estaremos en condiciones de abordar la reconstrucción de la historia de la comunidad judía bilbilitana con unas mínimas garantías. Pero entre tanto no debemos renunciar a la realización de

---

[7] Fritz BAER, *op. cit.* p. 159.
[8] La documentación notarial bilbilitana del siglo XV ha sido utilizada para la elaboración de varios estudios monográficos sobre familias judías de Calatayud por Encarnación MARÍN PADILLA. Vid. entre otros trabajos de esta autora: "Notas sobre la familia Lupiel de Calatayud (1482-1488)", *Aragón en la Edad Media*, 3 (1980), pp. 227-62. "Inventario de bienes de judíos bilbilitanos en 1492", *Sefarad, 48 (1988), pp. 309-41*. "Notas sobre la familia Constantin de Calatayud (1482-1488)", *Aragón en la Edad Media*, 5 (1983), pp. 219-54. "Más sobre los Constantin de Calatayud", *Sefarad*, 46 (1986), pp. 317-23. "En torno a una demanda de pago a rabí Açach Arama ante los dayyanim de Calatayud (Siglo XV)", *Michael. On the history of the Jews in the Diaspora*, Tel Aviv, XI (1989), pp. 142-8. "Inventario de los bienes muebles del judío bilbilitano Salamon Ezi en 1492", *Sefarad*, 48 (1988), pp. 93-115. Y su reciente libro *Panorama de la relación judeoconversa aragonesa en el siglo XV: con particular examen de Zaragoza*, Zaragoza, 2004. También hay que hacer mención a los libros de Álvaro LÓPEZ ASENSIO, *La judería de Calatayud. Sus casas, calles y barrios*, Zaragoza, 2003. Y *Oficios de los judíos de Calatayud*, Zaragoza, 2007.

aproximaciones parciales al análisis de esta cuestión, basadas en la utilización de un corpus documental restringido, aunque susceptible de aportar informaciones de interés para el conjunto de los investigadores de la historia de los judíos hispanos. Y éste es por consiguiente el objetivo que nos hemos propuesto cumplir al redactar el presente artículo, en el que ofreceremos algunas primeras pinceladas sobre el panorama social que presentaba la comunidad judía bilbilitana en el siglo XIV, aprovechando la información reunida en las consultas realizadas hasta ahora en los registros de cancillería del Archivo de la Corona de Aragón, y en las secciones hacendísticas de este mismo archivo.

## *1.- Diferencias socioeconómicas en el seno de la población judía de Calatayud: las "manos"*

La presencia de fuertes contrastes entre las familias judías residentes en Calatayud durante el siglo XIV desde el punto de vista de su posición económica tuvo una primera traducción entonces en la división de esta comunidad en dos grandes grupos a los que la documentación cancilleresca denomina "manos". En concreto en varios documentos de la primera mitad de este siglo referidos a los judíos bilbilitanos hemos encontrados referencias explícitas a la mano "mayor", por un lado, y la mano "menor" o "inferior" por otro[9]. Y en otros documentos se constata también la utilización de la expresión "menudos" para referirse a los judíos que formaban parte de esta última[10].

Las relaciones entre ambos grupos estuvieron a lo largo de esta centuria cargadas de tensión como consecuencia del hecho de que los integrantes de la mano "menor" no se resignaron a dejar totalmente en manos de los miembros de la mano "mayor" la gestión de las tareas de gobierno y administración de la aljama, como pretendían estos últimos, y por ello se movilizaron con relativa frecuencia ante el rey para que les apoyase en sus reivindicaciones, tratando de conseguir que se les tuviese más en cuenta a la hora de tomar decisiones políticas, o al menos que se sometiese a un mayor control a los judíos de la mano "mayor"

---

[9] ACA, C, reg.159-164, Zaragoza, 3-XII-1316. Referencia al pleito que se había seguido entre Mosse el Saje y Iucef Gemanet, judíos, de una parte, y algunos singulares de la mano inferior de los judíos de la aljama de Calatayud, de otra. Y reg. 619-144, Barcelona, 24-VI-1342. Referencia a una provisión real por la que se ordenaba que la aljama de Calatayud, o los judíos de la "mano mayor", no pudiesen aprobar ninguna ordenanza ni decidir el envío de embajadores a la Corte del rey sin la presencia y consentimiento de algunos judíos de la "mano menor". Álvaro LÓPEZ ASENSIO afirma que entre los judíos de Calatayud existieron tres manos (mayor, menor y media) pero no indica ninguna referencia documental que refuerce su aseveración. Vid. su trabajo "Organización y gobierno de la aljama judía de Calatayud", *IV Encuentro de Estudios Bilbilitanos. Calatayud y Comarca,* Centro de Estudios Bilbilitanos, Calatayud, 1997, pp. 127-150. Se trata de un estudio poco riguroso, en el que se prescinde de forma radical de aportar pruebas documentales.
[10] Carta de la infanta María, hija de Jaime II, a su hermano el infante Alfonso, fechada en Calatayud, 22-IX-1325, en que hace referencia a Abrahem Boco y Yuce del Sage, procuradores de los judíos "menudos" de Calatayud. Fritz BAER, *Die Juden im christlichen Spanien*, Akademie Verlag, Berlin, 1929, Vol. I doc. nº. 181, pp. 241-2.

que tenían en sus manos el gobierno de la aljama.

Por virtud de un privilegio del rey Jaime concedido a la aljama bilbilitana, veinte judíos debían hacerse cargo cada año de la administración y gestión de ésta[11]. Y, según atestiguan algunas denuncias presentadas en las primeras décadas del siglo XIV, todos ellos tendieron a reclutarse entre los integrantes de la mano "mayor". Por este motivo, comprensiblemente, entre los miembros de la mano "menor" se tendió a considerar con creciente suspicacia sus actuaciones, lo que les movió en alguna ocasión a solicitar al rey que sometiese a juicio de residencia a estos oficiales, para comprobar si habían cometido irregularidades durante el desempeño de sus oficios, y, en caso de detectarlas, castigar a los culpables. Así procedieron, por ejemplo, en 1325 ante Jaime II, quien, atendiendo su solicitud, comisionó a un juez de su casa, Domingo de Tarva, para que tomase cuentas a los veinte judíos administradores de la aljama que habían desempeñado el oficio durante el quinquenio precedente, e hiciese pesquisas sobre cómo habían llevado la administración de los negocios de la aljama durante ese período. Pero esta decisión no fue bien acogida entre los veinte que tenían a su cargo la administración de la aljama, los cuales recurrieron a todo tipo de maniobras para impedir que se llevase a efecto esta comisión, llegando incluso a propiciar la presentación de falsas acusaciones contra uno de los procuradores de los judíos "menudos", Abrahem Boco, para provocar su detención e impedirle así que siguiese adelante con su campaña de "acoso" contra ellos. En concreto convencieron a la suegra de este judío para que presentase denuncia contra él por haberla herido cuando se encontraba amparada por una carta de seguro, y a raíz de ello el lugarteniente de baile procedió a encarcelarle, si bien consiguió escapar de la cárcel y refugiarse en las casas de la infanta María, hija del rey Jaime II, y viuda del infante Pedro de Castilla, que entonces residía en Calatayud. E inmediatamente después la propia infanta intercedió a favor de Abrahem Boco, escribiendo a su hermano, el infante Alfonso, lugarteniente del reino de Aragón, para solicitarle que ordenase que se le dejase en libertad, haciéndole saber que "según me han hecho entender los más de la judería, él demanda derecho y cosa que es vuestro servicio[12].

Los miembros de la mano "menor" no se conformaron, sin embargo, con

---

[11] Esta referencia a los "veinte" aparece en ACA, C, reg. 619-144, Barcelona, 24-VI-1342, además de en el documento citado en nota anterior. No sabemos qué relación tenían con los adelantados de la aljama, que en número de cuatro habían sido establecidos por Jaime I en la temprana fecha de 1229. Es probable que los referidos "veinte" constituyesen el Consejo de la Aljama. No es nuestra intención, sin embargo, entrar a analizar en detalle la historia institucional de la aljama bilbilitana, por tratarse de una tarea que merece que se le dedique otro trabajo monográfico, basado en la utilización de una masa documental más amplia.
[12] Vid. Fritz BAER, *Die Juden im christlichen*… Vol. I doc. nº. 181, pp. 241-2.

este tipo de soluciones "a posteriori" para limitar el alcance de las actuaciones abusivas que, en contra de sus intereses como grupo, pudiesen cometer los miembros de la mano "mayor" que controlaban el aparato institucional de gobierno y administración de la aljama. Por el contrario, se esforzaron también por conseguir que se les garantizase una vía regular de participación en la gestión de los asuntos públicos, al menos de aquéllos que en mayor medida les pudiesen afectar. Y así, en concreto, sabemos que pusieron especial empeño en conseguir la aprobación por el rey de alguna medida que impidiese a los miembros de la mano "mayor" la aprobación de ordenanzas o el envío de embajadores a la Corte sin que estuviesen presentes a la hora de la toma de la decisión algunos representantes de la mano "menor", y manifestasen su aprobación.

A comienzos de la década de 1340 tenemos constancia, en efecto, de que esta cuestión estuvo en el primer plano del calendario político de la aljama judía bilbilitana y dio lugar al desencadenamiento de fuertes tensiones en su seno. Según relación contenida en un documento de junio de 1342[13], hacía poco tiempo que varios judíos de Calatayud, "ministeriles et curritores", es decir dedicados al trabajo artesanal y a la correduría, que por costumbre nunca habían sido admitidos a participar en tareas de administración de la aljama, obtuvieron en la Corte de Pedro IV una real provisión por la que este monarca disponía que ni la aljama de Calatayud ni los judíos de la "mano mayor" pudiesen aprobar ninguna ordenanza ni decidir ningún envío de embajadores a la Curia del rey sin la presencia y consentimiento de algunos judíos de la mano menor. El contenido de esta provisión no fue del agrado de los judíos dirigentes de la aljama bilbilitana que, por todos los medios a su alcance, debieron presionar el resto de miembros de la comunidad para tratar de impedir que se llevase a cumplimiento lo en ella dispuesto. Y en un primer momento lo consiguieron, pues cuando la provisión fue presentada en la sinagoga mayor de los judíos de Calatayud, estando congregada la aljama al modo acostumbrado, tanto la aljama como los judíos de la mano "menor" hicieron renuncia expresa a servirse de la misma, dejando constancia de ello mediante el otorgamiento de un instrumento público suscrito por notario.

No todos los miembros de la mano "menor" debieron estar de acuerdo, sin embargo, con esta forma de proceder, puesto que poco después, a instancia de algunos judíos que se identificaron a sí mismos como procuradores de dicha mano, entre los que había carniceros, tejedores, corredores y menestrales, el escribano del rey Jimeno Garcés de Fillesa ordenó de nuevo bajo cierta pena a la aljama y a los judíos de la mano mayor que no aprobasen ordenanzas ni

---

[13] ACA, C, reg. 619-144, Barcelona, 24-VI-1342. Comisión al baile de Calatayud.

designasen legaciones sin estar presentes representantes de la mano menor. Y estos mismos procuradores consiguieron que el rey volviese a confirmar la provisión que había dado con anterioridad, al uso de la cual se había renunciado formalmente en asamblea de la aljama celebrada en la sinagoga mayor.

Parece seguro, por tanto, que los judíos de la mano mayor, en su afán por impedir que se les obligase a compartir con representantes de la mano menor la responsabilidad de la toma de decisiones políticas en la aljama, trataron de manipular a aquellos miembros de esta última mano sobre los que podían ejercer mayor influencia a fin de neutralizar la maniobras del sector de la misma que se estaba movilizando para acabar con el monopolio en el ejercicio del poder del que venían disfrutando aquéllos. Y mediante esta manipulación conseguirían que la asamblea de la aljama renunciase formalmente a hacer uso de la provisión que se había obtenido en la Corte. La tenacidad de sus opositores impidió, sin embargo, que alcanzasen plenamente su objetivo, y por ello debieron redoblar sus esfuerzos ante el rey, para tratar de convencerle de la necesidad de revocar las concesiones que había hecho a los representantes de la mano menor. A este efecto recurrieron al argumento de que los individuos que formaban parte de esta mano eran personas ignorantes y que perturbaban con frecuencia el buen estado y tranquilidad de la aljama[14], e incluso sugirieron que lo razonable era que el gobierno y la administración de ésta estuviese en manos de los que más contribuían a su sostenimiento financiero mediante los impuestos que pagaban[15].

No sabemos cómo se resolvió finalmente este litigio, puesto que Pedro IV se limitó a delegar en manos del baile de Calatayud la tarea de solucionarlo, aconsejándole que procediese "prout utilitate dicte aljame videretis expedire"[16]. Pero, en cualquier caso, creemos que las noticias que hemos aportado proporcionan buena prueba de la intensidad del enfrentamiento que a comienzos de la década de 1340 se había desencadenado en el seno de la comunidad judía bilbilitana entre un reducido grupo de judíos acaudalados, que presumimos que estaría constituido preferentemente por financieros, mercaderes y otros profesionales liberales como, por ejemplo, médicos, que se esforzaba por consolidarse como cerrada oligarquía, y otro sector constituido por corredores, artesanos, e incluso carniceros, con posición económica más modesta, que se veía sistemáticamente desplazado del principal órgano de gobierno de su comunidad,

---

[14] En concreto acusaron a los judíos de la mano menor de que "propter ignorantiam et insuficienciam quibus subiacent turbant frequenter bonum et tranquillum statum aljame".
[15] La fórmula empleada para expresar la idea es la siguiente: "In regimine et administratione hac sint illi judei dicte aljame iuxta dicta privilegia et consuetudinem merito eligendi quos opportet varia onera peytarum et aliarum exactionum regalium ac expensarum commodi et sustentationis dicte aljame necessario sustinere".
[16] ACA, C, reg. 619-144, Barcelona, 24-VI-1342. Comisión al baile de Calatayud.

pero que no aceptaba de buen grado esta exclusión, y demostró tener suficiente capacidad de movilización como para desafiar a los primeros. A pesar de ello tampoco se ha de exagerar, sin embargo, a la hora de caracterizar a los judíos de la mano "mayor" como cerrado grupo oligárquico, pues no debemos olvidar que, según se reconoce en los documentos aludidos, el gobierno de la aljama judía bilbilitana estaba en manos de una veintena de personas, que presumimos que se renovaban con relativa frecuencia, aunque este extremo habría que comprobarlo en futuras investigaciones centradas en la reconstrucción de la historia institucional de la aljama bilbilitana.

Por otra parte, tenemos constancia de que, al margen de repartirse, en función de su posición socioeconómica y grado de influencia, política en dos grandes "manos", los judíos bilbilitanos también dieron vida a otras agrupaciones de carácter asociativo, aunque de momento sabemos poco sobre el papel que éstas desempeñaron en la vida social de la comunidad, o sobre los criterios de pertenencia a las mismas. Nos referimos a las cofradías[17], entre las cuales cabe destacar la llamada del Midras, que estaba bien implantada a comienzos del siglo XIV, cuando algunos indicios nos hacen presumir que debió tener una intensa intervención en la vida política local, o más en concreto en la de la comunidad judía. Al menos así interpretamos la información que proporciona un documento del año 1316, según la cual a algunos judíos de Calatayud, "ex illis qui vocantur de Midras", se les había condenado a pagar 6.000 s.j. como castigo "por algunos excesos que habían cometido"[18].

Como otras cofradías de judíos, la de Midras nos consta que estuvo dotada con un patrimonio de bienes raíces que en parte se constituyó mediante operaciones de compra, como la realizada por Jacob Abenhalez hacia 1360 de varias casas, viñas y tierras [19]. Presumiblemente este patrimonio se explotaría con el fin de destinar su producto a la financiación de las obras piadosas y de beneficencia que tenía a su cargo la cofradía, pero de momento no hemos encontrado en la documentación consultada información que permita conocer con más detalle este aspecto. Y con semejantes problemas de falta de información

---

[17] Un interesante estudio sobre el papel de las cofradías en una comunidad judía aragonesa, la de Zaragoza, en Asunción BLASCO MARTÍNEZ, "Instituciones sociorreligiosas judías de Zaragoza (ss. XIV-XV). Sinagogas, Cofradías, Hospitales", *Sefarad*, 49 (1989), pp. 227-236, 50 (1990), pp. 3-46 y 265-288.
[18] ACA, C, reg. 159-120v, Zaragoza, 23-XI-1316. Comisión a Pedro Garcés de Usa, baile de Calatayud, para que resuelva los conflictos que se estaban planteando con motivo del reparto de dicha cantidad entre los afectados.
[19] Información respecto a esta operación en ACA, C, reg. 699-210v, Zaragoza, 13-III-1360. Comisión a García Muñoz de Pamplona, jurisperito de Calatayud, para conocer en el pleito que se seguía entre el procurador de los cofrades de la cofradía llamada "Elemosine del Midras" de una parte, y la aljama de judíos de Calatayud y algunos singulares de dicha aljama, entre los cuales se cita a Salamon Abenhalez y su mujer Rica, de otra parte, sobre ciertas casas, viñas y tierras compradas por Jacob Abenhalez "ad opus dicte confratrie".

tropezamos al abordar el estudio de otras cofradías de judíos que tenemos noticia que existieron en Calatayud a lo largo del siglo XIV, como la de La Almosna, llamada en hebreo "El Haquedes" ("*Hecdes*")[20], o la de "Sombre Holim" ("Cuidar enfermos"), que primero se llamó "de los tejedores", la cual tuvo su sede en una de las sinagogas de la judería, la llamada menor[21].

## 2.- *El grupo privilegiado de los judíos francos. Algunos datos para su identificación*

En la cúspide de la escala jerárquica de la comunidad judía bilbilitana se encontraba un reducido grupo de familias que gozaban del privilegio de la exención de impuestos, a los miembros de las cuales se conocía por esta razón con el nombre de "judíos francos". La profesora Blasco Martínez identifica a cinco familias de judíos francos en el reino de Aragón, de las cuales dos estaban establecidas en la ciudad de Zaragoza, los Alazar y Caballería, y tres en la de Calatayud, los Costantini, Abentilca y Abendahuet (Abendavid) [22]. Según esta autora todas ellas tenían en común el ser vasallas de la Orden del Hospital de San Juan de Jerusalén, y por esta razón sus miembros se diferenciaban de otros judíos que también disfrutaban de la exención de impuestos por estar al servicio de la casa real y haber recibido merced de exención tributaria, a título temporal o de forma vitalicia, en recompensa por sus servicios[23].

Sea como fuere, lo cierto es que los judíos francos en Calatayud debieron llegar a constituir un grupo relativamente numeroso a finales del siglo XIV, que integraría a otras muchas familias aparte de las tres arriba mencionadas. Así lo sugiere, al menos, el hecho de que el rey en 1388 les ordenase que, para tratar ciertos asuntos en los que necesitaba su colaboración, le enviasen dos procuradores[24]. Por este motivo resulta comprensible que las autoridades de la aljama se esforzasen por limitar al máximo el alcance de sus exenciones tributarias, y tratasen de obligarles a contribuir al menos en el pago de

---

[20] Referencia a esta cofradía en un documento del año 1381 en ACA, C, reg. 823-58.
[21] Mª. Encarnación MARÍN PADILLA, "Notas sobre la familia Lupiel de Calatayud (1482-1488)", *Aragón en la Edad Media*, 3 (1980), p. 260. Todavía a principios del siglo XV la sinagoga donde tenía su sede la cofradía se seguía llamando "De los Texidores". Así consta en la merced que en 1421 hizo la reina María, esposa de Alfonso V, a Diego Gómez de Castro, clérigo de su capilla, de "illas duas domos sive sinagogas sitas in judaría civitatis Calataiubii", la una llamada de "Las Carneceries", y la otra de "Los Texidores" Vid. ACA, C, reg. 3119-123. Por su parte José Ramón MAGDALENA NOM DE DÉU, sostiene que la sinagoga llamada "Madraza de los Tejedores" era propiedad de la cofradía de los tejedores judíos de Calatayud. *Art. Cit.* Pp. 120-1.
[22] Asunción BLASCO MARTÍNEZ, "Los judíos del reino de Aragón: Balance de los estudios realizados y perspectivas", *Ier. Colloqui d'Història dels jueus a la Corona d'Aragó*, Institut d'Estudis Ilerdencs, Lleida, 1991, p. 63.
[23] Ibid. P. 76. Según información proporcionada por Javier Castaño, más adelante esta autora, en un congreso celebrado en Gerona en 2003, cuyas actas todavía no se han publicado, puntualizó que las familias Constantini y Abendahuet (Abendavid) no eran vasallas de la Orden del Hospital.
[24] ACA, C, reg. 1946-64, Zaragoza, 30-V-1388.

determinados impuestos, a lo cual ellos se resistieron, generalmente con éxito. Así ocurrió, por ejemplo, en 1316, cuando, según informaron al rey representantes de la aljama, ésta había incurrido en elevados gastos para defenderse de las acusaciones de práctica de usura presentadas contra judíos bilbilitanos, y para atender a otros negocios que eran "útiles y necesarios y comunes a los judíos pecheros y francos". Por esto los dirigentes de la aljama entendían que también los judíos francos debían contribuir a su financiación, pero éstos se habían negado a hacerlo, amparándose en sus privilegios. Y de ahí que los primeros recurriesen al rey para solicitarle que obligase a estos últimos a pagar como el resto de sus correligionarios[25]. En aquella ocasión el monarca encargó al baile de Calatayud que entendiese en este asunto, pero no sabemos cómo se resolvió la disputa. En cualquier caso, ésta volvió a replantearse en parecidos términos en otras ocasiones a lo largo del siglo, mientras que los reyes tomaban medidas contradictorias al respecto, que muy poco contribuyeron a resolver el problema. Así, por ejemplo, a comienzos del año 1360, a petición de cierto sector de la población judía de Calatayud, la cancillería regia expidió una carta por la que obligaba a los judíos francos de esta ciudad a contribuir en la financiación de determinados gastos de la aljama, de los llamados "vecinales", es decir, los que no estaban relacionados con el pago de impuestos a la monarquía[26]. Pero inmediatamente los judíos francos afectados recurrieron al rey Pedro IV, recordándole que, en virtud de privilegios otorgados por él y por sus antecesores, ellos estaban exentos de contribuir con cualesquier aljama en todas las pechas y demás exacciones, tanto reales como vecinales. Y consiguieron que éste atendiese sus ruegos, puesto que, aunque no revocó la carta que hacía poco tiempo había expedido su cancillería, ordenó al baile de Calatayud que, a pesar de lo que se dispusiese en ella, continuase guardando a los judíos francos los privilegios adquiridos, lo que en la práctica equivalía a dejar sin efecto la referida carta[27]. Pero años más tarde volvemos a constatar que continuaba planteado el problema, puesto que la aljama volvió a exigir que los judíos francos contribuyesen en el pago de las cantidades gastadas en la realización de obras de fortificación del barrio judío, y del sueldo que se debía abonar al infante Juan por su condición de protector de los judíos, mientras que aquéllos de nuevo se negaron a hacerlo[28].

---

[25] ACA, C, reg. 160-175 Tarragona, 28-V-1316. Carta dirigida al baile de Calatayud.
[26] La expresión que se utiliza en el documento es: "in aliquibus expensis vicinalibus aljame". La carta en cuestión fue expedida en Zaragoza, 2-III-1360.
[27] ACA, C, reg. 1171-13, Pedrola, 13-V-1360.
[28] Fritz BAER, *Die Juden im christlichen...* Doc. nº. 283. P. 399. Orden de Pedro IV de 22-VI-1367. En concreto los gastos en los que la aljama quiere obligar a contribuir a los judíos francos son los ocasionados "in operibus murorum et vallorum et in retinentia castri de la juderia et in salario quod ipsa aljama annuatim prestare tenetur inclito infanti...protectori aliamarum judeorum totius terre nostre.

En cualquier caso, por otras referencias documentales sabemos que los judíos francos de Calatayud no lograron escapar plenamente al pago de todo tipo de impuestos, sino que al menos se vieron obligados a contribuir en algunas derramas realizadas en el seno del propio grupo para atender determinados gastos que se le originaban a éste como colectivo, por ejemplo, a raíz del envío de embajadas ante el rey para defensa de sus intereses. Así nos lo confirma en concreto la denuncia presentada ante Pedro IV en 1360 por Maestre Bayel, judío franco y médico de profesión, quien se consideró agraviado porque tanto él como su madre eran tasados en muy superior cuantía de la que les correspondía por sus "facultades" en las derramas en las que contribuían junto con los demás judíos francos de la villa ("in missionibus et aliis pro quibus contribuere habent cum aliis judeis franchis dicte ville")[29].

Para unos pocos judíos bilbilitanos, por otra parte, el privilegio de exención de impuestos se vio ampliado por otro, también muy valioso y codiciable, que les libraba de la incómoda obligación de alojar como huéspedes a cristianos en sus casas. Sabemos en concreto que en 1367 fueron premiados con esta merced por el rey Pedro IV dos individuos pertenecientes a dos conocidas familias de judíos francos, Salamon Abendahuet y Tadroç Abentilca, quienes, según reza el privilegio de concesión, la recibieron en compensación por haber sido destruidas sus casas durante la invasión castellana, y por los muchos servicios que habían prestado al tesorero real[30].

Los judíos francos de Calatayud sobre los que mayor cantidad de información disponemos relativa a sus trayectorias profesionales fueron, en efecto, individuos que desarrollaron una intensa actividad en la recaudación de impuestos por cuenta de los reyes de Aragón, a los que prestaron con frecuencia auxilio financiero, que éstos les compensaron mediante la concesión de diversas mercedes y privilegios. Valiosos ejemplos ilustrativos en este sentido nos proporciona la familia Abendahuet-Abenalahud (Abendavid). A ella pertenecía Açach Abenalahud, quien, como indicaremos más adelante, prestó importantes servicios financieros a la infanta María, hija de Jaime II, que movieron a ésta a solicitar a su padre que le compensase mediante la concesión de una serie de importantes privilegios, a lo que, al menos en parte, éste accedió, pues en 1326 concedió que contribuyese a la pecha y demás impuestos repartidos por la aljama de Catalayud conforme a la tasa que fijase el baile, y no los tasadores nombrados

---

[29] ACA, C, reg. 699-194v, Borja, 22-III-1360. Comisión a Miguel Pérez de Terrer, jurisperito de Calatayud.
[30] ACA, C, reg. 913-224, Zaragoza, 26-IV-1367. Publica este documento, Fritz BAER, *Die Juden im christlichen...* doc. N°. 277, p. 393.

por la aljama[31]. Pero también el propio Jaime II se benefició de los servicios financieros prestados por este judío y otros miembros de su familia, por los que les compensó mediante la concesión de sustanciosos privilegios. Así, en primer lugar, en 1312 dispuso que tanto él como sus hermanos Ismael y Mosse, y su padre Iucef Abenalahud, no pechasen con el aljama de judíos de Calatayud hasta recibir plena compensación por los 4.000 s.j. que le habían prestado[32]. Más adelante, en 1320, ordenó que Açach y Mosse Abenalahud, sus hijos, y los hijos de Ismael Abenalahud, su hermano, que para entonces ya debía haber muerto, quedasen apartados del resto de familias de la aljama judía bilbilitana durante cuatro años, a efectos de contribuir en el pago de impuestos vecinales, es decir de los que se cargaban para cubrir los gastos a los que tenía que hacer frente la aljama, y no para atender las demandas fiscales de la monarquía. Más en concreto dispuso que, en este intervalo de cuatro años, siempre que la aljama realizase derramas de carácter "vecinal", los referidos miembros de la familia Abenalahud en conjunto abonasen una décima parte del total repartido, corriendo a cargo de los demás contribuyentes de la aljama el pago de las nueve partes restantes[33]. A primera vista, por tanto, cuesta comprender dónde podía residir el carácter privilegiado del trato dispensado a esta familia, por cuanto quedaba obligada a aportar una proporción bastante importante del total de la recaudación de impuestos de la aljama en su conjunto. No queda sino pensar que la riqueza acumulada entonces por los Abenalahud debía ser enorme, y que, al fijarse su contribución a las derramas "vecinales" en una décima parte del total repartido, se les estaba exigiendo una cantidad previsiblemente inferior a la que les correspondería abonar de aplicarse los criterios de proporcionalidad asumidos por el aparato fiscal de la aljama, a los que aluden los documentos cuando hablan de repartos "por sueldo y libra". De otro modo no habría tenido sentido que aceptasen este régimen de contribución, que además les comprometía por cuatro años, durante los que podían sufrir mermas significativas tanto su patrimonio como sus fuentes de ingreso, que justificasen una fuerte reducción de su base imponible.

No hemos podido entrar a determinar cómo evolucionó la situación fiscal de los descendientes de estos judíos de apellido Abenalahud a partir del reinado de Jaime II. En la documentación de la segunda mitad del siglo XIV de hecho este apellido deja de aparecer, para adoptar la forma de Abendahuet, otra variante de Abendavid. Entre los vecinos de Calatayud portadores de este apellido hay que destacar en esta época a Salamon Abendahuet, judío franco que tuvo cargo por el

---

[31] Vid. Jean REGNÉ, *op. cit.* p. 621, doc. N°. 3399. Remite a ACA, C, reg. 228-134v, Barcelona, 24-VI-1326.
[32] Jean REGNÉ, *op. cit.* p. 546, doc. n°. 2950. Remite a ACA, C, reg. 209-202, Gerona, 1-IX-1312.
[33] Fritz BAER, *Die Juden im christlichen...* Doc. n°. 174. Privilegio de Jaime II otorgado en Calatayud, 29-VII-1320.

rey Pedro IV de recaudar muy diversas rentas, tales como las demandas debidas a la monarquía por la Comunidad de aldeas de Calatayud en 1366[34], o el peaje y otros derechos debidos al rey en la villa de Aranda en 1369[35]. En 1380 este monarca le hizo merced de 2.000 s.j. en remuneración por diversos trabajos que había realizado en su servicio[36], y al año siguiente encargó por carta a su hijo primogénito, el lugarteniente Juan, que no consintiese que fuese oprimido o vejado por ningún oficial, recordándole que había trabajado "continuamente en los negocios de nuestra Corte y Tesorería, proporcionándonos provecho"[37]. Y ciertamente el infante Juan atendió al pie de la letra los consejos de su padre, puesto que años después, cuando le sucedió en el trono, continuó mostrando una actitud de decidido apoyo a este judío franco bilbilitano, como bien lo pone manifiesto la carta que en 1392 dirigió al gobernador del reino de Aragón, manifestándole su deseo de que, en atención a los "agradables servicios" que había prestado al rey su padre, y le continuaba prestando a él, tanto él como sus hijos fuesen bien tratados por los oficiales y favorecidos en la justicia[38].

Los hijos de Salamon Abendahuet dieron continuidad, en efecto, a la trayectoria profesional de su padre de servicio a los reyes de Aragón en asuntos financieros y fiscales. Así, su hijo Iucef Abendahuet tuvo a su cargo la recaudación, entre otras rentas, del portazgo de Calatayud[39], y de la "quema", impuesto que incidía sobre los flujos comerciales entre la Corona de Castilla y el reino de Aragón[40]. Y sus servicios a la monarquía también fueron premiados con diversas mercedes, como la que le hizo el rey Juan I en 1386, asignándole de forma graciosa 300 s.j. sobre el dinero proveniente de las últimas demandas efectuadas por el baile general de Aragón a las aldeas de Calatayud, lo que invita

---

[34] Vid. ACA, MR, 646-165v. Finiquito expedido en Zaragoza, 18-III-1372, en favor de Salamon Abendahuet, judío de Calatayud, a quien había encomendado el rey por carta de Zaragoza,1-VI-1366, que recibiese de los vecinos de las aldeas de Calatayud 45.000 s.j. que debían pagar para San Miguel por la demanda que Pedro Jordán de Urries, mayordomo del rey, les había efectuado en nombre del rey antes de la ocupación de Calatayud por el rey de Castilla.
[35] ACA, MR, 650-87v. Se hace constar que Salamon de Abendahuet, judío de Calatayud, fue designado por carta del rey de Zaragoza, 8-VI-1366, como recaudador del peaje y otros derechos del rey en Aranda, y usó de dicha comisión durante 3 años y 2 meses, entre septiembre de 1367 y el 30 de noviembre de 1370.
[36] ACA, C, reg. 1100-151, Zaragoza, 18-XII-1380.
[37] ACA, C, reg 824-32, Zaragoza, 25-XI-1381. Carta de Pedro IV a su primogénito, el infante Juan.
[38] ACA, C, reg. 1881-88v, Valencia, 16-XII-1392. Carta del rey al gobernador del reino de Aragón.
[39] Vid. ACA, C, reg. 2344-119, Barcelona, 28-IX-1396. Carta de María de Luna al baile de Calatayud y al merino de Zaragoza para que ordenen a Iucef Abendahuet que acuda a la Curia a informar sobre ciertos asuntos relacionados con el producto del peaje de Calatayud, que éste recaudó durante algún tiempo.
[40] Noticia en ACA, MR, 258. Se informa que Juan Don Sancho vendió el derecho de la quema de Aragón a Iucef Abendahuet por 3 años por carta de arrendamiento de 10-XI-1387. Durante estos años hubo, sin embargo, un tiempo en que no circularon mercancías entre Aragón y Navarra, y por ello Iucef presentó demanda contra Juan Don Sancho, que finalmente accedió a compensarle con 2.000 s.j. por las mermas que por este motivo hubo en la recaudación del impuesto. Sobre el impuesto de la "quema" Vid. Máximo DIAGO HERNANDO, "La "quema". Trayectoria histórica de un impuesto sobre los flujos comerciales entre las coronas de Castilla y Aragón durante los siglos XIV y XV", *Anuario de Estudios Medievales*, 30/1 (2000), pp. 91-156.

a presumir que él habría tenido parte importante en su negociación con los representantes de las aldeas[41].

Al analizar la trayectoria de la familia Abendahuet en la segunda mitad del siglo XIV un hecho que llama, no obstante, bastante la atención es que sus miembros gozaron de la confianza de los reyes de Aragón no sólo en negocios relativos a finanzas y recaudación de impuestos, sino que también tuvieron intervención en asuntos de carácter decididamente político, y que sólo afectaban a la población cristiana. Así, en primer lugar, durante el reinado de Pedro IV, Salamon Abendahuet debió intervenir de alguna manera en la resolución del conflicto de índole jurisdiccional que en torno al año 1373 enfrentaba a la ciudad de Calatayud con las aldeas de su Comunidad, pues en varios documentos expedidos por la cancillería regia ese año se reconocía que los vecinos de la ciudad le profesaban un odio visceral, porque le consideraban responsable de que las aldeas hubiesen obtenido en la Curia ciertas provisiones y privilegios que cercenaban las facultades jurisdiccionales de Calatayud. Ciertamente el rey se apresuró a desmentir estas acusaciones, insistiendo en que las provisiones se habían obtenido por vía de justicia, de modo que no había habido lugar para trato ni mediación alguna[42]. Pero cuesta creer que la animadversión hacia Salamon Abendahuet entre los vecinos de Calatayud no tuviese algún tipo de fundamento en las actuaciones de éste. Y no deja de resultar sorprendente que un judío pudiese influir de forma tan decisiva en la Corte de los reyes de Aragón sobre la toma de decisiones en asuntos que afectaban de forma prácticamente exclusiva a la población cristiana.

En cualquier caso, no fue en 1373 en la única ocasión en que Salamon Abendahuet se vio involucrado en la negociación de asuntos políticos que afectaban a la Comunidad de aldeas de Calatayud. De nuevo en 1390 nos consta que el rey de Aragón recurrió a él para que acudiese a parlamentar en su nombre con los oficiales de dicha Comunidad, según testimonia una carta que les dirigió a estos últimos desde Zaragoza en abril de 1391, en la que les manifestaba su deseo de que durante su estancia en Aragón se resolviesen definitivamente ciertas diferencias que mantenían con los vecinos de las aldeas, para lo cual les enviaba, informado de su intención, al judío Salamon Abendahuet[43], al cual precisamente

---

[41] ACA, C, reg. 1292-15, Barcelona, 25-VI-1386.
[42] ACA, C, reg. 766-26 y 27v, Barcelona, 12-I-1373. Cartas del rey a la ciudad de Calatayud, al baile general de Aragón, y al justicia de Aragón, para que no se cause ningún daño a Salamon Abendahuet, que es servidor del rey. Y reg.765-186, Barcelona, 12-I-1373. Carta a Florencio Pérez de Pamplona, García Muñoz de Pamplona, Íñigo Navarro y Andrés Gómez, ciudadanos de Calatayud, ordenándoles que garanticen a Salamon Abendahuet poder circular libremente por esta ciudad, pues había denunciado que por el mucho odio que le tenían en ella no se atrevía a salir públicamente como antes solía.
[43] ACA, C, reg. 1959-178v, Zaragoza, 15-IV-1391.

hacía pocos meses había convocado para que acudiese a la Corte, con el argumento de que le necesitaba "por asuntos tocantes a honra y provecho nuestro"[44]. Si tales asuntos tenían algo que ver con los problemas planteados en las aldeas de Calatayud no lo sabemos con seguridad. Pero es sintomático que poco después de haber reclamado su presencia en la Corte, el rey de Aragón enviase a este judío con instrucciones para tratar con los oficiales de la Comunidad de dichas aldeas. En cualquier caso, como quiera que fuese, consideramos relevante el hecho de que el monarca aragonés recurriese a un judío para negociar en su nombre con oficiales cristianos, que además eran representantes de una población campesina en la que estaban bastante arraigados los sentimientos antijudíos.

Esta forma un tanto sorprendente de proceder puede en parte explicarse si tenemos en cuenta que Salamon Abendahuet acumulaba una larga experiencia de trato con los oficiales de la Comunidad de aldeas de Calatayud por motivos relacionados con el cobro de impuestos, pues al margen de que en algunos ejercicios tuvo a su cargo la recaudación de los mismos en dicho ámbito, en otras ocasiones nos consta que actuó como negociador en nombre del rey con los representantes de dichas aldeas para lograr su consentimiento al pago de determinados impuestos, o a su cesión a la hacienda regia. Así, por ejemplo, tenemos noticia de que el mercader y financiero zaragozano Juan Don Sancho libró en una ocasión 1.000 florines de oro de Aragón a Salomón Abendahuet para que éste a su vez procediese a librarlos a las personas "que habían trabajado en los fechos de las primicias que los de la Comunidad de Calatayud otorgaron graciosamente al rey Juan"[45], circunstancia que invita a presumir que este judío había tenido un papel destacado en dichas negociaciones.

Pero, en cualquier caso, la impresión de que los Abendahuet participaron en la vida política bilbilitana de una forma mucho más directa de lo que era habitual entre los miembros de la comunidad judía queda reforzada por algunas otras constataciones. Así, consideramos bastante sintomático el hecho de que en 1388, entre la docena de vecinos de Calatayud a los que el justicia encerró en prisión, inculpados de haber quebrantado la paz impuesta por la sentencia arbitral

---

[44] ACA, C, reg. 1959-147, Zaragoza, 28-XII-1390.
[45] Vid. ACA, C, reg. 2154-102, Valencia, 7-XII-1407. Carta dirigida a Salamon Abendahuet, judío habitante en Calatayud, hijo de Iucef Abendahuet, y nieto de Salamon Abendahuet, sobre una reclamación presentada por Juan Don Sancho, mercader de Zaragoza, quien había mostrado un instrumento público, fechado en Calatayud, 29-VII-1394, en el que su abuelo Salamon Abendahuet se obligaba a librar a Juan Don Sancho "ápocas" de aquellas personas a quien él decía que había librado los 1.000 florines de oro de Aragón que Juan le había librado a él para satisfacer a las personas que habían trabajado en los fechos de las primicias que los de la Comunidad de Calatayud otorgaron graciosamente al rey Juan. Juan Don Sancho denunciaba que Salamon Abendahuet no había cumplido con su compromiso, por lo que ahora pedía cuentas a su nieto como su heredero.

pronunciada por el infante Juan en 1378, había sólo un judio, precisamente Jucef Abendahuet[46].

Aparte de los indicios a los que hemos hecho hasta ahora referencia, algunos otros nos confirman que la de los Abendahuet fue una de las más privilegiadas entre todas las familias judías del reino de Aragón durante la segunda mitad del siglo XIV y las primeras décadas, del siglo XV y que su radio de influencia se extendía mucho más allá de la ciudad de Calatayud. Así, hay que destacar el hecho de que disfrutaba de un curioso privilegio que le garantizaba la percepción a perpetuidad de una renta de dos libras de cordero sobre la lezda de la carnicería de los judíos de Zaragoza, que les reportaban cada año en torno a 210 s.j.[47]. Desconocemos cuál era el origen de este singular privilegio, pero el hecho de que disfrutase del mismo nos prueba que la familia mantenía fuertes vínculos con la principal comunidad judía del reino de Aragón, la de Zaragoza, aunque no tenemos noticia de que alguno de sus miembros llegase a residir en ella. Por el contrario, sí sabemos que uno de los hijos de Salamon Abendahuet, de nombre Todroç, trasladó su residencia a la ciudad de Teruel, donde se le continuó reconociendo su condición de judío franco.

Si admitimos que todos los judíos identificados en las fuentes con los apellidos de Abenalahud y Abendahuet, y sus variantes, formaban parte de una misma familia, la de los Abendavid, deberemos concluir, no obstante, que el grado de franqueza de ésta experimentó cierta evolución a lo largo del siglo XIV, puesto que sólo era parcial en sus primeras décadas, según hemos podido demostrar. Es una cuestión que habrá que clarificar en el futuro, para lo cual será preciso reconstruir con mayor precisión el árbol genealógico de esta familia, determinando con exactitud la relación de parentesco existente entre los diversos individuos que aparecen en la documentación con este apellido, en sus diversas variantes, a lo largo de dicho siglo.

Sobre las otras familias de judíos francos de Calatayud hemos logrado reunir bastantes menos noticias que sobre los Abendahuet, aunque las pocas de las que por el momento disponemos nos ofrecen una imagen de ellas que coincide

---

[46] ACA, C, reg. 1955-50, Zaragoza, 15-VII-1388.
[47] Noticia de este privilegio en ACA, C, reg. 2159-32, Barcelona, 28-VI-1408. Todroç Abendahuet, judío franco de la aljama de Teruel, hijo de Salamon Abendahuet, judío franco de Calatayud, y los hijos de Samuel Abendahuet, hijo del dicho Salamon, y los hijos de Iucef Abendahuet, hijo también del dicho Salamon, todos éstos vecinos de Calatayud, habían informado que tenían privilegio para cobrar en la lezda de la carnicería de los judíos de Zaragoza "duas libras mutonis qualibet die in perpetuum". En satisfacción de estas dos libras solían recibir anualmente del dinero de la lezda 210 s.j., que les abonaba el merino de Zaragoza, pero ahora éste había dejado de pagárselos. Ya en 1291 Jaime II confirmó a miembros de la familia Abendahuet este privilegio que había sido concedido a sus antepasados por el rey Pedro. Vid. Jean REGNÉ, *History of the Jews in Aragon. Regesta and Documents 1213-1327*, Jerusalén, 1978, p. 450, doc. nº. 2406. Remite a ACA, C, reg. 192-41, Calatayud, 31-X-1291.

a grandes rasgos con la de estos últimos. Así, por ejemplo, en el caso de los Abentilca constatamos que mantuvieron fuertes vínculos con la comunidad judía de Zaragoza, donde poseían una tabla de carnicería por virtud de un privilegio concedido por el rey Pedro II en el año 1205, la cual era servida por un carnicero y un ayudante o "escorchador", que cortaban en ella la carne y respondían del pago a la familia de la lezda y otros derechos[48].

Al hablar de los Abenalahud en tiempos de Jaime II hemos podido comprobar cómo la franqueza concedida a determinados judíos podía tener sólo carácter parcial. Los ejemplos que proporciona la documentación que nos lo confirman son, por otra parte, relativamente numerosos, y conviene tenerlos en cuenta para hacerse idea de la diversidad que caracterizaba al grupo de los judíos francos, en el que coexistían individuos con grados de exención muy diferentes entre sí. A este respecto cabe recordar en primer lugar que la infanta María, hija de Jaime II y viuda del infante Pedro de Castilla, durante los años de su estancia en Calatayud, tras la muerte de su marido en 1319[49], recurrió en varias ocasiones ante su padre para solicitarle la concesión de privilegios a judíos bilbilitanos que le habían prestado señalados servicios, que, no obstante, no conllevaban la consecución de la franqueza plena. Así, en 1325 consiguió que Jaime II concediese la exención de la obligación de contribuir en todos los impuestos, con excepción de la pecha y la cena, a Benveniste Abenpesat y a su hermana Jamila, que vivía con él [50]. Al año siguiente le volvió a pedir que, para premiar a maestre Salamon por los servicios que les había prestado a ella y a su hija doña Blanca como médico, le quitase su pecha, que ascendía en aquellos momentos a dos sueldos y dos dineros en cada "arca" o derrama, o al menos la redujese a la mitad[51]. Y también en 1326 le solicitó la concesión de una serie de privilegios a Açach Abenalahud, quien, como hemos visto, con anterioridad ya había recibido

---

[48] Vid. Asunción BLASCO MARTÍNEZ, *La judería de Zaragoza en el siglo XIV*, Zaragoza, 1988, p. 217 (doc. 3). Contrato notarial fechado en Zaragoza, 1-I-1361. Salomón Alazar, judío de Zaragoza, como procurador de don Todroç Abentilca, judío de Calatayud, provee de carnicero, ayudante y escorchador a la tienda que éste posee en la carnicería de judíos de Zaragoza. Consta, no obstante, que durante la ocupación de Calatayud por las tropas castellanas del rey Pedro I, el monarca aragonés Pedro IV confiscó todos los bienes de los vecinos de Calatayud, tanto cristianos como judíos. Entre dichos bienes confiscados estuvo esta tabla que Todroç Abentilca poseía en la carnicería de la judería de Zaragoza, de la cual el rey hizo merced poco después a un judío zaragozano llamado Iucef Arrut. A la medida se opuso, sin embargo, el judío zaragozano Salamon de la Caballería, alegando que Todroç Abentilca le adeudaba por instrumento público judaico 3.000 s.j., por lo cual el rey no podía haber hecho merced de la dicha tabla de carnicería en perjuicio suyo, como acreedor que era a los bienes del dicho Todroç Abentilca. En respuesta a esta alegación Pedro IV ordenó que del precio que se obtuviese de dicha tabla ("de pretio dicte lezde habito seu habendo") se diese satisfacción a Salamon de la Caballería de la cantidad que le adeudaba Todroç Abentilca. Vid. ACA, C, reg. 1202-181v, Zaragoza, 10-X-1364.
[49] Referencias a la situación de la infanta María tras la muerte de su esposo en Máximo DIAGO HERNANDO, "Vicisitudes de un gran estado señorial en la frontera de Castilla con Aragón durante la primera mitad del siglo XIV: Los señoríos sorianos del infante Don Pedro", *Anuario de Estudios Medievales*, 35 (2005), pp. 47-90.
[50] Jean REGNÉ, *op. cit.*, p. 611, doc. nº. 3337. Remite a ACA, C, reg. 227-197, Calatayud, 4-VII-1325.
[51] Vid. Fritz BAER, *Die Juden im christlichen...* Doc. nº. 186. Pp. 247-8. Carta de la infanta María a Jaime II, fechada en Calatayud, 10-XII-1326.

otros de exención parcial del propio rey, en atención a los servicios de carácter financiero que le estaba prestando, adelantándole importantes cantidades de dinero para su sostenimiento. En concreto pidió que, para compensarle por las pérdidas en las que como consecuencia de estos servicios estaba incurriendo, en primer lugar se le eximiese del pago de la parte que le correspondiese abonar del total de la multa que se había impuesto a la comunidad judía bilbilitana por los delitos sobre los que había estado investigando la Inquisición[52]. En segundo lugar, que se le autorizase a vender sus heredades libremente, sin tener que contribuir a la hacienda regia con parte del precio obtenido de la venta. En tercer lugar, que se le permitiese reclamar el pago de las cantidades que se le adeudaban por préstamos que había efectuado con "logro", es decir, en los que se habían exigido intereses usurarios, liberándole además de la obligación de tener que entregar al rey el derecho que le correspondía percibir sobre dichas cantidades. Y, por fin, en cuarto lugar, que sólo tuviese que responder con su persona y bienes del pago de su propia pecha, de modo que, una vez que la hubiese abonado, no se le pudiesen embargar sus bienes, ni apresarle a él, por razón del incumplimiento del pago de impuestos en que incurriesen otros miembros de la aljama[53].

Otros documentos de la cancillería de Jaime II nos proporcionan, por su parte, testimonios adicionales sobre la variedad de modalidades que adoptó el régimen de exención de que disfrutaron algunos judíos bilbilitanos. A título ilustrativo nos limitaremos a dejar constancia de dos ejemplos. En primer lugar el de Jacob Avenhalez (¿Abenabez?), a quien en 1312 concedió este monarca la exención de todo impuesto durante diez años, para compensarle por los perjuicios sufridos como consecuencia de unas inundaciones que habían afectado a sus casas[54]. Y, en segundo lugar, el de los hermanos Iaffuda y Mosse del Calvo, a quienes en 1321 ordenó que en adelante sólo se les repartiesen tres sueldos, cuatro dineros y un óbolo en cada "arca" o derrama, para ayudarles a sobrellevar el grave perjuicio económico que les había ocasionado la muerte de un caballo que recientemente habían comprado, por el que habían pagado la elevada suma de 1.500 s.j.[55].

---

[52] Se refiere a las actuaciones del inquisidor fray Guillermo Costa en la judería de Calatayud en los años 1324-6. Entonces fueron impuestas unas severas penas a la aljama judía bilbilitana y a cada uno de sus miembros, por los delitos de circuncisión de dos cristianos, y apostasía de un judío bautizado que había vuelto a profesar la religión judía. En febrero de 1327 el rey suspendió la aplicación de estas penas, que habría conllevado la destrucción de la judería, a cambio del pago de una multa de 20.000 s.j. Vid. Jean REGNÉ, *op. cit.* p. 625, doc. n°. 3419, reg. 229-239v, Barcelona, 6-II-1327.
[53] Fritz BAER, *Die Juden im christlichen...* Doc. n°. 184. Aunque el documento no está fechado es muy probable que corresponda al año 1326. También interesa consultar a este respecto el doc. n°. 183. Carta de la infanta María a Jaime II, fechada en Calatayud, 11-V-1326.
[54] Jean REGNÉ, *op. cit.*, p. 548, n°. 2962. Remite a ACA, C, reg. 209-233, Calatayud, 20-XII-1312.
[55] Jean REGNÉ, *op. cit.*, p. 584, n°. 3172. Remite a ACA, C, reg. 219-216, Valencia, 27-I-1321.

## 3.- *Actividades financieras*

La atención prestada hasta ahora a las familias francas de Calatayud nos ha llevado a aludir reiteradamente a la importante actividad desarrollada por algunos de sus miembros como financieros y recaudadores de impuestos al servicio de la monarquía. A esta actividad, no obstante, no se dedicaron exclusivamente los judíos francos sino que también otros miembros de la comunidad judía bilbilitana de posición más modesta participaron en la misma, aunque por regla general en negocios de menor envergadura, como nos testimonia el caso de Mosse Albi, que tuvo a su cargo en varios ejercicios a principios del siglo XV la renta del peaje de Calatayud[56]. Y en otras ocasiones ejercieron de simples subarrendadores, como Iucef Paçagon, quien en 1349 tenía tomada a renta de su convecino cristiano Martín López de Uncastillo la renta del peaje de las bestias que se vendían el martes en el mercado de Calatayud[57].

La recaudación de impuestos estuvo con frecuencia asociada al préstamo, debido a que los arrendadores adelantaban a la monarquía el dinero que más adelante ellos percibían de los contribuyentes. De ahí que los más destacados hombres de negocios de la comunidad judía bilbilitana, y muy en particular los francos fuesen por encima de todo, prestamistas que atendían las necesidades de liquidez no sólo del aparato hacendístico de la monarquía sino de otras muchas instancias, cargando a los beneficiarios de los adelantos unos intereses que presumimos que debían ser muy elevados, pues también eran grandes los riesgos en que incurrían al realizar este tipo de operaciones. Por ello no resulta sorprendente que en ocasiones llegasen a ser denunciados y condenados como usureros, según nos confirma, por ejemplo, un documento del año 1410 que informa de ciertas sentencias pronunciadas en la Real Audiencia contra Sol Alatzar, judía de Zaragoza, y Samuel Abensaprut y Salamon Abendahuet, hijo de Iucef Abendahuet, judíos de Calatayud, a instancias de Don Juan Don Sancho, mercader de Zaragoza, por ciertas "usuras y logros" que aquéllos le habían llevado[58]. Este último fue de hecho uno de los principales recaudadores de impuestos al servicio de los reyes de Aragón en el tránsito del siglo XIV al XV, y ya había mantenido diferencias en varias ocasiones con anterioridad con la familia Abendahuet, que, al igual que él, destacó por su activo papel en tareas de

---

[56] En 1403 era arrendador de dicho peaje junto con Florencio Pérez de Azna, también vecino de Calatayud. ACA, C, reg. 2139-58 Valencia, 13-XII-1403. En 1407 lo tenía tomado a renta él sólo. Reg. 2151-129v Valencia, 15-IV-1407.
[57] ACA, C, reg. 656-66, Valencia, 14-XII-1349.
[58] ACA, C, reg. 2162-118v Barcelona, 5-IV-1410. Carta dirigida a los rabinos de las aljamas de Zaragoza y Calatayud, para que impidan a los referidos tres judíos la entrada a las sinagogas hasta que no hayan ofrecido satisfacción a Juan Don Sancho conforme a lo dispuesto en las sentencias pronunciadas contra ellos.

recaudación de impuestos al servicio de la monarquía [59]. Pero el hecho de que este reputado financiero zaragozano llegase a acusar de usurero a un miembro de esta familia judía nos proporciona un interesante indicio para comprender el carácter de las transacciones financieras sobre las que se sustentaba el funcionamiento de la Real Hacienda aragonesa, que sin duda contribuyeron de forma decisiva a incrementar la fortuna del selecto grupo de judíos que tuvieron participación en ellas.

La solvencia financiera de algunos judíos bilbilitanos propició por otra parte que actuasen en ocasiones como fiadores de cristianos en operaciones en que éstos tomaron a préstamo importantes cantidades de dinero, a veces para atender necesidades de la propia monarquía. Las razones por las que accedieron a desempeñar este papel, muy arriesgado, pues en caso de que el prestatario principal no devolviese el dinero en los plazos fijados en el contrato era el fiador el que debía responder con sus bienes del pago, no se aclaran en los documentos conservados, pero es probable que exigiesen una compensación económica del prestatario a quien fiaban, por razón del riesgo en que incurrían al hacerlo. Y que éste no era irrelevante nos lo demuestra, por ejemplo, lo que le ocurrió en 1359 a Mosse Abensaprut, quien se ofreció como fiador cuando el consejero del rey de Aragón Pedro Jordán de Urries tomó prestados del mercader bilbilitano Pascasio Ponce 1.200 s.j. para atender una necesidad financiera de la propia monarquía. Pedro Jordán de Urries no debió, sin embargo, devolver puntualmente el dinero, y como consecuencia a comienzos del año 1359 Pascasio Ponce ya había puesto en marcha el procedimiento judicial para que se hiciese ejecución en bienes de Mosse Abensaprut, obligando así a intervenir a Pedro IV, quien le rogó por carta que esperase algún tiempo a recuperar su dinero, guardando consideración al hecho de que había sido tomado a préstamo para servicio del rey[60].

El negocio del préstamo, en el que participaron con diferente grado de dedicación muchos judíos vecinos de Calatayud a lo largo del siglo XIV, tuvo, no obstante, otras muchas manifestaciones más allá del mundo de las altas finanzas cortesanas, y del entorno de la familia real[61]. En efecto, fueron muchas y variadas

---

[59] Por ejemplo, en 1404 el rey encargó al baile de Calatayud que entendiese en todas las causas que trataba de mover Juan Don Sancho contra Iucef Abendahuet, judío de Calatayud. ACA, C, reg. 2144-9, Barcelona, 2-IX-1404.
[60] ACA, C, reg. 1161-85v Almunia, 18-I-1359. Carta de Pedro IV a Pascasio Ponce, mercader de Calatayud.
[61] Sobre la actividad de Açach Abenalahud como prestamista de la infanta María, hija de Jaime II, Vid. supra. Otro miembro de la familia real que recibió préstamos de judíos bilbilitanos fue el infante Pedro, hermano de Jaime II. Vid. ACA, C, reg. 171-75, Valencia, 2-I-1321. Comisión al baile de Calatayud para que investigue sobre la denuncia presentada por el infante Pedro contra Açach Selludo, judío de Calatayud, quien se negaba a reintegrarle ciertas prendas que le había entregado en garantía por razón de cierta cantidad de dinero que le debía, a pesar de que ya se la había devuelto.

las personas e instituciones que tomaron entonces a préstamo cantidades de dinero de muy diversa envergadura de judíos bilbilitanos, a juzgar por las noticias aportadas por la documentación cancilleresca que, no obstante, hay que tener en cuenta que proporciona una información de carácter fragmentario y sesgado, dado que sólo recoge casos en que las operaciones dieron lugar con posterioridad a pleitos, bien porque se las consideró de carácter usurario, o porque los prestatarios incumplieron los compromisos contraídos con sus correspondientes prestamistas.

En cualquier caso, a pesar de las limitaciones de este tipo de información, no deja lugar a dudas sobre la amplitud y diversidad de la clientela que recurrió a los servicios financieros de los judíos bilbilitanos. Así, en primer lugar, hay que destacar que éstos no se limitaron a negociar en el reino de Aragón sino que también realizaron numerosas operaciones en el reino de Castilla, donde entre sus clientes se contaron algunas corporaciones de gobierno local, como, por ejemplo, el concejo de Atienza, a quien efectuó préstamos nuestro conocido Salamon Abendahuet[62], o algunos sexmos de la Universidad de la Tierra de Soria, como el de Frentes, que en 1397 fue condenado por el gobernador de Aragón a pagar a Mosse Albi 800 florines que le adeudaba por virtud de contrato notarial de obligación[63]. Y, al margen de estas operaciones con instituciones, también realizaron otras muchas con personas particulares, en su mayoría campesinos vecinos de aldeas próximas a la frontera[64].

Dentro del reino de Aragón, entre quienes recibieron dinero a préstamo de judíos de Calatayud cabe mencionar en primer lugar a algunas instituciones eclesiásticas, como el monasterio de Santa María de Piedra, que en los primeros años del siglo XIV estuvo siguiendo pleito contra algunos de ellos - Jacob Abenhorra, Salil Abenhorra, Ibrahim Albi, Iucef Albi, Açach Abentabas y Salomón - a los que acusaba de haberle prestado dinero con usura[65]. También tomaron dinero a préstamo de judíos bilbilitanos algunas corporaciones de gobierno local, como la Comunidad de aldeas de Calatayud[66], o determinados

---

[62] ACA, C, reg. 828-163, Monzón, 8-VIII-1383. Salamon Abendahuet había denunciado que la universidad y personas singulares de Atienza y sus aldeas, que se habían obligado por instrumentos públicos otorgados en Calatayud a pagarle ciertas cantidades de dinero, desde hacía cierto tiempo habían dejado de acudir a esta ciudad, dirigiéndose por el contrario a Valencia, Daroca y Teruel, para así no verse forzados a pagarle lo que le debían.
[63] ACA, C, reg. 2119-69v, Zaragoza, 17-XII-1398. Mossef Albi, judío de la aljama de Calatayud, había obtenido sentencia del gobernador de Aragón, pronunciada en Calatayud 5-XII-1397, por la que condenaba a los hombres pecheros de todas las aldeas del sexmo de Frentes, en la Tierra de Soria, y a unos vecinos en particular de las aldeas de Villaciervos, Herreros, Oteruelos, Vinuesa y Cidones, a pagarle 800 florines de oro de Aragón, que éstos se habían obligado por instrumento público a entregarle, renunciando a la jurisdicción de sus propios jueces locales.
[64] Vid. Máximo DIAGO HERNANDO, "La movilidad de los judíos a ambos lados de la frontera entre las Coronas de Castilla y Aragón durante el siglo XIV", *Sefarad*, 63 (2003), pp. 262 y ss.
[65] ACA, C, reg. 126-198v, Tortosa, 1-I-1303.
[66] Vid. ACA, C, reg. 237-31, Valencia, 30-III-1309. Se hace constar que hacía un tiempo el escribano y adelantado

concejos aldeanos, como el de Llumes[67]. Pero mucha más importancia alcanzaron, sin embargo, por su número y por sus repercusiones sociales y políticas, los préstamos efectuados a campesinos de las aldeas de la Comunidad de Calatayud, o de otros ámbitos jurisdiccionales próximos, tanto de realengo como de señorío. La documentación cancilleresca, en efecto, proporciona abundantes noticias, de carácter más o menos concreto, relativas a este tipo de operaciones, que dan testimonio de su notable difusión, y además permiten identificar algunas de las principales razones por las que entre estos campesinos arraigaron los prejuicios antijudíos.

Ya en los primeros años del siglo XIV el fenómeno había alcanzado grandes proporciones, y se había convertido en una fuente de enfrentamientos y conflictos entre los campesinos y los judíos bilbilitanos, por lo que el rey Jaime II decidió intervenir para atajarlos e imponer una solución de concordia que hiciese posible la restauración de la paz social. Para ello ordenó, por un lado, a los adelantados y universidad de las aldeas de Calatayud que enviasen como sus procuradores a la Corte a Martín Aznar de Miedes y al escribano de la institución, con plena potestad para poder firmar ante notario un acuerdo que diese solución al problema de las deudas contraídas por vecinos de las aldeas con los judíos de Calatayud, acatando lo que el rey ordenase al respecto. E idéntica orden transmitió a la aljama de judíos bilbilitana, exigiéndole que enviase como sus procuradores a Iucef Abenalahud y a otros tres judíos más[68].

El origen de las desavenencias planteadas entre los judíos y los campesinos de las aldeas en aquella ocasión no es aclarado en los documentos consultados. Pero, por indicios, presumimos que tenían relación con la indisposición de éstos últimos a hacer efectivos los pagos comprometidos en los contratos notariales firmados, en los plazos en ellos fijados, probablemente con la excusa de que en ellos había intervenido usura. Sea como fuere, finalmente ambas partes llegaron a un acuerdo transaccional que fue confirmado por el monarca, en virtud del cual éste concedió una moratoria a los vecinos de las aldeas para el pago de las deudas contraídas con los judíos, pero a condición de que quedasen comprometidos a efectuar los pagos en los nuevos plazos contemplados en dicha moratoria, sin ningún tipo de excusa[69]. Y, además, fueron nombrados dos diputados, Martín

---

de la Comunidad de aldeas de Calatayud habían tomado a préstamo de Iucef Abenalahud, judío de Calatayud, cierta cantidad de dinero.

[67] El concejo de Llumes por contrato de 22-VIII-1385 vendió a Garcí Pérez de Matos, escribano de la universidad de aldeas de Calatayud, un molino por 3.000 s.j. para hacer frente a unas deudas que tenía contraídas con Don maestre Xaco Azarias y con Don Bienvenist Arruet, judíos vecinos de Calatayud. Noticia en AHN, Clero, leg. 8511.

[68] ACA, C, reg. 128-198, Teruel, 9-VII-1303.

[69] Así se hace constar en ACA, C, reg. 134, s.f. Valencia, 17-XII-1304. En este documento el rey Jaime II hace

Aznar de Miedes y Iucef Abenalahud, para que examinasen las cuestiones concretas que en torno al cumplimiento del acuerdo llegasen a plantearse, las cuales, aunque nada se dice al respecto en los documentos, entendemos que podían estar relacionadas con el problema de determinar si en los contratos había intervenido o no usura[70]. Sea como fuere, a pesar de las concesiones efectuadas a los campesinos en el acuerdo transaccional, muchos de ellos continuaron mostrando resistencia a cumplir con los compromisos contraídos, y así se reconoció en una carta que más de un año después de firmarse el acuerdo envió Jaime II a Martín Aznar de Miedes y Iucef Abenalahud, en la que recogía la denuncia presentada por los representantes de la aljama judía de Calatayud contra los aldeanos, que no habían querido pagar sus deudas en los plazos fijados en el acuerdo transaccional[71].

Estos conflictos de los años 1303 y 1304 no tuvieron, sin embargo, carácter excepcional, sino que una y otra vez los vemos resurgir a lo largo del siglo XIV, aunque, por tratarse de una cuestión de interés secundario en el contexto del presente trabajo, no vamos a entrar a dar cuenta pormenorizada de las noticias reunidas al respecto. Nos limitaremos a dejar constancia de que en unas ocasiones se trata de denuncias del cobro de usuras por los judíos, en otras de solicitudes al rey de concesiones de moratorias, y en otras, por fin, de denuncias de los procedimientos fraudulentos a los que recurrían los campesinos para escapar a su obligación de pagar las deudas contraídas con los judíos, entre los que destacaban las donaciones fingidas de sus bienes a terceras personas para evitar que se hiciese ejecución en ellos por los oficiales de la justicia. La propia abundancia de noticias confirma en cualquier caso que el préstamo a los campesinos que atravesaban por dificultades financieras fue una actividad a la que se dedicaron muchos miembros de la comunidad judía bilbilitana, hasta el punto de que la propia aljama como institución asumió la defensa de sus intereses cuando se plantearon conflictos en torno a su práctica, bien por razón de denuncias presentadas por el cobro de usuras, o bien con motivo de resistencias ofrecidas por los deudores a cumplir con los compromisos contraídos con los prestamistas.

No todos los campesinos del entorno de Calatayud eran en el siglo XIV, sin embargo, cristianos, sino que también había entre ellos entonces bastantes sarracenos, que al igual que aquéllos recurrieron a los judíos bilbilitanos como

---

alusión a una "carta ordinationis seu elongamenti" que él había otorgado, conforme a lo dispuesto en la transacción a la que habían llegado los aldeanos y los judíos, y que él había confirmado.

[70] En los documentos simplemente se califica a estos dos individuos como "examinadores y determinadores" diputados "super debitis quod per aldeanos aldearum Calataiubii debentur judeis Calataiubii ", para que conociesen "super questionibus quas inter dictos aldeanos et judeos contingerent".

[71] ACA, C, reg. 134-234v, Zaragoza, 11-VI-1304. Y reg. 134, s.f., Valencia, 17-XII-1304.

fuente de crédito. En concreto cabe destacar el papel desempeñado como prestamistas para los integrantes de esta comunidad étnico-religiosa por los miembros de la familia Abenalahud, que en las primeras décadas del siglo XIV siguieron pleitos con al menos tres aljamas sarracenas aragonesas, las de Villafelich, Brea[72] y Aranda[73], por razón de problemas con que tropezaban para recuperar numerosas partidas de dinero prestadas tanto a las aljamas como a miembros singulares de las mismas. Pero también disponemos de noticias sobre préstamos efectuados por otros judíos bilbilitanos a vecinos de otras aljamas sarracenas del reino de Aragón, tales como Isaac Abenalaphuf, con el que en 1326 tenían contraídas deudas los sarracenos de Cariñena[74], o Daigon (¿Maimon?) Abenrodrich a quien en 1351 le debía cierta cantidad de dinero por instrumentos públicos la aljama sarracena de Jarque, del señorío de Juan Fernández de Luna[75].

Por fin, para terminar con esta somera relación de instituciones y grupos sociales que conformaron la clientela de los judíos bilbilitanos en sus operaciones de préstamo de dinero con interés, no podemos dejar de mencionar a los propios vecinos de la ciudad de Calatayud, tanto cristianos[76] como judíos[77]. No debemos olvidar, en efecto, que en el seno de la comunidad judía bilbilitana hubo muchos individuos que se desenvolvían en situaciones financieras muy precarias, que les forzaban con frecuencia a tomar prestado dinero para atender sus urgentes necesidades. Y, paradójicamente, ni éstos como personas particulares ni la aljama como institución recurrieron siempre a otros judíos para que se lo prestasen, sino

---

[72] Noticia sobre los pleitos que seguían Iucef Abenalahud y sus hijos contra las aljamas de sarracenos de Brea y Villafelich, y algunos sarracenos singulares de ellas, sobre dinero que debían a los judíos en ACA, C, reg. 134-22, Calatayud, 27-I-1305.

[73] Sobre los pleitos seguidos por Iucef Abenalaud y sus hijos (de entre los cuales se cita expresamente a Ismael) contra los sarracenos de Aranda y su aljama Vid. entre otros documentos. ACA, C, reg. 134, s.f., Valencia 17-XII-1304. Iucef Abenalahud, por sí y en nombre de sus hijos, había denunciado dificultades en el cumplimiento de una orden dada al justicia de Calatayud en 1303 para que obligase a los sarracenos de Aranda a pagar las cantidades que adeudaban a dicho judío, sin atender a la carta de moratoria que el rey había concedido a dichos sarracenos. Reg. 148-190, Daroca, 16-XI-1311. Noticia del pleito que siguen Iucef Abenalahud y sus hijos contra la aljama de sarracenos de Aranda. Y reg. 149, s.f., 17-XII-1311. Se convoca a Ismael Abenalahud y sus hermanos para que comparezcan en la Corte para examinar los contratos de obligación concertados entre ellos y los sarracenos de Aranda.

[74] ACA, C, reg. 185-242, Barcelona, 2-I-1326.

[75] ACA, C, reg. 665-168.

[76] A título meramente ilustrativo mencionaremos sólo dos ejemplos. El de Pascasio Franco que "forzado por la necesidad" tomó a préstamo cierta cantidad de dinero de Salamon de Quatorze. Vid. ACA, C, reg. 611-9v, Barcelona, 11-XII-1340. Y el de la mujer de Matheo del Bispe, quien había recibido en préstamo de un judío de Calatayud cierta cantidad de dinero, y para más seguridad le había efectuado venta al judío de un huerto, con condición de que, una vez que ella le hubiese devuelto el dinero prestado, éste le devolvería el huerto. ACA, C, reg. 131-115v, Calatayud, 20-III-1304. Carta de Jaime II al deán de Calatayud para que atienda la demanda presentada por la mujer de Matheo del Bispe, quien había denunciado que el judío no quería devolverle el huerto como estaba obligado.

[77] En la documentación cancilleresca se recogen bastantes denuncias de judíos de Calatayud que no pueden cobrar determinadas cantidades de dinero que les adeudan otros judíos de la misma ciudad, aunque no suele indicarse de forma expresa que el origen de la deuda estuviese en operaciones de préstamo de dinero. En muchos casos podía tener otro origen, por ejemplo, en una transacción comercial en la que se había concedido aplazamiento de pago, o en la liquidación de cuentas de una compañía.

que con relativa frecuencia sus prestamistas fueron cristianos. Así lo confirman en concreto algunas concesiones de moratorias efectuadas por los reyes de Aragón a la aljama judía de Calatayud, y a sus miembros singulares en particular, por las que les concedían espera para el pago de las cantidades que adeudaban a cristianos[78]. Y a estas noticias hay que añadir las numerosas referencias a casos particulares contenidas en la documentación cancilleresca, que dan fe, por ejemplo, de la frecuencia con que judíos bilbilitanos tomaron dinero a préstamo de mercaderes foráneos, en su mayoría catalanes, que negociaban en el entorno de Calatayud[79].

Por lo que se refiere a la identidad y perfil socioeconómico de los judíos bilbilitanos que practicaron el préstamo de dinero con interés cabe decir que, en el estado actual de las investigaciones, resulta arriesgado hacer valoraciones de carácter general al respecto, máxime teniendo en cuenta el carácter fragmentario de nuestras informaciones. Pero al menos sí consideramos digno de resaltar el hecho de que algunas de las familias que por indicios nos consta que se contaron entre las más acaudaladas e influyentes de la aljama destacaron también por ser las más activas en este negocio, a juzgar por el número de veces que aparecen noticias relativas a ellas en la documentación cancilleresca, y por el carácter de dichas noticias. A este respecto resulta paradigmático el caso de Iucef Abenalahud, y sus hijos Ismael, Mosse y Açach. Esta familia, en efecto, ya vimos cómo hacia 1320 contaba con riqueza suficiente como para quedar obligada a contribuir con al menos una décima parte del total de impuestos repartidos por la aljama. Por su parte uno de sus miembros, Açach Abenalahud, también vimos cómo prestó valiosos servicios financieros a la infanta María, hija de Jaime II, adelantándole importantes sumas de dinero para atender sus necesidades, que ésta trató de compensar solicitando a su padre que le concediese una serie de privilegios. Y ahora al analizar la información reunida sobre la actividad de los judíos bilbilitanos como prestamistas hemos podido comprobar que durante la primera mitad del siglo XIV tanto Iucef como sus hijos ocuparon un lugar de

---

[78] Vid. ACA, C, reg. 178-27, Tarragona, 8-X-1322. Referencia a la moratoria concedida por dos años por el rey a la aljama de judíos de Calatayud y a los judíos singulares de ella por las deudas que debiesen a cristianos hasta en cuantía de 2.000 s.j. Reg. 148-173, Zaragoza, 30-X-1311. Guillermo de la Catalana, vecino de Daroca, seguía pleito contra la aljama de judíos de Calatayud por razón de una moratoria que ésta había conseguido del rey por cantidad de 3.000 torneses de plata que había recibido en préstamo del referido Guillermo de la Catalana.
[79] Entre otras referencias documentales sirvan a título ilustrativo las siguientes. ACA, C. reg. 2121-166. Cerdán Soriguera, mercader de Puigcerdá, había prestado en pura comanda a Ibrahim Frangil y Iuce Frangil, judíos de Calatayud, 97 florines de oro de Aragón, que éstos no le querían restituir. Reg. 2120-178. Bernard Jaulent, mercader de Puigcerdá, había confiado en comanda a un judío de Calatayud 200 libras de dineros jaqueses, que en 1378 su hijo Joan todavía no había conseguido cobrar. Reg. 1830-77v, Barcelona, 22-X-1387. Noticia de préstamos efectuados por Jaume Mauri, mercader de Puigcerdá, a Caçon Chiliela y Samuel Abensapont (¿Abensaprut?), judíos de Calatayud.

primera fila en este negocio.

En cualquier caso, aunque parece probable que unas pocas afortunadas familias acaparasen la mayor parte del negocio del préstamo con interés, al menos en sus parcelas más rentables, también es cierto que fueron muchos y de muy diverso perfil los miembros de la comunidad hebrea bilbilitana que realizaron incursiones en el mismo. Y, sabemos por otra parte, que algunos lo hicieron por vía indirecta, entregando dinero propio a otros judíos para que lo empleasen en operaciones de préstamo, y luego les rindiesen cuentas del empleo dado al mismo[80].

Para concluir este capítulo, interesa hacer una breve referencia a la dedicación de algunos judíos bilbilitanos al oficio de *cambiadores*, que con frecuencia estuvo asociado a la práctica del préstamo con interés y a la prestación de otro tipo de servicios financieros, como las transferencias de dinero entre distintos clientes, a veces entre diferentes plazas. El número de judíos que desempeñaron este oficio en Calatayud debió ser relativamente elevado, a juzgar por las referencias encontradas en la documentación cancilleresca. De la mayoría de ellos sólo conocemos, sin embargo, el nombre, como es el caso de Jacob Abenhalen, que lo era en 1319[81], de Issach Perav[82], y de Açac Abensaprut Izquierdo y su hermano Salomón, Brahem Paçagon y Açac Amancaya (¿Avnacaya?), quienes en 1352 poseían tiendas de cambios en la alcaicería, propiedad del monasterio de Piedra[83]. Pero de otros conocemos también algunos detalles relativos al tipo de operaciones financieras que realizaron. Así, Mosse Analcavit en 1370 confesó haber efectuado diversas "ditas" como cambiador a varios mercaderes, en cantidad que sumaba más de 6.000 s.j., en nombre de Saúl Albi y su hijo Mosse, judíos también vecinos de Calatayud[84]. Y por su parte Salamo Vindeuch estaba involucrado en 1352 en un negocio de cambios de moneda castellana concertado con el caballero castellano Alfonso Fernández de Jaén y con el mercader bilbilitano Juan Fina[85].

---

[80] Un ejemplo en ACA, C, reg 786-130v, Monzón, 28-VIII-1376. Iuce Meçaput Esquerdo, judío de Calatayud, había informado que él había entregado ciertas cantidades de dinero a Salamon Millan, judío de Calatayud, que éste le prometió "administrare, procurare et mutuare ad usuras fidelite atque bene", y después rendirle cuentas. Después le reclamó rendimiento de cuentas y la devolución del dinero, a lo cual Salamon Millan se negó.
[81] ACA, C, reg. 171-25, Valencia, 19-XII-1319.
[82] ACA, C, reg. 787-34v, Monzón, 8-VII-1376. Comisión al baile de la aljama de judíos de Calatayud para que conozca sobre una denuncia presentada por Issach Perav, judío cambiador, sobre haberle robado gran cantidad de dinero que tenía "in hospita suo in quo hospitabant" Iucef Ripal, judío de Calatayud, y su mujer.
[83] Vid. Concepción DE LA FUENTE COBOS, "La alcaicería de Calatayud y el monasterio de Piedra", *I Encuentro de Estudios Bilbilitanos*, Calatayud, 1983, pp. 149-163. En concreto p. 152, nota 26.
[84] ACA, C, reg. 1618-226v, Zaragoza, 28-XI-1370. Mosse Abnalcavit había denunciado que Saúl Albi y su hijo Mosse no querían abonarle las cantidades que él en su nombre había abonado a varios mercaderes.
[85] ACA, C, reg. 666-94, Lérida, 28-IV-1352.

## 4.- *Actividades mercantiles*

La ciudad de Calatayud se consolidó en el siglo XIV como uno de los principales centros mercantiles del reino de Aragón, que asumió un importante papel en la canalización de las relaciones comerciales con el reino de Castilla[86]. Y la contribución de la comunidad judía a este proceso fue notable porque fueron muchos los miembros de la misma que se dedicaron a la actividad mercantil durante ese siglo.

En primer lugar así podemos constatarlo en el ámbito concreto del comercio de paños, que fue sin duda el que más contribuyó entonces a hacer de Calatayud un centro mercantil de primera fila en su entorno. Los judíos bilbilitanos habían sido autorizados por privilegio del rey Jaime I de 1264 a tener abiertas tiendas de venta de paños, pero éstas debían instalarse necesariamente en la alcaicería, propiedad del monasterio de Santa María de Piedra, por virtud de una permuta realizada por iniciativa del rey en 1219[87]. En la práctica, durante el siglo XIV, sin embargo, fueron bastantes los judíos que no observaron esta disposición e instalaron tiendas de paños fuera de la alcaicería. Así lo demuestran en concreto algunas noticias de multas impuestas a instancias del monasterio a varios de ellos, que, por ejemplo, en 1337 superaron la decena[88]. Y, dado que entre los ocupantes de las veintiuna tiendas que había en la alcaicería bilbilitana en 1344 se constata la presencia de al menos diez judíos[89], parece bastante probable que el total de miembros de esta comunidad que entonces se dedicaban a la venta al por menor de paños en Calatayud superase con creces la veintena. Además, conviene también tener en cuenta que varios de ellos participaron en este negocio como miembros de compañías en la que uno de los socios era un mercader cristiano. Es el caso de Salamon y Mosse Alfaçan, que en 1377 tenían en sociedad una tienda de paños con el mercader Berengario Flechos, en la que vendían paños que previamente habían adquirido a crédito de otros mercaderes, y que ellos a su vez solían vender a crédito a muchos de sus clientes[90].

---

[86] Vid. Máximo DIAGO HERNANDO, "Desarrollo de las ciudades aragonesas fronterizas con Castilla...". Y "Calatayud en la Baja Edad Media...
[87] Sobre esta cuestión Vid. Concepción DE LA FUENTE COBOS, "La alcaicería de Calatayud...".
[88] Los judíos multados en 1337 por tener instaladas tiendas de paños fuera de la alcaicería fueron, según la transcripción ofrecida por Concepción de la Fuente Cobos, Mosse Abensaprut; Ianto Capanton y Ianto Abensomer; Astruc, hijo de Rabí Sento; Iucef de Quatorze y Çadoc del Rabí; Rabí Serón, Moisés Zabadías, Xanto Compacon, Xanto Abensomer y Moisés Daroca. Vid. Concepción DE LA FUENTE COBOS, "La alcaicería de Calatayud...", p. 153.
[89] Vid. Concepción DE LA FUENTE COBOS, "La alcaicería de Calatayud...", pp. 153-4. Los nombres de estos judíos eran, según la transcripción ofrecida por esta autora, Mosse Abenhalla, Azac el Izquierdo, Yaco Abensaprud, Yuce Pazagon, Yuce Acrih, Simuel Ovadia, Mosse Abenhorna, Salomón Abenhorna, Yanto Gabay y Azac Ananalger.
[90] ACA, C, reg. 792-84v, Barcelona, 17-IV-1377. Comisión a García Muñoz de Pamplona, jurisperito de

El comercio de paños se sustentaba, en efecto, en esta época en Calatayud sobre un complejo sistema crediticio, de forma que eran raras las transacciones que se cerraban con pagos al contado, sobre todo cuando afectaban a paños que no eran de producción local. Los judíos dedicados a este negocio siguieron los mismos procedimientos que sus colegas cristianos. Así, por un lado, tenemos noticia de que contrajeron importantes deudas con mercaderes foráneos, en su mayoría catalanes, que les proveían de paños al por mayor, como hizo Iucef de Quatorze, quien en una ocasión, en la década de 1330, adquirió de unos mercaderes extranjeros una partida de paños de diversos colores por valor de 1.772 s.j. que se obligó a hacerles efectivos en varios plazos[91]. En 1337 éste, identificado como hijo de "Sançon" de Quatorze, figuraba entre los que tenían abierta tienda de paños fuera de la alcaicería, constando que la suya se ubicaba en concreto en la propia judería. Poco tiempo después, en 1341, presentó una petición al rey junto con su hijo Jacob, para que se les autorizase a vender paños en sus propias casas siempre que continuasen abonando al monasterio de Piedra el alquiler del obrador de la alcaicería, como se les estaba permitiendo de hecho hacerlo a otros judíos[92]. Y, por otros documentos, nos consta que también practicaba la venta a crédito de paños de elevada calidad, destinados a la confección de vestidos para acontecimientos extraordinarios de la vida social, como bodas. Así, por ejemplo, sabemos que hacia 1330 vendió a crédito a una vecina de Calatayud llamada Marquesa Pérez, mujer de Pedro Jordán, paños para la boda de su hijo por valor de 116 s.j., con la condición de que ésta ofreciese un fiador, que se obligase con sus bienes al pago de dicha cantidad en caso de que ella incumpliese su compromiso[93].

Iucef de Quatorze no representó, por otra parte, un caso aislado, sino que por el contrario la venta a crédito de paños a campesinos del entorno de Calatayud por parte de judíos vecinos de esta ciudad está ampliamente constatada en la documentación, y en ocasiones también fue denunciada por aquéllos como actividad usuraria. Así ocurrió, por ejemplo, cuando en 1321 los vecinos de Moros, aldea de la Comunidad de Calatayud, denunciaron a Mosse Abenalahud, Mayr Iucef de Quatorze, Açach Rarias (¿Açarias?) y sus hijos, Jacob Abenforna y sus hijos, Azmel Abenhaluet, Salamon Passariel, hijo de Salamon Passariel,

---

Calatayud, para que tome cuenta a Berengario Flechos de los ingresos y gastos habidos en la tienda de paños que tenía en compañía con Salamon Alfaçan y Mosse Alfaçan.
[91] ACA, C, reg. 587-211, Castellón, 7-III-1337. Comisión a Alfonso Muñoz de Pamplona, baile de Calatayud. Es probable que este Iucef de Quatorze sea el judío del mismo nombre contra el que en 1342 se hizo un proceso inquisitorial, acusado de haber animado a retractarse de su conversión a un judío convertido al cristianismo. J. Perarnau i Espelt, "El procés inquisitorial barceloní contra els jueus Janto Almuli, la seva muller Jamila i Jucef de Quatorze (1341-1342)", *Revista Catalana de Teología*, 4 (1979), pp. 309-53.
[92] ACA, C, reg. 616-74v, Poblet, 5-VII-1341.
[93] ACA, C, reg. 563-137v, Zaragoza 8-XI-1330.

Açach del Rabi, y a los hijos de Almocaz, todos judíos vecinos de Calatayud, quienes les habían entregado en préstamo ciertas cantidades de dinero y paños "pro eorum vestibus", y desde entonces les estaban agraviando por múltiples vías, consiguiendo por medios fraudulentos duplicar y hasta triplicar el capital que quedaban finalmente obligados a devolverles[94].

Teniendo en cuenta la importancia del crédito en el comercio de paños nada tiene de sorprendente, por consiguiente, constatar que algunos mercaderes de paños judíos se dedicasen también al préstamo de dinero, según atestiguan diversos ejemplos. Y tampoco resultó inhabitual que algunos de ellos compaginasen estas actividades con el arrendamiento de rentas, formando para ello sociedades con otros judíos. Es el caso de Jacob Abensaprut, quien, según declaraciones de sus hijos Iucef y Salamon efectuadas en 1366, después de su muerte, había constituido en vida sociedades con otros judíos dedicadas al comercio, a la manufactura de paños y al arrendamiento de rentas[95].

Fuera del comercio de paños, los judíos bilbilitanos también se dedicaron a otras actividades mercantiles, negociando con otros productos, cuya identidad resulta más difícil de determinar por falta de referencias concretas en la documentación cancilleresca, que muchas veces se limita a utilizar el término genérico de "ciertas mercancías" para referirse a los productos con los que negociaban dichos judíos o las compañías mercantiles por ellos constituidas, bien con otros judíos o bien con cristianos[96]. En cualquier caso conviene precisar que, junto a la venta al por menor de tejidos y otras mercancías en las tiendas que tenían abiertas en la ciudad de Calatayud, otra interesante vertiente de la actividad mercantil desarrollada por algunos judíos bilbilitanos fue la del comercio al por menor de carácter itinerante, que practicaron tanto en el reino de Aragón como en el de Castilla.

En efecto, la documentación cancilleresca nos informa sobre viajes realizados por judíos de Calatayud a territorio territorio castellano con acémilas cargadas de una amplia y variada gama de mercancías, para ser allí vendidas. Como muestra ilustrativa baste recordar el que hacia 1373 realizó Jucef Benvenist, a quien salieron a robarle hombres armados desde la fortaleza

---

[94] ACA, C, reg.171-121, Valencia, 3-II-1321. Comisión a Pedro Garcés de Usa, baile de Calatayud, para que hiciese averiguación e impartiese justicia.
[95] ACA, C, reg. 729-12v, Zaragoza, 25-VI-1366. Para calificar estas sociedades en el documento se utiliza la siguiente expresión: "tam super facto mercatorie quam draperie quam arrendationum redditorum".
[96] Un ejemplo de sociedad mercantil constituida por un judío con cristianos en ACA, C, reg. 655-163, Valencia, 20-III-1349. Iafuda Francés, también llamado Concho, judío de Calatayud, había informado que él había tenido sociedad mercantil con Matheo Tabaria, cuchillero de Calatayud, y con su hijo Francisco, a quienes por razón de la misma había efectuado algunos préstamos de dinero que éstos se habían obligado a devolverle.

castellana de Vozmediano, cerca de Ágreda, cuando se dirigía a vender sus mercancías al reino de Castilla, tomándole treinta libras de azafrán, diez cajas llenas de confites, hilo de oro, fustán y un paño de Ripoll[97].

Pero los judíos bilbilitanos no sólo se trasladaron a Castilla para practicar el comercio al por menor en régimen itinerante, sino que también concurrieron a algunas de las principales ferias que se celebraban en su territorio, para concertar en ellas operaciones de compra y venta de mercancías, sobre la naturaleza de las cuales no estamos, sin embargo, bien informados, porque la documentación consultada no aporta apenas detalles al respecto. En cualquier caso, como prueba de su presencia en dichas ferias baste recordar el suceso acaecido en 1328 a Mosse Passagon, judío vecino de Calatayud, quien, cuando regresaba de las de Alcalá de Henares, fue víctima de un robo perpetrado en un lugar de la Orden de Calatrava, donde le tomaron 200 mrs. de moneda castellana en ejecución de una carta de marca decretada contra vecinos de Molina y su Tierra, con el falso argumento de que él era vecino de esta villa castellana[98].

Entre las múltiples facetas del negocio mercantil en las ciudades europeas bajomedievales, una de las más relevantes fue la del comercio de abastecimiento de productos alimenticios, que, sobre todo cuando se trataba de artículos de primera necesidad, estuvo fuertemente intervenido por las autoridades públicas. Éste era el caso en concreto del comercio de abastecimiento cárnico, en el que, por supuesto los judíos bilbilitanos no pudieron dejar de participar, aunque sólo fuera por el hecho de que por imperativos religiosos la carne que se servía en las carnicerías de los cristianos no podía ser consumida por los miembros de la comunidad judía. Era, en efecto, necesario que hubiese carniceros judíos que sacrificasen los animales conforme a las prescripciones de la religión hebrea, aunque, no obstante, tenemos constancia de que a principios del siglo XV, a raíz de las muchas conversiones al cristianismo que tuvieron lugar en Calatayud, hubo algún período en que, por no haber ningún carnicero judío disponible, el rey concedió autorización a la aljama para que pudiese tener un carnicero cristiano hasta que encontrasen uno judío[99]. Pero el negocio del abastecimiento cárnico implicaba otras muchas actividades aparte del sacrificio de animales y venta al por menor de su carne. Y a este respecto llama la atención constatar que judíos vecinos de Calatayud participaron conjuntamente con cristianos en compañías

---

[97] ACA, C, reg. 766-23, Barcelona, 3-I-1373.
[98] ACA, C, reg. 428-278.
[99] ACA, C, reg. 2456-186, Barcelona 22 VIII 1416. Sobre la contratación de un carnicero cristiano por la aljama de judíos de Zaragoza Vid. Asunción BLASCO MARTÍNEZ, "Significado del término *matar* en aragonés medieval. Un carnicero cristiano contratado para *matar et tallar* carne en la aljama de judíos de Zaragoza en 1401", *Archivo de Filología Aragonesa*, 42-3 (1989), pp. 259-75.

dedicadas a este trato. Es el caso de Jacob Olbelia y Iucef Françés, ambos identificados como carniceros, que en 1316 formaban parte de una sociedad dedicada a la compra y venta de carnes para las carnicerías de Calatayud, junto con los cristianos Nicolás y Miguel de Molina y P. Navarro, de la que uno de sus miembros, Miguel de Molina, se había separado llevándose consigo parte del dinero perteneciente a la sociedad[100].

Los carniceros judíos de Calatayud no formaron parte, en cualquier caso, del grupo más acaudalado e influyente de su comunidad, sino que por el contrario algunos indicios sugieren que disfrutaron de una posición más bien modesta, y entre ellos cabe destacar el hecho de que, como ya hemos indicado más arriba, estaban integrados en la mano "menor", junto con corredores, tejedores y otros menestrales. Algunos incluso llegaron a denunciar que se encontraban en situación de extrema pobreza, como hizo en 1356 Açach Figas, si bien, dado que la atribuyó a que en los últimos años se le habían cargado más impuestos de los que le correspondían por su posición económica, hay motivos para sospechar que había un tanto de exageración en la calificación de su situación personal[101].

## 5.- *Artesanos*

A diferencia de lo que ocurre con los judíos dedicados a las finanzas y el comercio, la documentación cancilleresca aporta bastante menos información sobre los que tenían como principal o única dedicación alguna actividad artesanal. Por los indicios disponibles cabe presumir que los más numerosos fueron los ocupados en la manufactura textil, que, como ocurría en la mayoría de las ciudades europeas, también en Calatayud fue la más dinámica dentro del sector secundario de la economía. En concreto parece bastante probable que hubiese muchos judíos tejedores, pues, como ya hemos indicado, existió una cofradía que se llamó "de los tejedores", que dio nombre a una sinagoga[102], y también se hace referencia explícita a ellos al hablar de los integrantes de la mano "menor". Pero otros, por su parte, se especializaron en las labores del tinte, como, por ejemplo, Abraham Azriello, a quien un cristiano vecino de Calatayud llamado G. Peyerno encargó hacia 1325 que instruyese a su hijo en el oficio de teñir paños, a cambio de prestarle 600 s.j. sin cobrarle interés alguno[103]. Por indicios cabe a su vez presumir que algunos de los judíos que participaron en el negocio de la venta de

---

[100] ACA, C, reg. 160-234, Poblet, 11-VI-1316.
[101] ACA, C, reg. 687-192, Daroca, 12-XII-1356.
[102] Vid. Fritz BAER, *Studien zur Geschichte der Juden...*, pp. 167-8. Según este autor, a fines del siglo XIV había en Calatayud una sinagoga llamada "escuela de los tejedores". Encarnación MARÍN PADILLA habla, sin embargo, de una cofradía que primero se llamó "de los tejedores", y luego "Sombre Holim". Vid. su artículo "Notas sobre la familia Lupiel...", p. 260.
[103] ACA, C, reg. 183-124v, Valencia, 16-IV-1325.

paños fuesen empresarios que comercializaban tejidos que habían hecho fabricar por su cuenta a artesanos locales, bien de la ciudad o bien de las aldeas, a quienes proporcionarían la materia prima para ello. Pero en el estado actual de la investigación, y con las informaciones hasta ahora reunidas, no resulta posible afirmarlo con seguridad.

En cualquier caso, no fue el textil el único sector manufacturero en el que tuvieron participación los judíos bilbilitanos puesto que también nos consta que a mediados del siglo XIV varios de ellos se dedicaban al trabajo del cuero para la fabricación de abarcas. En concreto éstos, que residían en el entorno de la plaza del mercado mayor, fueron denunciados en 1361 porque extendían los cueros bovinos y de otros animales con los que trabajaban cerca de sus casas, generando como consecuencia un gran hedor en pleno centro de la ciudad. Y para evitar que así continuase ocurriendo en adelante ordenó el rey entonces a las autoridades municipales que asignasen a dichos judíos abarqueros otro lugar donde pudiesen extender sus cueros para trabajarlos, prohibiéndoles el continuar haciéndolo en las inmediaciones del mercado[104].

### *6.- Profesiones liberales*

La importancia alcanzada por la comunidad judía bilbilitana en el siglo XIV queda puesta de manifiesto en el número relativamente elevado de personas dedicadas a profesiones relacionadas con la actividad intelectual que nos consta que formaron entonces parte de ella. En concreto hay que destacar en primer lugar la abundancia de médicos, algunos de ellos de reconocido prestigio, que les valió ser requeridos incluso para servir a miembros de la familia real. Es el caso del ya mencionado maestre Salamon, quien, según confesión de la infanta María del año 1326, les había prestado notables servicios como médico a ella y a su hija, doña Blanca, y de Abram Alcalay, que en 1320 desempeñaba el oficio de "rabino de la sinagoga mayor" de Calatayud y al mismo tiempo servía como médico personal a la reina Blanca de Lusiñán, mujer de Jaime II, razón por la que este monarca ordenó al baile de Calatayud que no le perturbase en el desempeño de su oficio de rabino, aunque tuviese que ausentarse con frecuencia de la ciudad para atender sus obligaciones como médico de la reina[105].

En líneas generales los médicos ocuparon posiciones de primera fila en la jerarquía social de la comunidad judía bilbilitana. Así lo confirma en primer lugar el hecho de que algunos de ellos formaron parte del selecto grupo de los judíos

---

[104] ACA, C, reg. 706-87v, Cariñena, 14-VI-1361.
[105] ACA, C, reg. 233, s.f., Valencia, 31-XII-1320.

francos, como es el caso de maestre Bayel, identificado como médico de Calatayud en 1360[106]. Y otro interesante indicio en este mismo sentido nos lo proporcionan las pocas noticias hasta ahora reunidas sobre la identidad de los adelantados que estuvieron al cargo del gobierno de la aljama bilbilitana. Así, cabe destacar que en 1390 había entre estos oficiales, cuyo número estaba fijado en cuatro, nada menos que dos médicos, Samuel Çadoch y maestre Jacob Azarías[107].

Otras noticias sueltas nos informan, además, sobre la identidad de varios médicos judíos bilbilitanos que disfrutaron de elevado prestigio y reconocimiento social, como, por ejemplo, Don Todros ibn David, a quien Baer califica de miembro prominente de la comunidad judía de Calatayud a fines del siglo XIV[108], o Yuce Abencabra, quien se convirtió al cristianismo en los primeros años del siglo XV, adoptando el nombre de Juan Martínez de la Cabra, y recibió poco después del rey Fernando de Antequera el título de caballero, y del Papa Benedicto XIII la autorización para reconvertir la sinagoga que él mismo había mandado construir en una iglesia dedicada a San Pablo[109].

Además de médicos, la comunidad judía bilbilitana también contó entre sus miembros con jurisperitos. Por desgracia la documentación cancilleresca hasta ahora consultada no nos ha aportado muchas noticias que permitan profundizar en la identificación y caracterización de estos profesionales, pero al menos nos consta que los había, y que en ocasiones el rey les encargó que conociesen en determinados pleitos en los que los litigantes eran judíos[110].

En cualquier caso, la relativa abundancia en la comunidad judía bilbilitana de individuos que desempeñaban profesiones para las que se requería un cierto grado de formación intelectual, puede explicarse en parte por la propia política de fomento del estudio que puso en práctica la aljama, que tuvo una de sus principales traducciones en el reconocimiento de importantes privilegios fiscales

---

[106] ACA, C, reg. 699-194v, Borja, 22-III-1360.
[107] Vicente DE LA FUENTE, *Historia de la siempre augusta y fidelísima ciudad de Calatayud*, Centro de Estudios Bilbilitanos, Zaragoza, 1994, vol. I, pp. 300-1.
[108] Yitzhak BAER, *Historia de los judíos en la España cristiana*, Ríopiedras, Barcelona, 1998, p. 347.
[109] Vid. Ovidio CUELLA ESTEBAN, "Los judíos bilbilitanos en tiempos del Papa Luna", *Primer Encuentro de Estudios Bilbilitanos. Actas*, Centro de Estudios Bilbilitanos, Calatayud, 1983, vol. II, pp. 137-138. Entendemos que el Yuce Abencabra del que habla Ovidio Cuella se puede identificar con el Iucef Abencabra, físico de Calatayud, que en 1389 denunció que se le debían ciertas cuantías de dinero en Calatayud, Daroca y diversos lugares del reino de Castilla, que no podía recuperar. ACA, C, reg. 1843-28, Monzón, 1-XII-1389. Ovidio Cuella no llega a afirmar expresamente que Yuce Abencabra fuese médico, aunque sí dice que lo fue, y excelente, su hijo, convertido al cristianismo con el nombre de Berenguer de la Cabra. *Íbid*. p. 138.
[110] Un encargo de este tipo a Rabi Huel, judío "legisperito" de la aljama de Calatayud, por Pedro IV, en ACA, C, reg. 658-66v, Valencia, 26-XII-1349. Otro ejemplo en reg. 783-75, Barcelona, 6-II-1376. Comisión a Rabí David Abenxueu, judío de Calatayud, para que conozca en todos los pleitos movidos y por mover entre Todroç Abentilca, judío de Calatayud, de una parte, y otros judíos de otra.

a los estudiantes. Así, sabemos que a mediados del siglo XIV estaba en vigor una ordenanza que eximía de la obligación de contribuir en el pago de impuestos de la aljama, en particular por el concepto de capitación, a todos los judíos menores de 16 años y a los que estuviesen estudiando ("adisterent vel legerent eruditionem litterarum"), hasta que cumpliesen la edad de 23 años[111].

**7.- Intereses de los judíos bilbilitanos en el sector primario: agricultura y ganadería.**

La práctica totalidad de los judíos vecinos de Calatayud sobre los que disponemos de informaciones relativas a su dedicación profesional estuvieron activos en los sectores secundario y terciario, pero en contrapartida no tenemos constancia explícita de que alguno de ellos se dedicase a actividades del sector primario, en concreto agricultura o ganadería, a pesar de que en la época eran las que proporcionaban ocupación a la gran masa de la población. Esto no significa, sin embargo, que no tuviesen ningún tipo de interés en estas actividades, pues, por el contrario, nos consta que al menos algunos de ellos fueron propietarios de tierras, e incluso de ganados, que, si bien no explotaban directamente, les proporcionaban rentas gracias a la cesión del derecho de su explotación a terceros.

Por lo que se refiere a ganados, no hemos encontrado hasta ahora en la documentación del siglo XIV noticias que prueben que judíos de Calatayud los poseyesen y cediesen su explotación a terceros, pero sí las hay para el siglo XV, como, por ejemplo, la relativa a Salamon Hiara, que en 1476 entregó a un moro vecino de Codes, "a guardar e partir a medias", 14 cabras y 46 ovejas, por un período de cinco años[112]. Muy abundantes son, por el contrario, las referencias documentales que prueban que judíos de Calatayud fueron propietarios de tierras de labranza y de viñas en el término de esta ciudad, y de sus aldeas, e incluso de otros lugares pertenecientes a otras jurisdicciones, como Ariza y Cetina[113], o Villaluenga, lugar de señorío de la Orden Militar del Hospital de San Juan de Jerusalén[114].

---

[111] ACA, C, reg. 619-154, Barcelona, 6-VII-1342. Açach Çadoch, judío de Calatayud, había denunciado que se había inscrito en la lista de contribuyentes de la aljama a su hijo Çalema, a pesar de que estaba aprendiendo y no llegaba a la edad de 23 años.
[112] Según contrato notarial de 26-VI-1476, publicado en Francisco Javier GARCÍA MARCO, *Las comunidades mudéjares de Calatayud en el siglo XV*, Centro de Estudios Bilbilitanos, Calatayud, 1993, pp. 249-50.
[113] ACA, C, reg. 134-223, Calatayud, 26-I-1305. Carta al justicia de Ariza para que se devuelvan a los judíos de Calatayud las heredades que algunos de ellos poseían en los términos de Ariza y Cetina, y que, según habían denunciado, les habían sido ocupadas indebidamente.
[114] ACA, C, reg. 189-277v, Barcelona, 23-VIII-1326. Las hijas de Iucef Mantuf, judío de Calatayud, difunto, habían denunciado que cuando vivía su padre le habían sido ocupadas violentamente por el comendador y vecinos de Villaluenga las heredades que éste poseía en dicho lugar, que se componían de "domos, unam peciam terre ortuta salgentum et colmeta". Consta que este mismo judío era propietario de una heredad en Clares, aldea de

La mayoría de estas heredades fueron adquiridas por los judíos en virtud de compras efectuadas a cristianos. Y, debido a que estas operaciones llegaron a prodigarse mucho, las instituciones eclesiásticas de Calatayud y su Comunidad de aldeas consiguieron que los judíos que adquirían propiedades que anteriormente habían pertenecido a cristianos continuasen quedando obligados a satisfacer el diezmo y la primicia en las mismas condiciones que sus anteriores propietarios[115]. Pero en ocasiones también las adquirieron de sarracenos, como hizo por ejemplo Iucef Abenalahud, quien compró un huerto en Saviñán a uno de los vecinos de la morería de dicho lugar, el cual le fue arrebatado por la fuerza hacia 1326 por la señora de dicha morería[116].

La posesión de tierras de labranza y viñas estuvo, por lo tanto, bastante extendida entre los miembros de la comunidad judía bilbilitana, pero la abundancia de noticias sobre ataques que sufrieron estas propiedades demuestra que no les resultó en absoluto fácil mantenerlas y sacar provecho de ellas, porque, además, también nos consta que en ocasiones las autoridades municipales de los lugares donde se ubicaban las heredades aprobaron medidas de represalia contra los judíos bilbilitanos, prohibiendo a los vecinos cristianos que trabajasen en ellas. Así procedió por ejemplo hacia 1295 el concejo de Paracuellos de la Ribera, que, probablemente en represalia porque los judíos de Calatayud se negaban a pagar impuestos por las heredades que poseían en término de dicha aldea, aprobó un estatuto dirigido contra dichos judíos, en el que se disponía que nadie osase trabajar en sus heredades bajo pena de 60 s.j.[117]. Y más adelante, hacia 1337, también se aprobaron medidas orientadas en el mismo sentido en el conjunto de las aldeas de la Comunidad de Calatayud, que prohibieron a todos sus vecinos no sólo trabajar en las heredades de los judíos, sino también hospedarlos o proporcionarles animales en alquiler[118].

---

Calatayud, de la que había sido despojado por la fuerza por el caballero García de Vera. ACA, C, reg. 131-112v, Calatayud, 1-III-1304.
[115] ACA, C, reg. 603-35, Barcelona, 29-VIII-1339. El obispo de Tarazona y el cabildo de la iglesia mayor de Santa María de Calatayud habían denunciado que, aunque tenían privilegios para percibir diezmos y primicias de los frutos de las heredades que en origen fueron de cristianos y después pasaron a propiedad de judíos de la aljama de Calatayud, en esta ciudad y sus aldeas y en Cetina, los judíos propietarios de heredades ubicadas en tales lugares no querían pagar los dichos diezmos y primicias. En respuesta a esta denuncia el rey ordenó a sus oficiales que obligasen a los judíos a pagar.
[116] ACA, C, reg. 189-83, Barcelona, 24-VI-1326. Carta al baile y justicia de Calatayud para que devuelvan a Iucef Abenalahud la posesión del dicho huerto.
[117] ACA, C, reg. 102-28v, Gerona, 20-IX-1295. En concreto el estatuto disponía "quod nullus audeat cavare, laborare seu custodiare possessiones seu hereditates ipsorum judeorum quas habent in dicto loco de Paracuellos sub pena 60 s.j.".
[118] ACA, C, reg. 592-18v, Castellón, 21-III-1337. Provisión dirigida a los procuradores, escribano y adelantados de los lugares de las aldeas de Calatayud, para que se suspendan ciertos estatutos y ordenanzas recientemente aprobados, que contemplaban prohibiciones ilícitas en perjuicio de los judíos de la aljama de Calatayud.

# JUDÍOS Y JUDEOCONVERSOS EN EL NEGOCIO DE LA LANA Y LOS PAÑOS EN SORIA: SIGLOS XIV-XVII

**RESUMEN**

Estudio sobre el papel que judíos y judeoconversos desempeñaron en la economía de la ciudad de Soria en un período de larga duración, desde el siglo XIV hasta fines del siglo XVII. Se basa en la valoración comparativa de los resultados de estudios monográficos previos, y en el análisis de una abundante documentación de archivo inédita de los siglos XVI y XVII. Se pone en conexión el arraigo de familias portuguesas de origen judeoconverso en Soria en las décadas finales del siglo XVI, fenómeno que hasta ahora no había sido objeto de valoración por parte de la historiografía, con las realidades previas de fuerte presencia judía y judeoconversa en esta ciudad. Se resalta que las actividades económicas en que despuntaron estos portugueses coinciden con las practicadas por judíos y judeoconversos en las centurias previas, todas ellas propias del grupo social convencionalmente identificado como "clase media".

*PALABRAS CLAVE.* JUDÍOS. JUDEOCONVERSOS. SORIA. CASTILLA. COMERCIO DE LANA. MANUFACTURA PAÑERA. COMERCIO DE PAÑOS.

# JEWS AND CONVERTED JEWS IN THE BUSINESS OF WOOL TRADE AND CLOTH MANUFACTURE IN SORIA FROM THE FOURTEENTH TO THE SEVENTEENTH CENTURY

## SUMMARY

Research about the role that Jews and Converted Jews played in the local economy of the Castilian town of Soria during a long period of time, from the fourteenth century to the end of the seventeenth century. It is based on the comparative analysis of the results of previous monographic works, and in the study of many unpublished archival documents from the sixteenth and the seventeenth centuries. The author highlights the connections between the establishment of Portuguese families of Jewish origin in the city of Soria in the last decades of the sixteenth century, that has so far remained unnoticed by the historiography, and the social and economic realities of the previous centuries in this Castilian town, characterized by the economic dynamism of the Jews, and of the Converted Jews. He highlights the fact that the Portuguese families established in Soria at the end of the sixteenth century were devoted to the same economic activities practiced by Jews and Converted Jews in this same town in the previous centuries. These activities were the usual ones for the members of the social group that we identify as "middle class".

*KEYWORDS*: JEWS. CONVERTED JEWS. SORIA. CASTILE. WOOL TRADE. CLOTH MANUFACTURE. CLOTH TRADE.

El comercio de lanas y de productos textiles, junto con la fabricación de paños elaborados con lanas de origen local, fueron actividades económicas de capital importancia para un gran número de ciudades de la Corona de Castilla durante el período preindustrial. El papel que los individuos de origen judío, y sus descendientes después tras su conversión al cristianismo, desempeñaron en su promoción fue notable, más relevante sin duda del que les correspondía por su peso relativo en el conjunto de la población.

Nuestro propósito en el presente trabajo es contribuir a avanzar en la comprensión del papel que estas actividades desempeñaron en las economías locales y regionales, al tiempo que profundizamos en la caracterización desde el punto de vista socioeconómico de las comunidades judía y judeoconversa de la Corona de Castilla. Hemos seleccionado para ello el caso de un único núcleo de población, la ciudad de Soria. Consideramos justificada su elección por el hecho de que fue el centro de una dinámica región productora de lanas de muy diversa calidad y precio, entre las que se contaban algunas de las más finas producidas en la Corona de Castilla para la exportación, y además contó en los siglos bajomedievales con una próspera y activa comunidad judía, de la cual muchas familias se convirtieron al cristianismo, sobre todo tras 1492.

Cuando, durante el reinado de Felipe II, el establecimiento en Castilla de familias de judeoconversos portugueses, muchas de ellas probablemente de ascendencia castellana, se aceleró, Soria figuró también entre los núcleos urbanos que atrajeron a estos inmigrantes. Fueron muy numerosos los portugueses de probable origen judeoconverso que acudieron a la ciudad del Duero a partir de las dos últimas décadas del siglo XVI a hacer negocios, entre los que el de la exportación de lanas finas ocupó un lugar descollante. Muchos de ellos no arraigaron en ella, pero resulta posible identificar un puñado de familias que fijaron su residencia entonces en esta capital de la Castilla nororiental, y engrosaron el grupo de negociantes local que tenía centrados sus intereses en el trato con lanas y tejidos y en la fabricación de paños. Nos ha resultado imposible de momento llegar a establecer conexiones entre estas familias y las de los judíos sorianos que se instalaron en Portugal tras 1492. Pero nos ha parecido interesante llamar la atención sobre el hecho de que cuando se instalaron en Soria retomaron las mismas actividades en que con anterioridad habían despuntado en esta misma ciudad los judíos.

## *Los judíos sorianos en el comercio de lanas y paños*


Pese a que el comercio de lanas fue una actividad económica fundamental para la economía soriana ya desde los últimos siglos medievales, apenas se ha conservado documentación que permita profundizar en su estudio para fechas anteriores al siglo XV. Y, ni siquiera en esta centuria las informaciones disponibles son abundantes. Pero, pese a su escasez, resulta muy sintomático que el contrato más antiguo de venta de lanas por ganaderos sorianos hasta ahora dado a conocer, fechado en septiembre de 1443, fuese otorgado precisamente por un mercader judeoconverso soriano, el escribano de la Universidad de la Tierra, Juan Rodríguez de Soria. En él varios pequeños y medianos señores de ganado trashumante de la aldea serrana de La Losilla, cerca de Magaña, se obligaron a entregarle en el siguiente esquileo de junio de 1444 pequeñas cantidades de lanas de sus propios rebaños, por las que recibieron adelantadas diversas cuantías de dinero[1]. Se trata de un modelo de contratación que se siguió practicando con asiduidad por los pequeños ganaderos trashumantes sorianos durante los siglos XVI y XVII, y parece probable que ya en el siglo XV fuese habitual. La destrucción de la práctica totalidad de la documentación notarial soriana de esta centuria nos impide, sin embargo, corroborar esta hipótesis, y sobre todo convierte en imposible la tarea de identificar a los mercaderes vecinos de Soria que entonces traficaron con lanas. Pero insistimos en que no deja de resultar sintomático que precisamente el primero que ha quedado documentado sea un judeoconverso.

Por lo que toca a los judíos sorianos, las pruebas documentales de su destacado papel en el comercio de lanas son algo más tardías. Especialmente ilustrativa resulta la información aportada por un documento del año 1483. Recoge la denuncia presentada por varios de ellos ante la Monarquía contra la autoridad concejil, por haber introducido un nuevo impuesto sobre las operaciones de venta de lana. Se quejaron entonces de que ellos eran los principales perjudicados, porque en la ciudad sólo se dedicaban a dicha actividad unos diez o doce judíos del aljama, y otros cinco o seis cristianos[2].

Entre estos judíos, a juzgar por la información recopilada, no hubo ningún exportador de lanas a Flandes, Francia o Italia. Se centraron en el negocio de la

---

[1] Contrato otorgado en La Losilla, 24-IX-1443, en AHN (=Archivo Histórico Nacional)-Nobleza, Osuna, 2244-10-9, pieza 20. Este contrato fue presentado como prueba documental por la ciudad de Soria para demostrar la pertenencia de Magaña y sus aldeas a su jurisdicción, cuando en la primera mitad del siglo XVI siguió pleito contra los descendientes de Juan de Luna para que le fuesen devueltos estos territorios.
[2] AGS (=Archivo General de Simancas), RGS (=Registro General del Sello), XI-1483, fol. 103.

intermediación, como vendedores de sacas de lana lavada para mercaderes exportadores, en su mayoría vecinos de la ciudad de Burgos, junto a algunos genoveses. Judíos como Bienveniste de Calahorra compraban en el otoño o primavera lanas a pequeños ganaderos, avanzándoles cantidades de dinero varios meses antes del esquileo, pagándoselas a precios más bajos. Estas lanas las lavaban y ensacaban, para revenderlas a mercaderes vecinos de la ciudad de Burgos, como Juan Alfonso de Sahagún y su hijo Andrés de Escobar, a quienes les concedían aplazamientos de pago, a cambio de exigirles precios más elevados, que los compradores llegaron a denunciar como usurarios[3].

Junto con el comercio de lanas, el de paños de importación fue otra actividad en la que los judíos hispanos en general desempeñaron un activo papel, mayor del que por su simple peso demográfico les habría correspondido. Para el caso en concreto de los sorianos, la carencia de documentación impide hacer una valoración basada en informaciones documentales detalladas. Para el siglo XIV no se dispone en Soria de una fuente documental tan valiosa como los protocolos notariales que para numerosos años de las décadas centrales de dicha centuria se conservan en la cercana villa de Ágreda, y que han permitido comprobar que los judíos avecindados en ella fueron activos vendedores de paños, entre los que figuraron en lugar destacado los de importación, procedentes de ciudades del sur de Francia, como Narbona[4].

Para el siglo XV la documentación aragonesa de los libros registro de cobro de derechos aduaneros de sus décadas centrales, confirma que los judíos desempeñaban un activo papel en el comercio de importación de tejidos en la Corona de Castilla en su sector soriano. En concreto resultan muy ilustrativas las noticias sobre adquisición de tejidos y otros muy variados productos por mercaderes judíos en las tiendas (*botigas*) que funcionaban en la ciudad aragonesa de Tarazona, que a continuación introducían en la región soriana. Los documentos no informan, sin embargo, sobre el lugar de avecindamiento de estos judíos, pero puede deducirse por indicios que habían entre ellos vecinos de Soria, como podría ser el caso de Simuel Abenate o Yuçe Benacan[5].

---

[3] Máximo DIAGO HERNANDO, "El comercio de la lana en Soria en época de los Reyes Católicos", *Celtiberia*, 78 (1989) págs. 25-75. Enrique CANTERA MONTENEGRO, "Los judíos y el negocio de la lana en los obispados de Calahorra y Osma a fines de la Edad Media", en Elena ROMERO (Ed.), *Judaísmo hispano: Estudios en memoria de José Luis Lacave Riaño* (Madrid, 2002), págs. 616-628.

[4] Agustín RUBIO SEMPER, *Fuentes Medievales Sorianas. Ágreda. 1*, Soria: Diputación Provincial, 1999, docs. 29, 59, 66. Manuel HURTADO QUERO, "Judíos de Ágreda. Estudio de una familia de prestamistas a mediados del siglo XIV", *Celtiberia*, 73 (1987), págs 155-160. Mª.P. SENENT, "Más aportaciones para el estudio de la aljama hebrea de la villa de Ágreda", *Espacio, Tiempo y Forma. Historia Medieval*, 15 (2002), págs. 271-285.

[5] Archivo de la Diputación de Zaragoza, manuscritos 6, 7 y 12. Libros de collidas de las generalidades de la aduana de Tarazona.

Para las décadas finales del siglo XV la documentación comienza a ser más abundante, y confirma que miembros de la comunidad hebrea soriana ocuparon un lugar destacado entre los mercaderes más emprendedores y activos de la Castilla nororiental. Pero no suele resultar generosa en aportar noticias que permitan identificar con detalle el género de mercancías con las que trataban. No así en otros núcleos urbanos del entorno, como Almazán, donde hemos podido confirmar la importancia que el trato con paños tuvo para Abraham aben Rodrique, judío adnamantino del que desciende el prolífico linaje de judeoconversos de los Lainez. Sabemos, en efecto, que dejó a su muerte una "botica" de paños y sedas en la plaza de Almazán, que se valoró en 3.000 ducados de oro, y una segunda "botica" de mercería en la misma plaza, a cargo de dos criados judíos[6]. También en otros núcleos de más marcado carácter rural, como la villa de Calatañazor, del señorío de los Padilla, está constatada la presencia de judíos que trataban con paños. Así, poco antes de decretarse la expulsión en 1492, a unos que eran vecinos de esta villa soriana les fueron tomados cuarenta paños que llevaban a vender a la feria de Medina del Campo[7]. Por su parte Sento Beque y Simuel Gatyel, ambos vecinos de Calatañazor, fueron acusados por un campesino, vecino de Cascajosa, por haberles vendido ciertos paños "a logro", es decir, cobrándole precios usurarios[8].

## *Judeoconversos sorianos exportadores de lanas en el siglo XVI*

Pese a la importancia de la región de Soria como productora de lanas de gran finura, sólo superadas en calidad por las llamadas "segovianas leonesas" que ponían en el mercado propietarios de otras comarcas del reino, para las que existía una vigorosa demanda en los mercados internacionales, lo cierto es que la comunidad mercantil de la ciudad del Duero no contó entre sus miembros con muchos exportadores propiamente dichos[9]. Era el negocio de la exportación el más lucrativo, por los elevados precios que en los mercados de destino estaban dispuestos a pagar los fabricantes pañeros, pero para invertir con éxito en el mismo era preciso contar con una extensa red de contactos a nivel internacional, y con una solvente capacidad financiera, con la que afrontar los riesgos asociados

---

[6] Máximo DIAGO HERNANDO, "El ascenso de los judeoconversos al amparo de la alta nobleza en Castilla después de 1492: el caso de Almazán", *Sefarad*, 74-1 (2014) págs. 145-184. pág. 170.
[7] AGS, RGS, VI-1492, fol. 295
[8] AGS, RGS, VII-1485, fol. 85. Y AChV (=Archivo de la Real Chancillería de Valladolid), RE (=Registro de Ejecutorias), 16-3 (5-VIII-1488).
[9] Máximo DIAGO HERNANDO, "L´accès au pouvoir local dans une région castillane tournée vers l´exportation. Soria aux XVe et XVIe siècles", en Michel BERTRAND y Jean-Philippe PRIOTTI (eds), *Circulations maritimes. L´Espagne et son Empire (XVIe-XVIIIe siècle)* (Rennes 2011) págs. 137-158. Máximo DIAGO HERNANDO, "Mercaderes exportadores de lanas en la ciudad de Soria durante los siglos XVI y XVII", *Celtiberia* 103 (2009) págs. 5-60.

a las operaciones de transferencia de capitales entre países muy alejados entre sí, con diferentes sistemas monetarios, que además solían tener vedada la saca de moneda. Para el siglo XV la documentación no aporta noticias que permitan identificar entre los vecinos de Soria a ningún exportador lanero. Hay que esperar al siglo XVI para encontrar las primeras, que en líneas generales son escasas, puesto que el grueso de las exportaciones las realizaron mercaderes foráneos, encabezados en dicha centuria por los burgaleses. Llama la atención advertir, sin embargo, que entre los pocos mercaderes sorianos que a lo largo de este próspero siglo se embarcaron en empresas exportadoras de lanas, la presencia en términos relativos de judeoconversos es notable. El primer ejemplo destacado nos lo proporciona la familia Beltrán, sin duda la que protagonizó el proceso de ascenso social y político más exitoso entre los descendientes de judíos en la ciudad del Duero después de 1492. A ella pertenece Antonio Beltrán, señor de la villa de Tejado por compra que efectuó a un segundón del linaje de los Mendoza, que fue judío durante su infancia, al igual que sus padres y hermanos. Despuntó como exportador de lanas a Flandes, como nos confirman en primer lugar las declaraciones de varios testigos en 1516, quienes coincidieron en afirmar que "era hombre muy rico que tenía fama de poseer más de 30.000 ducados en dinero y en sacas de lana que envía a Flandes"[10]. Un inventario de bienes del año 1547 confirma, por otra parte, que eran muchas y de envergadura las deudas que con él tenían contraídas personas avecindadas o estantes en Flandes[11]. Pero no se limitó a negociar en el mercado flamenco, entonces el principal destino de las lanas sorianas. También tenemos noticia de que operó en el mercado italiano. En concreto en 1517 envió cierta cantidad de sacas de lana a la ciudad de Florencia, consignadas a Lanfedrino Lanfedrini y compañía, con sede en la capital toscana, para que las vendiesen en su nombre y le acudiesen después a él en Castilla con el producto obtenido de su venta[12].

Los descendientes de Antonio Beltrán, aunque no abandonaron del todo el comercio de lanas, se fueron apartando poco a poco del negocio mercantil para adoptar el modo de vida propio de los caballeros rentistas. Pero otros judeoconversos que cabe adscribir a las clases medias ocuparon el hueco dejado por ellos en Soria, aunque la documentación no siempre permite identificarlos con

---

[10] AGS, EMR (=Escribanía Mayor de Rentas), Hojas e Informaciones, leg. 577-1º. Máximo DIAGO HERNANDO, "El ascenso sociopolítico de los judeoconversos en Castilla en el siglo XVI. El ejemplo de la familia Beltrán en Soria", *Sefarad* 56-2 (1996) págs. 227-250.
[11] Este inventario en AHPS (=Archivo Histórico Provincial de Soria), C. 3519-7. Las cantidades debidas por estos deudores de Flandes eran muy elevadas. Juan de Bilbao debía por una partida 3.424.900 mrs. y por otra 2.683.958 mrs.
[12] Se informa sobre el complejo procedimiento que se siguió para cobrar en Castilla el dinero obtenido de la venta en Florencia en Archivo Histórico Provincial de Valladolid, 7840-216, Medina del Campo, 20-VII-1519.

la precisión y rigor deseable. Entre ellos estarían los hermanos Núñez, que participaron en operaciones de exportación de lanas a Normandía, sobre las que ya se ha tratado en otras ocasiones. Para evitar prolijidad, vamos aquí a limitarnos a añadir el ejemplo ilustrativo de Juan Garcia de Tardajos, personaje que destaca como exponente emblemático de la "pluriactividad" propia de los miembros de la "clase media" soriana de aquellas centurias. Tenemos noticia, en efecto, de varias operaciones de exportación de lanas a Italia, en concreto a Florencia, que realizó a finales del siglo XVI, en un momento en que las graves dificultades que afectaron a las exportaciones a los países atlánticos propiciaron una reorientación de las lanas sorianas hacia el mercado italiano.Así, con anterioridad a 1597 remitió sacas de lana a Florencia a las casas de Juan Luis Vitoria y Juan López de Oreitia, por un lado, y de Antonio Buelta y Juan González de Albelda por otro, que le fueron pagadas con posterioridad mediante la cesión de un juro al quitar de 3.070.084 mrs. de principal y 219.343 mrs. de renta anual[13]. Y en los años siguientes continuó dirigiendo lanas hacia ese mercado, como demuestran los numerosos contratos concertados con carreteros para su transporte a Alicante, y las noticias sobre el cobro de letras despachadas en Florencia[14]. Por lo que toca a los mercados atlánticos tampoco los dejó desatendidos, aunque las operaciones sobre las que estamos informados son de menor envergadura. En concreto en 1581 trató con un mercader francés de Toulouse, Guillermo de Lestrada, el trueque de 247 arrobas y media de lana puestas en Bilbao por 22 cargas y media de pastel, recibidas en esta misma villa portuaria[15]. Más adelante, aprovechando sus contactos con un mercader portugués llamado Antonio Brandon, efectuó un pequeño envío de sacas de lana a Rouen para que se las vendiese allí el también portugués Francisco Méndez Soto[16].

### *Judeoconversos empresarios pañeros en el siglo XVI*

La ciudad de Soria no figuró en el selecto grupo de los principales centros manufactureros de paños de la Corona de Castilla en los períodos bajomedieval y moderno. Se trató de una manufactura introducida en fecha relativamente tardía[17], y no alcanzó el grado de desarrollo de otras ciudades, como Segovia, Palencia o

---

[13] AHPS, PN (=Protocolos Notariales), 259-528-28.
[14] AHPS, PN, 209-429-167. Varios contratos con carreteros en AHPS, PN, 210-430. Sobre el cobro de una letra fechada en Florencia, 15-XII-1601, AHPS, PN, 137-288-310.
[15] AHPS, PN, 82-186-292.
[16] En Soria, 23-VIII-1612 María de Soria, viuda de Juan García de Tardajos, hace constar que su difunto marido había enviado a Rouen por hacienda propia, aunque por orden de Antonio Brandon, 18 sacones y medio de lana *estremeña* lavada, que recibió en Rouen Francisco Méndez Soto. Estaba pendiente el ajuste de la operación. AHPS, PN, 345-642-682.
[17] Las últimas aportaciones sobre los orígenes de la manufactura de paños en Soria, en Máximo DIAGO HERNANDO, "La ciudad de Soria como centro manufacturero durante el período bajomedieval", *Espacio, Tiempo y Forma. Historia Medieval*, 22 (2009), págs. 65-89.

Cuenca, por citar sólo unas pocas. Pero, a pesar de ello, fue una actividad fundamental desde el punto de vista económico y social para la ciudad, destacando como la principal proveedora de puestos de trabajo y medios de subsistencia para la población urbana. La contribución que los judíos pudieron realizar en el período medieval al desarrollo de esta actividad resulta muy difícil de valorar, por el carácter escueto de la documentación conservada. Sólo disponemos de unos pocos indicios que sugieren, al margen de los que desempeñaron funciones modestas como artesanos del textil, algunos también pudieron erigirse en auténticos empresarios. Desde este punto de vista hay que llamar la atención sobre el hecho de que hubo judíos entre los propietarios de tintes a orillas del Duero[18].

Cuando la documentación comienza a resultar bastante más abundante, y permite profundizar en el análisis del funcionamiento de la manufactura pañera soriana, podemos confirmar el hecho de que entre los que como empresarios más contribuyeron al desarrollo de dicha manufactura en la ciudad del Duero hubo algunos descendientes de judíos. Desde esta perspectiva la familia que más abundantes y concluyentes indicios nos ofrece es la de los García de Tardajos[19]. Los miembros de esta familia fueron propietarios de tintes, cedidos a renta a tintoreros vecinos de Soria, pero reservándose el derecho a poder utilizarlos cuando los necesitasen para teñir sus propios paños[20]. También mostraron interés por tener a su disposición molinos batanes, tomados a renta de sus propietarios, para subarrendarlos a bataneros profesionales, con la condición de que quedasen obligados a aderezarles los paños que les llevasen para enfurtir. Así, Juan Garcia de Tardajos, que había tomado a renta del bachiller Gutierre dos ruedas de batán en Chavaler, aldea próxima a Soria a orillas del Duero, las subarrendó a un batanero soriano llamado Pedro Jiménez, por 22 ducados al año. Conforme al contrato éste quedaba obligado a aderezarle toda la ropa que le diese y todas las "perchas" que trajese, pagándole por cada paño Contray 9 reales, por cada veintidoseno 7 reales, y por cada dieciocheno o catorceno 4 reales[21]. La relevancia de la actividad de Juan García de Tardajos como fabricante de paños en la fase de su apresto en los batanes queda además corroborada por la abundancia de noticias sobre la adquisición por su parte de tierra de Magán o de los cerros de Madrid,

---

[18] Un judío llamado Ysaque el portugués, que marchó a Portugal en 1492, y no regresó, dejó en confianza el tinte del que era propietario en Soria a su amigo Hernando de Garnica, el viejo. Carlos CARRETE PARRONDO, *El tribunal de la Inquisición en el obispado de Soria (1486-1502)* (Salamanca 1985) pág. 155, doc. n°. 373.
[19] Los indicios que llevan a presumir el origen judeoconverso de esta familia en Máximo DIAGO HERNANDO, «Los judeoconversos en Soria después de 1492", *Sefarad* 51 (1991), págs. 275-6.
[20] Contrato de arrendamiento de un tinte a orillas del Duero por Juan García de Tardajos a Agustín de los Paños, tintorero, en Soria, 6-X-1566, por 4 años, por 25 ducados de renta al año. AHPS, PN, 15-39-167. Contrato de arrendamiento por Juan García de Tardajos a Alonso de Ergueta, tintorero, de un tinte a orillas del Duero, por 4 años, por 27,5 ducados al año. AHPS, PN, 205-422-55, Soria, 28-V-1597.
[21] AHPS, PN, 15-39-169, Soria, 2-XI-1566.

transportada hasta Soria por carreteros[22].

Por lo demás, la documentación proporciona gran cantidad de noticias que nos confirman que varias generaciones de la familia García de Tardajos, ejemplo paradigmático de la pluriactividad propia de la clase media soriana en el siglo XVI, reservaron a la fabricación de paños un lugar preeminente en sus inversiones. La saga se inicia con Andrés García de Tardajos, casado con Juana Morales, de quien tuvo a Juan García de Tardajos, el mayor. Precisamente Juana Morales tras enviudar, y pese a que no sabía escribir, desarrolló una intensa actividad mercantil que ha justificado su caracterización por Díez Sanz como "mercadera de éxito"[23]. Su hijo Juan García de Tardajos, el mayor, formó compañía con ella, y tras su muerte siguió desplegando una incansable actividad, en el marco de una nueva compañía con su hijo homónimo, que tenía por objeto la fabricación de paños y el comercio de sedas y otros productos[24]. Aunque el impacto de la crisis de finales del siglo XVI pasó factura al rendimiento de esta compañía, a medio plazo logró superar con éxito las dificultades. Así lo confirma el testamento de su hijo Juan García de Tardajos, el menor, casado con María de Soria, otorgado en 1612[25].

### *Explotación de ganados para la producción de lana fina*

A pesar de la importancia que las explotaciones ganaderas tuvieron para la economía soriana ya desde el período bajomedieval, no hay constancia de que los judíos sorianos fuesen propietarios de ganados de ningún tipo, ni trashumantes, ni riberiegos, es decir trasterminantes que pasaban a Navarra y Aragón en invierno, ni estantes de raza churra. Por el contrario, entre los judeoconversos volcados en el mundo de los negocios encontramos diversos individuos que llegaron a ser propietarios de cabañas de ganado trashumante, aunque prácticamente ninguno de ellos, por contraste con las familias nobles de la oligarquía, llegaron a dar origen a verdaderas sagas de ganaderos, bien porque sus inversiones tuvieron carácter

---

[22] Se trata de adquisiciones de grandes cantidades. Por ejemplo, según contrato de 2-III-1595 adquirió 600 arrobas de tierra de Magán, por un valor de 19.200 mrs. AHPS, PN, 200-409.
[23] Enrique Díez Sanz, *Soria. Un universo urbano en la España de los Austrias*, (Salamanca 2009) págs. 260-263. La apreciación la confirma la noticia que aporta su hijo Juan García de Tardajos en su testamento de 1592, en que informa que a la muerte de su madre heredó de ella más de 1.000 ducados libres. AHPS, PN, 206-423-294,
[24] En el testamento declara que tiene formada compañía con su hijo "de los paños que se labran, y de las mercadurías y de la tienda". Se refiere a una tienda ubicada en las casas donde él reside, la mitad de la cual pertenece a un mayorazgo fundado por su padre. Estas casas estaban al parecer en la Calle del Collado, la principal calle comercial de la ciudad. AHPS, PN, 206-423-294, Soria, 10-VIII-1592.
[25] AHPS, PN, 342-639-160, Soria, 10-I-1612. Apertura del testamento por la viuda. En él Juan García de Tardajos declaraba poseer un capital de 13.000 ducados. Añadió que al casar con María de Soria tenía 4.000 ducados, y por muerte de su sobrina María García de Vera, hija de su hermano Jerónimo García de Vera, heredó bienes troncales por valor de 1.200 ducados. A la muerte de su padre, Juan García de Tardajos, el mayor, heredó más de 8.000 ducados.

ocasional, o bien porque, en algunos casos bien conocidos, no tuvieron descendientes que hacerse cargo de los rebaños.

Un buen ejemplo ilustrativo nos lo proporciona el varias veces aludido mercader judeoconverso Antonio Beltrán, señor de Tejado, quien compró en 1524 a un ganadero de origen yangüés, Martín de las Heras, toda su cabaña de ganado ovino trashumante, de en torno a dos millares de cabezas, con sus derechos de posesión en La Serena. Poco tiempo después, sin embargo, la volvió a vender a dos ganaderos avecindados en Cabrejas del Campo, aldea de la Tierra de Soria, a 12 reales por cabeza, mientras que el precio que él pagó efectivamente al yangüés, tras un largo litigio, fue de 9 reales por cabeza con posesión, por lo que obtuvo una importante plusvalía en la operación[26]. Fue, no obstante, la única incursión de este exitoso mercader y financiero en el negocio de la cría de ganados trashumantes, del que, por otro lado, también se mantuvieron al margen sus descendientes, que en el transcurso de muy pocas generaciones se terminaron convirtiendo en rentistas, propietarios de tierras y vasallos, que sólo explotaron ganado de raza churra en régimen estante.

Otras familias sorianas aparecen también documentadas como propietarias de ganados trashumantes en el siglo XVI y las primeras décadas del XVII. Es el caso de la poliédrica, y repetidamente aludida, familia de los García de Tardajos, a la que pertenecía el licenciado Juan García, médico. Murió este próspero y dinámico mercader en 1630, cuando su viuda, María de Frías, procedió a la apertura de su testamento[27]. Para entonces debía ser ya muy anciano, y superar los 80 años, puesto que en 1608 declaró que tenía más de 60[28]. Dejó un patrimonio con valor estimado en el entorno de los 30.000 ducados, acumulados a lo largo de muchos años en que invirtió en el comercio de lanas finas de ganado trashumante, destinadas a la exportación, aunque no consta que él fuese exportador, a diferencia de otros parientes cercanos suyos, como Juan García de Tardajos. Un rasgo singular de su perfil como hombre de negocios radica, no obstante, en que invirtió a gran escala en la explotación de rebaños de ganado ovino trashumante, productores de lana fina de la máxima calidad[29]. El tamaño de su explotación ganadera parece que experimentó fuertes oscilaciones, a juzgar por los datos disponibles sobre sus ventas de lanas, que en parte se pueden explicar por algunas bruscas desinversiones, que apuntan a un criterio especulativo en su gestión, con

---

[26] AChV, P.C. (=Pleitos Civiles), Taboada, Fenecidos, antiguo envoltorio 146-10.
[27] AHPS, PN, 512-886-269, Soria, 25-X-1630.
[28] AHPS, PN, 340-637-726.
[29] Sobre los mercaderes de la ciudad de Soria como propietarios de ganado trashumante entre los siglos XV y XVII Vid. Máximo DIAGO HERNANDO, "Mercaderes propietarios de ganado trashumante en la cuadrilla mesteña soriana en los siglos XVI y XVII", *Studia Historica. Historia Moderna* 26 (2004), págs. 255-282.

rápidas reacciones a la evolución de las condiciones del mercado. Así, desde este punto de vista, cabe destacar que en 1597, en un momento muy difícil para el negocio ganadero trashumante, vendió dos de los tres rebaños de ganado ovino que entonces poseía a dos mercaderes vecinos de la ciudad de Soria, con la curiosa condición de que los compradores podrían efectuar el pago de su valor mediante la entrega de lanas a un precio fijo de 15 reales por arroba, en lugar de mediante el abono de dinero al contado[30]. Después de realizar esta desinversión, volvería, sin embargo, a acumular cabezas de ganado en los primeros años del nuevo siglo, pues para el período 1619-29 tomó a renta dehesas para 3.106 cabezas de pasto en La Serena[31]. Y en 1615 llegó a vender 983 arrobas de lana de sus propios ganados, que sólo podría haber reunido mediante el esquileo de cerca de 5.000 cabezas. Pero también es cierto que en otros ejercicios las lanas obtenidas de su propia cabaña se situaron en niveles muy inferiores. Así, no pasaron de 450 arrobas en 1607, 378 en 1611, 658 en 1614, y 619 en 1624[32]. Al margen de estas fuertes oscilaciones en la producción lanera de su cabaña, un hecho que conviene destacar es que regularmente vendió las lanas de sus propios ganados a un precio superior al que obtenía de la reventa de otras que previamente había comprado a propietarios de muy variado perfil de la región soriana, entre los que abundaban los medianos y pequeños ganaderos de ámbitos rurales serranos. Esta diferencia de precio probaría que puso gran empeño en cuidar la reputación de su pila.

Dada la dificultad con la que se tropieza para demostrar con pruebas contundentes el origen judío de muchas de las familias de hombres de negocios de la Soria del siglo XVI para las que se dispone de indicios que permiten sospecharlo, no nos vamos a extender en aportar más ejemplos. Sí queremos referirnos, no obstante, a las figuras de los hermanos Francisco de Barnuevo, escribano, y Juan de Barnuevo, platero, quienes en los años finales del siglo XVI, y en las primeras décadas del siglo XVII despuntaron como mercaderes y hombres de negocios con una actividad muy diversificada, que realizaron importantes inversiones en el negocio ganadero trashumante, que les llevaron a figurar en el grupo de los mayores propietarios ganaderos de la ciudad de Soria, aunque a bastante distancia de las familias de la oligarquía noble[33].

En cualquier caso, los ejemplos aducidos bastan para probar que, si bien es cierto que los judíos sorianos no mostraron interés por invertir en el negocio ganadero, pese a su intensa dedicación al trato con lanas, tras su integración en la

---

[30] AHPS, PN, 238-480-113, Soria, 26-III-1597.
[31] AHPS, PN, 444-784-119.
[32] Las cifras proceden de contratos de AHPS, PN. Máximo DIAGO HERNANDO, "Mercaderes propietarios de ganado trashumante…" pág. 262.
[33] Máximo DIAGO HERNANDO, "Mercaderes propietarios de ganado trashumante…" págs. 263-268.

sociedad cristiana, después de su conversión, cambiaron de estrategia. Como consecuencia durante los siglos XVI y XVII entre los numerosos mercaderes de la ciudad del Duero que invirtieron en la explotación de ganado hubo tanto judeoconversos como cristianos viejos. De ahí que, ante esta constatación, una vez más haya que insistir en la necesidad de desechar esa idea tan arraigada en la historiografía de que la ganadería trashumante mesteña fue un coto cerrado reservado para la nobleza "feudal" y las comunidades eclesiásticas.

## *Arraigo de judeoconversos portugueses en Soria a partir de finales del siglo XVI*

Aunque muchos de los judíos que habían residido en Soria durante el reinado de los Reyes Católicos decidieron permanecer en la ciudad tras su conversión al cristianismo, a raíz de la publicación del decreto de expulsión de 1492, otros destacados mercaderes y financieros miembros de esta próspera comunidad optaron por exiliarse en reino de Portugal. Allí, poco después de su establecimiento, fueron forzados por el rey Manuel a adoptar la fe cristiana. Algunos de ellos han podido ser identificados con sus nuevos nombres cristianos gracias a la documentación conservada en el Archivo de Simancas[34]. Estas familias judías de origen soriano establecidas en Portugal mantuvieron contacto con sus parientes que habían quedado en Soria, habiéndose podido reconstruir trayectorias de individuos que regresaron a la ciudad del Duero en el transcurso de la primera mitad del siglo XVI, para fijar allí su vecindad. La de Álvaro Rodríguez, nacido en Portugal de un matrimonio de judios sorianos exiliados, que ha sido reconstruida con detalle en otro lugar, resulta desde este punto de vista emblemática[35]. Y proporciona una buena prueba de que incluso los judeoconversos que cabría esperar más propensos a judaizar, como es el caso de los que nacieron en el seno de familias forzadas a la conversión en Portugal, y que regresaron a Castilla al cabo de varias décadas, también lograron finalmente su integración, incluso después de haber sufrido los efectos de las actuaciones de la Inquisición.

La intensificación de los contactos entre judeoconversos de Castilla y Portugal pertenecientes a las mismas familias durante la primera mitad del siglo XVI, no sólo dio lugar al regreso a sus lugares de origen en Castilla de

---

[34] Máximo DIAGO HERNANDO, "Efectos del decreto de expulsión de 1492 sobre el grupo de mercaderes y financieros judíos de la ciudad de Soria", en Elena ROMERO (Ed.) *Judaísmo hispano: Estudios en memoria de José Luis Lacave Riaño* (Madrid 2002) págs.749-764.
[35] Más detalles sobre este caso, reconstruido a partir de documentación inquisitorial del tribunal de Cuenca, en Máximo DIAGO HERNANDO, "Luces y sombras en el proceso de integración de los judeoconversos en la región soriana durante los siglos XV y XVI", *eHumanista/Conversos* 6 (2018) págs. 1-18.

descendientes de los exiliados de 1492. También se produjo el fenómeno inverso, de instalación en Portugal de judeoconversos miembros de familias arraigadas en Castilla. Es el caso de una nieta del ya mencionado Ruy López Coronel, el judeoconverso vecino de Ágreda que se trajo consigo a tierras sorianas a Álvaro Rodríguez. Nos consta, en efecto, que en 1582 una nieta suya, María Coronel, estaba avecindada junto con su marido en Portugal[36].

Tras la reunión de los reinos bajo una misma Monarquía en 1580 los contactos entre judeoconversos de Castilla y Portugal se incrementaron de forma notable. Los residentes en Portugal comenzaron a emigrar a tierras castellanas en un número creciente, y el proceso se aceleró durante el reinado de Felipe III[37]. La región soriana también se vio afectada por esta corriente migratoria que afectó a toda Castilla, pues varias familias de origen portugués, según todos los indicios de origen judeoconverso, pasaron a instalarse en ella. Se trata mayoritariamente de familias que desplegaron una intensa actividad en el comercio de lanas, la fabricación de paños, la recaudación de impuestos, y otros negocios mercantiles y financieros propios de la que convencionalmente llamamos "clase media". La historiografía local no ha podido determinar todavía el origen de estas familias, ni si tenían ascendencia castellana, o incluso soriana. Cabe afirmar, sin embargo, que, salvo que nuevos hallazgos documentales demuestren lo contrario, estas nuevas familias de judeoconversos que arraigaron en Soria a partir de las últimas décadas del siglo XVI y durante el siglo XVII lograron integrarse sin apenas dificultades en el tejido social local. Lo hicieron hasta tal punto que algunos de sus miembros llegaron a pleitear después por que se les reconociese la condición hidalga, poniendo buen cuidado en ocultar sus antepasados judíos, a veces con argumentos inverosimiles.

Sin ánimo de llevar a cabo un estudio genealógico, que está fuera de nuestras pretensiones, conviene, no obstante, dedicar unas pocas líneas a la identificación de estas familias. Entre ellas destaca, porque disponemos de información más detallada sobre su paso desde Portugal a Soria, la de los Oporto-Azambújar. En 1665 cinco miembros de esta familia realizaron diligencias para

---

[36] Así se recoge en una carta de poder que entonces otorgó a un portugués vecino de Chaves para que vendiese todos los bienes que le perteneciesen en Ágreda por herencia familiar. AHPS, PN, 1496-2240-327 y 328

[37] Entre las obras que han analizado el asentamiento de judeoconversos portugueses en Castilla en el siglo XVI, en especial en el ámbito de la submeseta sur, cabe destacar, Raphael CARRASCO, "Preludio del siglo de los portugueses. La Inquisición de Cuenca y los judaizantes lusitanos en el siglo XVI", *Hispania*, 166 (1987). págs. 503-559. Y Raphael CARRASCO, "Inquisición y judaizantes portugueses en Toledo (Segunda mitad del siglo XVI)", *Revista d'Historia Moderna. Manuscrits. El mundo judío en la Edad Moderna. Siglos XVI y XVII* (Barcelona 1992) págs. 41-60. Para Andalucía cabe destacar la tesis doctoral de Marcos Rafael CAÑAS PELAYO, *Los judeoconversos portugueses en el tribunal inquisitorial de Córdoba. Un análisis social (ss. XVI-XVII)* (Córdoba, 2016). Entre las numerosas obras de síntesis existentes puede consultarse Juan Ignacio PULIDO SERRANO, *Los conversos en España y Portugal* (Madrid, 2003).

que no se les impusiese la obligación de contribuir en un impuesto cargado sobre los portugueses residentes en Castilla para que contribuyesen al esfuerzo bélico contra el nuevo autoproclamado rey de Portugal de la dinastía de Braganza. Alegaron entonces en su defensa que ellos habían vivido siempre en Soria, al igual que su abuelo y bisabuelo, quienes hacía más de cien años que se habían asentado en esta ciudad en tiempos del rey Felipe II[38]. Parece que exageraron en el número de años, pues en otros documentos se fija el momento de la instalación de los primeros miembros de esta familia en Soria en los años que siguieron a los "movimientos" de Don Antonio, prior de Crato, que disputó sin éxito la corona portuguesa a Felipe II[39]. Fue entonces cuando Fernando de Oporto Azambújar se trasladó de Portugal a Soria con su mujer Francisca Rodríguez, y con su hijo primogénito Simón, quien había nacido en un lugar de Portugal llamado Casteldavid, que no hemos podido identificar de forma satisfactoria[40]. Después, este matrimonio tuvo otro hijo, llamado Francisco, que nació en Soria, y litigó por su hidalguía junto con su hermano mayor Simón. Pero, además, los documentos permiten identificar a otros dos hermanos más, en concreto un varón llamado Alonso Fernández de Oporto, y una mujer, Margarita, que casó con un judeoconverso portugués llamado Diego Rodríguez, que fue un hombre de negocios tan destacado como sus parientes de apellido Oporto. No obstante, este último, siguiendo una costumbre muy arraigada entre los de su "nación", no mantuvo su residencia en Soria de forma estable sino que pasó a avecindarse durante un período de tiempo en la villa de Pastrana, dinámico centro urbano, con notoria actividad mercantil y manufacturera, en especial en la rama de la seda, y que también acogió a portugueses entre sus vecinos en el siglo XVII[41]. Lo sabemos porque en 1621 su suegra, Francisca Rodríguez, viuda de Hernando de Oporto, declaró que este yerno, que entonces vivía en Pastrana, tenía intención de trasladar su casa y familia a la ciudad de Soria, y por este motivo había decidido entregar a su hija dote para que se pudiese sustentar mejor[42]. El cambio de residencia se llevó a efecto, y en la ciudad del Duero vivieron los hijos de este matrimonio, entre los que cabe destacar a Diego Rodríguez de Azambújar, activo

---

[38] AHPS, PN, 605-1028-215, Soria, 6-V-1665.
[39] Interesan las declaraciones de testigos residentes en el reino de Portugal, en el pleito de hidalguía que siguieron en 1635 en la Chancillería de Valladolid los hermanos Francisco y Simón Fernández de Oporto Azambújar. AChV, Hijosdalgo, 244-2.
[40] Hay en Portugal un lugar llamado Castelo de Vide, pero se localiza en el Alentejo.
[41] Erika PUENTES QUESADA, "Un linaje "portugués" en Pastrana. La familia de sederos de Simón Muñoz", *Revista d'Historia Moderna. Manuscrits. El mundo judío en la Edad Moderna. Siglos XVI y XVII* (Barcelona 1992) págs. 157-182. Y Juan Ignacio PULIDO SERRANO, "Portugueses al amparo de la nobleza (La Inquisición contra los vasallos del duque de Pastrana acusados de judaísmo durante el siglo XVII", *Historia y Genealogía*, 5 (2015) págs. 41-59.
[42] AHPS, PN, 437-774-2, Soria, 4-I-1621. Efectivamente el traslado de residencia se produjo, porque en los años siguientes Diego Rodríguez aparece en la documentación notarial como vecino de Soria, que mantenía relaciones de negocios con judeoconversos portugueses de Burdeos. Consta por AHPS, PN, 439-777-7, Soria 10-I-1623.

hombre de negocios, que otorgó testamento en 1656[43]

Hernando de Oporto, el primer miembro de la familia afincado en Soria, murió en 1605, pero su viuda Francisca Rodríguez le sobrevivió muchos años[44]. Dejaron numerosos descendientes en Soria, que estuvieron conectados por lazos de parentesco y negocios con otras familias originarias de Portugal, identificadas por los apellidos de Méndez, Rico, o Hergueta, entre otros. Para estas otras familias no disponemos de informaciones tan detalladas y explícitas sobre las circunstancias en que se produjo su paso de Portugal a Soria, aunque cabe deducir que también tuvo lugar durante el reinado de Felipe II. Es el caso de los Méndez, uno de los cuales, Baltasar Méndez, otorgó testamento en 1591, nombrando entre sus testamentarios a Hernando de Oporto. Una hija suya, María Méndez, casó con el hijo mayor de Hernando, Simón. Y su hijo Pablo Méndez desarrolló igualmente una intensa actividad empresarial, en diversas ramas de la economía en las que también despuntaron sus colegas de la "nación" portuguesa.

Los enlaces matrimoniales que conectaron a todas estas familias prueban una fuerte tendencia endogámica. No hay lugar aquí para detallarlos. Como ilustración nos limitaremos a recordar que Simón de Oporto, casado en primeras nupcias con María Méndez, lo hizo en segundas con Águeda Hergueta, que Alonso de Oporto Azambújar casó con Águeda Rico, mientras que el mercader Juan Rico lo hizo con Francisca Méndez, hija de Baltasar Méndez. Al tratar sobre las actividades económicas en que despuntaron estas familias, tendremos ocasión a continuación de aportar más noticias sobre estos personajes.

### *Comercio de lanas*

El papel de primera fila que los judeoconversos procedentes de Portugal desempeñaron en el comercio de exportación de lanas finas de la Corona de Castilla a partir de las últimas décadas del siglo XVI y durante todo el siglo XVII, es un hecho fundamental de la historia económica castellana que no resulta en absoluto desconocido para la historiografía, desde que le dedicara su atención el clásico Jonathan Israel[45]. Se ha prestado, no obstante, atención preferente a la caracterización de los grandes exportadores que eran a la vez principales

---
[43] AHPS, PN, 581-993-318, Soria 31-V-1656
[44] El inventario de bienes declarados por Francisca Rodríguez, en Soria, 14-XI-1605, tras la muerte de su marido en AHPS, PN, 294-578-44.
[45] Jonathan I. ISRAEL, *Empires and Entrepots. The Dutch, the Spanish Monarchy and the Jews, 1585-1713*, (Londres 1990). Jonathan I. ISRAEL, "El comercio de los judíos sefardíes de Amsterdam con los conversos de Madrid a través del suroeste francés", en Jaime CONTRERAS, Bernardo J. GARCÍA GARCÍA, Ignacio PULIDO (Eds.), *Religión y Negocio. El sefardismo en las relaciones entre el mundo ibérico y los Países Bajos en la Edad Moderna* (Madrid 2002), págs. 373-390. Sobre los judeoconversos de Amsterdam interesa también Josef KAPLAN, *Los judíos nuevos de Amsterdam* (Barcelona, 1996).

financieros o asentistas al servicio de la Real Hacienda, del tipo de los Montesinos[46] o los Cortizos[47]. Pero éstos, pese a su indudable importancia, sólo representan la punta del *iceberg*. A ellos se ha de añadir una multitud de mercaderes de segunda fila, que han de ser identificados mediante la realización de estudios monográficos de alcance local y comarcal, del tipo de los ya realizados para ámbitos como el soriano, que aquí nos ocupa[48], y también muy especialmente para la ciudad de Madrid, que reunió una comunidad de mercaderes de origen judeoconverso portugués muy numerosa[49].

Complementando los trabajos ya dedicados con anterioridad al análisis del papel de los portugueses en el mercado lanero de la región soriana, interesa que nos centremos aquí en dar cuenta de la contribución a esta magna empresa mercantil de los que alcanzaron mayor grado de arraigo en la ciudad del Duero. Frente a sus "compatriotas" que, o bien nunca residieron en Soria, o bien sólo lo hicieron de forma discontinua o esporádica, los que se hicieron vecinos de la ciudad del Duero, arraigando en ella con sus familias a lo largo de varias generaciones, desempeñaron por regla general un papel menos destacado en el gran comercio de exportación de lanas finas. No encontramos entre ellos apenas a exportadores de cierto relieve.

Las únicas operaciones de exportación de lanas, mediante recurso a sus contactos con otros portugueses residentes en los puertos franceses u holandeses, de las que tenemos noticia, son de escasa envergadura. Es el caso de la que menciona en su testamento de 1665 Alonso de Oporto, donde hizo constar que, junto con su primo Alonso de Oporto, tenía a pérdida o ganancia 7 sacones de añinos de 10 arrobas en Bayona en poder de Luis de Paz[50].

Sí ha quedado constancia, por el contrario, de alguna operación de cierta envergadura de reventa de sacas de lana lavada a mercaderes exportadores que operaban en los puertos castellanos del Cantábrico. Es el caso de la realizada por

---

[46] Sobre esta familia de judeoconversos portugueses interesa la exhaustiva monografía de Bernardo LÓPEZ BELINCHÓN, *Honra, Libertad y Hacienda (Hombres de negocios y judíos sefardíes)* (Madrid 2001).
[47] Sobre esta familia, que contó entre sus miembros algunos de los mayores exportadores de lanas del siglo XVII, como Manuel Cortizos y Sebastián Cortizos, Vid. Carmen SANZ AYÁN, "Consolidación y destrucción de patrimonios financieros en la Edad Moderna: Los Cortizos (1630-1715), en Hilario CASADO ALONSO y Roberto ROBLEDO HERNÁNDEZ (Eds.), *Fortuna y negocios. Formación y gestión de los grandes patrimonios (Siglos XVI-XX)* (Valladolid 2002) págs. 73-98. Carmen SANZ AYÁN , "Procedimientos culturales y transculturales de integración en un clan financiero internacional: los Cortizos (siglos XVII y XVIII)", en Bartolomé YUN CASALILLA (dir.), *Las redes del Imperio. Élites sociales en la articulación de la Monarquía Hispánica (1492-1714)* (Madrid 2009): págs. 65-96.
[48] Máximo DIAGO HERNANDO, "La irrupción de los conversos portugueses en el comercio de exportación de lanas de la Corona de Castilla en el tránsito de los siglos XVI al XVII", *Sefarad*, 70-2 (2010) págs. 399-434.
[49] Vid. Nicolás BROENS, *Monarquía y capital mercantil: Felipe IV y las redes comerciales portuguesas (1627-1635)* (Madrid 1989). Markus SCHREIBER, *Marranen in Madrid. 1600-1670* (Stuttgart 1994).
[50] AHPS, PN, 707-1167-454, Soria, 29-X-1665.

Pablo Méndez gracias a la intermediación de Fausto Ruiz de Retana, vecino de Vitoria, en 1610. Le envió a éste 80 sacones de lana lavada fina con el encargo de que se los vendiese, como en efecto hizo. Firmó el contrato de venta el 6 de abril de 1610 con Pedro de Bulguesa, mercader francés residente en San Sebastián, obligándose a pagárselas a razón de 16.000 mrs. por cada saca de peso de 8 arrobas. El pago se efectuaría mediante la entrega de las mercancías de importación especificadas en el contrato[51].

En el comercio de lanas finas de ganado trashumante el papel de los portugueses de Soria consistió, no obstante, de forma preferente en servir como corresponsales o factores a otros mercaderes de su misma nación, residentes en otras ciudades castellanas o de otros países europeos ribereños del Océano Atlántico. Así, por ejemplo, Diego Rodríguez de Azambújar mantuvo correspondencia con mercaderes laneros portugueses de gran talla tanto de Castilla, como Fernando de Montesinos[52] o Juan de Fonseca Cardoso[53], como de otras plazas europeas, como Burdeos o Bayona[54].

Estos grandes exportadores habitualmente eran financieros poco familiarizados con la actividad ganadera trashumante, y ni siquiera eran expertos en valorar la calidad de las lanas, diferenciando grados de finura, para acertar en la fijación de precios. Por ello requerían de la colaboración de personas que trabajasen *in situ*, en las comarcas productoras de la lana, que se encargasen de la contratación con los ganaderos, y de la gestión de todas las tareas desde el esquileo hasta la conducción de las sacas de lana lavada a los puertos de embarque. En Soria, por su condición de cabecera de uno de los principales partidos mesteños, hubo muchos mercaderes que se dedicaron a esta actividad de servir de factores o corresponsales a los grandes exportadores. Y una importante novedad del siglo XVII respecto a la anterior centuria radica en que entre ellos hubo varios portugueses, miembros de familias que habían arraigado en la ciudad a fines del siglo XVI.

---

[51] Ajuste de la cuenta de la operación en AHPS, PN, 324-616-102, Soria, 10-VII-1610.
[52] Diego Rodríguez de Azambújar declaró en su testamento de 1659 que había tenido cuenta con Fernando de Montesinos, "por encomiendas que ha tenido suyas", y tenía en el lavadero de su primo Alonso de Oporto, unos "tercios de saquerío", parte de los cuales eran de Fernando de Montesinos y parte suyos. AHPS, PN, 581-993-318, Soria 31-V-1656. Sobre la importancia alcanzada como mercaderes y financieros por los Montesinos, judeoconversos portugueses, Bernardo LÓPEZ BELINCHÓN, *Honra, Libertad...*
[53] En 1653 unos arrieros se obligan a llevar desde Soria a Vitoria 24 cargas de lana lavada pertenecientes a Juan de Fonseca Cardoso, que están en poder de Diego Rodríguez Azambújar. AHPM, 7973-170, Madrid, 8-II-1653.
[54] En su testamento declaró haber mantenido correspondencia con Frederico Filtre, vecino de Burdeos, y con Diego Rodríguez Cardoso, vecino de Bayona. Sobre la importancia de estas dos plazas francesas para el comercio de los judeoconversos portugueses entre Castilla y Holanda. Bernardo LÓPEZ BELINCHÓN, "Sacar la sustancia del reino. Comercio, contrabando y conversos portugueses, 1621-1640", *Hispania*, 209 (2001) págs. 1.017-1.050. Jonathan I. ISRAEL, "El comercio de los judíos sefardíes de Amsterdam...".

Estos portugueses pusieron en práctica estrategias de contratación muy diversificadas, y contrataron con todo tipo de ganaderos, desde los grandes propietarios de familias de la oligarquía noble, que vendían pilas de gran tamaño y reputación por la finura de las lanas, hasta los más modestos propietarios de ganado estante de raza churra de las pequeñas aldeas de las comarcas no serranas de la región soriana, que sólo poseían diminutos rebaños.

Entre los que contrataron con los mayores propietarios del grupo oligárquico noble destaca Diego Rodríguez de Azambújar, quien por indicios cabe presumir que les compraba sus pilas por encargo de otros portugueses con los que mantenía correspondencia. Así, en 1649 se hizo con la pila de la casa de los Río, la de mayor reputación en Soria, que como consecuencia regularmente se pagaba a razón de tres reales más por arroba que cualquier otra pila de lanas finas sorianaa[55]. Ese mismo año adquirió la de otro destacado señor de ganados de la villa de Ágreda, Diego Antonio de Castejón[56]. Y lo volvió a hacer en 1652[57]. Por su parte Alonso Fernández de Oporto Azambújar, el menor, en 1661 adquirió la pila de Simón Martínez de Mendoza, alguacil mayor de la Inquisición, pagándola a un elevado precio[58]. En 1663 compró en compañía con Antonio Núñez Marchena, mercader residente en Ágreda, también de origen judeoconverso portugués, la de Juan de Torres y La Cerda[59]. Al año siguiente, en 1664, volvió a colaborar con este portugués, pues tras haber comprado por su propia cuenta las pilas de dos caballeros sorianos, Juan de Salazar y Antonio de Barnuevo, se las cedió a continuación[60].

Mucho más numerosas fueron las operaciones con medianos y pequeños propietarios de las comarcas serranas sorianas que practicaban la trashumancia. Con ellos solían cerrar los contratos en el otoño o la primavera previos al esquileo, que se realizaba en junio, efectuándoles importantes adelantos de dinero. A cambio conseguían que los ganaderos aceptasen por ellas precios inferiores[61]. Así,

---

[55] AHPS, PN, 469-814-264, Soria, 31-VII-1649.
[56] AHPS, PN, 633-1062-209, Soria, 28-VI-1649.
[57] AHPS, PN, 595-1013-226, Soria, 1-IX-1652. Aquí se estipuló que el pago de parte de su valor se había de efectuar con una letra sobre Fernando de Montesinos, lo que sugiere que éste era el auténtico financiador de la operación.
[58] AHPS, PN, 670-1105-54, Soria, 29-I-1661. La vende a tres reales menos en arroba que el precio que obtuviese Juan de Torres y La Cerda, en quien por matrimonio había recaído la propiedad de parte de la cabaña de los Río, cuyas lanas se pagaban tres reales más caras que el resto. Recibió un anticipo de 11.000 reales de vellón.
[59] Esta pila, procedente del esquileo de una fracción de la cabaña de los Río, que había tocado en los repartos sucesorios al regidor Juan de Torres y La Cerda, gozaba entonces de la máxima reputación entre las lanas finas sorianas.
[60] Ambas referencias proceden del testamento otorgado por Alonso, en AHPS, PN, 707-1167-454, Soria, 29-X-1665.
[61] Sobre la incidencia de la concesión de crédito en las operaciones de contratación lanera en la región soriana Vid. Máximo DIAGO HERNANDO, "El crédito en el comercio lanero en la región soriana durante los siglos XVI y XVII", *Revista de Historia Económica*, 20- 2 (2002) págs. 271-299.

en septiembre de 1635 el ganadero serrano Sebastián de Montenegro, vecino de Vinuesa, se obligó a entregar a Baltasar de Oporto 400 arrobas de lana *estremeña*[62] de su ganado para fines de junio de 1636, recibiendo adelantado todo su valor, a razón de 15,5 reales por arroba[63]. Habitualmente, no obstante, las cantidades adquiridas por contrato fueron muy inferiores, porque en las comarcas serranas sorianas abundaron los dueños de pequeños rebaños que trashumaban en el invierno. Así, en octubre de 1644 otro vecino de Vinuesa, Juan Martínez de Montenegro, se obligó a entregar en el siguiente esquileo a Baltasar de Oporto tan sólo 10 arrobas de lana *estremeña*[64]. Y entre ambos extremos encontramos una amplia gama de cantidades que no hay aquí lugar para detallar[65].

Además de contratar directamente con medianos y pequeños señores de ganados trashumantes de comarcas serranas, los portugueses de Soria también recurrieron a comprar lanas a mercaderes intermediarios vecinos de esta ciudad o de otros núcleos del entorno. Con ellos pusieron en práctica, sin embargo, un modelo de contratación de signo radicalmente contrario. En lugar de adelantarles el dinero, se obligaban a abonarles el valor de las lanas en varios plazos tras haberlas recibido, que podían superar el año. Así, Hernando de Oporto y su mujer Francisca Rodríguez en junio de 1595, se obligaron a pagar a Juan García de Tardajos, mercader lanero de origen judeoconverso del que hablamos en otro lugar por su faceta como exportador, 6.200 reales en tres plazos que acababan en diciembre de 1596 por 400 arrobas de lana *estremeña* que les había vendido[66]. No resulta fácil determinar el destino previsto para estas lanas. Lo más probable es que la intención del comprador fuese revenderlas a mercaderes exportadores, grupo al que paradójicamente hemos demostrado que pertenecía el propio Juan García de Tardajos. Esta constatación nos da idea, pues, de hasta qué punto eran diversificadas, y hasta contradictorias, las estrategias de negociación con lanas en la Soria de aquella época.

Pero, por si esto fuera poco, los portugueses arraigados en esta ciudad no se limitaron a tratar con lanas *estremeñas*, de ganado trashumante. También se dedicaron con asiduidad a la compra y venta de lanas de ganado de raza churra, estante y trasterminante o riberiego, es decir el que era llevado en invierno a pastar

---

[62] Se denomina así en los documentos la lana fina obtenida del esquileo de los ganados sorianos de raza merina que trashumaban en invierno a las dehesas del sur, para diferenciarla de la lana "churra", de los ganados estantes, y "riberiega", de los que pasaban en invierno a dehesas de Aragón y Navarra.
[63] AHPS, PN, 425-747-200, Soria, 28-IX-1635.
[64] AHPS, PN, 501-874-249, Soria, 7-X-1644.
[65] Por ejemplo, en 12-III-1644 un vecino de la aldea serrana de Torre vendió a Baltasar de Oporto 30 arrobas de lana *estremeña* a 19,75 reales, y en 15-IV-1644 otro vecino de Arévalo le vendió 50 arrobas a 23 reales, recibiendo en ambos casos el dinero por adelantado. AHPS, PN, 501-874-49 y 68.
[66] AHPS, PN, 202-415-107, Soria, 17-VI-1595.

a Aragón y Navarra. Los testimonios que la documentación notarial nos proporciona para ilustrar esta faceta de su actividad son abundantes. Por lo que respecta a las compras, que regularmente efectuaban con varios meses de adelanto, anticipando todo o parte del precio, las practicaron la mayoría de los miembros de la comunidad portuguesa arraigada en Soria. Entre ellos cabe destacar a Simón de Oporto, Baltasar Méndez, su hijo Pablo Méndez, y Juan Rico. Los ganaderos que se las vendían ofrecían un perfil bastante diversificado. Hay vecinos de lugares de las comarcas no serranas de la Tierra de Soria, y de jurisdicciones próximas, como Noviercas, o de aldeas de las Tierras de Calatañazor o de Almazán. Solían obligarse a la entrega de cantidades muy pequeñas, sobre todo cuando se trataba de lana churra. En los contratos de lana riberiega la cantidad solía ser algo mayor, habida cuenta que los rebaños de los ganaderos transterminantes eran de mayor tamaño. De otro modo no compensaba a sus dueños el negocio, que requería tomar a renta pastos en otros reinos. Entre estos ganaderos riberiegos hubo algún vecino de Soria, como el hidalgo Agustín Vallejo de Santa Cruz, que en 1597 vendió a Simón de Oporto y su mujer María Méndez cerca de 100 arrobas de lana[67].

El destino que se daba por los portugueses a las lanas churras o riberiegas era también muy diverso. Una parte iría destinada a la fabricación de paños por cuenta propia, faceta de su actividad sobre la que trataremos más adelante. También abundan los testimonios de ventas efectuadas a fabricantes pañeros de las comarcas serranas ubicadas al norte de la Tierra de Soria, en las que se había desarrollado una dinámica manufactura pañera dispersa[68]. Hay que destacar desde este punto de vista las compras que vecinos de Enciso, efectuaron a portugueses como Juan Rico[69] o Alonso de Oporto Azambújar[70]. En la misma línea también resulta muy reveladora una carta de poder que varios fabricantes de paños, vecinos de Viguera, otorgaron a Baltasar de Oporto para que en su nombre comprase en Soria y Tierra hasta un máximo de 400 arrobas de lana churra y riberiega del esquilo de 1628 a precios que no excediesen los fijados por la pragmática de

---

[67] AHPS, PN, 205-422-338, Soria, 3-IX-1597. Se obligaron a pagarle 1.297 reales por 93 arrobas de lana blanca y negra a 13 reales, y 8 arrobas de lana blanca y negra y añinos, a 11 reales.
[68] Máximo DIAGO HERNANDO, "El papel de la lana en las relaciones económicas entre Soria y las villas pañeras cameranas en los siglos XVI y XVII" *Berceo*, 138 (2000) págs. 61-90. Esta pañería rural del norte de Soria y Cameros siguió manteniendo notable vitalidad hasta el siglo XVIII, según se ha demostrado en Agustín GONZÁLEZ ENCISO, "La industria lanera en la provincia de Soria en el siglo XVIII" *Cuadernos de Investigación Histórica*, 7 (1983) págs..147-170. Y "La industria dispersa en la Sierra de Cameros, 1700-1840", *Cuadernos de Investigación. Historia* 10 (1984) págs. 39-56.
[69] Juan de Espinosa, vecino de Enciso, compró a Juan Rico 25 arrobas de lana a 16 reales. AHPS, PN, 229-466-85, Soria, 11-IV-1616.
[70] Varios vecinos de Enciso se obligaron conjuntamente a pagar a Alonso de Oporto Azambújar, el mayor, 2.160 reales por 60 arroba lana churra blanca y parda a 36 reales, y 7 arrobas de añinos finos azules a 100 reales. AHPS, PN, 586-1001, Soria, 5-IX-1664.

reciente publicación[71]. Por otro lado también vecinos de aldeas serranas de la Tierra de Soria se contaron entre sus clientes, como el vecino de Arévalo que en 1646 compró a Juan Rico 23 arrobas de añinos churros[72].

En su papel como proveedores de materia prima para los fabricantes pañeros del sector serrano de Soria-Cameros, los portugueses no se limitaron a venderles lana churra y riberiega, concediéndoles aplazamientos de pago. También les vendieron, con estas mismas condiciones, lana *estremeña*, de ganado trashumante, pero que no alcanzaba el nivel de calidad suficiente para ser estibada en las sacas destinadas a la exportación. Se trata de los llamados "desechos de lavadero", a los que se identifica en la documentación con diferentes nombres, tales como "sacadizos", "lana de cuarto", o "tercerillo". Por ejemplo en 1650 Baltasar Rico y Alonso de Oporto, el mayor, vendieron a varios fabricantes pañeros de Yanguas 56 arrobas 8 libras de "sacadizos de lavadero"[73]. Conviene precisar, no obstante, que en su doble faceta de mercaderes y empresarios pañeros, estos mismos portugueses en otras ocasiones compraron "deshechos" a mercaderes exportadores, con frecuencia también portugueses, que habían lavado lanas en Soria[74]. En estos casos es muy probable que las destinasen a la fabricación de sus propios paños, aunque tampoco se puede descartar que las revendiesen a pañeros de las comarcas serranas.

### *Los portugueses en la explotación de lavaderos durante el siglo XVII[75]*

Aunque para el período medieval las fuentes documentales sorianas que han llegado hasta nosotros son muy parcas en informaciones, las pocas disponibles nos confirman que el interés que los judíos sorianos mostraron por el trato con lanas, les llevó a la adquisición de lavaderos, donde poder acondicionarlas a efectos de su posterior reventa, ya ensacadas. Así, nos consta que tras la publicación del decreto de expulsión de 1492, un hidalgo de origen santanderino asentado en Soria, Gómez de Gama, con dedicación al comercio lanero, se hizo con la propiedad de un lavadero a las orillas del Duero que compró

---

[71] AHPS, PN, 489-857-62, Soria, 25-II-1628.
[72] AHPS, PN, 573-984-130.
[73] AHPS, PN, 576-987-430, Soria, 18-XI-1650.
[74] Por ejemplo, Pablo Méndez compró sacadizos a mercaderes portugueses residentes en Valladolid, por valor de 294 reales. AHPS, PN, 217-445-333, Soria, 17-IX-1608. En otra ocasión Baltasar Rico compró una partida de lana de "tercerillo, despojos de lavadero" al mercader soriano Juan Mateo Gutiérrez, que lavaba cada año grandes cantidades de lanas para sus correspondientes, por 660 reales. AHPS, PN, 676-1111-542, Soria, 9-VIII-1667.
[75] Sobre el papel de los lavaderos de lanas en la economía castellana durante la Edad Moderna Vid. Rafael María GIRÓN PASCUAL, "Lana sucia, lana lavada. Los lavaderos de lana y sus propietarios en la Edad Moderna (ss. XVI-XIX). Un estado de la cuestión", *Investigaciones Históricas. Época Moderna y Contemporánea*, 39 (2019), págs. 209-256.

a unos judíos que tomaron ese año el camino del exilio[76].

Con posterioridad, resulta digno de notar que, en el transcurso del siglo XVI, entre los varios lavaderos que estuvieron activos en Soria a orillas del Duero, que oscilaron en torno al número de tres, hubo alguno que fue propiedad de familias identificables como de origen judío, con pruebas más o menos contundentes, como es el caso de los García de Tardajos y los Núñez.

Pero, aún llama todavía más la atención constatar que, enlazando con esta tradición secular, las familias de ascendencia judía que, procedentes de Portugal, se asentaron en Soria a finales del reinado de Felipe II, muy pronto se interesaron por la inversión en la compra de lavaderos, que luego mantuvieron en su propiedad durante todo el siglo XVII. Resulta paradigmático el caso de los Oporto. Así, Simón Fernández de Oporto, también identificado como Simón de Oporto Azambújar, nacido en Portugal, y que vino a vivir a Soria con sus padres Hernando de Oporto y Francisca Rodríguez, aparece como propietario de un lavadero desde los primeros años del siglo XVII. Estaba situado a orillas del Duero, encima del molino de Diego de Solier, y debajo de los lavaderos de Juan García de Tardajos, Domingo del Águila y Don Alonso Núñez. Lo cedió a renta en 1610 a su propio hermano, Alonso Fernández de Oporto, con todos sus utensilios y pertenencias por cuatro años por una renta de 1.500 reales anuales[77]. Este individuo mantuvo el interés por los lavaderos a lo largo de toda su vida, llegando a poseer en alguna ocasión hasta dos. Lo dice en su testamento, otorgado en el año 1645, donde confiesa que había recibido en dote con su segunda mujer un lavadero que después había vendido por 7.000 reales al mercader de origen francés Bernardino Marcel, y que continuaba siendo propietario de otro lavadero que él mismo había edificado en vida[78]. Este último lavadero, que permaneció en poder de sus descendientes de apellido Oporto-Azambújar a lo largo de varias generaciones, fue uno de los más activos en Soria a lo largo del siglo XVII. En 1673 fue incluido en el inventario de bienes que el hijo mayor de Simón Fernández de Oporto, Alonso de Oporto Azambújar, realizó a raíz de la muerte de su esposa, Águeda Rico[79]. Y en 1709 continuaba siendo propiedad de otro miembro de esta familia, Baltasar de Oporto, quien entonces declaró tener 73 años de edad y que durante gran parte de su vida se había dedicado al negocio del beneficio de la

---

[76] Noticia en declaraciones de testigos en AGS, EMR, Hojas e Informaciones, leg. 552
[77] AHPS, PN, 22-453-416, Soria, 6-X-1610. Se arrendó el lavadero con su casa, lonjas, calderas, tinos, *carços* y pedrera.
[78] Testamento de Simón Fernández de Oporto, en Soria, 10-V-1645, en AHPS, PN, 576-987-407.
[79] AHPS, PN, 833-1332-64, Soria, 23-IV-1673. Lavadero en la ribera del Duero, con un "pudridero de la fábrica de añinos" al lado. En el testamento de su padre, Simón, del año 1645 éste confesó que su hijo mayor Alonso le había ayudado "en los beneficios y destajos de lavadero, por ser persona que entiende y de mucha satisfación". Por ello era su voluntad que él se quedase con el lavadero.

lana[80]. Para continuar con dicha actividad en 1686 buscó un socio, José Miguel, con el que firmó un contrato de compañía para un período de seis años. Cada uno de los socios debía asumir el pago de la mitad de los gastos, repartiéndose de igual manera por mitad los beneficios. Pero José Miguel quedaba también obligado a pagar a Baltasar de Oporto 2.000 reales de vellón cada año "por el beneficio que goza en la compañía"[81].

Otro destacado mercader de origen portugués que se avecindó en Soria procedente de Palencia, Nicolás Ferraz, era propietario en 1620 de lavadero y medio en la ribera del Duero, que le fue embargado tras declararse en bancarrota[82]. Por este motivo dicho lavadero no se consolidó en manos portuguesas.

La familia Oporto cedió en ocasiones a renta sus lavaderos a mercaderes foráneos, habitualmente portugueses, para que lavasen en ellos sus lanas[83]. Pero, al mismo tiempo, sus miembros desempeñaron un papel de primera fila en el negocio del "beneficio" por cuenta ajena de enormes cantidades de lanas finas pertenecientes a otros propietarios[84]. Es decir, tomaron a su cargo la tarea de lavar y ensacar, "a destajo", las lanas finas adquiridas en la región soriana por otros grandes mercaderes exportadores. Constituyeron para ello a veces "compañías", como la de Simón de Oporto y Juan Rico, que funcionó entre 1614 y 1616[85]. Por ello se les aplicó el nombre de "destajeros de lavaderos".

La intensa dedicación de los portugueses asentados en Soria durante el siglo XVII al negocio de los "destajos" de lavaderos hizo de ellos eficaces dinamizadores del mercado del trabajo estacional en esta ciudad. Esta actividad requería efectivamente la contratación de una numerosa mano de obra, con diferentes grados de especialización, que había de realizar la compleja tarea de acondicionar la lana, quitándole impurezas y lavándola con agua caliente,

---

[80] AChV, Hijosdalgo, 1531-4. Declaración de 9-IX-1709 en que hizo constar que hacía 24 años que había dejado el comercio, retirándose a mantener su persona y familia con los esquilmos de su hacienda, y que tenía un lavadero propio a orillas del Duero.
[81] AHPS, PN, 831-1330-358, Soria, 30-VII-1686.
[82] AHPS, PN, 477-824-261, Soria, 29-V-1620. Inventario de bienes conocidos de Nicolás Ferraz.
[83] Alonso Fernández de Oporto en nombre de su hermano Simón da a renta a Simón de Acebedo, portugués de Madrid, el lavadero con calderas, maderas y otras cosas necesarias por un año. El arrendatario debía pagar por cada sacón de 6,5 arrobas de lana limpia que hiciese 1,5 reales. AHPS, PN, 218-446-79, Soria, 22-IV-1608.
[84] En 1621 Juan Rico cobró 13.652 reales de Hernán Báez de Quirós y Enrique Méndez, mercaderes portugueses de Madrid, por el destajo de 4.789 arrobas de lana, estibadas en 664 sacas. AHPS, PN, 437-774-277. En 1651 Alonso de Oporto declaró que como "estajero" había lavado y beneficiado en su lavadero, ese año 4.758 arrobas de lana en sucio, de las que salieron en limpio 1.877. Las lavó Diego de Luzón y Castejón, factor en Soria de mercaderes exportadores, pero no sabía para quién. AHN (=Archivo Histórico Nacional), Consejos, leg. 41.339.
[85] Por haber surgido discrepancias entre los dos socios sobre el reparto de los beneficios, acordaron resolverlas mediante un acuerdo amistoso. AHPS, PN, 356-654-131. Acordaron que las ganancias correspondientes al año 1614 se repartiesen por mitad, y las de 1615 a razón de dos tercios para Juan Rico, y un tercio para Simón.

distribuirla por calidades o "suertes" y meterla en sacas. No había en la ciudad personal especializado suficiente para realizar estos trabajos. Por ello, según prueban los numerosos contratos conservados en los protocolos notariales, los "destajeros" recurrieron también a valerse de los servicios prestados por vecinos de otros lugares, más o menos lejanos, que acudían a ganarse el sustento durante la estación de los lavaderos, que comenzaba a finales de junio, mientras que el resto del año se dedicaban a otras actividades. De hecho la mayoría de ellos, tanto sorianos como forasteros, eran artesanos especializados del ramo textil[86]. Muchos procedían de las comarcas serranas ubicadas al norte de Soria en las que se desarrolló en los siglos XVI y XVII una dinámica manufactura pañera, especializada en la producción de paños de baja calidad. Se trata de vecinos de lugares como Enciso, Zarzosa, Munilla, Arnedo, San Pedro Manrique o Yanguas[87]. Esta compatibilización del trabajo en los lavaderos y la dedicación a la fábrica de paños el resto del año nos la ilustra un contrato firmado en 1651 por los portugueses Baltasar Rico y Alonso de Oporto con dos tejedores de paños de Soria, para que éstos les tejiesen todos los paños que ellos tuviesen para fabricar durante dos años. Se incluyó en él la condición de que a ninguno de los dos se les podría impedir que durante este tiempo, si encontrasen empleo en los lavaderos a partir de San Juan, fuesen a trabajar donde se les ofreciese, interrumpiendo temporalmente sus labores como tejedores[88].

Debido a la enorme demanda de trabajo estacional que los lavaderos generaron en Soria a partir de finales de junio de cada año acudieron a trabajar en ellos incluso personas procedentes de comarcas muy distantes, como la Cornisa Cantábrica, aparentemente especializada en aportar estibadores. Así, en 1648 los hermanos Baltasar y Alonso de Oporto contrataron para que sirviese como estibador en sus lavaderos a un vecino del Valle de Piélagos, en tierras santanderinas[89]. En 1643 cuatro vecinos de este mismo valle se obligaron a servir como estibadores de lana en los lavaderos que tuviesen ese año en Soria el francés Bernardino Marcel y el portugués Simón de Oporto[90]. Por otro lado también acudieron a Soria a trabajar en los lavaderos vecinos del ducado de Medinaceli, pese a que allí también había lavaderos de lanas, entre los que destacan los de

---

[86] Un batanero se obliga a servir en el lavadero del portugués, como *traslavador* o como capitán del río, por 8 ducados mensuales si fuese *traslavador*, o por 10 mensuales si fuese capitán. AHPS, PN, 495-867-61, Soria, 21-III-1632. Un tejedor de lienzos servirá en el oficio de apartar lanas en el siguiente verano por un salario de 6 ducados mensuales, más comida y bebida. AHPS, PN, 608-1032-79, Soria, 8-III-1640. Un tejedor de paños se obliga en 1625 a servir en el oficio de lavador por 55 reales cada mes de 30 días, más comida y bebida. AHPS, PN. 382-691-120.
[87] Cfr. Nota 68.
[88] AHPS, PN, 577-988-83, Soria, 26-II-1651.
[89] AHPS, PN, 575-986-309, Soria, 22-VIII-1648. Un vecino de Puente de Arcia, del valle de Piélagos, se obliga a trabajar en los lavaderos de 1649, en el oficio de estibador, cobrando 54 mrs. por cada sacón de 7 arrobas.
[90] AHPS, PN, 570-981-280, Soria, 17-VI-1643.

Luzón y Anguita[91].

Los protocolos notariales sorianos del siglo XVII rebosan de contratos firmados por miembros de las familias Oporto-Azambújar, Méndez, Rodríguez y Rico, con frecuencia emparentados entre sí, con individuos que, a cambio de recibir un pequeño adelanto de dinero, se obligaban a servirles en las tareas de lavadero que habrían de iniciarse en el siguiente mes de junio. En el inventario de bienes de Alonso de Oporto realizado a raíz de la muerte de su mujer Águeda Rico, se alude a un "libro de señales", y se reconoce que en aquellos momentos estaban entregados adelantos o "señales" para que sirviesen en el próximo lavadero a once vecinos de Soria, uno de Almazán, y doce de Enciso, que recibieron en total 2.042 reales, aunque las cantidades entregadas a cada uno fueron muy variables[92].

### *Los portugueses como empresarios pañeros durante el siglo XVII*

Al igual que en el conjunto de la Corona de Castilla, la manufactura pañera en la ciudad de Soria no consigue recuperar durante el siglo XVII el grado de desarrollo logrado en las décadas centrales del siglo XVI, tras el retroceso experimentado en las últimas décadas de esta centuria. Pese a ello continuó siendo una de las actividades económicas fundamentales de la ciudad, y la que mayor número de puestos de trabajo garantizaba a la población local. Las familias judeoconversas procedentes de Portugal que se asentaron en las últimas décadas del siglo XVI realizaron una contribución fundamental al mantenimiento de esta actividad durante el siglo XVII. Son muchos los indicios que proporciona la documentación que confirman que varios de los principales empresarios del sector pañero en Soria pertenecieron en este período a dichas familias.

Tenemos noticia sobre la inversión por estos portugueses de capital en empresas pañeras. Así, en 1606 Simón Fernández de Oporto Azambújar confesó que, en virtud del último ajuste de cuentas, adeudaba a su cuñado Diego Rodríguez, vecino entonces de Soria, 4.904 reales por dineros que le había entregado "para acabar unos paños que fabricaba en Soria"[93].

Por otro lado, abundan los contratos de adquisición por su parte de materias primas básicas para la fábrica de paños. Compraron importantes cantidades de

---

[91] Simón Fernández de Oporto contrató en 1645 a dos vecinos de Luzón y tres de Anguita para servir en sus lavaderos de 1646, pagándoles 85 reales a cada uno por mes, y de comer, y "por la venida a Soria" dos reales a cada uno y un día de salario. AHPS, PN, 501-874-672, Soria 27-VIII-1645.).
[92] AHPS, PN, 833-1332-64, Soria, 9-V-1673.
[93] AHPS, PN, 100-223-258, Soria, 18-VII-1606.

"sacadizos" procedentes de los lavaderos de lanas finas. Así, Pablo Méndez los compró a mercaderes portugueses de Valladolid, por valor de 294 reales, en 1608[94]. En 1667 Baltasar Rico compró al mercader soriano Juan Mateo Gutiérrez una partida de lana de tercerillo de "despojos de lavadero"[95].

En segundo lugar también realizaron con frecuencia compras de tierra de Magán o de los cerros de Madrid, para las labores de batán, según ilustran contratos firmados por Baltasar Méndez en 1585 y 1586[96], o por su hijo Pablo Méndez en 1619[97]. Por otro lado, se concertaron con bataneros para que les adobasen sus paños, según testimonia un contrato de Simón Fernández de Oporto del año 1610[98]. No consta, sin embargo, que llegasen a ser propietarios de batanes, por tratarse de una infraestructura de elevado precio que no solía formar parte de los patrimonios de los mercaderes, sino más bien de los de las familias de la oligarquía de caballeros. Pero, en contrapartida, sí que invirtieron en la adquisición de tintes, mucho más asequibles. Así, Juan Rico en su testamento de 1642 declaró que había donado a su hijo Martín un tinte que previamente había comprado de los testamentarios de Ana Carrasco por 500 ducados[99].

Los procedimientos a los que recurrieron para promover la fabricación de paños debieron estar muy diversificados, pero la documentación consultada no permite conocerlos con el deseable detalle. Destaca la contratación de artesanos especializados para que les tejiesen paños en régimen de exclusividad durante un determinado período de tiempo. Así, en 1648 Baltasar Rico se concertó con Domingo Ibáñez, tejedor de paños vecino de Soria, para que le tejiese todos los paños que él tuviese para fabricar en su obrador en Soria durante un año, a partir del día de San Juan. Le habría de pagar por los dieciochenos, frailengos y mezclas a razón de 26 reales por paño, y por los veintidosenos a razón de 36 reales[100]. En estos contratos era habitual que efectuasen adelantos de dinero a los tejedores. A veces incluso les proporcionaban un telar para poder trabajar en él, lo que nos da idea de hasta qué punto estos artesanos desarrollaban su labor en condiciones de precariedad y fuerte dependencia frente al empresario dueño del paño[101].

---

[94] AHPS, PN, 217-445-333, Soria, 17-IX-1608.
[95] AHPS, PN, 676-1111-542, 9-VIII-1667.
[96] AHPS, PN, 83-189 y 54-127.
[97] AHPS, PN 234-475-19.
[98] AHPS, PN, 220-450-3, Soria, 4-I-1610.
[99] AHPS, PN, 569-980-540, Soria, 12-XII-1642.
[100] AHPS, PN, 575-986-210, Soria, 16-VI-1648.
[101] En el ya mencionado contrato de Soria, 26-II-1651, firmado por Baltasar Rico y Alonso de Oporto, el mayor, con dos tejedores de paños de Soria, para que les tejiesen paños durante dos años, se hizo constar que les prestaban un telar con su peine dieciocheno. La remuneración por paño es la misma que en otros contratos, 26 reales por paño dieciocheno, y 36 reales por veintidoseno. AHPS, PN, 577-988-83.

Escasas son las noticias reunidas sobre la comercialización de los paños fabricados. Sabemos que les daban salida en ferias. Así el mercader Baltasar Méndez en su testamento del año 1591 declaró que había entregado a Juan Gil, mercader vecino de Soria, cuatro paños frailengos y uno salmonado para que se los vendiese en la feria y a su sobrino le había entregado dos paños salmonados para que los llevase a vender, si bien, por no haber logrado venderlos, los había dejado en la ciudad de Burgos[102]. Por otro lado, tenemos noticia de ventas de paños efectuadas a vecinos de Logroño por Simón Fernández de Oporto en 1609[103].

## *Inversión en la explotación de ganados*

Entre la amplia gama de actividades económicas en las que invirtieron las familias de origen judeoconverso portugués arraigadas en Soria, figuró también la explotación de ganados. Pero se trató de inversiones de carácter muy modesto, debiéndose destacar que no se tiene constancia de que ninguno de ellos llegase a poseer una cabaña de ganado de lana fina, trashumante, que era la que mejores perspectivas de beneficio ofrecía en Soria en estos siglos, por la fuerte demanda de tal tipo de lana existente en los mercados internacionales.

Entre los portugueses que invirtieron en la actividad ganadera figura uno con negocios muy diversificados y ambiciosos, pero que arriesgó demasiado y al final de su vida se tuvo que declarar en quiebra, acosado por sus acreedores. Se trata de Nicolás Ferraz, quien solicitó la vecindad en Soria en 1610[104], pero que con anterioridad había sido vecino de Palencia, y también tuvo conexiones con otras ciudades como Valladolid o San Sebastián, donde residían cuñados suyos con los que realizó negocios en compañía. Él mismo, después de 1610, se ausentó con frecuencia de la ciudad del Duero dejando en manos de su mujer la gestión de sus negocios en la misma[105]. Pese a esta propensión a la movilidad, característica de muchos de los miembros de la "nación portuguesa" en aquella época, Nicolás Ferraz fue de los pocos miembros de esta "nación" que invirtió en la explotación de ganado, aunque lo hizo a una modesta escala y con escasa fortuna. Según un inventario de su hacienda que se realizó en 1620, cuando ya se había declarado en quiebra, poseía en aquellos momentos un rebaño de en torno

---

[102] El testamento en AHPS, PN, 197-401-85, Soria 26-XII-1591.
[103] AHPS, PN, 323-615-226.
[104] AHPS, PN, 141-296-180. Soria, 22-IX-1610. Nicolás Ferraz declara que el concejo de Soria le admitió como vecino. Ofrece como fiador al mercader soriano Juan de Ayuso.
[105] Cuando al final de su vida se declaró en quiebra, se encontraba en Valladolid, donde buscó asilo frente al acoso de sus acreedores en el monasterio de San Basilio, extramuros de dicha ciudad. Allí otorgó poder a su esposa en 25-IV-1619, según se recoge en AHPS, PN, 476-823-27.

a 600 cabezas de ganado ovino que inicialmente había rondado el millar[106]. No se trataba, sin embargo, de ganados de lana fina sino de los llamados "riberiegos" o "trasterminantes", que en invierno eran llevados a pastar a Aragón, y producían lana de inferior calidad y precio[107].

Menor relevancia incluso tuvieron como ganaderos los demás portugueses arraigados en Soria para los que hemos localizado referencias documentales. Es el caso de Juan Rico, quien en 1605 contrató a un vecino de la aldea soriana de Izana, para guardar su ganado lanío y cabrío por un año, desde San Pedro[108]. Por su parte el licenciado Manuel Porto de Azambújar, vicario de la iglesia parroquial de Lubia, aldea de la Tierra de Soria, en su testamento del año 1702 confesó ser propietario de "un pedazo de ganado lanío de hasta 800 cabezas de carneros y ovejas", y 600 de ganado cabrío[109].

### *El comercio de tejidos de importación*

Las familias portuguesas arraigadas en Soria a fines del siglo XVI desplegaron una intensa actividad en el negocio de la venta de tejidos que no eran de su propia producción, sino importados, todos ellos de una calidad y precio muy superiores a los de la manufactura local. De este modo dieron continuidad a una actividad en la que ya habían despuntado judíos sorianos desde el siglo XIV, y más adelante varios judeoconversos en el transcurso de los siglos XV y XVI.

Grandes cantidades de tejidos entraron en la Corona de Castilla a través de Navarra, procedentes de Francia y otros países europeos. No sorprende por tanto que los portugueses afincados en Soria tuviesen intensos tratos con mercaderes navarros[110]. Así, a fines del siglo XVI, Hernando de Oporto y su hijo Simón, estuvieron en frecuente contacto con el mercader Martín Francés, vecino de Tudela, que utilizaba como factor en Castilla a un vecino de Ágreda, Juan Ruiz de Villoslada. Le compraron tejidos de importación y productos de mercería de una muy variada gama[111]. También negociaron con otro destacado mercader de

---

[106] AHPS, PN, 477-824-262, Soria, 29-V-1620. El rebaño había quedado reducido a 419 cabezas de lana, 182 borregos y 12 ovejas viejas, cuando la viuda de Nicolás Ferraz, en Soria, 19-VIII-1621, lo puso a la venta en público pregón. AHPS, PN, 447-825-179.
[107] En Soria, 10-XII-1620, un pastor vecino de Portillo, confesó haber recibido de Isabel Pereira, mujer de Nicolás Ferraz, 538 cabezas de ganado (10 cabras y el resto ovejas), para llevar al reino de Aragón. AHPS, PN, 477-824-122. Con anterioridad Isabel Pereira había otorgado poder para tomar a renta pastos en el reino de Aragón. AHPS, PN, 229-467-229, Soria, 31-VIII-1618.
[108] AHPS, PN, 214-439-115, Soria, 16-VI-1605.
[109] Su testamento en AHPS, PN, 934-1455-173, Soria 12-VIII-1702.
[110] Sobre el papel de los mercaderes navarros en el comercio internacional en el siglo XVI vid. Valentín VÁZQUEZ DE PRADA, *Mercaderes navarros en Europa. Siglo XVI* (Pamplona 2005).
[111] Hernando y Simón de Oporto se obligaron a pagar a Martín Francés, 4.798 reales en dos plazos por *navales*, fustanes, anascotes, *melunges* y resmas de papel que le habían comprado. AHPS, PN, 258-527-328, Soria, 14-X-

esta misma ciudad navarra, Juan de Navascués, a quien compraron en 1601 una variada gama de tejidos y productos de mercería, por valor de cerca de 10.000 reales de plata, que se obligaron a hacerle efectivos en varios plazos en la villa fronteriza de Ágreda[112]. La importancia que los tejidos de importación tuvieron en los negocios de Hernando de Oporto queda corroborada por el inventario de su tienda, que su viuda Francisca Rodríguez realizó tras su muerte en 1605. En él se mencionan muy diversos tejidos, productos de mercería, algodón y sedas, pero también una amplia gama de otro género de productos, como papel, confitura, mermelada, azúcar, especias, pasas, ciruelas, avellanas, cera, alpargatas, miel, vinagre, garbanzos, lentejas, jabón o hierro[113].

Otra vía por la que se surtieron de tejidos de importación para redistribuirlos en el mercado castellano fue mediante su adquisición en los puertos del Cantábrico. Así, como ya hemos avanzado, Pablo Méndez, vendió en 1610 en San Sebastián 80 sacones de lana a un mercader francés, que le entregó en pago 36 piezas de fustanes de Lyon, 9 piezas de Lilas, 5 piezas de anascotes, 4 piezas de chamelotes, 840 libras de almidón, 154 libras de trenzaderas y 6 piezas de bayetas[114]. Por su parte, el testamento de Alonso de Oporto de 1665 aporta noticias sobre compras de paños que él había realizado en esta misma villa guipuzcoana en compañía con el mercader soriano Juan Mateo Gutiérrez[115], los cuales se remitieron para su venta a un mercader de Madrid llamado Juan Romero.

Otro producto que habitualmente estuvo asociado con los textiles y de mercería de importación en los negocios de los mercaderes que operaron a gran escala en la Corona de Castilla durante el siglo XVII fue la cera, para la que existía entonces una enorme demanda, en especial para usos litúrgicos. Los mercaderes portugueses arraigados en Soria también se interesaron por el trato con este producto. Así, Baltasar de Oporto Azambújar, el menor, hijo del mercader homónimo y sobrino de Alonso de Oporto Azambújar, confesó en su testamento de 1661 que "toda la hacienda que tengo consiste en la cera y cosas de mi tienda, cuatro novillos y alhajas de entrecasa", junto con muchas cantidades de dinero

---

1598. A los pocos días Hernando de Oporto se obligó a pagarle 1.160 reales por el valor de unas piezas de *Olanda* y otros productos de mercería. AHPS, PN, 258-527-359, Soria 22-XI-1598.

[112] AChV, RE, 1953-91 (19-IV-1603). Ejecutoria del pleito entre Juan de Navascués, y Hernando de Oporto, su mujer Francisca Rodríguez, su hijo Simón de Oporto, y la esposa de éste María Méndez. Por contrato de obligación otorgado en Soria, 15-III-1601 estos cuatro se había obligado a pagar al de Tudela 9.975 reales por razón de las siguientes mercancías: 250,5 varas de *olandas blancas*, 48 varas de *olandas curadas*, 8 piezas de *lilas* negras anchas a 11,5 ducados cada una; 11 piezas de *bocarenes*; 12 piezas de telillas de jubones; dos piezas de *ruanes*; un fardel de *brienes* anchos, un fardel de *navales*; 5 mazos de hilo y 4 piezas de *lilas* estrechas de colores.

[113] AHPS, PN, 294-578-44, Soria, 14-XI-1605.

[114] AHPS, PN, 324-616-102.

[115] Sobre la importancia de este mercader soriano, al que no se le conocen orígenes judeoconversos, Vid. Máximo DIAGO HERNANDO, "Comercio y finanzas en una ciudad castellana de la segunda mitad del siglo XVII: Los negocios de Juan Mateo Gutiérrez en Soria", *Hispania*, 228 (2008), págs. 63-106.

que se le adeudaban por mercancías sacadas de su tienda. La cera es probable que fuese de importación, pues había mantenido relaciones comerciales y financieras con vecinos de Bilbao y San Sebastián[116]. En este mismo puerto guipuzcoano se abasteció de este producto Alonso de Oporto, quien en su testamento de 1665 confesó que debía a un mercader flamenco allí residente 6.000 reales de plata "de una partida de cera que me dio, la cual tengo en mi casa por no ser buena"[117].

## *Otras actividades manufactureras: El trabajo del cuero*

Como solía ocurrir en la mayoría de las ciudades de la Europa bajomedieval, tras la manufactura textil, la del trabajo del cuero era la que seguía en orden de importancia entre las del sector secundario. Soria no fue ninguna excepción. Y resulta digno de notar que los portugueses arraigados en esta ciudad en las décadas finales del siglo XVI, en su afán por diversificar sus inversiones, también mostraron fuerte interés por esta actividad. En primer lugar, invirtieron en la compra de tenerías desde fecha muy temprana, tras su avecindamiento en Soria. En 1601 Hernando de Oporto y su hijo primogénito Simón de Oporto ya eran propietarios de al menos dos, ubicadas debajo de los lavaderos de lanas en la ribera del Duero[118].

Otros portugueses como Baltasar Méndez, y varios miembros de su familia figuran entre los más activos tratantes con cueros en Soria a fines del XVI y comienzos del XVII. Según el testamento del primero, otorgado en 1591, había sido miembro de la cofradía de San Juan de los pellejeros. Y en los protocolos notariales abundan los contratos de adquisición por los diferentes miembros de la familia Méndez de colambre de carnicerías, concertados con los más diversos proveedores, desde vecinos de pequeñas aldeas como Villabuena o Hinojosa del Campo, hasta otros de lugares más poblados, como Almazán o la propia ciudad de Soria, el mayor centro de consumo de carne de la región[119]. Respecto a la salida que dieron a la mercancía cabe recordar que Juan Méndez, hermano de Baltasar, efectuó envíos a Sevilla, donde existía fuerte demanda de cuero, producto fundamental para el embalaje del azogue que se embarcaba allí con

---

[116] AHPS, PN, 733-1195-270.
[117] AHPS, PN, 707-1167-454, Soria, 29-X-1665.
[118] Las hipotecaron en un contrato de obligación suscrito con mercaderes navarros, al que ya hemos hecho referencia. Se inserta el contrato en AChV, RE, 1953-91. Una de dichas tenerías la acababan de comprar a Juan de Salazar, el mayor, y Francisco de Salazar, su hijo, vecinos de Soria, por un precio de 500 reales. AHPS, PN, 259-528-308, Soria, 8-X-1600.
[119] En Soria, 12-X-1601. Francisco García, mercader, Juan Méndez y su hijo Lucas Méndez se obligaron a pagar a Domingo del Águila 1.663,5 reales, por razón de 1.109 pellejos de las carnicerías de Soria caídos desde 24-VI-1601 hasta 11-X. También se obligaron a adquirirle los que se obtuviesen en delante de las reses sacrificadas para dichas carnicerías, al mismo precio de 1,5 reales cada uno. AHPS, PN. 317-605-23.

destino a América[120]. Contemporáneo de los Oporto y los Méndez fue Diego López Baldresero, quien despunta a juzgar por la documentación conservada como el empresario del cuero con mayor volumen de negocio en Soria en el tránsito entre los siglos XVI y XVII. Por indicios también sospechamos que era de origen portugués, aunque no hemos encontrado pruebas concluyentes para demostrarlo.

*Otros negocios*

Los judeoconversos de origen portugués residentes en Soria durante el siglo XVII no sólo despuntaron por la diversidad de sus inversiones en actividades mercantiles y manufactureras. En su afán por diversificar, también dedicaron atención a los negocios financieros del más diverso signo. En primer lugar, los encontramos con frecuencia desempeñando funciones relacionadas con la recaudación de impuestos debidos a la Real Hacienda. Nos limitaremos a ilustrar esta faceta de su perfil proporcionando unos pocos datos, sin pretensiones de exhaustividad. Así, los encontramos como administradores de los estancos de productos de origen colonial que se distribuían en régimen de monopolio. En concreto Baltasar de Oporto Azambújar fue administrador del estanco del tabaco de Soria y su partido, por seis años, desde 1654 hasta 1660[121]. Francisco Fernández de Oporto tuvo a su cargo las rentas de la pimienta y de la goma de la ciudad de Soria, por delegación de Francisco de Acosta, vecino de Madrid, hasta su muerte, sucediéndole en la administración su viuda María de Burgos[122].

También tuvieron a su cargo con frecuencia la tesorería de diversos impuestos debidos a la Real Hacienda. Sin duda el desempeño de esta función les fue facilitado por las estrechas conexiones que mantenían con los grandes financieros, preferentemente judeoconversos portugueses, que concertaban asientos con la Monarquía, a los que desde Soria servían como agentes para sus contrataciones laneras, pues muchos de estos asentistas fueron destacados exportadores de lanas finas[123]. Francisco Fernández de Oporto fue nombrado

---

[120] Contrato con unos arrieros de San Andrés, aldea de Soria, para transportar a Sevilla por cuenta de Diego López, mercader, 112 docenas de baldrés, y de Juan Méndez 256 docenas de baldrés para entregar a Martín de Urozperueta, administrador de la paga del azogue de las Indias por el rey. AHPS, PN, 257-526-354, Soria, 25-V-1594. En Soria, 26-X-1589 Juan Méndez, el mayor, otorgó poder a su hijo Marco Méndez, para cobrar de Alonso de Merlo, jurado de Sevilla, el dinero que le debía por razón de baldrés y otras mercancías que le había vendido. AHPS, PN, 242-484-116.
[121] AHPM, 8058-1066, Madrid, 23-XI-1653. No obstante, ya en 1651 Baltasar de Oporto desempeñaba el oficio de estanquero del tabaco de Soria, por el que se le cargó un impuesto de 110 reales. AHPS, PN, 601-1021-96.
[122] En Madrid, 13-VII-1639 Francisco de Acosta otorgó carta de pago a María de Burgos, viuda de Francisco de Oporto, tras haber ajustado cuentas. AHPM, 5666-345. La cuenta del estanco ajustada en Soria, 4-VII-1638, en AHPS, PN, 565-976-330.
[123] Sobre la conexión entre asientos y exportación de lanas propone una interesante hipótesis Ángel GARCÍA SANZ, "Crédito, comercio y exportación de lana merina", en Antonio M. BERNAL (Ed.), *Dinero, moneda y crédito*

receptor de millones de Soria y provincia en 1632 por 14 meses, y de nuevo en 1634[124]. En 1631 ya ejercía como tesorero de alcabalas, tercias, martiniegas y otras rentas del concejo de Soria[125], y en 1634 se le designó como receptor general del servicio de los 800.000 ducados[126]. Por su parte, Alonso de Oporto, según hizo constar en su testamento de 1665, fue depositario del servicio ordinario y extraordinario de Soria y su provincia desde 1654 hasta 1659, y depositario de los unos por ciento de Soria y provincia de 1664 y 1665. Baltasar Fernández de Oporto en 1650 era tesorero de millones de Soria[127]. Y Diego Rodríguez de Azambújar actuaba en 1644 como receptor del alfolí real de esta misma ciudad[128].

Otra actividad por la que se interesaron fue la administración de haciendas pertenecientes a antiguas familias de la oligarquía caballeresca que habían recaído por los avatares de las sucesiones en propietarios absentistas. Así, Pablo Méndez fue nombrado por Suero de Vega, vecino de Palencia en quien había recaído la propiedad del mayorazgo de los Beteta, tenentes de la fortaleza de Soria en los siglos XV y XVI, como administrador de sus rentas en Soria y su partido. Para ello tuvo que ofrecer fianzas por valor de 4.000 ducados, y presentó como fiadores a Juan Rico y Simón Fernández de Oporto, ambos de origen judeoconverso portugués[129].

Relacionada con la administración de haciendas de grandes propietarios absentistas estuvo la recaudación de rentas de miembros del clero, puesto que ambas actividades les abrieron el camino para la activa participación en el mercado del cereal. Baltasar Méndez en su testamento de 1591 declaró que tenía arrendados varios préstamos, uno de ellos perteneciente al canónigo Soto[130]. Por su parte Alonso de Oporto, hermano del prior de la colegiata de Soria, en su testamento del año 1665 declaró que tenía arrendadas las canonjías pertenecientes al deán de dicha colegiata, por cuatro años[131].

Por fin también realizaron incursiones en el negocio de los préstamos, que les puso en contacto con una clientela de muy variado perfil socioeconómico. Así, por un lado, en su testamento de 1656 Diego Rodríguez de Azambújar declaró haber prestado dinero a varios miembros de familias de la oligarquía soriana[132].

---

*en la monarquía hispánica* (Madrid 2000), págs. 495-510.
[124] Actas del concejo de Soria, de 23-VIII-1632, y 3-I-1634.
[125] Según el acta de concejo de Soria de 13-I-1631, la ciudad acordó que prosiguiese en el ejercicio de dicho oficio.
[126] Consta por acta de sesión de concejo de Soria de 19-VI-1634.
[127] Como tal efectúa pagos a César Ayroldo, factor del rey, por libranzas. AHPM, 6526-945 y 1443.
[128] AHPS, PN, 501-874-6.
[129] AHPS, PN, 290-572-123, Soria, 17-VI-1621.
[130] AHPS, PN, 197-401-85, Soria 26-XII-1591.
[131] AHPS, PN, 707-1167-454, Soria, 29-X-1665.
[132] Isabel Altamirano, mujer de Cosme de Salcedo, le debía 1.600 reales y 12 doblones. Antonio de Barrionuevo

En 1676 el caballero Alonso de Sotomayor y su mujer recibieron prestados de Francisco Fernández Porto y Escalante, canónigo de San Pedro, y de su hermano Alonso, 2.700 reales "para gastos urgentes"[133]. Pero en el otro extremo de la jerarquía social también encontramos a miembros del campesinado que recibieron préstamos para atender sus necesidades en el difícil período anterior a la recogida de la cosecha[134].

## *Indicios de integración en la sociedad soriana del siglo XVII*

Del gran número de portugueses que pasaron por Soria, o tuvieron allí intereses mercantiles por razón de las lanas, a partir del reinado de Felipe II, sólo un grupo relativamente reducido arraigó en la ciudad del Duero. Ha sido exclusivamente a este grupo al que hemos dedicado nuestra atención en el presente trabajo, centrado en poner de manifiesto que estos individuos desempeñaron un papel fundamental en la promoción de actividades económicas en las que en los siglos precedentes habían despuntado numerosos judíos y judeoconversos residentes en la ciudad del Duero. Todos ellos contribuyeron de forma decisiva al reforzamiento de la "clase media" local, que era bastante débil.

Los portugueses que se asentaron en Soria a finales del reinado de Felipe II tendieron efectivamente a incorporarse a dicha "clase media", y, aunque algunos alimentaron pretensiones de hidalguía, fue en el seno del Común de pecheros donde se movieron con más comodidad, ocupando posiciones dirigentes. No encontramos entre ellos casos de ascenso e integración en el grupo oligárquico noble como los que habían protagonizado en los siglos XV y XVI varias familias judeoconversas. Pero, sin alcanzar estas cotas de éxito en su promoción, no les estuvieron vedados ciertos logros en el proceso de su integración en la sociedad local, aunque fuese sólo para ocupar un escalafón inferior al de la oligarquía de caballeros.

La misma tendencia se observa en lo que toca a las carreras de los miembros que destinaron a la Iglesia. Como ya había ocurrido en siglos anteriores, los beneficios eclesiásticos no estuvieron vetados para estos descendientes de judíos, que en muchos casos mantenían estrechas relaciones de negocios con otros miembros de su "nación" residentes en ciudades francesas u holandesas que de forma más o menos abierta practicaban el judaísmo, o se inclinaban hacia el

---

400 reales, Lorenzo de Salazar dos doblones, y Rodrigo de Salcedo y Camargo 1.900 reales. AHPS, PN, 581-993-318, Soria 31-V-1656.
[133] AHPS, PN, 718-1178-326, Soria, 24-XI-1676.
[134] En 1648 varios vecinos de aldeas de Tierra de Calatañazor reciben prestados de Diego Rodríguez Azambújar 550 reales, y un vecino de Tapiuela 144 reales. AHPS, PN, 691-1150, Soria 23-I-1648 y 30-V-1648.

agnosticismo o incluso el ateísmo. Escalaron a las principales posiciones en el seno de la iglesia local, aunque no nos consta que ninguno accediese al cabildo de la catedral, que tenía su sede en la villa de Burgo de Osma. En el cabildo de la colegiata de San Pedro de Soria sí lograron, sin embargo, hacerse un hueco. En concreto Francisco Fernández de Oporto Azambújar, hermano del mercader Alonso, era prior de dicho cabildo cuando otorgó su testamento en 1675[135]. Su hermano Gregorio de Oporto, compartió con él asiento en el mismo cabildo como canónigo[136]. También fue canónigo de San Pedro Francisco Fernández Porto y Escalante, hijo de Alonso Fernández Porto y María Martínez de Escalante[137]. En un escalafón inferior dentro de este mismo cabildo encontramos a Juan Rico, hijo del mercader Juan Rico y de Francisca Méndez, quien no pasó de simple racionero, pese a sus estudios en la universidad de Alcalá[138]. Por su parte, el licenciado Manuel de Oporto tuvo que conformarse con una posición aún más modesta, la vicaría de la iglesia parroquial de la aldea de Lubia, que ocupaba en 1682[139]. En conjunto se trata de beneficios eclesiásticos modestos, sobre todo si comparamos con los que lograron los judeoconversos sorianos en los siglos XV y XVI, de familias como los Ramírez de Lucena, San Clemente y Beltrán[140]. No cabe duda de que las oportunidades de promoción en la Iglesia para los judeoconversos se habían reducido en el siglo XVII, al menos en el ámbito soriano, pero seguía sin exigírseles en la práctica la tan cacareada "pureza de sangre"[141].

Además de encontrar acomodo para algunos de sus miembros en las instituciones eclesiásticas sorianas, los portugueses que arraigaron en esta ciudad durante el siglo XVII también hicieron ostentación de pública adhesión a las prácticas devocionales del catolicismo contrarreformista. Cabe destacar desde este punto de vista su incorporación activa a las cofradías. Alonso de Oporto fue preboste de la del Dulce Nombre de Jesús y Nuestra Señora del Rosario. Simón de Oporto Azambújar fue preboste de la del Mirón, una de las más antiguas y prestigiosas de Soria. Y tanto él como su hijo Alonso lo fueron además de la del Santísimo Sacramento, radicada en la iglesia parroquial del Espino. De esta misma cofradía fue preboste Diego Rodríguez de Azambújar, según confiesa en

---

[135] AHPS, PN, 717-1177-638, Soria, de 16-II-1675.
[136] Consta por el testamento de la madre de ambos, María de Burgos. AHPS, PN, 587-1003-280, Soria, 22-XI-1668.
[137] AHPS, PN, 718-1178-326, Soria, 24-XI-1676.
[138] Su padre, el mercader Juan Rico, en su testamento declara que había gastado con él 500 ducados, en sus estudios de gramática en el colegio de la Compañía de Jesús y en la Universidad de Alcalá, y en las bulas de la ración que tiene en San Pedro, y las de los dos beneficios simples que tiene". AHPS, PN, 569-980-540, Soria, 12-XII-1642.
[139] AHPS, PN, 826-1324-133.
[140] Máximo DIAGO HERNANDO, "Luces y sombras en el proceso…
[141] Entre la abundante bibliografía que aborda la controvertida cuestión de los estatutos de limpieza de sangre puede consultarse Albert SICROFF, *Los estatutos de limpieza de sangre* (Madrid, 1985).

su testamento de 1656.

Otra cofradía que tenía su sede en esta misma iglesia del Espino, la de las Ánimas del Purgatorio, atrajo la devoción de los portugueses. Lo prueba que Alonso Fernández Porto de Azambújar y Águeda Rico, su mujer, por su testamento otorgado el 12 de marzo de 1672, le legaron dos casas de su propiedad en la cuadrilla de Santa Catalina y una viña en uno de los pagos de la ciudad. A cambio la cofradía quedaba obligada a celebrar por sus ánimas dos memorias con dos aniversarios en la iglesia del Espino, en las fiestas de San Ildefonso y de Santa Águeda[142]. A título de anécdota, que puede no estar exenta de cierto significado, cabe recordar que esta iglesia parroquial, que subsiste como tal en la actualidad, se ubicaba en pleno barrio donde tras 1492 residieron la mayoría de los judíos que permanecieron en Soria tras su conversión al cristianismo[143].

## *CONCLUSIONES*

La realización de monografías de carácter local está justificada desde el punto de vista metodológico porque permite profundizar en el tratamiento del material documental que nos pone en contacto más directo con la realidad empírica, para en una segunda fase estar en condiciones de someter a prueba con mayores garantías las hipótesis explicativas de los procesos históricos. De este modo se evitan los riesgos que conlleva adoptar un procedimiento eminentemente deductivo, que nos puede llevar a perdernos por los peligrosos terrenos de la especulación, cuando no en el de los prejuicios, a veces de pura raíz ideológica.

Para valorar mejor el papel que las minorías judía y judeoconversa jugaron en la economía y la sociedad de la Corona de Castilla durante los períodos medieval y moderno, y escapar de fáciles generalizaciones no sometidas a comprobación, resulta imprescindible continuar realizando este tipo de trabajos. Desde este convencimiento hemos abordado la redacción del presente artículo, que en parte es síntesis de los resultados de otros anteriores, y en parte se basa en el análisis de un abundante cuerpo documental inédito correspondiente a los siglos XVI y XVII. Hemos escogido para ello como objeto de estudio el caso de la ciudad de Soria, que en la época objeto de atención tenía un peso en las estructuras socioeconómicas y políticas de la Corona de Castilla mayor que el que conserva en la actualidad, muy disminuido como consecuencia de la acelerada

---

[142] AHPS, PN, 718-1178-304.
[143] Máximo DIAGO HERNANDO, "Los judeoconversos en Soria después de 1492" págs. 263-271.

despoblación de todo el territorio que la circunda, que en el pasado dio muestras de mucho mayor dinamismo, al que sin duda contribuyeron los judíos y los judeoconversos, como hemos tratado de demostrar.

# LUCES Y SOMBRAS EN EL PROCESO DE INTEGRACIÓN DE LOS JUDEOCONVERSOS EN LA REGIÓN SORIANA DURANTE LOS SIGLOS XV Y XVI[1]

Una de las cuestiones más controvertidas de la historia de España por su fuerte carga ideológica y su estrecha relación con los tópicos de la *leyenda negra* es la relativa al proceso de integración en la sociedad cristiana de los judíos que libre o forzadamente optaron por adoptar la fe cristiana durante los siglos XV y XVI. Particularmente controvertida ha sido la valoración que se ha hecho de la búsqueda obsesiva de la limpieza de sangre como principio vertebrador de la vida política, social y cultural, especialmente durante la Edad Moderna, en conjunción con el papel atribuido a la Inquisición en el tratamiento de los conversos en esta misma época. Visiones extremas, entre las que destacaría la de Netanyahu, caracterizan a la sociedad cristiana de la Corona de Castilla de los siglos medievales y modernos como racista antijudía, porque, apelando al concepto de limpieza de sangre, no reconocería a los individuos de origen judío que recibían el bautismo la posibilidad de lavar su mancha y de quedar equiparados al resto de los cristianos (Netanyahu 2002 y 2005). Mercedes García Arenal por su parte se pregunta "¿Por qué una sociedad que luchó tanto al final de la Edad Media por convertir a sus minorías y asimilarlas sufrió una reacción tan violenta en contra de la erradicación de la diferencia una vez se produjo?" (Amelang, 7). Lo cierto, sin embargo, es que, en el propio libro que esta autora prorroga, James Amelang al caracterizar las llamadas "leyes raciales" que se basaban en el concepto de la limpieza de sangre concluye que "es demasiado sencillo documentar la presencia de cristianos nuevos en todas las instituciones que utilizaban la limpieza para impedirles el acceso", por lo que, aunque se resiste a admitir que dichas leyes no sirvieron para nada, implícitamente lo está reconociendo, o admitiendo al menos que los objetivos de segregación racistas perseguidos no se alcanzaron[2].

Dejando a un lado simplificaciones y visiones apriorísticas, la mejor

---

[1] Este trabajo ha sido realizado en el marco del proyecto de investigación titulado "Identidades, contactos, afinidades. La espiritualidad en la Península Ibérica. (Siglos XII-XV)", financiado por el Ministerio de Economía y Competitividad. Referencia: HAR2013-45199-R

[2] Además de la reciente obra de síntesis de Amelang, que trata a la vez desde una perspectiva comparativa las dos grandes minorías conversas hispanas, los judeoconversos y los moriscos, entre la abundante bibliografía dedicada a los judeoconversos cabe mencionar como obra de síntesis clásica la de Domínguez Ortiz, y la más reciente de Pulido. Sobre la problemática específica de los estatutos de limpieza de sangre trata Sicroff. A la actuación de la Inquisición sobre los judeoconversos dedica su atención Dedieu.

manera de avanzar en el conocimiento e interpretación del proceso de incorporación de los conversos de judíos en la sociedad cristiana de la Corona de Castilla es mediante un aprovechamiento más intensivo de las fuentes documentales que permita reconstruir en detalle las trayectorias del máximo número de personas, dedicando especial atención a aquellos casos sobre los que se disponga mayor volumen de información. Por supuesto, no deja de resultar arriesgado generalizar a partir de casos singulares, pero en ocasiones el mero hecho de que éstos hayan tenido lugar invalida de raíz teorías o puntos de vista que se basan en la mera asunción de presupuestos apriorísticos. Para ello resulta imprescindible prestar atención a fuentes documentales de muy diversificada procedencia, porque uno de los problemas que plantean determinados trabajos de investigación dedicadas al análisis de los procesos de integración de los conversos es que se basan en exceso en la explotación de un único tipo de fuentes documentales. Es el caso muy en particular de los trabajos que se basan de forma prioritaria, o prácticamente exclusiva, en la documentación de procedencia inquisitorial, muy susceptible de proporcionar una visión sesgada o distorsionada en la realidad, a no ser que las informaciones proporcionadas por estos documentos sean sistemáticamente contrastadas con las tomadas de otras muy variadas fuentes. De ahí la necesidad de llevar a cabo este tipo de análisis en ámbitos geográficos muy restringidos, para que la tarea de recopilación de información en una amplia gama de documentos dispersos sea factible, o al menos se pueda abordar con mayores garantías de éxito.

Para la realización de un análisis de estas características hemos seleccionado un ámbito regional concreto, el de la Castilla oriental fronteriza con los reinos de Aragón y Navarra, que tenía como cabecera la ciudad de Soria, que era la que ostentaba su representación en Cortes. Se trata de un espacio no muy extenso, pero que desde el punto de vista que aquí nos interesa ofrece cierta complejidad interna, pues en él coexistían los grandes concejos de realengo, como el de Soria y su Tierra, y el mucho más reducido de Ágreda y sus aldeas, con villas de señorío nobiliario con cierto dinamismo económico. Además, se da la circunstancia de que en él arraigaron en el período bajomedieval numerosas comunidades judías de muy diversa entidad. Entre ellas destacaba la de la ciudad de Soria, que era la que contaba con mayor número de miembros, y se contó en algunos momentos entre las principales del reino de Castilla. En contraste con las otras de la región parece que fue la que más afectada se vio por las conversiones anteriores a 1492, que protagonizarían algunos de sus miembros de más elevada posición socioeconómica. Es al menos la lógica conclusión que cabe extraer de la constatación de que para el siglo XV sólo en la ciudad de Soria resulta posible con la documentación disponible identificar a judeoconversos en un número mínimamente significativo, todos ellos individuos de cierto relieve social, pertenecientes a los estratos medios de la jerarquía local. Por contraste, en los otros centros urbanos que contaron con comunidades judías, las noticias sobre presencia de conversos durante el siglo XV son prácticamente inexistentes, mientras que para después 1492 pasan a resultar muy abundantes. Es el caso en concreto de villas como la realenga de Ágreda y las de señorío nobiliario de Almazán, Ágreda, Berlanga de Duero, Deza o Medinaceli.

## *Procesos de ascenso durante el siglo XV: La familia Lucena*

Entre las familias más destacadas de la ciudad de Soria durante el siglo XV cuya condición judeoconversa está fuera de toda duda se encuentra la del financiero Juan Ramírez de Lucena. Según demostró Carlos Carrete Parrondo, tanto él como su esposa fueron judíos que se convirtieron al cristianismo, mientras que otros miembros de la familia permanecieron fieles a la religión judía, como es el caso de su cuñado Isaque Pesquer. Aparece identificado en las fuentes como escribano de cámara del rey, y desarrolló una intensa actividad como arrendador de rentas de la Monarquía durante los reinados de Juan II y Enrique IV[3]. Tuvo fijada su residencia habitual en la ciudad de Soria, aunque aparentemente fue un personaje con notoria movilidad como consecuencia de su actividad financiera al servicio de la Monarquía. De ahí que resulte comprensible que en su patrimonio figurasen unas casas propias en la villa de Valladolid. Algunos indicios confirman que llegó a disfrutar de una muy buena posición económica y social, que le permitió establecer alianzas matrimoniales con otras destacadas familias de la ciudad de Soria[4]. Al mismo tiempo logró incluso ser admitido en la institución de los Doce Linajes de esta capital castellana, que agrupaba a los caballeros hidalgos que conformaban su oligarquía, y se repartían los principales oficios de gobierno local. Nos consta en concreto que se le recibió en el linaje de Chancilleres, en el tercio de Alvar González de Izana, precisamente el mismo en el que estaba integrado su consuegro Hernán Martínez de San Clemente, de quien hablaremos después[5]. En principio se trataba de una actuación irregular, ya que el derecho a formar parte de los linajes se transmitía por la sangre, y sólo podían ser miembros los hijos e hijas de quienes ya lo eran. En la práctica, sin embargo, se venía

---

[3] Algunas noticias en Ortego, que se complementan con documentación inédita, en AGS (=Archivo General de Simancas), Escribanía Mayor de Rentas, legs. 5 y 6.
[4] Casó, por ejemplo, a una de sus hijas, Juana, con el caballero Juan de Sarabia, perteneciente a un prestigioso linaje hidalgo local, uno de cuyos miembros obtuvo del rey la merced del señorío de Almenar. No hubo hijos de este matrimonio, por lo que se plantearon después pleitos sobre la devolución de la dote. AChV (=Archivo de la Chancillería de Valladolid), RE (=Registro de Ejecutorias), C.(=Caja) 268 (VI-1511).
[5] AGS, RGS (=Registro General del Sello), XII-1479, fol. 66. El linaje de Chancilleres presentaba la peculiaridad de que estaba dividido en tres tercios, y a efecto de reparto de oficios contaba como dos linajes (Diago 1992b).

tolerando que algunos caballeros, al casar alguna de sus hijas con individuos que no formaban parte de los linajes, consiguiesen que sus yernos fuesen admitidos también como tales miembros, siempre que fuesen de sangre hidalga. En rigor Juan Ramírez de Lucena no podía tener tal género de sangre, pues era de origen judío, al igual que lo era su mujer, que tuvo hermanos que murieron fieles a la fe de Moisés. Los caballeros del linaje de Chancilleres mostraron, pues, extrema tolerancia con este escribano arrendador de impuestos al admitirle en el seno de una asociación exclusivista que en principio se presentaba como reducto de hidalgos de sangre, que por consiguiente no podían ser sino cristianos viejos. Sin duda su boyante posición económica y sus contactos sociales debieron facilitarle la consecución del objetivo.

El proceso de ascenso social de la familia experimentó por lo demás una notoria aceleración en la siguiente generación. Lo demuestra en particular la trayectoria de su hijo primogénito y homónimo, Juan Ramírez de Lucena, que fue clérigo y desarrolló una brillante carrera tanto en el seno de la Iglesia como en la propia Corte de la Monarquía castellana, donde gozó del favor de los Reyes Católicos, que le nombraron miembro del Consejo Real, y le encomendaron el desempeño de varias embajadas a tierras europeas. Pero, aunque él fue el de trayectoria más brillante, también varios de sus hermanos destacaron en el panorama sociopolítico del momento, como demuestran los casos de Carlos de Lucena, activo financiero y recaudador de impuestos que estuvo al servicio como criado del cardenal Mendoza, y del comendador Diego Ramírez de Lucena.

Pese a que la trayectoria de la familia Ramírez de Lucena proporciona una buena ilustración de las posibilidades de integración y ascenso socioeconómico e incluso político que se ofrecían a los conversos de judíos en la Castilla del siglo XV, hay que tener en cuenta también que en algunos puntos demuestra que tales procesos podían sustentarse sobre débiles cimientos. Así, por ejemplo, llama la atención que, aunque Juan Ramírez de Lucena logró en su momento que se le recibiese como caballero hidalgo del linaje de los Chancilleres, unos diez años después de su muerte, ocurrida hacia 1469, sus hijos, encabezados por el influyente protonotario, denunciaron en 1479 que no se les quería reconocer su condición de tales miembros del linaje por las demás familias en él integradas. Al parecer fue tan enconada entonces la resistencia que el propio protonotario y sus hermanos se vieron obligados a recurrir al Consejo Real para tratar de vencerla, aprovechando la influencia de la que entonces disfrutaban en la Corte[6]. Y, aparentemente, lo lograron puesto que en la primera mitad del siglo XVI uno de

---

[6] AGS, RGS, XII-1479, fol. 66.

los sobrinos del protonotario Lucena, que se llamaba como él Juan, y fue escribano del ayuntamiento de Soria, formaba parte del linaje.

Este episodio de la resistencia del linaje de Chancilleres a admitir en su seno al protonotario Lucena y sus hermanos es quizás el primero que pone en evidencia que el ascenso de la familia no había dejado de generar resistencia y rencores. Pero, más adelante, se precipitaron otras desgracias sobre la misma que cabe interpretar como consecuencia de la debilidad que a su posición confería su origen judío. El principal detonante del inicio del declive de los Lucena fue la declarada toma de postura del protonotario en contra de la Inquisición a comienzos de la década de 1490, que se tradujo en el envío de una carta al rey en la que protestaba por las actuaciones del tribunal. A raíz de ello se vio involucrado en una agria polémica con el canónigo toledano Alonso Ortiz, y finalmente perdió el favor de los reyes, de los que había sido un estrecho colaborador desde antes de que se consolidasen en el trono castellano. Consta, en efecto, que le invitaron a que abandonase la Corte, y se retirase a descansar en su ciudad natal de Soria, como efectivamente hizo, permaneciendo a orillas del Duero hasta que le llegó la muerte hacia fines del año 1501. No se tomó ninguna otra medida contra él, y se le mantuvieron las mercedes y juros que se le habían concedido, pero se le privó bruscamente de toda influencia política. Además, consta que después de su muerte, la Inquisición dio un paso más y procedió contra su familia. La documentación conservada no permite conocer en detalle en qué consistió esta actuación. Por un lado, tenemos constancia de que durante las pesquisas realizadas por el tribunal muy diversos testigos prestaron declaración contra la madre del protonotario, Catalina Ramírez, acusándola de haberse mantenido fiel, pese a su conversión al cristianismo, a las prácticas y costumbres de los judíos (Carrete 1991). Pero, además, un documento poco conocido del Registro General del Sello prueba que los inquisidores terminaron dictando muchos años después de haber ella muerto una sentencia condenatoria contra su memoria y fama, por hereje. Ordenaron a su vez la confiscación de sus bienes, que en 1510 su hijo Carlos de Lucena reclamó ante el Consejo Real para que se le devolviesen[7]. Como consecuencia la familia Ramírez de Lucena, que continuó estando presente en Soria a lo largo del siglo XVI, no pudo mantener la elevada posición social que en tiempos del protonotario había alcanzado. Pero tampoco resultaría exacto sostener que quedase planamente postergada, pues el principal representante de la misma, un sobrino del protonotario, llamado como él Juan, que fue además su único heredero, ejerció como escribano del concejo, oficio que confería una

---

[7] AGS, RGS, I-1510. Provisión a Carlos de Lucena, vecino de Alcalá de Henares.

indudable influencia política y prestigio social (Diago 1993b).

## *La familia San Clemente*

Vinculada por lazos de parentesco con los Ramírez de Lucena estuvo la familia de los San Clemente, que, según muchos indicios parece que también era de origen judío[8], aunque en su caso no ha resultado posible encontrar todavía ninguna prueba documental concluyente que despeje toda duda al respecto. El primer miembro de esta familia que ha dejado huella en la documentación es Fernán Martínez de San Clemente, quien, aunque consideramos muy probable que naciese judío, ya había adoptado la fe cristiana antes de 1390. Sería por consiguiente un converso anterior a la primera gran oleada de conversiones que desataron los pogromos del año 1391, y las posteriores predicaciones de San Vicente Ferrer, que fueron de la mano de la introducción de una dura política antijudía por la Monarquía castellana. Prueba de ello es que en un documento fechado el 12 de julio de 1390 un Fernán Martínez, identificado como fiel de Soria y recaudador mayor del rey en el obispado de Sigüenza, ordena a Don Jacob Abenamías, vecino de Soria, arrendador de la mitad de los diezmos de los obispados de Sigüenza de 1390, que de los dineros que debe dar de la dicha mitad, satisfaga al conde de Medinaceli 7.500 mrs. que le fueron librados en Fernán Martínez en los dichos diezmos, por una merced que obtuvo del rey "en enmienda del diezmo del puerto de Medina" (Pardo, doc. 97). Dado que Fernán Martínez de San Clemente ejerció durante muchos años el oficio de teniente de fiel de la Universidad de la Tierra de Soria en nombre del titular del oficio, Juan García de Soria, quien había fijado su residencia en Valladolid, donde desempeñaba el oficio de regidor, entendemos que este Fernán Martínez identificado como fiel en 1390 debe ser la misma persona. En la misma línea apunta el hecho de que Fernán Martínez de San Clemente tuvo entre sus principales dedicaciones la recaudación de impuestos al servicio de la Monarquía, actividad compartida con su consuegro Juan Ramírez de Lucena, y con muchos judíos de la ciudad de Soria a lo largo del siglo XV. Así, por ejemplo, en 1439 tenemos constancia de que era recaudador mayor de la renta de los diezmos y aduanas de los tres obispados de Calahorra, Osma y Sigüenza, en la frontera con los reinos de Aragón y Navarra (Goicolea, 26).

Fernán Martínez de San Clemente fue un personaje de notorio relieve político en Soria durante la primera mitad del siglo XV, que según todos los indicios se abrió camino gracias a su capacitación profesional, no porque su

---

[8] Resultan de interés las denuncias por sospechas de criptojudaísmo presentadas contra miembros de la familia San Clemente que recoge Carrete 1985.

nacimiento le hubiese asegurado una posición preeminente, a diferencia de los caballeros hidalgos de las principales familias de los Doce Linajes. En efecto, sabemos que era escribano público[9], y sospechamos que el desempeño de este oficio le abrió muchas puertas para el progreso personal y familiar. En particular le proporcionaría la ocasión de establecer una estrecha relación con el titular del oficio de fiel de la Tierra de Soria, Juan García de Soria, que al igual que él había iniciado su carrera profesional como escribano, que se puso al servicio de la reina Catalina de Lancaster, con la que entraría en contacto por haber sido ésta señora de Soria desde su matrimonio con el príncipe Enrique, futuro Enrique III. Gracias a su relación especial con la reina, de la que llegó a ser despensero, Juan García de Soria logró labrarse una influyente posición política, de forma que ya en 1405 aparece documentado como fiel de la Tierra de Soria. Fue, sin embargo, un oficial absentista, puesto que no residió habitualmente en Soria sino en la Corte, donde llegó a acceder al desempeño del oficio de despensero mayor del rey Juan II, consiguiendo además un oficio de regidor de Valladolid. Como consecuencia fue el propio Fernán Martínez de San Clemente el que hizo las funciones de fiel de la Universidad de la Tierra de Soria, como teniente del titular residente en Valladolid. Y tras la muerte de Juan García de Soria en 1446 lo continuó siendo en nombre de su hijo Luis García de Morales, también regidor de Valladolid, hasta que éste a su vez murió en 1456 (Diago 1993a, 265).

Sólo después de esta última fecha los documentos pasan a identificar a Fernán Martínez de San Clemente directamente como fiel, aunque también es cierto que ya en vida de Luis García de Morales en algunas ocasiones se le aplicó esta denominación[10]. En cualquier caso, se trataba sólo de una mera diferencia formal porque durante todo el tiempo desempeñó sin cortapisa alguna las funciones propias del cargo, que le garantizaba poder asistir con regularidad, voz y voto, en representación de la población campesina de las aldeas de la Tierra de Soria a las reuniones del concejo cabecera, y ejercer numerosas atribuciones en la gestión de los negocios de dichas aldeas agrupadas en la institución de la Universidad. Por este motivo cabe calificarle como persona con notoria influencia política en la Soria de los reinados de Juan II y Enrique IV, aunque de un rango inferior al de los caballeros regidores que conformaban el núcleo duro del grupo oligárquico. Por otra parte, además de esta influencia política, también nos consta que llegó a hacerse reconocer cierta preeminencia social, puesto que tenemos

---

[9] En un acta de la reunión del concejo de Soria del año 1425 en que estuvo presente se le identifica como escribano público, teniente de fiel y procurador de la Universidad de la Tierra. Archivo Histórico Nacional, Nobleza, Osuna, 2244-19-9. Soria 23-III-1425.
[10] Por ejemplo, la reina de Aragón, doña María, esposa de Alfonso el Magnánimo, desde Perpiñán, 11-XII-1448, le envió una carta en la que se dirigió a él como "fiel de Soria". Archivo Corona de Aragón, Cancillería, reg. 3202-11.

constancia de que fue miembro de uno de los Doce Linajes, precisamente el de Chancilleres, en el que como hemos adelantado también fue admitido también su consuegro Juan Ramírez de Lucena. En concreto la pertenencia de Fernán Martínez de San Clemente como miembro del linaje se constata en fechas muy anteriores a la de este último, puesto que ya se le menciona como tal en un documento del año 1432 que contiene la distribución de todos los caballeros hidalgos integrados en el linaje en aquellos momentos en los tres tercios en que quedó dividido. Ocupaba una posición destacada, pues era su nombre el que encabezaba la relación de miembros del tercio de Alvar González de Izana (Diago 1992b, 67). Además, este reconocimiento social le permitió establecer vínculos de parentesco con algunas de las familias principales de la oligarquía caballeresca de la ciudad. En concreto hay que destacar los matrimonios de sus hijas.

Esta exitosa trayectoria se vio truncada por el trágico episodio del asesinato de Fernán Martínez de San Clemente, y de su hijo primogénito Alfonso, en sus propias casas principales, adosadas a un tramo de la muralla de la ciudad. El responsable del crimen fue un caballero soriano, Juan de Barrionuevo, que formaba parte de la clientela política del individuo más poderoso de la Soria del momento, el tenente de la fortaleza, Juan de Luna. El hecho de que las dos víctimas mortales de esta algarada fuesen de ascendencia judía podría alimentar la hipótesis de que se trataba de una manifestación más de violencia anticonversa, de las que proliferaron en la Corona de Castilla a lo largo del siglo XV, en particular en ciudades como Toledo, Sevilla o Córdoba. Pero lo cierto es que la documentación no proporciona ningún indicio de que esta motivación desempeñase papel alguno en los asesinatos de Soria, que se explicarían como consecuencia de rivalidades políticas en el seno del grupo oligárquico local, y de tensiones con el todopoderoso tenente de la fortaleza, Juan de Luna (Pérez Rioja, y Menéndez Pidal).

Los sucesores de Fernán Martínez de San Clemente consiguieron, no obstante, dar continuidad al proceso de ascenso social del linaje tras este desafortunado episodio de los asesinatos. Así, su hijo Lope de San Clemente, casado con una hija de Juan Ramírez de Lucena, sucedió a su padre en el desempeño del oficio de fiel de la Universidad de la Tierra de Soria, y consta además que formó parte de la clientela política del señor de Almazán, Pedro de Mendoza, de quien llevaba acostamiento al igual que otros destacados regidores sorianos[11]. Por su parte el hijo de éste, Juan de San Clemente, consiguió acceder

---

[11] Información de interés al respecto en AChV, P.C. (=Pleitos Civiles) Fernando Alonso, F. (=Fenecidos) C. 1128-1 y 1129-1.

al desempeño del apetecido oficio de regidor, para cubrir la vacante surgida a raíz de la muerte del anciano Gonzalo Gil de Miranda en 1504. Fue entonces elegido por su linaje de Chancilleres, imponiéndose al hijo del difunto, Juan de Miranda, que pretendió suceder en el oficio a su padre, aunque sin éxito (Diago 1993a, 203). Paradójicamente, sin embargo, años después su propio hijo, Jerónimo de San Clemente sí logró ocupar el puesto de regidor que él dejó vacante, contraviniendo la costumbre observada por los Doce Linajes de Soria. Gracias a ello dos generaciones de la familia San Clemente pudieron ocupar sin interrupción un puesto en el regimiento soriano durante la primera mitad del siglo XVI[12].

## *Otros judeoconversos en sectores medianos de la jerarquía social de la Soria del siglo XV*

En un nivel inferior en la jerarquía sociopolítica del que ocuparon los San Clemente y los Ramírez de Lucena, la documentación del siglo XV también permite identificar en la ciudad de Soria algunos otros individuos como judeoconversos gracias a muy diversos indicios. Entre ellos destaca Juan Rodríguez de Soria, quien estuvo muy vinculado a la familia San Clemente, puesto que desempeñó durante muchos años el oficio de escribano de la Universidad de la Tierra de Soria, en el período en que ejerció el oficio de la fieldad Fernán Martínez de San Clemente. Incluso, tras el asesinato de éste en 1459 asumió interinamente el cargo de depositario de la fieldad. Su hijo primogénito, el bachiller Alonso Rodríguez, por su parte, aunque no mantuvo la posición de su padre en el seno de la Universidad de la Tierra, también logró labrarse una posición destacada en el escenario político soriano, pues durante la década de 1490 consta que desempeñó las funciones de teniente de corregidor[13], y de juez ejecutor y diputado de la Hermandad[14]. Tanto padre como hijo desplegaron una notable actividad mercantil, muy en particular en el trato de lanas, que les aseguró una acomodada posición económica. En el terreno social fueron tratados de facto como hidalgos, si bien sus orígenes conversos no llegarían a ser del todo olvidados, lo que explica que a la muerte del bachiller Alonso Rodríguez el Común de pecheros de Soria intentase empadronar a su viuda e hijos, alegando que el difunto no había sido hidalgo, sino que había disfrutado de la exención por razón de su título universitario.

El caso de la familia del escribano Juan Rodríguez de Soria puede

---

[12] AGS, RGS, I-1520. Nombramiento de Jerónimo de San Clemente como regidor de Soria, en lugar de su padre Juan de San Clemente.
[13] AGS, RGS, VII-1492, fol. 188.
[14] AGS, RGS, IV-1497, fol. 130. En AGS, RGS, V-1511 se informa que el bachiller Alonso Rodríguez había sido diputado de la Hermandad.

considerarse como un buen ejemplo ilustrativo de integración de una familia de origen judío en la Soria del siglo XV, que, sin llegar a alcanzar las cotas de influencia de otras más afortunadas familias de este mismo origen, como los San Clemente o los Ramírez de Lucena, consiguió ser admitida de facto en el grupo privilegiado hidalgo, y colocarse en un escalón relativamente elevado de la jerarquía política soriana. Así lo corroboran, además, otras noticias relativas a otros miembros de la familia de las siguientes generaciones. Es el caso de las dos hijas del bachiller Alonso Rodríguez que casaron con individuos de reconocida nobleza de la región soriana como eran el alcaide de Calatañazor, Juan de Marquina, y el mayordomo del conde de Monteagudo, Francisco Beltrán de Ocáliz (Diago 1992, 243-4).

En un escalafón inferior nos encontramos a otras familias que protagonizaron exitosos procesos de integración a lo largo del siglo XV, aunque no lograsen acceder al estamento privilegiado hidalgo, al menos en las primeras generaciones. Es el caso de los hermanos Blasco, Fernán y Pedro Martínez Trapero, identificados como pecheros en la documentación conservada a partir de la década de 1420, y ubicados en el estrato superior del estamento, al formar parte del grupo denominado de "pecheros mayores", que eran los que debían abonar impuestos más elevados por ser propietarios de haciendas más cuantiosas. Tuvieron como principal dedicación el comercio, aparentemente de paños, aunque también es probable que participasen en el de lanas. Y en el seno del Común de pecheros se labraron una influyente posición política, pues accedieron al desempeño del oficio de procurador del Común, al igual que sus descendientes en las siguientes generaciones, entre los que cabe destacar la figura de Fernando de Maluenda, el individuo que en el tránsito entre los siglos XV y XVI en mayor número de ocasiones ejerció este oficio en Soria. Algunos de sus descendientes lograron incluso superar la condición de pecheros e incorporarse a los grupos exentos, mediante la obtención de un título universitario, un oficio de escribano del número, o incluso un privilegio regio que confería directamente la hidalguía (Diago 1992a, 245, y 1993a, 245-6).

Otro grupo familiar equiparable por su posición al de los Martínez Trapero, que ejerció funciones de liderazgo en el seno del Común de pecheros, proyectándose además hacia los grupos exentos mediante los títulos universitarios y las escribanías del número, es el de Diego Fernández de los Palacios, también llamado Gonzalo Sánchez Caballero. Fue procurador del Común, y padre de Antón Sánchez Caballero, escribano del número y del concejo de Soria, y del licenciado de Vesga, y contra todos ellos se vertieron acusaciones en la documentación inquisitorial que sugieren su origen judeoconverso (Diago 1993a, 244).

Los ejemplos ilustrativos traídos a colación ponen de manifiesto, por consiguiente, que los judíos de la ciudad de Soria que abrazaron el cristianismo en los últimos años del siglo XIV y en los primeros del siglo XV lograron incorporarse a los más diversos escalones de la jerarquía sociopolítica local. Ciertamente la escasa documentación conservada dificulta la tarea de su identificación, y rara vez permite llegar a conclusiones contundentes, que no dejen resquicio a la duda. Pero al menos unas pocas emblemáticas familias pueden ser caracterizadas con certeza como judeoconversas, las cuales nos proporcionan ejemplos modélicos de integración en los estratos superiores de la sociedad soriana, que comprenden desde el más elevado, que integra a las familias representadas en el regimiento, hasta el inferior, el de las familias que formaban la llamada elite del Común de pecheros. Por supuesto, de otras muchas familias judías que pudieron adoptar el cristianismo a lo largo del siglo XV, y sin embargo no alcanzaron posiciones sociales destacadas, la documentación conservada no aporta información ninguna, y resulta por consiguiente imposible su identificación. Pero se ha de tener en cuenta que dicha documentación tampoco proporciona indicios de que estas familias de origen judío menos influyentes viviesen sometidas a sistemática discriminación o resultasen con frecuencia víctimas de indiscriminadas acciones violentas. No hay razones de peso por consiguiente para afirmar que la integración de estas otras familias menos afortunadas resultase frustrada. Y al mismo tiempo también es cierto que los vaivenes que se advierten en las trayectorias de algunas de las que más avanzaron en su proceso de integración y ascenso, como es el caso de los Ramírez de Lucena, nos debe llevar a reconocer que los prejuicios anticonversos existieron, y de vez en cuando lograron prevalecer, apoyándose en las actuaciones del aparato inquisitorial que tenían por objetivo preservar la observancia de la ortodoxia en la práctica de la religión cristiana.

### *Las conversiones del año 1492 y posteriores: Diversidad de trayectorias*

Si las noticias disponibles sobre las conversiones de judíos al cristianismo que tuvieron lugar en el espacio geográfico soriano durante el siglo XV son escasas, y sólo permiten identificar a un puñado de familias conversas que en su mayor parte llegaron a ocupar puestos destacados en la sociedad local, para el período que se inicia en 1492, dichas noticias se incrementan de forma significativa., Pero, además las hay referentes a un mayor número de núcleos de población, fuera de la ciudad de Soria. Por ello se ofrece la posibilidad de reconstruir trayectorias de signo mucho más diversificado, desde las de unos pocos privilegiados, que en su nueva condición de cristianos llegaron a protagonizar meteóricos procesos de integración y ascenso social, hasta las de personajes con perfiles mucho más modestos, que unas veces tropezaron con la Inquisición y debieron afrontar grandes penalidades, y otras lograron incorporarse a la sociedad de cristianos viejos sin ruidos ni aspavientos, dando continuidad a las mismas existencias oscuras que habían llevado cuando eran judíos.

Con el objeto de matizar las visiones extremas que sobre el racismo de la sociedad castellana del siglo XVI han circulado, nos limitaremos aquí a dar cuenta de algunas trayectorias que dan testimonio de que en la práctica la obsesión por la limpieza de sangre, si se dio, no pudo impedir que notorios judíos convertidos al cristianismo en 1492, o incluso poco después, tras una breve estancia en el reino de Portugal, escalasen posiciones con rapidez en la jerarquía sociopolítica, y no sólo en el ámbito secular, sino también, lo cual resulta aún más relevante, en el seno de la Iglesia.

En atención a la mayor disponibilidad de información documental, y de la existencia de estudios previos, nos ocuparemos principalmente de dos familias, una de Soria y otra de Almazán, que ya han sido objeto de estudio en trabajos monográficos. Para el caso de la ciudad de Soria hemos seleccionado el caso de la familia Beltrán, que arranca del judío Vicen Bienveniste, quien a raíz de la publicación del decreto de expulsión del año 1492 pasó a Portugal junto con muchos de sus correligionarios. Pocos meses después, sin embargo, decidió recibir el bautismo para de inmediato regresar a Castilla e instalarse de nuevo en su ciudad de origen, Soria. Los reyes, que debían valorar mucho sus servicios como financiero, pues estaba vinculado con otros célebres judíos segovianos que se habían convertido al cristianismo en 1492 adoptando el apellido de Núñez Coronel (Álvarez García y Diago 2002), le hicieron merced de la hidalguía para sí y todos sus descendientes. Gracias a ello les quedaron abiertas las puertas a él y su familia para su promoción sociopolítica y su integración en el grupo oligárquico soriano. Ésta se hizo plenamente efectiva, no obstante, sólo en la tercera generación, cuando dos de sus nietos, hijos de su primogénito Antonio, lograron en breve intervalo de tiempo ser elegidos para el desempeño del oficio de regidor. Para entonces, sin embargo, la familia ya había dado un importante paso en su proceso de ascenso sociopolítico al haber adquirido por compra el mencionado Antonio Beltrán, primogénito de Nicolao, el señorío de la villa de Tejado, muy próxima a la ciudad de Soria, de la que había sido aldea, y que le fue vendida por un miembro del linaje Mendoza en dificultades financieras, que era hermano del conde de Monteagudo. Este rápido ascenso estuvo sustentado en una afortunada gestión del negocio familiar, que les permitió amasar una considerable fortuna, gracias a sus inversiones en el comercio de lanas, la recaudación de impuestos y otras variadas actividades mercantiles y financieras.

Por lo que respecta a la cercana villa de Almazán, sometida al señorío jurisdiccional del linaje Mendoza, de la rama de los condes de Monteagudo, el caso más notorio de familia judía convertida al cristianismo en 1492 que logró una inmediata integración en la sociedad local, acompañada de un fulgurante proceso de ascenso social, es el de los Lainez. Comprendía un nutrido grupo de hermanos, hijos del judío Abraham aben Rodrique que había sido un dinámico hombre de negocios con saneada posición económica, los cuales optaron por recibir el bautismo en 1492, y pudieron continuaron gracias a ello residiendo en su villa natal. Allí pasaron a ocupar una posición de indiscutida preeminencia en la jerarquía local, por debajo tan sólo de la familia de los señores jurisdiccionales de la villa y su Tierra, los condes de Monteagudo. De hecho, casi todos ellos se pusieron al servicio de la familia condal, con la que ya habían establecido vínculos en su fase de pertenencia a la comunidad judía, acaparando los principales oficios de su casa, y muy en especial los que tenían una importante vertiente financiera. A esta privilegiada relación con los señores de la villa, se le sumó un trato favorable por parte de la propia Monarquía, que se tradujo en la concesión de un privilegio en mayo de 1494 a los siete hermanos varones, por virtud del cual se les reconocieron generosas exenciones de impuestos que les convertían a efectos prácticos en hidalgos, aunque en el documento no se hizo mención expresa al concepto de "hidalguía" (Martín Galán). Desde este punto de vista tuvo, por ello, un alcance formal más limitado que el privilegio concedido por las mismas fechas por los reyes al judeoconverso soriano Nicolao Beltrán al que ya hemos hecho referencia. En la práctica, sin embargo, la familia Lainez apenas tropezó con dificultades para hacerse reconocer la condición noble. Buena prueba de ello la proporciona la temprana concertación de matrimonios con miembros de familias de reconocida nobleza de la región soriana, como la de los Garcés de los Fayos, de la villa realenga de Ágreda (Diago 2014).

El ascenso sociopolítico de los Lainez, que se materializó en un breve espacio de tiempo tras su conversión al cristianismo, demuestra fuera de toda duda que las oportunidades de integración para los descendientes de judíos en la Castilla del siglo XVI no fueron irrelevantes. Y ello a pesar de que la familia no estuvo completamente al abrigo de las actuaciones de la Inquisición. Así, llama la atención que ya en 1505 se presentaron graves denuncias ante este tribunal contra

Pedro Lainez y su mujer doña Aldonza, a la que, por ejemplo, se le atribuyó el haber pronunciado frases tales como "maldito fuese quien avía vedado el Testamento Viejo" y otras que evidenciaban la nostalgia por el pasado judío, tales como "mejor nos yva antes e mas teniamos que agora", o "…mientras fueran judíos nunca les faltara el bien y que les faltaba" (Carrete y Fraile, 20, 21 y 24). Pero, pese a la gravedad de las denuncias, ninguno de los dos consta que llegasen a ser procesados, ni mucho menos condenados. Bastante tiempo después, a otra mujer perteneciente a esta familia, Luisa Lainez, hermana del padre del que fue general de la compañía de Jesús, le fue incoado un proceso ante el tribunal de Cuenca en el año 1537, pero no acabó en condena. Otras familias, en algunos casos muy vinculadas con los Lainez por lazos de parentesco, que en una primera fase habían logrado integrarse con relativa facilidad, acaparando posiciones de influencia en Almazán, no lograron salir tan airosos de sus choques con la maquinaria inquisitorial. Desde este punto de vista resultan dignos de comentario los casos de Álvaro de Luna, su hermano Ximeno de Luna, y el doctor Antonio Vélez, médico del conde de Monteagudo, tres judeconversos adnamantinos que en vida disfrutaron de una poción de notable influencia política en la villa, y de la plena confianza de sus señores los condes. Tras su muerte, sin embargo, fueron procesados por la Inquisición en la década de 1540, encontrados culpabables de las acusaciones de judaismo contra ellos presentadas, y condenados a relajación en efigie (Diago 2014, 179). Compartieron por consiguiente la suerte de la madre del protonotario Lucena, también condenada muchos años después de muerta. En todos los casos resulta un tanto sospechoso, no obstante, que, mientras vivieron, no se iniciasen procedimientos contra ellos, pese a que no faltaron denuncias de testigos que les acusaron de prácticas judaizantes de mayor o menor gravedad.

Teniendo en cuenta casos como los comentados, resulta obligado por consiguiente concluir que los procesos de integración de los judeoconversos, pese a la indiscutible brillantez de algunos ejemplos excepcionales, no estuvieron exentos de sombras, porque la presión inquisitorial no dejaba de tener sus efectos. Pero no cabe duda de que el tribunal tampoco era una instancia todopoderosa, sino que las fuerzas política locales, y también en otros ámbitos, como la propia Corte, podían ofrecer una resistencia insuperable a sus actuaciones, que podía favorecer los intereses de los judeoconversos amenazados. Así se ha puesto de manifiesto, por ejemplo, en algunos trabajos monográficos, como el dedicado al caso de Murcia en el reinado de Felipe II (Contreras).

La documentación, al resultar mucho más abundante para el siglo XVI que para el siglo XV, permite reconstruir con mayor detalle las trayectorias de los judíos que se convirtieron después de 1492, que las de los judeoconversos de fecha anterior. No obstante, en la región soriana cabe advertir una importante diferencia entre el sector perteneciente al obispado de Osma, al que pertenece la Tierra de Soria, para el que se conserva poca documentación inquisitorial del siglo XVI, y el del obispado de Sigüenza, mucho más favorecido desde este punto de vista. Por esta razón se han podido documentar muchos más casos de individuos y familias que tropezaron con las actuaciones inquisitoriales, y por este motivo hubieron de hacer frente a importantes obstáculos para su integración social. Se trata de casos, no obstante, que se refieren prioritariamente a villas del obispado de Sigüenza, como Almazán, Berlanga, o en menor medida Deza, mientras que son menos numerosos para la ciudad de Soria, pese a que contaba con una comunidad judeoconversa mucho mayor, también en el siglo XVI. El hecho de disponer de más abundante información documental podría llevar a la errónea conclusión de que los obstáculos para la integración de los judíos se incrementaron y agravaron durante el siglo XVI, en comparación con el siglo XV, y muy en particular en determinadas villas de señorío nobiliario como Berlanga o Almazán. Pero tal conclusión habría que matizarla mucho, pues los casos de integración y progreso social de familias convertidas al cristianismo después de 1492 que cabe documentar en estas villas no desmerecen en absoluto respecto a los documentados en la propia ciudad de Soria, donde, por falta de información, resulta más difícil reconstruir procesos de integración frustrados por la actuación inquisitorial en el siglo XVI. Pero, además, conviene insistir en que, en líneas generales, los efectos de dicha actuación fueron en todas partes de alcance muy limitado. Prueba de ello es que en la mayor parte de los casos los individuos pertenecientes a familias que habían experimentado un rápido ascenso social y finalmente llegaron a ser condenados como herejes criptojudíos por los inquisidores, recibieron la condena cuando ya estaban muertos. El ejemplo más notorio desde este punto de vista es el de la madre del protonotario Lucena, pero al mismo cabría añadir otros muchos más, sobre todo de judeoconversos de Almazán y Berlanga procesados por el tribunal de Cuenca. Pero incluso quienes fueron en vida víctimas de procesos inquisitoriales que acabaron en condena, no por ello vieron en todos los casos irremisiblemente cerradas las puertas a su integración en la sociedad cristiana. Una buena prueba en contrario nos la proporciona el caso paradigmático de Álvaro Rodríguez, de ascendencia soriana, pero nacido en Portugal durante el exilio de sus padres, quien fue condenado por el tribunal de la Inquisición en Cuenca, pero después pudo regresar a Soria, y desplegar allí una destacada actividad como hombre de negocios, y hombre de confianza de algunos de los miembros más influyentes de la oligarquía local. De él trataremos en el siguiente epígrafe.

## *La suerte de los judíos castellanos en Portugal. Persistencia de los contactos y viajes de ida y vuelta*

La marcha de un gran número de judíos castellanos a Portugal hasta finales de julio de 1492 no representó para quienes la protagonizaron la consumación de una ruptura irreversible con la sociedad castellana, que llevase consigo la imposibilidad de su reincorporación, o la de sus descendientes, a la misma. Por el contrario, los propios reyes, antes de que hubiese concluido ese mismo año, les dieron la oportunidad de regresar, al publicar el 10 de noviembre un real decreto abriendo de nuevo las fronteras a los que, habiéndose convertido, quisiesen volver a sus lugares de origen (Beinart). No fueron pocos los que la aprovecharon, y algunos de ellos, como hemos podido comprobar al trazar la trayectoria de la familia Beltrán en Soria, con extraordinario éxito, pues les abrió las puertas para un proceso de espectacular ascenso social.

Para los que decidieron continuar fieles a la religión judía, y permanecieron en Portugal, los acontecimientos ocurridos en los años 1496 y 1497, con ocasión de la negociación del matrimonio del rey Manuel con la primogénita de los Reyes Católicos, la princesa Isabel, que precipitó la conversión forzosa de todos los judíos residentes en territorio portugués, conllevaron una radical modificación de su posición. Ésta afectó también a su capacidad de relacionarse con sus antiguos correligionarios, muchos de ellos parientes suyos, que habían permanecido en Castilla, pues todos ellos pasaron a compartir la misma condición de cristianos. Y algunos aprovecharon esta circunstancia para regresar a sus lugares de origen en Castilla (Beinart).

En la región soriana encontramos algunos interesantes ejemplos de este tipo de trayectorias. Emblemática resulta la de Diego López de Soria, originario de la ciudad del Duero, que según nos informa por su propia confesión, tras haberse bautizado en Portugal regresó a Castilla en el transcurso del año 1497 para instalarse en la villa soriana de Berlanga de Duero, de donde era su esposa y había partido en 1492 hacia el exilio. Allí logró integrarse con evidente facilidad en la sociedad política local, ejerciendo puestos de relevancia política como el de procurador y el de regidor, y desarrollando una lucrativa actividad económica como mercader. Según pone de manifiesto la documentación inquisitorial, esta facilidad con la que se integró, no impidió aparentemente, sin embargo, que mantuviese un fuerte apego a la religión en la que había sido criado, que habría continuado practicando en secreto. Pero fue tras su muerte cuando arreciaron las actuaciones inquisitoriales contra él y otros miembros de la comunidad judeoconversa berlanguesa (Muñoz Solla 2009 y 2017).

Además del regreso de algunas familias, la conversión forzada de 1497, favoreció también la intensificación de los contactos entre individuos pertenecientes a una misma familia, que en 1492 habían tomado decisiones diferentes en torno a la oportunidad de su conversión al cristianismo, al haber decidido unos bautizarse para poder permanecer en Castilla, y rechazar otros el bautismo al precio de verse obligados a tomar el camino del exilio. Antes de 1497 tenemos noticia de judeoconversos castellanos que llegaron a trasladarse a Portugal a visitar a sus parientes exiliados, y justificaron dichos viajes con el argumento de que su objetivo era tratar de convencerles para que se convirtiesen. Después de 1497 la prosecución de estos contactos debió resultar considerablemente facilitada. Y, en efecto, tenemos constancia de que en determinadas ocasiones sirvieron de incentivo para que judeoconversos nacidos en Portugal, pero de origen castellano, regresasen a residir a Castilla, al amparo de miembros de sus familias que habían adoptado allí el cristianismo en 1492.

Un ejemplo paradigmático nos lo proporciona Álvaro Rodríguez, nacido en Portugal de un matrimonio de judíos sorianos emigrados en 1492. Siendo adolescente se le ofreció hacia fines de la segunda década del siglo XVI la oportunidad de regresar a Castilla por primera vez cuando un judeoconverso vecino de la villa soriana de Ágreda, Ruy López Coronel, llegó a Lisboa para vender una partida de paños. Entonces su madre convenció a este mercader, al que conocería de los tiempos en que había vivido en Soria, para que se llevase consigo como mozo a su hijo, a fin de que éste pudiese visitar la ciudad del Duero, y enterarse de cómo se encontraban los hermanos de ella que habían decidido permanecer allí. Así lo hizo, y Álvaro Rodríguez, al llegar a Soria fue acogido durante unos pocos meses por su tío Alonso Rodríguez, hermano de su madre, en su propia casa. Éste finalmente decidió, no obstante, enviarlo de regreso a Portugal, encomendándoselo a un mercader soriano, Alonso Molina, que iba a trasladarse a las ferias de Medina del Campo. Desde la villa ferial continuó viaje a Lisboa con un recuero. Pero, para huir de la peste que entonces asolaba la capital portuguesa, decidió acto seguido regresar a Soria, acompañado de su madre y dos hermanas, para instalarse todos ellos en las casas del mencionado tío. Ya no regresaron a Portugal, pero años después tanto Álvaro como otros miembros de su familia fueron procesados por el tribunal de la Inquisición de Cuenca. Por auto de 14 de junio de 1534 dicho tribunal le condenó a él a ser admitido a reconciliación con hábito y cárcel de dos meses, además de confiscación de bienes[15], La documentación soriana demuestra, no obstante, que después de

---

[15] La información procede del proceso inquisitorial contra Álvaro Rodríguez ante el tribunal de Cuenca, que se conserva en el Archivo Histórico Diocesano de Cuenca. Pérez Ramírez.

cumplida esta condena, regresó a Soria, donde casó y tuvo descendencia que logró hacerse un hueco en la clase media local. Él mismo llegó a gozar de la confianza de uno de los hombres más poderosos del grupo oligárquico soriano en aquellos momentos, el señor de Almenar, Antón de Río, el mozo, a quien sirvió como criado en tareas de gestión de su hacienda.

La trayectoria de Álvaro Rodríguez demuestra, por tanto, que no hubo que esperar a que se produjese la reunión de los reinos de Castilla y Portugal bajo una misma Monarquía, al asumir Felipe II la Corona portuguesa, para que judíos de origen castellano, descendientes de exiliados de 1492, regresasen a sus lugares de origen. Muy probablemente los que lo hicieron antes de 1580 no fueron muchos. Pero el que se diesen trayectorias del tipo de la analizada demuestra que el decreto de expulsión del año 1492 no representó una cesura tan radical para muchas familias judías que se exiliaron aquel año como con frecuencia se ha supuesto. Por otra parte, la trayectoria de Álvaro Rodríguez también resulta de interés porque pone de manifiesto que, incluso los judeoconversos que en buena lógica se podría considerar más propensos a judaizar, como es el caso de los que nacieron en el seno de familias forzadas a la conversión en Portugal y luego regresaron a Castilla al cabo de varias décadas, también lograron finalmente su integración, incluso después de haber sufrido los embates de las actuaciones inquisitoriales.

La intensificación de los contactos entre judeoconversos instalados en Castilla y en Portugal pertenecientes a las mismas familias durante la primera mitad del siglo XVI, no sólo tuvo como consecuencia el regreso a sus lugares de origen en Castilla de descendientes de los exiliados de 1492. También se dio el fenómeno inverso, de instalación en el vecino reino de Portugal de judeoconversos miembros de familias arraigadas en Castilla. Es el caso de una nieta del ya mencionado Ruy López Coronel, el judeoconverso vecino de Ágreda que viajó a Lisboa a vender paños hacia 1520, y luego se trajo consigo a tierras sorianas a Álvaro Rodríguez. Nos consta, en efecto, que en 1582 una nieta suya, María Coronel, estaba avecindada junto con su marido Juan Díez en Portugal. Así se recoge en una carta de poder que entonces otorgó a un portugués vecino de la ciudad de Chaves para que vendiese todos los bienes que le perteneciesen en Ágreda por herencia familiar[16].

Tras la reunión de los reinos bajo una misma Monarquía en 1580 no cabe duda de que la intensificación de contactos entre judeoconversos de Castilla y Portugal fue notable. Los residentes en Portugal pasaron a emigrar a tierras

---

[16] Archivo Histórico Provincial de Soria, Protocolos Notariales, 1496-2240-327 y 328

castellanas en un número creciente, y el proceso se aceleró durante el reinado de Felipe III. La región soriana también se vio afectada por el mismo, pues varias familias de origen portugués, según todos los indicios de origen judeoconverso, pasaron a instalarse en ella, desplegando una intensa actividad en el comercio de lanas, la fabricación de paños, la recaudación de impuestos, y otros negocios mercantiles y financieros. La investigación no ha podido determinar todavía el origen de estas familias, ni si tenían ascendencia castellana, o incluso soriana, o no. Puede afirmarse, sin embargo, que, salvo que nuevos hallazgos documentales demuestren lo contrario, estas nuevas familias de judeoconversos instaladas en Soria durante el siglo XVII también lograron integrarse sin grandes dificultades en el tejido social local, llegando algunos incluso a pleitear por que se les reconociese la condición hidalga.

## *Incorporación y rápido ascenso de los judeoconversos en el seno de la Iglesia*

Un aspecto del proceso de integración de los judíos convertidos al cristianismo en la sociedad castellana que merece un tratamiento más particularizado es el de la valoración de las relaciones que éstos mantuvieron con la Iglesia. Circunscribiéndonos al ámbito soriano, advertimos que tanto entre las familias de origen judío que abrazaron el cristianismo desde fines del siglo XIV y durante el siglo XV, como entre las que lo hicieron después de la publicación del decreto de expulsión en 1492, abundaron los miembros que desarrollaron brillantes carreras en el seno de la Iglesia, a veces sin que hubiese transcurrido mucho tiempo desde su incorporación y la de sus familias a la comunidad cristiana. Por otra parte, muchas de estas mismas familias hicieron verdaderos alardes de devoción y piedad, distinguiéndose en la dotación de obras pías, construcción de capillas e incluso en la fundación de conventos.

Entre las familias judeoconversas sorianas que a lo largo del siglo XV proporcionaron a la Iglesia individuos que lograron escalar a influyentes posiciones en su seno cabe destacar una vez más a los San Clemente y a los Ramírez de Lucena, que como sabemos mantenían entre sí vínculos de parentesco. Efectivamente, el hijo primogénito del financiero Juan Ramírez de Lucena, que llevaba su mismo nombre, fue un influyente eclesiástico, que comenzó su carrera en la propia Curia romana, donde fue nombrado protonotario apostólico por el Papa Pío II, por lo que la historiografía suele referirse a él como "el protonotario Lucena". Tras su estancia en Roma regresó a Castilla, donde desempeñó tareas políticas relevantes al servicio de los Reyes Católicos, que le compensaron consecuentemente, influyendo sin duda en que le fuese concedido el importante beneficio eclesiástico de la abadía de Covarrubias, que mantuvo hasta su muerte, aunque fue un abad absentista.

Más modestas fueron las carreras de los miembros de la familia San Clemente que como el protonotario Lucena se incorporaron al estamento eclesiástico. Tuvieron como ámbito de despliegue preferente el obispado de Osma, donde sus personalidades brillaron con más fuerza, aunque también al menos uno de ellos logró hacerse un cierto hueco en el ámbito cortesano. Se trata del hijo del teniente de fiel de la Tierra, llamado Fernán Rodríguez de San Clemente, quien realizó estudios universitarios que culminó con la obtención del título de bachiller en decretos, y aparece identificado en la documentación como capellán real y miembro honorífico del Consejo Real. Fue, no obstante, en el ámbito local donde su influencia fue mayor, en concreto en la catedral del Burgo de Osma, donde ya en 1444 era maestrescuela, para pasar a ocupar después la dignidad de tesorero, y por fin la de arcediano de Soria (Diago 2000a).

El bachiller Fernán Rodríguez de San Clemente abrió además el camino para que miembros de las siguientes generaciones de su familia continuasen haciendo brillante carrera en esta misma catedral. Así, en la dignidad de arcediano de Soria le sucedió su sobrino Antonio de San Clemente, que fue el fundador de la capilla de los arcedianos, que persiste en la actualidad en la mencionada catedral. En la siguiente generación le tocó la suerte de ocupar esta misma dignidad a Juan de Villanuño y San Clemente, originario de Sigüenza pero que era hijo de la soriana Catalina de San Clemente, de la que se desconoce la filiación precisa, aunque evidentemente pertenecía a la misma familia de los dos anteriores arcedianos de Soria (Gallego, 49).

Por lo que respecta a familias judías convertidas después de 1492, el caso más notable de rápida incorporación y ascenso en el seno de la Iglesia lo encontramos en el varias veces aludido caso de la familia Beltrán. En efecto, uno de los hijos varones del Vicen Bienveniste que tras su bautizo en Portugal pasó a llamarse Nicolao Beltrán, llamado Alonso, que en sus años de niño y adolescente fue sin duda judío, tras adoptar junto con el resto de su familia la fe cristiana optó por hacerse clérigo, con el evidente propósito de hacer carrera en el seno de la Iglesia. Se trasladó para ello a la Curia romana, donde comenzó desarrollando la actividad de *scriptor apostolico*. Allí se dedicó a la tarea de su promoción personal, logrando su designación como canónigo de la colegiata de San Pedro de Soria, y poco después la de maestrescuela de la catedral de El Burgo de Osma, además de otros muchos beneficios, en ocasiones por procedimientos que despertaron la resistencia del clero local. Así, por ejemplo, nos consta que en 1524 los clérigos del cabildo de beneficiados de una de las parroquias de la villa de San

Pedro Manrique, en el obispado de Calahorra, denunciaron que, estando los beneficios en el mencionado obispado reservados para los clérigos patrimoniales, es decir los bautizados en la propia parroquia a la que corresponde el beneficio, el mencionado Alonso Beltrán había impetrado en Curia dos ermitas que estaban anexas a la mencionada parroquia, alegando que estaban vacantes, si bien no podía hacerlo porque no era clérigo patrimonial de la parroquia[17]. Tras su estancia en Roma consta que regresó a la ciudad de Soria, desde donde atendería sus obligaciones como maestrescuela de la catedral de Burgo de Osma. Ningún indicio existe de que su infancia como judío le fuese echada en cara, o le crease problemas con la Inquisición. Por el contrario, lo que la documentación deja traslucir es que la sociedad soriana fue bastante tolerante con él, y con su modo de vida, que no era del todo acorde con el que se demandaba a un miembro del estamento clerical. En efecto, en declaraciones de testigos efectuadas con ocasión de un pleito en Chancillería sobre un asunto que no le afectaba a él directamente, encontramos la noticia de que vivió con una barragana, con la que llegó a tener un hijo bastardo[18]. De ser cierta la acusación, nada tendría de excepcional su caso, pues cabe recordar que con anterioridad otro notorio eclesiástico de origen judeoconverso, el arcediano de Soria, Fernán Rodríguez de San Clemente, tuvo un hijo bastardo, Pedro de San Clemente, al que facilitó la consecución de una acomodada posición social, de relativo prestigio, dejándole en herencia una saneada hacienda.De haber sido la sociedad soriana tan hostil hacia los conversos de judíos como se ha dicho de la sociedad castellana en general, resulta chocante que se mostrase tanta comprensión y tolerancia hacia prácticas que bien podrían haber sido aprovechadas para minar la reputación de individuos de evidente origen judío.

Alonso Beltrán no fue por lo demás el único miembro de su familia que hizo carrera en la Iglesia. Por el contrario, desde el punto de vista de la historia eclesiástica su figura queda eclipsada por la de su sobrino Francisco Beltrán Coronel, quien fue deán de la colegiata de San Pedro de Soria además de maestrescuela de la catedral del Burgo de Osma, dignidad en la que sucedió a su tío. Pero sobre todo este personaje ha sido celebrado como fundador del convento de dominicos en la ciudad de Soria, que se instaló en la antigua iglesia parroquial de Santo Tomé, todavía hoy admirada como una de las principales joyas del románico soriano, con su nueva denominación de Santo Domingo (Diago 2000b). Los miembros femeninos de la familia, por su parte, también destacaron por su temprana incorporación al estamento del clero regular. Así, el hermano mayor del

---

[17] AGS, RGS, XII-1524. Provisión a Fernán Yáñez de Morales, deán de Soria, a petición del cabildo de beneficiado de la parroquial de San Miguel de San Pedro de Yanguas (San Pedro Manrique).
[18] AChV, P. C. Fernando Alonso, F. C. 964-1.

maestrescuela Alonso Beltrán, el señor de Tejado, Antonio Beltrán, destinó nada menos que tres de sus hijas a la vida conventual. Una profesó en el convento de Santa Clara de Soria, y otras dos en un convento de la ciudad de Sigüenza, el de Santiago el Zebedeo, que hacía poco tiempo había sido fundado por iniciativa de un judeoconverso segontino, que por línea materna descendía de los San Clemente de Soria, Se trata de Francisco de Villanuño, que ocupó la dignidad de arcediano de Soria en la catedral de El Burgo de Osma, en la que sucedió a su hermano Juan de Villanuño. Ambos eran hijos de la soriana Catalina de San Clemente, y del seguntino Diego de Villanuño, que había servido como criado al cardenal Mendoza, al servicio del cual también estuvieron otros célebres conversos sorianos como el protonotario Juan Ramírez de Lucena y su hermano Carlos de Lucena (Gallego, 55-65).

La relación de judeoconversos que se incorporaron a los cabildos y a los conventos de la región soriana durante la primera mitad del siglo XVI es larga y no nos vamos a detener aquí a ofrecerla en detalle. Como complemento de lo ya dicho, añadiremos que también entre las familias convertidas al cristianismo en 1492 que prosperaron en las villas señoriales encontramos interesantes ejemplos que ilustran esta misma tendencia. El más conocido es el del jesuita Diego Lainez, reconocido teólogo y estrecho colaborador del fundador de la Compañía, San Ignacio de Loyola, a quien sucedió como segundo general de la misma (Ribadeneira, y Cereceda). Su origen judío ha sido negado interesadamente por algunos investigadores en el pasado (Martínez de Azagra) pero ha quedado probado de forma contundente por multitud de documentos, que nos informan que sus padres profesaron la religión judía hasta 1492 (Carrete y Fraile, Martín Galán y Diago 2014).

La rápida incorporación de recientes judeoconversos al clero secular y regular está, pues, suficientemente constatada en la región soriana, y muy en especial en el período que siguió al decreto de expulsión de 1492. Ciertamente el que un individuo se incorporase al estamento clerical no ha de interpretarse necesariamente como prueba de la sinceridad de su asunción de la fe cristiana. La Inquisción al menos no lo interpretó así, y son bien conocidas algunas de sus implacables actuaciones contra clérigos y frailes acusados de criptojudíos. La doblez e hipocresía con frecuencia presentes en los comportamientos humanos han de ser tenidas en cuenta para explicar determinados hechos y fenómenos que en términos de estricta lógica pueden parecernos contradictorios. No es cuestión de entrar aquí a reflexionar sobre las motivaciones que llevan a las personas a adoptar sus decisiones en materias como la fe religiosa. Pero sí podemos al menos constatar los hechos objetivos, y éstos apuntan a que fueron muchos los individuos de origen judío que una vez adoptada la fe cristiana se apresuraron a hacer alarde de sus nuevas creencias, incorporándose al estamento clerical, y apoyando las más diversas manifestaciones de la piedad cristiana. Por otra parte, los hechos también confirman que la Iglesia no se mostró en absoluto reacia a admitir y favorecer la rápida promoción en su seno de estos individuos de ascendencia judía, sino todo lo contrario. Es un argumento más para rechazar la calificación de la sociedad castellana del siglo XVI como racista, convencida de la superioridad de los cristianos viejos.

## OBRAS CITADAS

Álvarez García, Carlos. "Los judíos y la Hacienda Real bajo el reinado de los Reyes Católicos. Una compañía de arrendadores de rentas reales", en *Las Tres Culturas en la Corona de Castilla y los Sefardíes*, Valladolid, Junta de Castilla y León, 1990: 87-125.

Amelang, James S. *Historias paralelas. Judeoconversos y moriscos en la España Moderna*. Madrid, Akal. 2011.

Beinart, Haim. "Vuelta de judíos a España después de la expulsión", en Ángel Alcalá (Ed.), *Judíos. Sefardíes. Conversos. La expulsión de 1492 y sus consecuencias*, Valladolid, Editorial Ámbito, 1995: 181-194.

Carrete Parrondo, Carlos. *Fontes Iudaeorum Regni Castellae. II. El tribunal de la Inquisición en el obispado de Soria (1486-1502)*. Salamanca. Universidad. 1985.

--- "Juan Ramírez de Lucena. Judeoconverso del Renacimiento español", en A. Mirsky, A. Grossman, Y. Kaplan (eds.), *Exile and Diaspora. Studies in the History of the Jewish people presented to Prof. Heim Beinart*, Jerusalem, 1991, pp. 168-179.

Carrete Parrondo, Carlos, y Fraile Conde, Carolina.*Los judeoconversos de Almazán, 1501-1505. Origen familiar de los Lainez*. Salamanca, Universidad, 1987.

Cereceda, Feliciano. *Diego Láinez en la Europa religiosa de su tiempo: 1512-1565*, Madrid, Cultura Hispánica, 1945-1946, 2 vols.

Contreras, Jaime. *Sotos contra Riquelmes. Regidores, inquisidores y criptojudíos*, Madrid, Anaya, 1992.

Dedieu, Jean-Pierre. *L´administration de la foi: L´Inquisition de Tolède. XVIe.-XVIIIe. Siècles*, Madrid, Casa de Velázquez, 1989.

Diago, Máximo. "Los judeoconversos en Soria después de 1492" *Sefarad* 51 (1991): 259-97.

--- "Judíos y judeoconversos en Soria en el siglo XV" *Celtiberia* 83 (1992a): 225-53.

--- "Aportación al estudio de las estructuras familiares de la nobleza urbana en la Castilla bajomedieval. Los doce linajes de Soria. Siglos XIII-XVI", *Studia Historica. Historia Medieval*, 10 (1992b): pp. 47-71.

--- *Estructuras de poder en Soria a fines de la Edad Media*, Valladolid, Junta de Castilla y León, 1993a.

--- "El protonotario Lucena en su entorno sociopolítico. Nuevos datos sobre su biografía" *Sefarad* 53 (1993b): 249-72.

--- "El ascenso sociopolítico de los judeoconversos en la Castilla del siglo XVI. El ejemplo de la familia Beltrán en Soria" *Sefarad* 56 (1996): 227-250.

--- "Notas sobre el origen social del clero capitular de El Burgo de Osma y Soria en los siglos XV y XVI", en *Actas de la I Semana de Estudios Históricos de la Diócesis de Osma-Soria,* Soria, Diputación Provincial. 2000a, vol. I: 37-63.

--- "Soria y su Tierra en el obispado de Osma durante los siglos XV y XVI. Organización eclesiástica y práctica religiosa", *XIV Centenario Diócesis Osma-Soria. Premios de Investigación*, Soria, Diputación Provincial, 2000b: 425-573.

--- "Efectos del decreto de expulsión de 1492 sobre el grupo de mercaderes y financieros judíos de la ciudad de Soria", en Elena Romero ed. *Judaísmo hispano: Estudios en memoria de José Luis Lacave Riaño*. Madrid, CSIC, 2002. 749-764.

--- "El ascenso de los judeoconversos al amparo de la alta nobleza en Castilla después de 1492: el caso de Almazán" *Sefarad* 74-1 (2014): 145-184.

Domínguez Ortiz, Antonio, *Los judeoconversos en la España Moderna*. Madrid, Mapfre, 1991.

Gallego Gredilla, José Antonio. *El monasterio de Santiago el Zebedeo, intramuros de la ciudad de Sigüenza*, Sigüenza (Edición propia) 2013.

Goicolea Julián, Francisco Javier. *La oligarquía de Salvatierra en el tránsito de la Edad Media a la Edad Moderna. Una contribución al estudio de las elites dirigentes del mundo urbano alavés (1400-1550)*, Logroño, Servicio de Publicaciones de la Universidad de la Rioja, 2007.

Martín Galán, Manuel. "El adnamantino Diego Laínez, S.J., converso e hidalgo", *Celtiberia*, 106 (2012): 53-72.

Martínez de Azagra y Beladíez, Andrés. *El padre Diego Lainez. Segundo prepósito general de la Compañía de Jesús*, Madrid, 1933.

Menéndez Pidal y Navascués, Faustino. "La caída de Juan de Luna: Una nueva relación de la muerte de los fieles de Soria", *Celtiberia*, 25 (1963): 7-28.

Muñoz Solla, Ricardo. *Los judeoconversos de Berlanga de Duero 1492-1569*. Salamanca, Universidad, 2009.

--- "Solidaridad y conflictividad judeoconversas en el tribunal inquisitorial de Cuenca y Sigüenza (1491-1550), en E. Pardo de Guevara y Mª. G. de Antonio Rubio, *Judíos y conversos. Relaciones de poder en Galicia y en los reinos hispánicos*, Santiago de Compostela, Instituto de Estudios Gallegos, 2017: 74-94.

Netanyahu, Benzion. *Los marranos españoles*, Valladolid, Junta de Castilla y León, 2002. (2ª. ed.).

--- *De la anarquía a la Inquisición. Estudios sobre los conversos en España durante la Baja Edad Media,* Madrid, La Esfera de los Libros, 2005.

Ortego Rico, Pablo. *Hacienda, poder real y sociedad en Toledo y su Reino (Siglo XV-principios del XVI)*, Madrid, Universidad Complutense de Madrid, 2013 (Tesis doctoral).

Pardo Rodríguez, María Luisa. *Documentación del condado de Medinaceli (1368-1454),* Soria, Diputación Provincial, 1993.

Pérez Ramírez, Dimas. *Catálogo del Archivo de la Inquisición de Cuenca*, Madrid, Fundación Universitaria Española, 1982.

Pérez Rioja, Antonio. *Crónica de la provincia de Soria*, Madrid, Rubio y Compañía, 1867.

Pulido Serrano, Juan Ignacio. *Los conversos en España y Portugal*, Madrid. Arco Libros, 2003.

Schlelein, Stefan. *Chronisten, Räte, Professoren. Zum Einfluss des italenischen Humanismus in Kastilien am Vorabend der spanischen Hegemonie (ca. 1450 bis 1527)*, Berlin, LIT, 2010.

Sicroff, Albert. *Los estatutos de limpieza de sangre*, Madrid, Taurus, 1985.

# FINANCIEROS Y MERCADERES JUDÍOS EN SORIA Y SU ENTORNO EN LOS SIGLOS XIV Y XV

En las visiones tópicas más extendidas sobre los judíos en el mundo occidental figura en lugar prominente su caracterización como individuos inclinados hacia los lucrativos negocios financieros, y en menor medida mercantiles. De la asunción de esta idea se ha derivado con frecuencia una imagen negativa de los judíos como explotadores de los pobres cristianos, a muchos de los cuales les habrían causado la ruina económica mediante sus ilícitos procedimientos de hacer negocios. Y en determinadas coyunturas esta imagen se utilizó como coartada para justificar el estallido de incontroladas acciones de violencia antijudía.

No cabe duda de que tal visión, de la que el Shylock de Shakespeare podría considerarse como prototipo literario, es una caricatura con trasfondo ideológico, que no se corresponde con la realidad. En las comunidades judías europeas de todos los tiempos podemos constatar una amplia variedad de dedicaciones profesionales entre sus miembros, equiparable a la constatable entre las comunidades cristianas. La única diferencia apreciable que a este respecto cabe advertir se deriva del hecho de que, salvo raras excepciones, las primeras fueron mayoritariamente urbanas, mientras que entre las segundas tuvieron una importancia enorme las rurales, tanto en términos absolutos como relativos. Y por ello es mucho más raro encontrar judíos labradores, pastores, pescadores o leñadores, por citar sólo dedicaciones profesionales habituales entre los pobladores del campo. Pero, por supuesto, hubo entre ellos muchos que se ganaban con dificultad la vida mediante el trabajo artesanal, y otras actividades poco lucrativas.

Aclarado, pues, este punto, no se puede dejar de reconocer que con frecuencia judíos despuntaron en el mundo de los negocios financieros y del comercio, y su contribución al desarrollo de estas actividades fue notable. Por ello, centrándonos en el espacio concreto de la región soriana, a fin de contribuir a una más aquilatada valoración del papel que las comunidades judías desempeñaron en ella en los siglos previos a su desaparición como consecuencia del decreto de expulsión de 1492, ofrece interés analizar, en la medida que la documentación disponible lo permita, la actividad desarrollada por sus miembros como financieros y mercaderes.

## ACTIVIDADES FINANCIERAS

### *El préstamo y la usura*

De entre todas las actividades financieras, la que según el tópico más extendido se ha considerado como "especialidad" de los judíos, y ha sido traída a colación para explicar los prejuicios antisemitas de las poblaciones cristianas, y sobre todo del campesinado y los sectores populares en general, es la del préstamo, con frecuencia tildado de "usurario". Y ciertamente fueron muchos los judíos que se dedicaron a la misma de forma más o menos ocasional, pudiéndose constatar que en términos absolutos fueron más numerosos los que prestaron que los que recibieron prestado.

Por lo que respecta a la región soriana, para mediados del siglo XIV la documentación notarial de Ágreda, que cubre los reinados de Alfonso XI y Pedro I, proporciona abundantes testimonios de la dedicación de judíos de esta villa fronteriza al préstamo. Se trata en su mayoría de operaciones de pequeña envergadura, según han demostrado Hurtado Quero y Senent, que han analizado desde esta perspectiva esta documentación[1]. La información proporcionada por estos excepcionales protocolos notariales, que no tienen equivalente en los demás núcleos urbanos de la región soriana, es complementada para el siglo XIV por los registros de cancillería del Archivo de la Corona de Aragón, que proporcionan noticias sobre préstamos efectuados por judíos de Soria y de Deza a súbditos del reino de Aragón de las comarcas de Calatayud y Ariza[2]. Por otro lado, estos mismos registros cancillerescos, y la documentación notarial aragonesa, dan fe de que, a la inversa, resultó relativamente frecuente que judíos residentes en ciudades aragonesas próximas a la frontera como Tarazona o Calatayud efectuasen préstamos a súbditos castellanos, vecinos de Ágreda, Soria, Deza, Cihuela o Serón[3]. Esta abundancia de noticias sobre préstamos "transfronterizos", efectuados por judíos tanto de Castilla como de Aragón, corrobora la idea de la intensa dedicación de los miembros de las comunidades hebreas a la actividad

---

[1] Manuel HURTADO QUERO, "Judíos de Ágreda. Estudio de una familia de prestamistas a mediados del siglo XIV", *Celtiberia*, 73 (1987), pp. 155-160. También realiza algunas referencias Mª.Pía SENENT. "Más aportaciones para el estudio de la aljama hebrea de la villa de Ágreda", *Espacio, Tiempo y Forma. Historia Medieval*, 15 (2002), pp. 271-285.
[2] Máximo DIAGO HERNANDO, "La movilidad de los judíos a ambos lados de la frontera entre las Coronas de Castilla y Aragón durante el siglo XIV", *Sefarad*, 63 (2003), p. 264.
[3] Varias noticias de préstamos de dinero por judíos de Tarazona a cristianos y mudéjares de Ágreda en Miguel Ángel MOTIS DOLADER, *Los judíos de Tarazona en el siglo XIV. Colección Documental*, Tarazona, Centro de Estudios Turiasonenses, 2003.Noticias adicionales sobre préstamos efectuados por judíos de Tarazona y Cañlatayud a castellanos de la región soriana, procedentes de documentación cancilleresca en Máximo DIAGO HERNANDO, "La movilidad de los judíos…, pp. 262-3.

crediticia en el siglo XIV en este ámbito geográfico.

La documentación del siglo XV, que sólo comienza a resultar abundante en sus décadas finales, las del reinado de los Reyes Católicos, pone de relieve por otra parte que la dedicación al préstamo por muchos judíos sorianos les llevó a mantener una muy tensa relación con los sectores populares y campesinos, que llegaron a acusarles de usureros que buscaban su destrucción. Algunos indicios nos llevan, sin embargo, a sospechar que más de una vez estas acusaciones respondieron a estrategias de los prestatarios para eludir el cumplimiento de sus obligaciones de pago. Por ello no resultó excepcional que los judíos prestamistas recibiesen sentencias favorables en los tribunales de la Monarquía, amparándoles en su derecho a exigir el pago de las cantidades prestadas. Como ejemplo ilustrativo sirva la ejecutoria expedida por la Chancillería de Valladolid en septiembre de 1492 a favor de Salomón de Tudela, vecino de Almazán, que había presentado una denuncia ante dicho tribunal contra el concejo de Valdenarros y diez de sus vecinos[4]. Les había prestado ciertas cantidades de cereal y dinero, que después se negaron a devolver, acusándole de haberles llevado usura. Además, le metieron en la cárcel junto a su hijo Abraham Bienveniste, hasta que finalmente los jueces de la Chancillería fallaron que se les debía liberar a ambos de la prisión, y además pagarles 10.125 mrs. para satisfacer la deuda reclamada. Nada sabemos, sin embargo, sobre los detalles de la ejecución de esta sentencia, pues la carta ejecutoria que mandaba cumplirla está fechada con posterioridad al decreto de expulsión, y no tenemos constancia de si los dos judíos afectados se convirtieron al cristianismo o decidieron tomar el camino del exilio.

Los pleitos sobre usura que se tramitaron ante los tribunales de la Monarquía durante el reinado de los Reyes Católicos fueron numerosos, y han sido objeto de algunos estudios[5]. No vamos, por consiguiente, a entrar aquí a analizarlos en detalle. Sólo nos interesa hacer constar que la problemática planteada fue muy compleja, de modo que, si por un lado constatamos la existencia de judíos que recurrían a los tribunales para obligar a pagar a aquellos clientes morosos que trataban de escapar a sus obligaciones acusándoles de "logreros", por otro también se conocen casos de campesinos cristianos que buscaron en la Monarquía protección frente a judíos a los que acusaban de quererlos destruir. Un ejemplo ilustrativo nos lo proporciona un vecino de Centenera, aldea de Almazán, que en 1494 denunció ante el Consejo Real a un judío recientemente convertido al cristianismo con el nombre de Pedro López de

---

[4] AChV (=Archivo de la Chancillería de Valladolid), RE (=Registro de Ejecutorias), 48-4, Valladolid, 15-IX-1492.
[5] Enrique CANTERA MONTENEGRO, "Pleitos de usura en la diócesis de Osma en el último tercio del siglo XV", *Anuario de Estudios Medievales*, 12 (1982), pp. 597-622.

Ayala. Siendo judío, éste le había prestado 3.000 mrs. pero después, aprovechando su ausencia, había maniobrado para conseguir que la justicia de Almazán ordenase efectuar ejecución en sus bienes por impago. Al parecer estuvo aprovechándose de estos bienes durante 8 años, tras los que la justicia volvió a ordenar que se retornasen a su originario propietario, a lo que el judeoconverso se resistió, pese a que el vecino de Centenera saldó efectivamente su deuda. Y por ello éste volvió a suplicar ante el Consejo Real que se le hiciese justicia, devolviéndole lo suyo, pues desconfiaba del reciente converso, que era rico y muy favorecido, y andaba amenazándole, diciendo que en cuanto los reyes se marchasen de Almazán, donde tuvieron fijada unos meses su Corte, le haría meter en prisión, le sacaría sus bienes y "le haría andar desterrado toda su vida"[6].

Por otra parte, también interesa dejar constancia del hecho de que no sólo los cristianos que recibieron préstamos de judíos incurrieron en morosidad. También han quedado documentados casos de cristianos que prestaron a judíos y debieron recurrir a la Monarquía para tratar de recuperar el dinero invertido. Es el caso, por ejemplo, de dos vecinos de Noviercas, Fernando Abad y Marco, quienes en 1486 denunciaron ante los reyes a don Abrahem Verga, vecino de Soria, a quien habían prestado 12.000 mrs., que no les había devuelto en el plazo fijado en el contrato[7].

## *La recaudación de impuestos de la Monarquía*

Para el siglo XIV las noticias documentales referidas a judíos sorianos que se dedicaron a la recaudación de rentas son relativamente escasas, en consonancia con la escasez de documentación que nos ha llegado de dicha centuria. Con todo, algunos documentos dispersos nos permiten identificar a figuras como don Jacob, vecino de Soria, y don Yuda Alun Atave de Sevilla, vecino de San Esteban de Gormaz, quienes tuvieron a su cargo como arrendadores la recaudación de las tercias del obispado de Osma en tiempos de Juan I[8]. Por su parte don Jacob Abenamias, judío vecino de Soria, fue arrendador de la mitad del impuesto de los diezmos y aduanas del obispado de Sigüenza, que gravaba los flujos comerciales entre Castilla y Aragón, hacia el año 1390[9].

---

[6] AGS, RGS, XI-1494, fol. 239. Más detalles sobre abusos atribuidos por este campesino de Centenera al judío adnamantino Ysaque Apatrón, quien según los indicios disponibles adoptó tras su conversión el nombre de Pedro López de Ayala, en AGS, RGS, VII-1491, fol. 15.
[7] AGS, RGS, II-1486, fol. 103. Comisión al corregidor de Soria.
[8] Consta por provisión de Juan I de Valladolid, 26-I-1386, que se conserva en el archivo del cabildo de curas de Soria, en Archivo de la Parroquia de Santa María del Espino de Soria.
[9] Según consta por documento de 12-VII-1390, que publica Mª. Luisa PARDO RODRÍGUEZ, *Documentación del Condado de Medinaceli (1368-1454)*. Soria; Diputación Provincial, 1993, doc. nº. 97.

Para el siglo XV la situación cambia, y la información comienza a resultar más abundante, y nos permite identificar a figuras de gran relieve por la envergadura de su actividad como financieros. El primer caso digno de comentario es el de don Abraham Bienveniste, personaje destacado no sólo por su faceta como financiero, sino también por su elevada posición social e influencia política. Ocupó un lugar preeminente en el seno de la comunidad judía de la Corona de Castilla, e incluso de la Península Ibérica si tenemos en cuenta los estrechos vínculos que le unieron con destacados judíos de otros reinos peninsulares. Fue "Rab de la Corte" de Castilla por nombramiento del rey Juan II, y ha sido caracterizado como un judío muy devoto, escrupuloso observador de la Torah. Además, desempeñó un destacado papel como regulador de las relaciones sociales en el seno de las comunidades judías, en su condición de juez superior y gestor del reparto de la carga fiscal impuesta por la Monarquía sobre sus súbditos hebreos. Desde este punto de vista cabe destacar su participación en Valladolid en 1432 al frente de una comisión de judíos próximos a la Corte en la elaboración de una ordenanza (*takkanoth*), cuyo texto, en una curiosa mezcla de castellano y hebreo, se nos ha conservado, y representa una fuente de información única para conocer el régimen de organización de las aljamas judías en aquella época[10].

Por lo que respecta a su faceta como financiero cabe destacar en primer lugar que fue designado recaudador de sus rentas en Castilla por la reina de Aragón, Doña María, esposa de Alfonso el Magnánimo y gobernadora durante muchos años de los reinos peninsulares de éste, ausente en Nápoles. Su designación para este cargo se produjo en el año 1425, y su misión consistía en el cobro de los 400.000 mrs. que cada año debía percibir Doña María en Castilla, por merced que le hizo su hermano el monarca castellano Juan II, y transferir el dinero a plazas de la Corona de Aragón[11]. Vino a sustituir a Pedro Fernández de Alcaraz y mantuvo esta responsabilidad hasta el año 1428, cuando se produjo su fulminante cese, que parece que tuvo motivaciones políticas, pues cabe ponerlo en relación con la caída en desgracia del contador Fernán Alfonso de Robles. De hecho Jerónimo Zurita, al informar de la prisión de este todopoderoso contador mayor en Tudela de Duero el 22 de septiembre de 1427 precisa que en el mismo lugar y fecha fue hecho prisionero Abraham Bienveniste, "judío muy caudaloso, que había dos años que le pusieron por tratador en todos los negocios que se ofrecieron entre los reyes de Aragón y Castilla y en los del infante don Enrique"[12].

---

[10] Yitzhak BAER. *A history of the Jews in Christian Spain*. Philadelphia, 1971, Vol. II, pp. 259-70.
[11] Vid. Máximo DIAGO HERNANDO, "Los intereses económicos de la reina María, esposa de Alfonso el Magnánimo, en el reino de Castilla", *Acta Historica et Arqueologica Medievalia*, 29 (2008), pp. 437-478.
[12] Jerónimo ZURITA, *Anales de la Corona de Aragón*, Institución Fernando el Católico, Zaragoza, 1967-86, vol. 5, p. 677. Sobre el ascenso y caída de Fernán Alfonso de Robles Vid. Máximo DIAGO HERNANDO, "El contador Fernán Alfonso de Robles. Nuevos datos para su biografía", *Cuadernos de Historia de España* (Buenos Aires), 75

La reina María desoyó a quienes se dirigieron a ella solicitándole que mantuviese a su servicio al judío soriano, entre los que estuvieron el judío Don Bueno Abolafia, y el poderoso noble cortesano Don Diego Gómez de Sandoval, Adelantado Mayor de Castilla y conde de Castro[13]. Por ello se refuerza la sospecha de que las motivaciones de su destitución fueron preferentemente políticas. Por lo demás, Abraham Bienveniste realizó préstamos de importantes cantidades de dinero al propio monarca castellano Juan II. En concreto, para financiar la guerra contra Aragón en 1429 le prestó 150.000 mrs.[14]. Y tuvo también a su cargo la recaudación de otras importantes rentas de la Monarquía castellana. Así, por ejemplo, Baer nos informa de que organizó la recaudación de las aduanas en todo el reino de Castilla con ayuda de comerciantes que vivían en las diferentes ciudades, la mayoría de los cuales eran judíos, y sólo unos pocos cristianos[15].

Precisamente otro judío vecino de Soria, también destacado financiero, tuvo a su cargo con posterioridad durante bastantes años la recaudación de esta misma renta de las aduanas, en el ámbito de los obispados de Calahorra, Osma y Sigüenza, que abarcaban la frontera con Navarra y el sector septentrional de la frontera con Aragón. Se trata de Ysaque Pesquer[16], quien debió desempeñar en su momento un papel tan fundamental en el control del comercio fronterizo en el sector soriano de la frontera que sus casas principales, ubicadas en la céntrica calle del Collado en Soria, se eligieron para establecer en ellas la aduana[17]. Su perfil como destacado financiero al servicio de la Monarquía queda confirmado además por la estrecha relación que le unió con el judeoconverso Juan Ramírez de Lucena, que estuvo casado con una hermana suya, convertida al cristianismo, la cual mucho tiempo después de muerta llegó a ser condenada por la Inquisición por prácticas presuntamente judaizantes[18]. Este personaje, padre del célebre protonotario del mismo nombre, fue, en efecto, uno de los más activos recaudadores de rentas de la Monarquía durante los reinados de Juan II y Enrique IV[19].

---

(1998-9), pp. 117-133.
[13] ACA (=Archivo de la Corona de Aragón), C (=Cancillería), reg. 3170-148, Valencia, 22-VI-1428 y reg. 3170-148v, Valencia, 7-VII-1428.
[14] AGS, EMR (=Escribanía Mayor de Rentas), 1-105. Se informa también del libramiento a Abraham Bienveniste en Pedro Fernández de Almarza, recaudador de los pedidos y monedas del obispado de Osma, de 2.000 florines, en parte de pago de otros 5.000 florines que había prestado.
[15] Yitzhak BAER. *A history...* Vol. II, p. 250.
[16] En AGS (=Archivo General de Simancas), EMR leg. 2, aparece como arrendador de los diezmos y aduanas de estos tres obispados en el período que va de 1440 a 1446.
[17] Miguel-Ángel LADERO QUESADA, *La Hacienda Real de Castilla en el siglo XV*, La Laguna, Universidad, 1973, p. 106.
[18] Vid. Máximo DIAGO HERNANDO, "El protonotario Lucena en su entorno sociopolítico. Nuevos datos sobre su biografía", *Sefarad*, 53 (1993), pp. 249-72.
[19] Noticias sobre rentas que tuvo a su cargo en AGS, EMR, legs. 5 y 6. Y Pablo ORTEGO RICO. *Hacienda, poder*

Otros varios judíos vecinos de Soria tomaron a su cargo la recaudación de rentas de la Monarquía durante el reinado de Enrique IV. Entre ellos figuran don Yuça Levi, quien fue arrendador de alcabalas y tercias del obispado de Osma entre 1463 y 1467, y Abrahen Levi, que tomó a su cargo dos tercios de las alcabalas de Atienza, Molina, Deza y otras villas del obispado de Sigüenza, quedando el otro tercio en cabeza de un judío vecino de Segovia, llamado Simuel de Vidas. A los nombres de estos arrendadores principales se han de añadir los de otros muchos que también participaron en el negocio actuando como fiadores de los arrendadores principales, y arriesgaron capital propio en la operación. Desde esta perspectiva se impone una referencia a los que se ofrecieron como fiadores en los arrendamientos de la *"masa"*, que, como ha puesto de manifiesto Pablo Ortego, se pusieron en práctica durante el gobierno de Álvaro de Luna[20]. Cuando don Abraham Bienveniste, judío vecino de Segovia, tomó a su cargo el año 1440 el arrendamiento de la "masa" junto con el tesorero Juan Ramírez de Toledo, entre los numerosos fiadores que ofreció a la Real Hacienda figuran varios judíos vecinos de Soria. Se trata de don Juçef Bachilon, que se obligó por cuantía de 50.000 mrs., don Salomón de la Caballería, por 100.000, don Mayr el Levi, hijo de don Mayr el Levi, por 30.000, don Bienveniste, hijo de un tal Ferrer, por 50.000 y don Mayr el Levi, hijo de don Abrahem el Levi, por 50.000 mrs. A ellos se suma un judío vecino de Almazán, don Abraham Bienveniste, hijo de don Salomón Bienveniste, y un conocido judeoconverso vecino de Soria, Fernán Martínez de San Clemente, que desarrolló una intensa actividad al servicio de la Real Hacienda al igual que su cuñado, el ya mencionado Juan Ramírez de Lucena[21].

Durante el reinado de los Reyes Católicos los judíos sorianos continuaron figurando entre los más activos arrendadores de rentas de la Monarquía. Entre otros cabe destacar a Simuel Bienveniste, en quien se remataron las alcabalas y tercias de Molina de 1488, 1489 y 1490, y las alcabalas y tercias del obispado de Osma de estos mismos años, en compañía con un judío vecino de Huete (Cuenca). Entre los numerosos fiadores que ambos presentaron figuran varios judíos vecinos de Soria, en concreto Mayr Bienveniste y Salamón Bienveniste, hijo de Abraham Bienveniste, don Bienveniste Alasar y Simuel Bienveniste, hijo de Abraham Bienveniste. El propio Simuel Bienveniste, además de actuar como arrendador

---

*real y sociedad en Toledo y su Reino (Siglo XV-principios del XVI)*, Madrid, Universidad Complutense de Madrid, 2013 (Tesis doctoral). Y *Poder financiero y gestión tributaria en Castilla. Los agentes fiscales en Toledo y su reino (1429-1504)*, Madrid, Instituto de Estudios Fisacles, 2015.

[20] Pablo ORTEGO RICO, *Hacienda, poder real…* pp. 864-7

[21] AGS, EMR, leg. 2. Regesta de 1440. Vid. Y Pablo ORTEGO RICO, *Hacienda, poder real…* pp. 864-7. Sobre el perfil sociopolítico de Fernán Martínez de San Clemente y Juan Ramírez de Lucena Vid. Máximo DIAGO HERNANDO, "Luces y sombras en el proceso de integración de los judeoconversos en la región soriana durante los siglos XV y XVI", *eHumanista/Conversos*, 6 (2018), pp. 1-18.

principal, participó en el negocio de la recaudación de impuestos como fiador de otros arrendadores, como Simuel Bienveniste, vecino de Alcalá de Henares, quien tomó a renta las alcabalas y tercias del obispado de Osma entre 1485 y 1487[22]. Por su parte, don Simuel Naçi y don Abrahem Bienveniste, vecinos de Soria, fueron arrendadores principales, en compañía con don Abrahem Bienveniste, vecino de Calahorra, de las alcabalas y tercias del obispado de Osma de 1482, 1483 y 1484. Y otro vecino de Soria, Mayr el Levi, fue arrendador en los primeros años del reinado de los Reyes Católicos de las alcabalas y tercias de la villa del Burgo de Osma y su Tierra[23].

La gran mayoría de los judíos que despuntaron por su papel como recaudadores de rentas de la Monarquía a lo largo del siglo XV fueron vecinos de Soria. Pero también los encontramos entre los residentes en otros núcleos urbanos de la región. En Almazán residió Salomon Bienveniste de Almazán, quien tuvo a su cargo las alcabalas del obispado de Sigüenza en 1440, actuando como su fiador don Bienveniste, vecino de la misma villa, quien probablemente era su hijo. En Ágreda destaca la figura de don Namías Abenamías, en quien se remataron las alcabalas de esta misma villa de 1470, 1471,1472[24]. Otros tres judíos agredeños, Ysaq Barbasturiel, don Salamon Açerol y Liça, fueron los recaudadores de estas mismas alcabalas en 1484, 1485 y 1486[25], mientras que el propio Ysaq Barbasturiel lo volvió a ser de las de 1487 y 1488. En estos años se quejó de que tuvo que hacer frente a la actitud hostil de uno de los alcaldes de la villa, Pedro Ruiz de la Peña, quien le habría hecho perder en su inversión en torno a 100.000 mrs. por las dificultades con que tropezó para la recaudación de la renta[26]. Por fin, de Berlanga de Duero era vecino Abraham Levi, arrendador de alcabalas y tercias del partido de Sigüenza entre 1453 y 1458 , y de las tercias de Atienza en 1463, por diez años[27].

La relación de judíos implicados en el negocio de recaudación de rentas de la Monarquía no se agota, sin embargo, con los arrendadores principales, y sus fiadores, puesto que a ellos habría que añadir los que tomaban algunas de dichas rentas por subarrendamiento. Se trató de una práctica muy habitual, y para ilustrar

---

[22] AGS, EMR, Hojas e Informaciones, leg. 546.
[23] Noticia sobre el problema planteado por tomas efectuadas en estas rentas en 1475 y 1476 por el conde de Castro, señor de Gormaz, y su hermano Luis Hurtado de Mendoza, aspirante a la silla episcopal de Osma, en AGS, RGS (=Registro General del Sello), X-1484, fol. 80.
[24] AGS, Contaduría Mayor de Cuentas, leg. 107. Se le remataron en 125.000 mrs. cada año.
[25] Con posterioridad el judío Liça denunció dificultades para cobrar hasta 150.000 mrs. que le adeudaban vecinos de Ágreda y su Tierra por transacciones obligadas al pago de alcabala. AGS, RGS, XII-1490, fol. 259.
[26] AGS, RGS, VII-1488, fol. 142. Provisión a los alcaldes de Ágreda.
[27] La información relativa a todos los judíos mencionados procede de AGS, EMR, salvo en los casos en que se ofrecer referencias documentales adicionales.

su funcionamiento nos referiremos a lo que ocurrió con las alcabalas de Ágreda y su Tierra de los años 1488 y 1489. Fue rematada esta renta por los contadores mayores del rey en el ya aludido Ysaq Barbasturiel. Éste, sin embargo, procedió a continuación a traspasar la mitad de la renta a una compañía formada por otros dos convecinos suyos, uno judío, llamado Lisa, y otro cristiano, de nombre Francisco de la Fuente. Y, para complicar aún más el procedimiento, este último a su vez después traspasó su cuarta parte en otro convecino llamado Juan de la Cal. Pero finalmente ninguno de estos dos cristianos cumplió con sus compromisos, de modo que Ysaq Barbasturiel, tuvo que recurrir a los reyes para reclamar que se le hiciese justicia, y se obligase a Juan de la Cal o a Francisco de la Fuente a abonarle las cantidades por las que se habían obligado[28]. Este caso pone de manifiesto por lo demás que la colaboración entre judíos y cristianos en negocios financieros no fue inhabitual, aunque no siempre se desarrolló sin fricciones. No fueron excepcionales los casos en que los judíos se sintieron agraviados por sus socios cristianos, o incluso por oficiales de la justicia a los que reprochaban una actitud hostil, como el ya mencionado alcalde de Ágreda, Pedro Ruiz de la Peña, denunciado por Ysaq Barbasturiel. Pero en estos casos no dudaron nunca en recurrir ante la Monarquía en la esperanza de que los desagraviaría, como, en efecto, en más de una ocasión hicieron sus tribunales, al menos sobre el papel.

### *Administración de haciendas nobiliarias*

Además de servir a la Monarquía en la recaudación de impuestos, los judíos sorianos encontraron otro terreno abonado para desplegar sus dotes como eficaces gestores financieros en la administración de las haciendas de miembros de la alta nobleza implantados en la región. Así, sabemos que Simuel Pesquer, vecino de Soria, desempeñó el cargo de *contador* de Carlos de Arellano, segundo señor de Camero de su linaje, que mantuvo una especial relación con la ciudad del Duero, donde se hizo enterrar en una de las capillas del monasterio de San Francisco[29]. Formó parte este judío de una de las principales familias de hombres de negocios de la ciudad del Duero, pues fue padre de Ysaque Pesquer y de la mujer del arrendador judeoconverso Juan Ramírez de Lucena, de quienes ya hemos hablado al tratar de los principales recaudadores de rentas al servicio de los reyes Juan II

---

[28] AGS, RGS, IV-1491, fol. 262.
[29] Contiene el dato de que era contador del señor de Cameros el testamento del regidor soriano Gonzalo Gil de Miranda, otorgado en Valladolid, 20-IV-1413. Alude a lo que le debe Carlos de Arellano del sueldo de la gente que tuvo con dicho Carlos en Aragón en 1412, y remite para hacer la cuenta al libro de Simuel Pesquer, contador de dicho noble. Publica un extracto del testamento Carlos MARTEL, *De la fundación de Soria, del origen de los doze linages y de las antiguedades desta ciudad*, Madrid, CSIC, 1968, p. 135.

y Enrique IV[30]. Por su parte, el sucesor en el señorío de Carlos de Arellano, su hijo Juan Ramírez de Arellano, tuvo a su servicio como administrador de su hacienda y recaudador de sus rentas a otro judío residente en el castillo de Soria a mediados del siglo XV. Se trata de Simuel Bienveniste, quien, según testimonio prestado a fines de dicho siglo por judeoconversos que lo conocieron de niños en el referido dicho castillo, logró reunir una importante fortuna gracias a dicha dedicación[31].

Los Mendoza, señores de Almazán, y condes de Monteagudo por merced de los Reyes Católicos, también recurrieron a los servicios de judíos para que administrasen sus haciendas, recaudasen sus rentas y les proporcionasen crédito. Así, el patriarca de la familia judeoconversa de los Lainez, Abraham aben Rodrique, prestó importantes servicios financieros al primer conde de Monteagudo, Pedro de Mendoza, y a su esposa Isabel de Zúñiga. Lo demuestra el hecho de que en el momento de la muerte del judío éstos le debían una cantidad próxima a los 5.000 ducados, que le tocó cobrar a uno de sus hijos, el que tras su conversión al cristianismo en 1492 adoptó el nombre de Francisco Lainez[32]. Por otro lado, una real provisión de abril de 1493 nos informa que varios judíos que habían tenido cargo de cobrar rentas pertenecientes a la casa condal de Monteagudo, a raíz de emprender el camino del exilio, le habían transferido al propio conde cantidades de dinero que les adeudaban diversas personas por virtud de obligaciones[33].

El duque de Medinaceli recurrió a su vez a los servicios de judíos adnamantinos. En concreto uno de los hijos de Abraham aben Rodrique, llamado Rabí Ça Carrillo, quien al convertirse al cristianismo adoptó el nombre de Pedro Lainez, tuvo a su cargo la recaudación de rentas del duque en compañía con otros dos judíos vecinos de Sigüenza[34]. Sus antecesores, los condes de Medinaceli, también tuvieron entre sus servidores en negocios hacendísticos y recaudatorios a judíos. Es el caso, por ejemplo, de Samuel Abenxuxe, quien en 1432 y 1433 trabajó en la recaudación de alcabalas, martiniega y otras rentas pertenecientes a su señor el conde en la villa de Medinaceli y las tres cuadrillas de su Tierra[35].

---

[30] Vid. Carlos CARRETE PARRONDO, *El tribunal de la Inquisición*..., p- 20.
[31] Declaraciones efectuadas poco antes de 1500 por dos judeoconversos vecinos de San Pedro Manrique, Juan Rodríguez de Soria y Pedro Fernández de Santa María, en AChV, PC (=Pleitos Civiles), Lapuerta, F. C. 871-1
[32] Esta información y todas las relativas a Abraham aben Rodrique, identificado como padre de Francisco Lainez, proceden de AChV, RE, 350-65 (19-X-1521).
[33] AGS, RGS, IV-1493, fol. 78. Comisión al bachiller de Portillo.
[34] Javier CASTAÑO GONZÁLEZ, *Las comunidades judías en el obispado de Sigüenza en la Baja Edad Media: Transformación y disgregación del judaísmo en Castilla a fines de la Edad Media*, Tesis Doctoral Universidad Complutense, Madrid, 1994, pp. 222-3
[35] Mª. Luisa PARDO RODRÍGUEZ, *Documentación del Condado*... doc. nº. 163.

Además de estas tres grandes casas señoriales, en las décadas centrales del siglo XV otro destacado miembro de la alta nobleza compitió con ellas por la hegemonía en la región soriana. Se trata del tenente de la fortaleza realenga de la propia ciudad de Soria, Juan de Luna, el principal valedor y aliado del Condestable Don Álvaro de Luna en esta comarca de enorme importancia estratégica por su condición de frontera con los reinos de Aragón y Navarra, desde donde operaban los principales enemigos del Condestable, con el infante Juan, luego rey de Navarra, a la cabeza[36]. Juan de Luna, como máxima autoridad jurisdiccional del castillo donde residían la mayoría de los judíos sorianos, mantuvo consecuentemente una estrecha relación con éstos, hasta el punto de optar por fijar su residencia en unas casas que habían sido propiedad de don Simuel Abenamías[37]. Resulta comprensible, por consiguiente, que algunos de estos judíos del castillo prosperasen a su servicio. El que más lo hizo fue Ferrer Bienveniste, quien en la durante la década de 1450 le sirvió como recaudador. Gracias a ello logró convertirse en un individuo con cierta influencia política. Lo demuestra el hecho de que los campesinos de la Tierra de Soria le abonaban anualmente ciertas cantidades de dinero, "para ayuda de su costa e mantenimiento, por buenas que façe a la tierra e singulares[38].

## *Recaudación de rentas eclesiásticas*

Las relaciones de los judíos con las autoridades eclesiásticas fueron en líneas generales bastante más cordiales de lo que habría cabido esperar si se asumiesen planteamientos apriorísticos sobre el supuesto antisemitismo consustancial al cristianismo que circulan en ciertos medios. Los obispos y otros eclesiásticos de elevado rango actuaron en ocasiones como protectores de los judíos, y recurrieron a ellos para que les prestasen ciertos servicios. Por ello no resulta excepcional constatar que entre las actividades financieras en que despuntaron judíos figure también la de recaudación de rentas pertenecientes a eclesiásticos, en particular los diezmos. Para la región soriana la información hasta ahora disponible sobre esta faceta de su actividad no es abundante, pero existe alguna digna de comentario. En concreto un documento del año 1485 nos informa que un judío vecino de Soria, don Yuçaf, en compañía con dos cristianos, Agustín Sánchez, escribano, y Pedro Sánchez de la Puerta Rabanera, tomaron a renta la recaudación de las rentas pertenecientes al obispo de Osma Don Pedro Montoya (*pontificales*) en esta ciudad y los tres arciprestazgos que comprendía su

---

[36] Máximo DIAGO HERNANDO, "El alcaide Juan de Luna: un hombre al servicio del Condestable Don Álvaro en la región soriana", *Celtiberia*, 81-82 (1991), pp. 59-85.
[37] Consta por documento conservado en AHN-Nobleza de Toledo, Osuna, leg. 2183-6-4.
[38] Noticia contenida en libros de cuentas de la Universidad de la Tierra, del año 1452, trasladados como documento probatorio, en AGS, Consejo Real, leg. 48, fol. 1 (Pleito de Peñalcázar).

Tierra en el año 1474. Se comprometieron a pagar 750.000 mrs. por dichos *pontificales* al obispo. Pero, dada la envergadura del contrato, y la complejidad del negocio de la recaudación, que obligaba a dispersarse por multitud de diminutas aldeas, estos tres arrendadores principales procedieron a su vez a subarrendar participaciones, y lo hicieron a un total de 23 personas diferentes, entre las que casi la mitad, once en concreto, eran judíos avecindados en la ciudad del Duero. Se trata de Abrahem Verga, don Abren Bienveniste y de Calahorra, don Mayr Levi, don Yuda Levi, su cuñado; Bienveniste Alargar, Çulema Barchilon, Bienveniste de Calahorra, Ysaque Bienveniste, Bueno Cambiador, Yuçef Çulema y don Santo Tomi[39].

## *ACTIVIDADES MERCANTILES*

La mayoría de los judíos sorianos que invirtieron en negocios financieros y de recaudación de rentas, fueron a su vez activos mercaderes. Y, en efecto, el comercio despunta como una actividad tanto o más importante para los miembros de las comunidades judías de la región soriana como las finanzas. No obstante, la parca documentación disponible sólo nos permite conocer de forma muy parcial e insuficiente el carácter de sus empresas mercantiles.

### *Comercio de lanas*

El comercio de la lana fina fue una actividad de importancia central para la región soriana desde comienzos del siglo XV hasta finales del siglo XVIII, gracias a la fuerte demanda de lanas finas que entonces se desarrolló en numerosos países europeos, que carecían de materia prima local de suficiente calidad para sus manufacturas pañeras. Para la región soriana el gran impulso a las exportaciones laneras se produjo en las primeras décadas del siglo XV, cuando se les abrió el mercado flamenco como consecuencia de las crecientes dificultades para disponer de lana fina inglesa con que tropezaron entonces los fabricantes pañeros de los Países Bajos. La lana fina castellana, y entre ella la soriana, vino a sustituir, en efecto, entonces a la inglesa como materia prima principal para la fabricación de paños en Flandes, y como consecuencia se dispararon las exportaciones. La falta de documentación en la región soriana para gran parte del siglo XV impide conocer en detalle conocer cómo se organizó este mercado de lanas finas. Hay que esperar a las décadas finales del mismo para que la información extraíble de

---

[39] AGS, RGS, I-1485, fol. 103. Los nombres de los judíos están sujetos a modificaciones, teniendo en cuenta que los escribanos cristianos alteraban con frecuencia la forma en que escribían los nombres judíos, sobre todo en documentos con escritura muy cursiva, como son los de los registros.

los documentos que nos han llegado comience a resultar más abundante. Y en ese momento podemos constatar que el papel de los judíos, especialmente de los residentes en las ciudades de Soria y Almazán, fue de primera fila en dicho mercado[40].

Por lo que toca a los judíos de Soria, proporciona buena prueba un documento del año 1483 que recoge la denuncia presentada por varios de ellos ante la Monarquía contra el concejo soriano. Le acusaban de haber introducido un nuevo impuesto que se cargaba sobre las operaciones de venta de lana, que les resultaba muy perjudicial, porque en la ciudad sólo se dedicaban a dicha actividad unos diez o doce judíos del aljama, y otros cinco o seis cristianos[41].

Ciertamente no tenemos noticia de ningún judío soriano que participase directamente en empresas de exportación de lanas a otros países europeos, como Flandes o Italia. Según todas nuestras informaciones se limitaron a actuar como intermediarios, proveedores de sacas de lana lavada para mercaderes exportadores, en su mayoría vecinos de la ciudad de Burgos, aunque también cabe encontrar algunas vagas referencias a genoveses.

Entre los mercaderes laneros más activos de Soria durante el reinado de los Reyes Católicos destaca Bienveniste de Calahorra, aparentemente uno de los más acaudalados de la comunidad judía local[42], y que en 1492 decidió mantenerse fiel a su religión, exiliándose en Portugal[43]. Con anterioridad había desarrollado una intensa actividad como mercader lanero, que compraba por adelantado lanas a pequeños ganaderos, avanzándoles cantidades de dinero varios meses antes del esquileo, a cambio de pagárselas a precios más bajos. Por ello en el momento en que debió exiliarse tenía invertidos cerca de tres millones de mrs. en "deudas y señales" en Tierra de Soria, aunque ciertamente no todos los que entonces le adeudaban dinero en las aldeas eran ganaderos que se hubiesen comprometido a entregarle sus lanas del siguiente esquileo, sino que también debía haber entre ellos muchos labradores, que hubiesen vendido por adelantado parte del cereal de sus futuras cosechas[44]. Las lanas que adquiría por este y otros procedimientos las

---

[40] Vid. Máximo DIAGO HERNANDO, "El comercio de las lanas en Soria en época de los Reyes Católicos", *Celtiberia*, 78 (1989), pp. 25-75. Y Enrique CANTERA MONTENEGRO, "Los judíos y el negocio de la lana en los obispados de Calahorra y Osma a fines de la Edad Media", en Elena ROMERO (Ed.), *Judaísmo hispano: Estudios en memoria de José Luis Lacave Riaño*, Madrid, CSIC, 2002, pp. 616-628.
[41] AGS, RGS, XI-1483, fol. 103.
[42] En el préstamo forzoso que los Reyes Católicos exigieron en 1483 a los judíos de Soria para atender los gastos de la guerra de Granada, Bienveniste de Calahorra fue el que más contribuyó, con 60.000 mrs. Su hermano Abraham prestó 30.000 Vid. Carlos MARTEL, *De la fundación de Soria*...p. 204.
[43] Vid. Máximo DIAGO HERNANDO, "Efectos del decreto de expulsión de 1492 sobre el grupo de mercaderes y financieros judíos de la ciudad de Soria", en Elena ROMERO (Ed.), *Judaísmo hispano*..., pp. 749-764.
[44] AGS, Casa y Sitios Reales, leg. 10, fols. 94-98.

lavaba y ensacaba, para después revenderlas a otros mercaderes, que fueron preferentemente vecinos de la ciudad de Burgos. Entre ellos estuvieron Juan Alfonso de Sahagún y su hijo Andrés de Escobar, quienes en 1492 presentaron denuncia contra este judío soriano, acusándole de haberles estado llevando durante los veinte años en que habían negociado con él, grandes "usuras", que estimaron que podrían oscilar entre millón y medio y tres millones de mrs. por año, por haberles cobrado las lanas a precios abusivos[45]. Por las mismas fechas también se presentaron denuncias por este mismo motivo contra otro judío avecindado en Soria, don Nasçi, que fue acusado por unos mercaderes burgaleses de haberles vendido en la feria de mayo de Medina del Campo lanas por valor de más de 80.000 mrs., cargándoles por las mismas precios exorbitantes, sólo porque les concedía cortos aplazamientos de pago. Y además había cometido otros fraudes, entregándoles lana "prieta", es decir, negra, por blanca, y lana de Aragón por lana de Molina[46]. Ni que decir tiene que en estas denuncias presentadas por los exportadores burgaleses contra los judíos sorianos precisamente en el momento en que se veían forzados a exiliarse hubo mucho de oportunismo, y las acusaciones sobre prácticas usurarias han de ser consideradas por consiguiente con prevención.

La intensa actividad desplegada por los judíos sorianos como intermediarios en el mercado lanero, que compraban lanas a pequeños productores para revenderlas a exportadores foráneos se refleja también en la circunstancia de que llegaron a hacerse con la propiedad de lavadero a orillas del Duero, donde acondicionaban las lanas que luego revendían ensacadas, Así, sabemos que tras 1492 el hidalgo de origen santanderino Gómez de Gama, dedicado al trato lanero, se hizo con la propiedad de un lavadero que compró a unos judíos que tomaron el camino del exilio[47]. No se trató en cualquier caso del único tipo de instalación a orillas del río Duero que llegaron a tener en propiedad los judíos en Soria. También nos consta que fueron propietarios de molinos[48], y de tintes, donde se daba color a los paños de producción local[49].

Después de Soria, otro núcleo urbano en el que los judíos desarrollaron una

---

[45] AGS, RGS, VI-1492, fol. 290.
[46] Según documento de AGS, RGS, que recoge Luis SUÁREZ BILBAO, "Los procesos sobre usura presentados contra la comunidad judía ante el Consejo Real: 1476-1492", en *Proyección histórica de España en sus tres culturas: Castilla y León, América y el Mediterráneo*, Valladolid, Junta de Castilla y León 1993, pp. 318-319.
[47] Noticia en declaraciones de testigos en AGS, EMR, Hojas e Informaciones, leg. 552
[48] Noticia de un judío vecino de Tarazona, propietario de un molino en Soria a fines del siglo XIII, en Máximo DIAGO HERNANDO, "La movilidad de los judíos... p. 258.
[49] Carlos CARRETE PARRONDO, *El tribunal de la Inquisición en el obispado de Soria (1486-1502)*, Universidad, Salamanca, 1985, doc. nº. 373, p. 155. Referencia a un judío llamado Ysaque el portugués, que marchó a Portugal en 1492 junto con su mujer e hija, y no regresó, dejando en confianza el tinte del que era propietario en Soria a su amigo Hernando de Garnica, el viejo

notable actividad como mercaderes de lanas en las décadas previas a 1492 fue Almazán. Allí desarrolló su actividad el ya aludido Don Abraham aben Rodrique, el judío del que descienden numerosos y acaudalados judeoconversos adnamantinos del siglo XVI de apellido Lainez. La envergadura de sus tratos con lanas queda demostrada por el hecho de que al morir dejó en sus lonjas unas 400 sacas, que su hijo mayor, convertido después al cristianismo con el nombre de Francisco Lainez vendió a unos mercaderes burgaleses, a los que concedió aplazamiento de pago. Además sabemos que tenía a su servicio en Atienza a un judío que en 1492 se convirtió al cristianismo adoptando el nombre de Francisco del Águila, el cual, según reza el documento, trabajaba en "hacer sacas de lana para vender"[50]. Por su parte, uno de los hijos de Don Abraham aben Rodrique, que se llamaba Çag Carrillo y tras 1492 adoptó el nombre de Pedro Lainez, ya antes de su conversión al cristianismo se dedicaba a la compra de lanas a campesinos del entorno de Almazán, que revendía después de lavadas y ensacadas a otros judíos adnamantinos que estaban al servicio de exportadores genoveses[51]. Por su parte, Abraham Francés, también vecino de Almazán, en 1484 denunció a dos mercaderes burgaleses, los hermanos Pedro y Juan de Burgos, porque, habiéndoles vendido 40 sacas de lana por valor de 93.000 mrs. sólo había conseguido que le pagasen en los plazos estipulados 26.000 mrs. y le continuaban adeudando el resto[52].

La notable talla alcanzada por los judíos adnamantinos como mercaderes laneros queda además corroborada por la constatación de que no se limitaron a negociar en su entorno geográfico más inmediato sino que también realizaron incursiones en regiones más lejanas. Es el caso de la Tierra de Molina de Aragón, otro de los principales ámbitos productores de lanas finas procedentes del esquileo del ganado merino trashumante[53]. Así lo pone de manifiesto en primer lugar el hecho de que en 1480 un judío adnamantino llamado Bienveniste denunció al concejo de esta villa por haber introducido desde hacía un año un nuevo impuesto sobre las sacas de lana que pasaban por su término, exigiendo el pago de una blanca por cada vellocino[54]. Como consecuencia a él le habían forzado a pagar un total de 6.000 mrs., lo que confirma que era un destacado tratante de lanas en aquella comarca. Pero, además, del tenor de su denuncia se deduce que se había sentido agraviado porque el concejo de Molina le había tratado con mayor dureza que a otras personas que pasaban lanas, a las que o bien les concedían rebajas en

---

[50] AChV, RE, 350-65 (19-X-1521).
[51] Noticias en AChV, RE, 85-22 (VII-1495). Y AChV, RE, leg. 44, 18-VII-1495.
[52] AGS, RGS, VI-1484, fol. 57.
[53] Máximo DIAGO HERNANDO, "Ganaderos trashumantes y mercaderes de lanas en Molina y su tierra durante el reinado de los Reyes Católicos", *Wad-al-Hayara*, 19 (1992), pp. 129-49.
[54] AGS, RGS, XI-1480, fol. 91.

el impuesto o incluso les perdonaban su pago. Es muy probable que por razón de su condición de forastero, y además judío, hubiese personas o grupos interesados en acabar con su incómoda competencia. Pero, en cualquier caso, en esta ocasión los reyes le concedieron su pleno apoyo, ordenando al concejo de Molina que, en cumplimiento de las leyes promulgadas en las Cortes de Santa María de Nieva por Enrique IV, confirmadas por ellos mismos en las Cortes de Madrigal, dejase de exigir el cobro de cualquier impuesto sobre el tránsito de mercancías.

La relevancia de la actividad de los judíos de Almazán como tratantes laneros en la Tierra de Molina queda corroborada, además, por otros documentos. En primer lugar cabe destacar el hecho de que en un contrato de venta de 9.000 vellones de lana fina concertado por uno de los principales señores de ganados trashumantes de Molina al mercader burgalés Álvaro de Gumiel se dispuso que el precio al que se le había de pagar fuese el que eligiese el vendedor entre los obtenidos por tres destacados ganaderos de la villa, siempre que éstos vendiesen sus pilas a mercaderes de Burgos o a judíos de Almazán, incluyendo entre ellos a un tal Don Enesçi[55]. Por otro lado, otro documento que contiene un desglose del producto de la recaudación de las alcabalas de esta villa en 1484 nos informa del remate en un judío llamado Mosse Abenxuxe de la renta del "alcabala de lo que vendiesen los mercaderes de Burgos y Almazán en Molina"[56]. De esta escueta noticia se deduce, por tanto, que ambos grupos de mercaderes desarrollaban por entonces una importante actividad mercantil en aquellas tierras, aunque desconocemos en detalle los productos con los que negociaban, al margen de la lana.

### *Comercio con Navarra, Aragón y Valencia*

Los judíos sorianos estuvieron involucrados en negocios mercantiles con otros muchos productos además de las lanas, que les llevaron en muchos casos a desplazarse a los vecinos reinos de Aragón y Navarra. Así, tenemos noticia de un judío vecino de Soria, Abraham Frangil, que en tiempos de la guerra de los dos Pedros, entre Aragón y Castilla, fue capturado por las tropas aragonesas cuando se desplazaba desde Tudela hacia Alfaro con cuatro acémilas cargadas de vino, aceite y otras mercancías, y permaneció prisionero en Tarazona hasta agosto de 1361, cuando el monarca aragonés ordenó que se le liberase[57].

---

[55] Vid. Máximo DIAGO HERNANDO, "Ganaderos trashumantes y mercaderes..." pp. 143-144.
[56] AGS, Diversos de Castilla, leg. 5, fol. 2.
[57] ACA. C. reg. 705-186v, Barcelona, 18-VIII-1361. Vid. Máximo DIAGO HERNANDO, - "Introducción al estudio del comercio entre las Coronas de Aragón y Castilla durante el siglo XIV: Las mercancías objeto de intercambio", *En la España Medieval*, 24 (2001), pp. 47-101

Por lo que respecta al comercio con Aragón, un fragmento del registro del cobro del impuesto de la "quema", que abarca varios meses del año 1386, nos informa sobre la actividad mercantil desplegada por varios judíos vecinos de Ágreda, Soria y Medinaceli, que llevaban a vender a Aragón productos como los cueros, el queso, los lienzos, la estopa y el hierro, y en contrapartida introducían en Castilla desde el vecino reino paños, aceite, papel, pimienta, açafrán y otras especias[58]. Por otra parte se ha de tener en cuenta que en Tarazona, según atestigua la documentación del siglo XV, funcionaron algunas *botigas* o tiendas, donde consta que numerosos judíos se surtieron de mercancías tales como especias, algodón, azúcar y variados yejidos y productos de mercería, que pasaron a vender a Castilla[59]. Las fuentes no precisan el lugar de avecindamiento de estos judíos, que no podemos saber con seguridad si eran castellanos o aragoneses. Dos de los más activos fueron Simuel Abenate y Yuçe Benacan, de los cuales el primero consideramos bastante probable que fuese vecino de Soria, donde efectivamente residió un judío con este nombre, que tenía un hermano llamado Yuçe Abenate, quien curiosamente nos consta que frecuentaba la ciudad aragonesa de Calatayud por negocios[60].

Por lo demás, los judíos sorianos no sólo frecuentaron por razón de sus negocios mercantiles los vecinos reinos de Aragón y Navarra, sino que también está constatada su presencia en el más distante reino valenciano. Así, por ejemplo, en el registro de cosas vedadas de Valencia de 1381 aparece mencionado un judío llamado Jacob de Soria que sacó desde este reino con destino a Castilla un conjunto muy diversificado de mercancías, entre las que figuraban dedales, agujas, cuchillos y botones[61].

## *Otras actividades mercantiles*

Los judíos sorianos despuntaron en otras muy diversas ramas del negocio mercantil al margen de las mencionadas, las cuales, no obstante, no siempre nos resulta posible conocer con el deseable detalle. Así, por ejemplo, de algunos judíos los documentos disponibles se limitan a informarnos que tenían grandes tratos de mercadería, y eran propietarios de muchas acémilas y mulas, sin

---

[58] Este documento puede consultarse en ACA, Maestre Racional, leg. 2908, fols. 2 y 3.
[59] Sobre la importancia de las *botigas* de Tarazona y Calatuyud para la distribución de mercancías que en parte eran destinadas al mercado castellano Vid. Máximo DIAGO HERNANDO, "Relaciones comerciales entre Castilla y Aragón en el ámbito fronterizo soriano a fines de la Edad Media", *Aragón en la Edad Media*, 9 (1991), pp. 179-202. "Desarrollo de las ciudades aragonesas fronterizas con Castilla como centros mercantiles durante el siglo XIV: Tarazona, Calatayud y Daroca", *Cuadernos de Historia Jerónimo Zurita*, 74 (1999), pp. 211-246.
[60] Referenmcias a los hermanos Simuel Abenate y Yuçe Abenate, judíos vecinos de Soria, en Carlos CARRETE PARRONDO, *El tribunal de la Inquisición...* pp. 28 y 31.
[61] Mª. Desamparados CABNANES PECOURT, *Coses vedades en 1381*, Valencia, 1971.

especificar con qué productos trataban. Es el caso de Simuel Bienveniste, vecino de Soria, de quien ya hemos hablado al tratar de su faceta de recaudador de alcabalas y otras rentas en la década de 1480[62]. Sobre otros, sin embargo, disponemos afortunadamente de informaciones algo más detalladas. Es el caso, por ejemplo, del varias veces aludido judío adnamantino Abraham aben Rodrique[63]. En efecto, sabemos que éste al morir dejó una tienda de paños y sedas en la plaza de Almazán, que se valoró en 3.000 ducados de oro, y una segunda tienda de mercería en la misma plaza, que había estado a cargo de un judío llamado Baru, y de otro criado convertido al cristianismo después de 1492 con el nombre de Francisco López. Pero, además de poseer estas dos tiendas en Almazán, este polifacético y acaudalado judío tenía a su servicio varios factores que gestionaban sus negocios en un extenso territorio alrededor de esta villa. En concreto son identificados como tales factores Paçariel, quien gestionaba sus negocios en Monteagudo, Serón, Ariza y Peñalcázar con sus correspondientes aldeas; Cosniel y Açan, que estaban al cargo de sus negocios en Almazán y Soria, con sus aldeas; y Abu Fave, que hacía lo propio en Ayllón y El Burgo de Osma. A ellos se sumaba el ya aludido factor que trabajaba en Atienza comprando lanas, quien tras su conversión adoptó el nombre de Francisco del Águila, continuando al servicio de Pedro Lainez, hijo de Don Abraham, en el trato lanero. El documento no detalla qué tipo de negocios atendían estos factores, pero no parece improbable que entre ellos estuviese el de la venta de mercancías a los campesinos acomodados.

Por lo demás, la documentación en general proporciona indicios de que los judíos en la región soriana estuvieron muy interesados por el negocio de la venta al por menor de paños de muy variadas características y orígenes[64]. Esta faceta de su actividad queda puesta de relieve con cierto detalle por la documentación notarial conservada en Ágreda para mediados del siglo XIV, en la que abundan noticias sobre ventas de paños por judíos vecinos de esta villa, que suelen ser los mismos que aparecen realizando operaciones de préstamo[65]. Pero también a judíos residentes en otros núcleos urbanos de importancia más modesta los encontramos negociando con esta mercancía. Destaca desde este punto de vista el caso de

---

[62] Declaraciones de testigos sobre Simuel Bienveniste, para acreditar su solvencia como recaudador de rentas, en AGS, EMR, Hojas e Informaciones, leg. 546. De él dijeron que "tenía trato de mercadería e casa muy alhajada e injoyada… asemilas e mulas a escuderos". De su hermano Salomón Bienveniste declararon que pasaba bastante tiempo en Alcalá de Henares, ciudad de notable importancia para el negocio mercantil, en la que se celebraban unas muy concurridas ferias.
[63] La información sobre la composición de la hacienda de este judío a su muerte procede de AChV, RE, 350-65 (19-X-1521).
[64] Referencias sobre judíos sorianos en el comercio de paños en Francisco CANTERA BURGOS, "Juderías medievales de la provincia de Soria", en *Homenaje a fray Justo Pérez de Urbel*, Abadía de Santo Domingo de Silos, 1976, pp. 445-482.
[65] Cfr. Obras citadas en nota 1.

Calatañazor. En efecto, un documento del año 1492 nos informa que judíos de esta villa llevaban cuarenta paños a vender a la feria de Medina del Campo los cuales les fueron tomados[66]. Por otro lado, tenemos noticia de que uno de dichos judíos, Sento Beque, vendió a un campesino llamado Juan Díaz de Bos, vecino de Cascajosa, ciertos paños "a logro", es decir exigiéndole intereses usurarios por el aplazamiento del pago, que habrían ascendido a 15 florines de oro y 14 fanegas de trigo. Y como consecuencia se desencadenó un complejo proceso judicial, en el que las distintas instancias pronunciaron sentencias contradictorias acerca de si en el contrato había intervenido usura [67].

*Conclusión*

No cabe duda de que las comunidades judías, especialmente las de Soria y Almazán, contribuyeron decisivamente a la dinamización de la actividad económica en la región soriana en los siglos bajomedievales, gracias a la exitosa dedicación de muchos de sus miembros a actividades financieras y mercantiles generadoras de beneficios no sólo para quienes las practicaban sino para la sociedad en general. Por ello ha habido autores que han atribuido a la decisión de los Reyes Católicos de expulsar de sus reinos a los judíos que no se mostrasen dispuestos a convertirse al cristianismo en 1492 la responsabilidad del declive demográfico y económico de la ciudad de Soria durante la Edad Moderna, que contrastaría con el esplendor vivido por la misma durante el Medievo[68]. Pero esta tesis ha de ser muy matizada, puesto que, aunque no se puede negar que, dada la elevada importancia relativa que la comunidad judía tenía en la Soria del siglo XV, el impacto del decreto de expulsión sobre su demografía fue notable, son muchos los indicios que sugieren que en el transcurso de la primera mitad del siglo XVI se produjo una fuerte expansión económica que propició que a mediados de ese siglo se alcanzasen los máximos poblacionales del período preindustrial. Fueron, además, muchos los judíos que se convirtieron en 1492, o poco después, para poder continuar viviendo en Soria[69]. Pero, de haber permanecido la comunidad judía en su integridad, es indudable que la prosperidad del siglo XVI habría sido mayor, pues algunos de los más dinámicos financieros

---

[66] AGS, RGS, VI-1492, fol. 295
[67] AGS, RGS, VII-1485, fol. 85. Llama la atención que este mismo Juan Díaz de Bos siguió pleito contra otro judío de Calatañazor, Simuel Gatyel, al que acusó de haberle llevado usuras por razón de 1.425 mrs. que le debía por tres paños. AChV, RE, 16-3 (5-VIII-1488).
[68] Leopoldo TORRES BALBAS, "Soria. Interpretación de sus orígenes y evolución urbana", *Celtiberia*, 3 (1952), pp. 7-31.
[69] Vid. Máximo DIAGO HERNANDO, "Los judeoconversos en Soria después de 1492", *Sefarad*, 51 (1991), pp. 259-97.

y mercaderes sorianos del reinado de los Reyes Católicos tomaron en 1492 el camino de Portugal para establecerse allí de forma definitiva[70].

---

[70] Algunos de ellos son identificados, dando cuenta de sus primeros pasos en Portugal, en Máximo DIAGO HERNANDO, "Efectos del decreto de expulsión de 1492…

# EFECTOS DEL DECRETO DE EXPULSIÓN DE 1492 SOBRE EL GRUPO DE MERCADERES Y FINANCIEROS JUDÍOS DE LA CIUDAD DE SORIA

*RESUMEN*

En este artículo se analiza la forma en que el decreto de expulsión de 1492 afectó a la trayectoria de varias de las familias judías sorianas más destacadas por su dedicación al comercio y a las finanzas, dando cuenta de cómo unas optaron por la conversión inmediata, o tras un exilio de unos meses en Portugal, mientras que otras prefirieron abandonar para siempre Castilla. También se da cuenta de los problemas económicos a los que tuvieron que hacer frente estas últimas, y de los esfuerzos que realizaron desde Portugal para recuperar parte del patrimonio que dejaron en Castilla.

*SUMMARY*

In this article the author pays attention to the consequences that the edict of expulsion of 1492 had for some Jewish families from Soria that had played an outstanding role in trade and finance. He proves that some of them preferred the inmmediate conversion, some converted after a short exile in Portugal, and finally many other ones decided to leave the kingdom of Castile for ever. He also gives account of the economic problems that the families who left the country had to face, and of the efforts they made in Portugal to get back the property they had left in Castile.

La ciudad de Soria acogió en los siglos bajomedievales una numerosa comunidad judía, que contó entre sus miembros a algunos de los más dinámicos hombres de negocios de la Castilla de la época, además de individuos de gran relieve intelectual[1]. Y tanto fue así que algunos autores han atribuido al decreto de expulsión publicado por los Reyes Católicos en 1492 una gran parte de la responsabilidad del inicio de la decadencia económica y del estancamiento demográfico de esta ciudad, a la que por contraste se le ha atribuido un gran esplendor en los siglos medievales[2].

No cabe duda, sin embargo, de que esa imagen de esplendor medieval resulta un tanto exagerada, y en cualquier caso muy difícil de justificar con pruebas documentales irrefutables. Mientras que por el contrario son muy numerosos los indicios proporcionados por la documentación conservada que invitan a presumir que el siglo XVI fue bastante más próspero en la ciudad del Duero que el siglo XV. De manera que consideramos de dudosa justificación la atribución al decreto de expulsión de los judíos de 1492 de consecuencias catastróficas sobre la estructura socioeconómica de la ciudad de Soria tanto a corto como a medio plazo, cuando las evidencias apuntan más bien en sentido contrario.

En cualquier caso también queda fuera de toda duda que para Soria, quizás en mayor medida incluso que para otras ciudades castellanas, dada la gran importancia proporcional que allí llegaron a alcanzar los judíos en el conjunto de la población, la ejecución del decreto de expulsión de 1492 no fue un suceso irrelevante, sino que por el contrario marcó profundamente la trayectoria de la ciudad, sobre todo a corto plazo. Pero para llegar a determinar con mayor precisión cuáles fueron sus efectos concretos sería conveniente acometer un análisis pormenorizado de la información que la documentación nos aporta sobre la trayectoria de las distintas familias judías residentes en la ciudad en aquellos momentos.

Por supuesto, más aún que la reconstrucción de las trayectorias de individuos y familias en concreto interesaría conocer su número exacto en 1492, y después determinar cómo se distribuyeron entre los siguientes tres grupos: el de

---

[1] Sobre las familias judías sorianas destacadas por su dedicación a los negocios en el siglo XV hemos aportado algunos datos novedosos en Máximo DIAGO HERNANDO, "Judíos y judeoconversos en Soria en el siglo XV", *Celtiberia*, 84 (1992), pp. 225-253. También se pueden encontrar múltiples referencias a ellas en las principales obras de historia general de los judíos castellanos, que dedican en concreto bastante atención a la figura de Abraham Bienveniste de Soria, destacado personaje del reinado de Juan II, que bien merecería un estudio monográfico.
[2] Defiende esta tesis por ejemplo LeopoldoTORRES BALBAS, "Soria: Interpretación de sus orígenes y evolución urbana", *Celtiberia*, 3 (1952), pp. 7-31.

quienes decidieron en la primavera y verano de 1492 aceptar el bautismo para evitar el abandono forzado de sus hogares; el de los que prefirieron el camino del exilio antes que renunciar a la fe y costumbres de sus antepasados, y no regresaron a Castilla; y, por fin, el de los que, habiendo decidido en un primer momento exiliarse, regresaron poco después a sus domicilios de origen tras optar finalmente por convertirse al cristianismo, para así poder continuar viviendo y trabajando en la tierra que les había visto nacer[3].

Para frustración del historiador, las fuentes documentales disponibles no permiten precisar con exactitud el número de personas o familias que conformaron cada uno de estos tres grupos en Soria, aunque sí aportan algunos indicios a partir de los cuales se pueden efectuar algunas estimaciones abultadas. En primer lugar queda fuera de toda duda que en esta ciudad había instalada en el siglo XV una numerosa comunidad judía, que además representaba una proporción importante del total de su población, porque por contraste la población cristiana no era entonces allí muy numerosa. En efecto, algunos autores han estimado que en Soria hacia 1492 podría haber cerca de 300 familias judías[4], mientras que la documentación fiscal nos permite presumir que la población pechera de la ciudad comprendía entonces poco más de 500[5], a las que habría que sumar las familias hidalgas, que resulta muy improbable que superasen las doscientas, puesto que a fines del siglo XVI eran sólo 131, cuando las pecheras superaban las mil. De manera que, si aceptamos estas cifras, tendríamos que admitir que la población cristiana equivaldría en esta ciudad a más del doble de la judía, pero ni de lejos llegaría a triplicarla.

En un trabajo publicado en 1976 el profesor Francisco Cantera Burgos manifestaba una cierta sorpresa por la exigüidad del número de conversos del que entonces se tenía noticia para Soria. Y, para dar una explicación a este hecho, apuntaba la tesis de que quizás las poderosas familias judías residentes en la ciudad habían resistido mejor la tendencia a convertirse y prefirieron el exilio[6]. Ciertamente no estamos en condiciones de rebatir esta hipótesis mediante la aportación de cifras y datos precisos, pero en cualquier caso creemos que existen suficientes indicios para presumir que entre los judíos sorianos las conversiones

---

[3] Sobre la existencia de estos tres grandes grupos en el conjunto del reino de Castilla Vid. Luis SUÁREZ FERNÁNDEZ, *La expulsión de los judíos de España*, Editorial Mapfre, Madrid, 1991, pp. 325 y ss.
[4] Vid. Luis SUÁREZ FERNÁNDEZ, *op. cit.* p. 338.
[5] Para hacerse una idea del peso relativo de la comunidad pechera y de la comunidad judía en la estructura social soriana de hacia 1490 recordaremos que contribuían al pago de las lanzas de la Hermandad del siguiente modo: tres quintas partes el Común de pecheros y dos quintas partes la aljama judía. Vid. Máximo DIAGO HERNANDO, "Judíos y judeoconversos...", pp. 236-7.
[6] Francisco CANTERA BURGOS, "Conversos y judaizantes en la provincia de Soria (con especial referencia a los Láinez)", *Revista de Dialectología y Tradiciones Populares*, XXXII (1976), pp. 87-102.

al cristianismo en 1492 o en los años inmediatamente siguientes fueron bastante más numerosas de lo que Cantera Burgos estaba dispuesto a admitir [7]. Y además se han podido reconstruir las trayectorias de algunas prominentes familias de judíos sorianos que sucumbieron a las tentaciones de la conversión del mismo modo que las de otras ciudades en las que está documentado un mayor número de conversos, como por ejemplo Segovia.

Para Soria ciertamente no se conoce ningún caso de conversión tan espectacular como el que protagonizaron los segovianos Abraham Seneor y Mayr Melamed el 15 de junio de 1492. Pero algunos indicios nos permiten comprobar que algunas de las familias judías más destacadas por su posición económica en la ciudad optaron aquel año por la conversión en lugar de por el destierro. Fue el caso por ejemplo de la de Don Bueno, cambiador, individuo que debió quedar huérfano a muy temprana edad, puesto que su padrastro, Don Lasar Cavallero, estuvo al cargo de la administración de su hacienda y de la de su hermano Symuel Soto, vecino de Burgos, durante más de 30 años[8]. Pues bien, algunos indicios nos llevan a presumir que se trataba de una importante hacienda, y que la familia de Don Bueno destacaba como una de las más acaudaladas de Soria. Puesto que, en efecto, cuando en 1483 la comunidad judía soriana efectuó un préstamo a los reyes, para atender probablemente necesidades financieras derivadas de la guerra de Granada, Don Lasar Cavallero, que entonces aún seguía controlando la hacienda de sus sus hijastros, contribuyó con la elevada cuantía de 40.000 mrs., sólo superada por los 60.000 que entregó Bienveniste de Calahorra, al tiempo que el propio Don Bueno, a pesar de no gestionar todavía el patrimonio que le correspondía heredar de sus padres, aportó 8.000 mrs.[9]

No hemos podido determinar cuál fue la suerte de Don Bueno después de 1492, y ni siquiera tenemos certeza de que viviera para aquella fecha, pero sí nos consta por el contrario que sus hijos continuaron residiendo en Soria convertidos al cristianismo, y alguno de ellos, en concreto Francisco Rodríguez, formó parte del grupo de los más activos mercaderes de la ciudad en las primeras décadas del siglo XVI, y destacó por ser uno de los pecheros más acaudalados[10].

---

[7] Sobre esta cuestión Vid. Máximo DIAGO HERNANDO, "Los judeoconversos en Soria después de 1492", *Sefarad*, 51 (1991), pp. 259-97.
[8] AGS, RGS, IV-1488, fol. 154.
[9] La relación de judíos sorianos que contribuyeron en el préstamo a los reyes de 1483 en Manuel MARTEL, *Canto tercero de la Numantina y su comento: de la fundación de Soria y origen de los doce linajes*, Madrid, 1968, p. 204.
[10] Datos para la identificación de los descendientes de Don Bueno, cambiador, en las ejecutorias de los pleitos seguidos por su hijo Francisco Rodríguez con otros parientes por la posesión de unas casas en la calle Lagunas, cerca de la Plaza Mayor de Soria, que habían pertenecido al judío. AChV, RE, C. 191 (VI-1504) y C. 272 (año 1512).

Por otra parte también tenemos noticia de otros judíos sorianos con destacada actividad como mercaderes y financieros, que, si bien en un primer momento decidieron tomar el camino del exilio portugués, pocos meses después se replantearon su decisión y regresaron a Castilla convertidos al cristianismo. Así procedió por ejemplo Juan Álvarez Mercader, quien tras una breve estancia en la aldea portuguesa de La Reygada, regresó poco tiempo después a Castilla para avecindarse de nuevo en Soria, donde desempeñó una intensa actividad como mercader de lanas [11]. Pero un ejemplo de mayor relevancia aún nos lo proporciona la trayectoria de Vicen Bienveniste, porque el regreso desde Portugal a Castilla de este judíos soriano, que adoptó tras su conversión el nombre de Nicolao Beltrán, fue acompañado de un proceso de rápido ascenso social y político, que llevó a sus descendientes a quedar muy pronto plenamente integrados en el grupo oligárquico soriano. Y no cabe duda de que este meteórico ascenso fue favorecido de forma decisiva por el propio trato privilegiado que los reyes dispensaron al reciente converso, al reconocerle nada más regresar a Castilla la condición de hidalgo para sí y para sus descendientes [12]. Lo cual nos permite establecer ciertos paralelos entre su trayectoria y la de los segovianos Fernán Núñez Coronel y Fernán Pérez Coronel, con los que, como veremos, estuvo muy vinculado por relaciones de negocios.

Los ejemplos aducidos, junto a otros varios a los que no podemos hacer aquí mención por falta de espacio, prueban por tanto que entre las familias judías de Soria más destacadas por su posición socioeconómica no resultaron excepcionales las conversiones al cristianismo tras la publicación del decreto de expulsión de 1492. A partir de ejemplos concretos no se puede, sin embargo, generalizar, y de hecho el análisis de los mismos sólo nos demuestra que la gama de decisiones tomadas por las familias judías sorianas en aquellos momentos fue muy variada. Pues, en efecto, la documentación conservada también nos ha permitido reconstruir las trayectorias de otras que no cedieron a la tentación de la conversión, y que a su vez siguieron caminos muy diversos tras abandonar el reino de Castilla. Ya que por un lado algunas, quizás las menos predispuestas a renunciar a su religión, no dudaron en marchar a residir a remotos lugares, como por ejemplo la de Juda Bienveniste, quien terminó estableciéndose en Salónica, a

---

[11] Vid. Máximo DIAGO HERNANDO, "El comercio de la lana en Soria en época de los Reyes Católicos", *Celtiberia*, 77-78 (1989), pp. 47, 62-3, y 69 (nota 62).
[12] Vid. Máximo DIAGO HERNANDO, "El ascenso sociopolítico de los judeoconversos en la Castilla del siglo XVI. El ejemplo de la familia Beltrán en Soria", *Sefarad*, 56 (1996), pp. 227-250. Hay que hacer constar, no obstante, que en un principio el concejo de Soria se resistió a reconocer la condición de hidalgo de Nicolao Beltrán, como lo refleja el hecho de que en 1503 el Consejo Real tuviese que enviar una provisión al dicho concejo conminándole a que le reconociese a éste las exenciones que le correspondían por ser hidalgo. AGS, RGS, I-1503.

donde llevó consigo una muy renombrada biblioteca[13]. Mientras que por otro lado otras, quizás la mayoría, decidieron quedarse en el más cercano reino de Portugal, para desde allí poder velar mejor por la salvaguarda de los intereses económicos que continuaban manteniendo en el reino de Castilla, y en la medida de lo posible tratar de recuperar el patrimonio que apresuradamente debieron dejar tras de sí en él cuando lo abandonaron en el transcurso del año 1492.

En efecto, unos cuantos documentos del Registro General del Sello nos han permitido comprobar que varias de las más destacadas familias judías sorianas del mundo de los negocios se asentaron en el reino de Portugal en el verano de 1492, en donde en el año 1497 se vieron forzadas a adoptar la religión cristiana. Y desde allí se esforzaron una y otra vez, tanto antes de su conversión como después de la misma, por recuperar la parte de su patrimonio que el abandono apresurado de territorio castellano les había obligado dejar tras de sí. Se trata en concreto de los siguientes individuos: Simuel Naçi, Simuel Bienveniste, Abraham Bienveniste, Mayr Bienveniste, Abraham Bienveniste de Calahorra y Bienveniste de Calahorra, su hermano, la mujer de éste último, doña Graçia, y el hijo de ambos, Mayr Bienveniste de Calahorra.

Simuel Naçi nos resulta bien conocido por su actividad como financiero, en negocios de arrendamientos y recaudación de rentas de la monarquía. Pues, por ejemplo, sabemos que fue arrendador de alcabalas y tercias del obispado de Osma en los años 1482, 1483 y 1484, y que tuvo a su cargo la recaudación de varios juros pertenecientes al protonotario Juan Ramírez de Lucena, que estaban situados sobre rentas de la monarquía en Tierra de Soria[14]. Y es probable que también fuese un activo mercader lanero, si admitimos que se trata del mismo Don Nasçi a quien en 1492 denunciaron los burgaleses Juan Alfonso de Sahagún y Andrés Escobar, su hijo, por haberles vendido lana a precios usurarios en la feria de mayo de Medina del Campo del año 1490[15]. Su presencia en Portugal está constatada documentalmente en el año 1495[16], y de nuevo en el año 1500, cuando ya había

---

[13] Enrique CANTERA MONTENEGRO, "Relaciones judeocristianas en la diócesis de Osma en el último tercio del siglo XV", en *Encuentros en Sefarad. Actas del Congreso internacional "Los judíos en la historia de España"*, Ciudad Real, 1987, p. 130
[14] Noticia en AGS, RGS, VIII-1491, fol. 308. Nos informa este documento de que recaudaba para este protonotario hijo de judíos un juro de 500 fanegas de cereal, por las que le entregaba la cantidad fija de 19.000 mrs. anuales. Y además otros dos juros de 40.000 mrs. de renta anual, por los cuales llevaba un derecho de recaudación del 10%, que le reportaba un ingreso de 8.000 mrs. anuales.
[15]. RGS, VI 1492, fol. 165. Vid. también Fernando SUÁREZ BILBAO, "Los procesos sobre usura presentados contra la comunidad judía ante el Consejo Real: 1476-1492", *Proyección histórica de España en sus tres culturas: Castilla y León, América y el Mediterráneo*, Junta de Castilla y León, 1993, pp. 318-9.
[16] AGS, RGS, X-1495, fol. 200.

adoptado el nombre cristiano de Álvaro de Luna[17].

Simuel Bienveniste también desempeñó un destacado papel como financiero durante el reinado de los Reyes Católicos, y aunque coincide en el nombre con otro individuo también vecino de Soria que tuvo activa participación en negocios de arrendamiento de rentas de la monarquía en la década de 1460, generalmente como fiador de otros judíos sorianos[18], no estamos seguros de que se trate de la misma persona, aunque en caso contrario consideramos muy probable que fuesen parientes muy directos. En concreto durante el reinado de los Reyes Católicos Simuel Bienveniste tomó a renta junto con un judío de Huete las alcabalas y tercias del obispado de Osma y el partido de Molina en los ejercicios de 1488, 1489 y 1490 [19], y, además, en alguna otra ocasión actuó como fiador de otros judíos arrendadores de impuestos, como por ejemplo Simuel Bienveniste, vecino de Alcalá de Henares, quien tomó a renta las alcabalas y tercias del obispado de Osma entre 1485 y 1487[20]. Fue además un activo mercader, ya que diversos testigos declararon a fines de la década de 1480 que tenía "trato de mercadería e casa muy alhajada e enjoyada... azemilas e mulas e escuderos". Y su familia era considerada en las vísperas de la expulsión como una de las de más elevada posición social de la aljama soriana, según nos lo confirman las propias declaraciones del regidor soriano Juan de Sarabia, quien al referirse a él y a su hermano Salamon Bienveniste, manifestó que "son mucho honrados e del mejor lynaje e mas hydalgos del aljama"[21]. En 1492 Simuel Bienveniste tomó el camino del exilio a Portugal, y en este reino nos consta que residía en 1495, pero desconocemos cuál fue su suerte con posterioridad, del mismo modo que tampoco sabemos nada sobre la trayectoria de su hermano Salamon a partir de 1492.

Otro judío soriano muy probablemente emparentado con estos dos hermanos, aunque no podemos determinar en qué grado, fue Abraham Bienveniste, quien al igual que ellos también desempeñó un activo papel en los negocios de arrendamiento de rentas de la hacienda regia durante el reinado de

---

[17] AGS, RGS, I-1500, fol. 21.
[18] Vid. Carlos ÁLVAREZ GARCÍA, "Un registro de Francisco Fernández de Sevilla, escribano de cámara y contador de hacienda, converso sevillano (1458-1465)", *Historia.Instituciones. Documentos*, 23 (1996), pp. 30 y 36.
[19] AGS, EMR, Hojas e Informaciones, leg. 546.
[20] *Ibid.*
[21] *Ibid.* Interesa destacar que en la década de 1460 en la documentación relacionada con arrendamientos de rentas de la monarquía se cita con frecuencia a un don Salamon Bienveniste, tío de Vidal Bienveniste e hijo de Abraham Bienveniste. Vid. Carlos ÁLVAREZ GARCÍA, "Un registro..." No podemos afirmar con seguridad qué relación tenía con el individuo homónimo hermano de don Simuel Bienveniste, o si se trataba de la misma persona. En concreto nos ha llamado la atención que cuando Simuel Bienveniste tomó a renta las alcabalas y tercias de Molina de 1488 a 1490, presentó entre sus fiadores a Mayr Bienveniste y Salamon Bienveniste, hijo de Abrahen Bienveniste, ambos vecinos de Soria, pero nada se indica en el documento sobre que este último fuese su hermano. El Salamon Bienveniste identificado por Carlos ÁLVAREZ en al década de 1460 era hijo de Abrahen Bienveniste.

los Reyes Católicos. Pues por ejemplo tomó a su cargo la recaudación de las alcabalas y tercias del obispado de Osma entre 1482 y 1484, junto con el ya referido Simuel Naçi, y Don Abrahen Bienveniste, vecino de Calahorra. Pero entendemos en cualquier caso que este individuo no debe ser confundido con el judío del mismo nombre que colaboró con el segoviano Abraham Seneor en la recaudación del servicio y montazgo[22]. Por lo cual, aunque no nos cabe duda de que fue un activo financiero, no consideramos probable que se contase entre los principales del reino, como sería el caso si admitiésemos que se trataba de la misma persona que colaboró con Abraham Seneor. Su trayectoria después de 1492 la desconocemos en detalle, pero es seguro que pasó a vivir a Portugal, donde en el año 1500 seguían residiendo su viuda e hijos, ya convertidos formalmente al cristianismo[23].

Por fin otros dos judíos sorianos que desempeñaron un destacado papel como hombres de negocios en las vísperas de 1492 y aquel año pasaron a residir a Portugal fueron Bienveniste de Calahorra y Abraham Bienveniste de Calahorra[24]. A juzgar por los datos reunidos, éstos no mostraron tanto interés como los anteriores por el negocio del arrendamiento de rentas de la hacienda regia. Pero en contrapartida sí nos consta que desarrollaron una intensa actividad como mercaderes de lanas, que basaban en gran medida su negocio en la concertación de contratos de compra adelantada con los pequeños propietarios de las sierras sorianas y cameranas, y de reventa de la mercancía así adquirida a mercaderes exportadores, preferentemente burgaleses. De esta manera conseguían adquirir el producto a precios relativamente bajos, ya que la capacidad negociadora de los vendedores quedaba considerablemente mermada cuando se encontraban apremiados por la necesidad de recibir adelantos de dinero con cargo al valor de la mercancía que habían de entregar a la primavera siguiente. Y por otro lado lograban a su vez revenderla a los exportadores a unos precios excepcionalmente altos, puesto que al parecer, según estos últimos llegaron a

---

[22] Fernando Suárez Bilbao considera que ambos son la misma persona, y por esta razón asigna a Abraham Bienveniste una posición de absoluta primera fila en la ciudad de Soria, que entendemos que no se corresponde con la realidad. Vid. Fernando SUÁREZ BILBAO, *Judíos castellanos entre 1432 y 1492. Ensayo de una prosopografía*, Universidad Autónoma, Madrid, 1990, vol. 1. En los documentos aportados pro este autor nunca se indica de forma expresa que el Abraham Bienveniste que tuvo cargo de recaudar el servicio y montazgo con Abraham Seneor fuese vecino de Soria, aunque tampoco indican dónde estaba avecindado. Sin embargo sí hay constancia de que un judío llamado Abraham Bienveniste, que no era vecino de Soria, fue colaborador de Abraham Seneor por estos mismos años. Vid. Carlos ÁLVAREZ GARCÍA, "Los judíos y la hacienda real bajo el reinado de los Reyes Católicos. Una compañía de arrendadores de rentas reales", en *Las Tres Culturas en la Corona de Castilla y los Sefardíes*, Junta de Castilla y León, 1990, pp. 96-7.
[23] AGS, RGS, I-1500, fol. 20. Un hijo de Abraham Bienveniste adoptó el nombre cristiano de Juan Enríquez.
[24] En una relación de judíos sorianos que prestaron dinero a los reyes en 1483 se identifica a estos dos individuos como hermanos. Vid. Manuel MARTEL, *Canto tercero de la Numantina y su comento: de la fundación de Soria y origen de los doce linajes*, Madrid, 1968, p. 204.

denunciar, se los imponían a cambio de concederles aplazamientos de pago.

Los dos hermanos tenemos constancia de que marcharon a Portugal en 1492[25], pero desconocemos cuál fue la suerte de Abraham Bienveniste de Calahorra en el vecino reino. Bienveniste de Calahorra por su parte sabemos que ya había fallecido en 1495, fecha en la que el Registro General del Sello da prueba de la permanencia en territorio portugués de su viuda, doña Gracia, y de su hijo Mayr Bienveniste de Calahorra, quienes en 1500 vuelven a hacer acto de presencia en esta misma serie documental con sus nuevos nombres cristianos de Beatriz González y Gonzalo Méndez.

A todos estos judíos sorianos que habían destacado por su activa dedicación a los negocios mercantiles y financieros y que optaron por el exilio en 1492, se les planteó entonces una grave dificultad de orden económico, pues aunque las autoridades castellanas les garantizaron la libre disposición de sus bienes, muchos e importantes obstáculos se interpusieron para que los pudiesen efectivamente llevar consigo a Portugal. En concreto los más graves inconvenientes se derivaron del hecho de que una parte importante de su hacienda estaba invertida en préstamos que vencían en fecha posterior a la que se les había marcado como límite para abandonar el reino de Castilla, es decir, el 10 de agosto. Para recuperar estas cantidades prestadas, y muchas otras correspondientes a contratos que vencían antes del 10 de agosto, pero que no fueron satisfechas por los deudores a tiempo, los judíos que optaron por el exilio no tuvieron otra alternativa que confiar en hombres de negocios que iban a permanecer en Castilla, traspasándoles los resguardos de sus deudas, para que las cobrasen y más adelante les hiciesen efectivo el dinero en Portugal a través de letras de cambio.

Los judíos sorianos de los que nos estamos ocupando sabemos en concreto que llegaron a este tipo de acuerdos con los judeoconversos segovianos Fernán Núñez Coronel y su hijo Pedro Núñez; el judeoconverso soriano Nicolao Beltrán, y los mercaderes burgaleses Diego de Soria, Alonso de Lerma de los Polancos, Francisco de Santa Cruz y Pedro de Castro[26].

Fernán Núñez Coronel, quien hasta su conversión al cristianismo el 15 de junio de 1492 se había llamado Rabí Mayr Melamed, había sido desde bastante

---

[25] AGS, RGS, III 1493, fol. 273, y I-1500, fol. 19.
[26] Así se hace constar en AGS, RGS, I-1500, fols. 19, 20 y 21, indicando que Bienveniste de Calahorra, Abraham Bienveniste y Simuel Naçi habían dado en 1492 "algunos dineros a cambios para que se los diesen en Portugal" a los referidos individuos. Según Luis SUÁREZ FERNÁNDEZ quienes se convirtieron en principales depositarios de deudas insatisfechas a judíos en 1492 en el conjunto de Castilla fueron Luis de Alcalá, Fernán Núñez Coronel y su suegro Fernán Pérez Coronel. *op. cit.* p. 332.

antes de dicha conversión uno de los principales arrendadores de rentas de la monarquía, en colaboración con su suegro, Abraham Seneor, y precisamente aquel año del decreto de expulsión formaba parte de la compañía que se había hecho cargo de la recebtoría general. Su vinculación con los judíos sorianos que participaron en negocios de arrendamientos de rentas se puede fácilmente explicar en función de este hecho, y consiguientemente también resulta comprensible que éstos le eligiesen a él como intermediario para confiarle la tarea de recobrar las cantidades que les eran adeudadas en Castilla en el momento de la expulsión y hacerles efectivo su valor en el reino de Portugal mediante una operación de cambio. Y, por otra parte, sabemos que además de los sorianos lo hicieron otros judíos de otras ciudades de Castilla, puesto que el propio Fernán Núñez Coronel en un memorial que presentó a los Reyes Católicos aludió a que algunos habían informado a estos monarcas, "que algunos judíos me dexaron a mi encomendado mucha hasienda, e la yo he cobrado de sus debdas so color que eran de las rentas de V.A."[27].

Conviene recordar que entre los judíos sorianos que al marchar a Portugal en 1492 le encargaron a este judeoconverso segoviano que cobrase en su nombre las cantidades de dinero que les eran adeudadas en Castilla estuvo también Vicen Bienveniste, el mismo que pocos meses después decidió regresar a Soria convertido al cristianismo, con el nuevo nombre de Nicolao Beltrán [28]. Y estimamos muy probable que el propio Fernán Núñez Coronel participase activamente en la tarea de convencerle para que tomase dicha decisión, pues él mismo reconoció en el ya aludido memorial que presentó a los Reyes Católicos que había trabajado junto con sus hijos "por convertyr a algunos de aquellos arrendadores e a muchos dellos tornamos e traximos convertidos"[29].

La breve estancia de Nicolao Beltrán en Portugal y la estrecha relación de negocios que al parecer mantenía con Fernán Núñez Coronel, ya antes de su partida, y que continuó manteniendo tras su regreso a Soria, contribuyen a explicar que este judeoconverso soriano desempeñase un papel clave en la tarea de mediar entre los judíos sorianos que permanecieron en Portugal y quienes en Castilla quedaron encargados de cobrar las cantidades que les eran adeudadas y transferirles su valor al vecino reino. Más aún, algunos documentos prueban

---

[27] Carlos ÁLVAREZ GARCÍA, *op. cit.* p. 122.
[28] AGS, RGS, V-1493, fol. 249. Se hace constar que Nicolao Beltrán había traspasado a Fernán Núñez Coronel y a Luis de Alcalá, otros destacado financiero judeoconverso muy vinculado con la hacienda regia, las cantidades que le adeudaban unos mercaderes burgaleses por razón de lanas que les había vendido
[29] Carlos ÁLVAREZ GARCÍA, *op. cit.* p. 124. Aunque no tenemos constancia de que Nicolao Beltrán tuviese un destacado papel en negocios de arrendamientos de rentas de la hacienda regia antes de 1492, sí sabemos que lo tuvo después de su conversión.

incluso que el propio Nicolao Beltrán, cuando aún era judío, fue encargado al partir hacia el exilio portugués por Fernán Núñez Coronel de realizar algunas operaciones de pagos en el vecino reino a otros judíos castellanos que también habían optado por el exilio, con los cuales el segoviano tenía contraídas deudas, que se había convenido saldar en territorio portugués. Y así por ejemplo sabemos que éste le entregó entonces una cédula de cambio por la que le ordenaba que al llegar a Portugal pagase a Simuel Abenxuxen, médico del marqués de Villena, 1.253 ducados que le adeudaba. Si bien consta que no cumplió dicho encargo, pues en 1498 este judío, quien tras su conversión forzosa al cristianismo el año anterior había adoptado el nombre de Gabriel Enríquez, reclamó desde Portugal a Nicolao Beltrán el pago de esta deuda[30]. Y no fue el único que entonces presentó este tipo de requerimiento contra el judeoconverso soriano, pues al menos tenemos noticia de otro semejante presentado por Lope Jiménez, judeoconverso residente en Portugal, quien le reclamó por aquellas mismas fechas el pago de 306 ducados que le debía por letra de cambio[31].

En el caso de los judíos sorianos que declararon que entre las personas a las que habían dado "algunos dineros a cambios para que se los diesen en Portugal" estaba el propio Nicolao Beltrán, consideramos lo más probable que hubiesen llegado a algún acuerdo con él en el momento en que decidió regresar a Castilla, pues no parece lógico que lo hiciesen antes de iniciar el camino del exilio en 1492, ya que entonces éste abandonó el reino junto con ellos. Pero en cualquier caso también pensamos que en las operaciones concertadas con los judíos exiliados en Portugal Nicolao Beltrán actuó como socio de Fernán Núñez Coronel, y que por tanto los acuerdos a los que llegasen con él dichos judíos serían a lo sumo complementarios de los que habían cerrado con el segoviano antes de iniciar el camino del exilio.

Además presumimos que estos acuerdos giraron en torno al problema fundamental de recobrar cantidades que se adeudaban a dichos judíos por razón de haber asumido el cargo de la recaudación de rentas de la monarquía en el año 1492. Pues en efecto, en los documentos del Registro General del Sello que nos informan de las reclamaciones presentadas en 1500 por Simuel Naçi, entonces llamado Álvaro de Luna, y los hijos de Abraham Bienveniste y Bienveniste de Calahorra, se hace constar que parte de las cuantías de dinero que se les adeudaban a éstos cuando abandonaron Castilla en 1492 debían haber sido pagadas por personas y concejos de Soria y su Tierra y del obispado de Osma por concepto de

---

[30] AGS, RGS, III-1498, fol. 116. Carta de emplazamiento a Nicolao Beltrán, que inserta cédula dirigida al licenciado Polanco, alcalde de Casa y Corte.
[31] AGS, RGS, V-1499.

alcabalas y tercias. Y dado que Fernán Núñez Coronel formaba parte de la compañía de financieros que tenía a su cargo aquel año la "recebtoría general"de estas rentas en Castilla, resulta comprensible que los judíos sorianos que habrían subarrendado de dicha compañía las rentas del obispado de Osma, entre otras, le encargasen a él de cobrar las cantidades que se les estuviesen debiendo por razón de dicha recaudación.

Junto a las deudas originadas en negocios de arrendamientos de rentas de la monarquía, otras de importancia clave para los judíos sorianos fueron las que habían contraído con ellos ganaderos a los que habían adelantado dinero en otoño de 1491 o primavera de 1492, a cuenta de las lanas que deberían entregar a finales de junio de 1492, o por otra parte mercaderes a los que hubiesen revendido lanas de anteriores esquileos, concediéndoles aplazamientos de pago. Y de ahí que entre las personas a quienes estos judíos traspasaron sus deudas para que les hiciesen efectivo su equivalente en Portugal figurasen varios mercaderes burgaleses. Pues no en vano los judíos sorianos tratantes en lanas antes de 1492 habían negociado preferentemente con mercaderes vecinos de la ciudad del Arlanzón la venta de esta mercancía, que ellos previamente habían adquirido, lavado y ensacado en las sierras sorianas y cameranas, y también en comarcas más distantes, como por ejemplo la Tierra de Molina[32].

En efecto, ya hemos visto cómo entre las personas a las que Simuel Naçi, Abraham Bienveniste y Bienveniste de Calahorra reconocieron haber entregado dineros "a cambio" para que se los hiciesen efectivos en Portugal figuraban los mercaderes burgaleses Diego de Soria, Alonso de Lerma de los Polancos, Francisco de Santa Cruz y Pedro de Castro. Pero además también tenemos constancia de que Abraham Bienveniste de Calahorra traspasó en 1492 bienes entre los que figuraban muchas "deudas de lanas" al mercader burgalés Juan Alfonso de Sahagún[33]. Mientras que por su parte su hermano Bienveniste de Calahorra nos consta que traspasó todas las "deudas y señales" que se le debían en Soria y su Tierra, que ascendían a 2.800.000 mrs., al hijo de éste, Andrés de Escobar, a cambio de que éste le hiciese efectiva la cuantía de 2.105.000 mrs., presumiblemente en territorio portugués a través de una operación de cambio [34]. Y al parecer también traspasó algunas otras de estas deudas de lanas al burgalés Francisco de las Heras, en concreto las que tenían origen en contratos concertados

---

[32] Vid. Máximo DIAGO HERNANDO, "El comercio de las lanas en Soria en época de los Reyes Católicos", *Celtiberia*, 78 (1989), pp. 25-75.
[33] AGS, RGS, III-1493, fol. 273 y VI-1492, fol. 290.
[34] AGS, Casa y Sitios Reales, leg. 10, fols. 94-8.

con ganaderos de varias villas cameranas[35].

Pero los judíos sorianos con intereses en el comercio lanero no sólo tropezaron en 1492 con el grave problema de recuperar cantidades que se les adeudaban por razón de contratos que vencían en fecha posterior a la de su abandono forzado del reino, sino que también hemos podido constatar que las personas con quienes habían estado concertando durante muchos años operaciones de compra o venta de este producto trataron de sacar provecho de la difícil situación en la que de repente se vieron sumidos para desembarazarse de forma más o menos legítima de las obligaciones contraídas con ellos. En efecto, no dejamos de considerar sospechoso que precisamente en 1492 se acumulasen las denuncias de usura contra estos judíos sorianos, que fueron presentadas tanto por los ganaderos a quienes habían estado comprando lanas como por los mercaderes a quienes las habían estado vendiendo. Y así, ciñéndonos al caso concreto de Bienveniste de Calahorra, que puede ser considerado como ejemplo paradigmático, nos encontramos que por un lado los "pastores y labradores" que habían concertado con él en Tierra de Soria los contratos de obligación que traspasó a Andrés de Escobar, se negaron a cumplir con los compromisos contraídos en ellos alegando que habían tenido carácter usurario [36]. Mientras que por otro lado, paradójicamente, también el propio Andrés de Escobar, el mismo individuo que le había comprado a precio de saldo resguardos de contratos de obligación concertados con humildes campesinos, le denunció a su vez ante el Consejo Real por haber cometido graves delitos de usura en los negocios de contratación de lanas que había realizado durante dos décadas con él y con su padre Juan Alfonso de Sahagún, hasta el punto de que, durante los diez primeros años que había negociado con ellos les había llevado de usura un millón y medio de mrs. por año, y 3 millones cada uno de los 10 años restantes, al haberles cobrado las lanas a precios abusivos y haber cometido otras serie de atropellos[37].

Sin duda se trataba de cifras deliberadamente abultadas. Y el hecho de que dos mercaderes tan destacados por el volumen de sus negocios como estos dos burgaleses esperasen precisamente a la primavera de 1492 para acusar formalmente de usurero a Bienveniste de Calahorra, después de haber estado nada

---

[35]Vid. RGS, I 1493, fol. 173. Comisión al corregidor de Guipúzcoa, a petición del duque de Nájera, sobre lana propiedad de vasallos del duque, vecinos de Lumbreras y Ortigosa, y sobre contratos por razón de dicha lana concertados con varios judíos antes de su salida del reino y después traspasados a Francisco de las Heras. III 1493, fol. 132. Provision a peticion del duque de Najera para que se determine si ciertas sacas de lana que este tiene embargadas en su tierra pertenecen a Francisco de las Heras, las cuales fueron compradas a Bienveniste de Calahorra, vecino de Soria.
[36] AGS, Casa y Sitios Reales, leg. 10, fols. 94-8.
[37] AGS, RGS, VI 1492, fol. 290. Vid. también Fernando SUÁREZ BILBAO, "Los procesos sobre usura...", p. 318.

menos que veinte años negociando con él, nos debe llevar a abrigar serias dudas sobre la veracidad de sus acusaciones. Pero en cualquier caso lo cierto es que el Consejo Real admitió a trámite las denuncias. Por lo cual, dado que el denunciado iba a abandonar en muy breve plazo de tiempo el reino y ya había vendido todos sus bienes, se le obligó a que dejase a cristianos como fiadores, so pena de apresamiento y permanencia en prisión hasta que del embargo de sus bienes se obtuviese la suma solicitada como usuraria.

Así pues, en el caso de Bienveniste de Calahorra, y probablemente de otros judíos sorianos, la admisión a trámite de denuncias de usura contra ellos por el Consejo Real llevó a que se decretase el embargo de sus bienes en Castilla. Y en el caso de otros probablemente fue la acusación de haber incurrido en el delito de saca de moneda la que permitió a las autoridades castellanas justificar esta misma medida. Pero, como quiera que fuese, lo cierto es que a todos los hombres de negocios judíos sorianos de quienes estamos aquí tratando, que marcharon en 1492 a Portugal, les fueron secuestrados sus bienes en Castilla por orden de las autoridades castellanas, según demuestran diversos documentos que nos informan de las diligencias que varios años después ellos o sus descendientes llevaron a cabo desde Portugal para tratar de recuperarlos[38].

El primer intento tuvo lugar en 1495, cuando el monarca portugués intercedió ante los Reyes Católicos en favor de Simuel Naçi, Simuel Bienveniste, Mayr Bienveniste, Mayr Bienveniste de Calahorra y doña Gracia, su madre, todos ellos judíos de origen soriano que entonces residían en territorio portugués, solicitando que se les administrase justicia, y se decidiese si los bienes que habían dejado en Castilla podían ser desembargados[39]. Lo cual nos lleva a pensar que los procesos judiciales por usuras o por denuncias de saca de moneda, o por otros delitos, que se habían iniciado en 1492 contra los judíos que estaban a punto de tomar, o habían ya tomado, el camino del exilio, se encontraban todavía tres años después pendientes de resolución.

Desconocemos si las diligencias del monarca portugués tuvieron algún efecto en la agilización de los juicios pendientes contra judíos, pero nos parece poco probable, puesto que la mayor parte de los judíos sorianos que solicitaron el desembargo de sus bienes en 1495 volvieron a presentar cinco años después una reclamación semejante, quizás con la esperanza de que su reciente conversión al cristianismo, forzada por el propio monarca portugués en el año 1497, les hubiese

---

[38] Sobre las medidas de confiscación de bienes de judíos en Castilla, consistentes principalmente en deudas, tras la expulsión Vid. Luis SUÁREZ FERNÁNDEZ, *La expulsión de los judíos*... pp. 344-6.
[39] AGS, RGS, X-1495, fol. 200.

colocado en una mejor posición para alcanzar justicia.

En efecto, los tres documentos del Registro General del Sello de enero de 1500 a los que nos hemos remitido varias veces en el presente trabajo nos informan de las diligencias realizadas por varios judeoconversos residentes en Portugal, descendientes de judíos sorianos, para recuperar los bienes que les habían sido secuestrados en Castilla, y en concreto múltiples resguardos de deudas que habían traspasado a mercaderes y financieros castellanos, a cambio de que éstos les hiciesen efectivo su importe en Portugal por medio de letras de cambio. Pues, en efecto, todavía entonces seguían sin haber cobrado dichas cantidades, presumimos que porque quienes se las debían hacer efectivas se negaban a cumplir su compromiso alegando que los bienes de dichos judíos estaban embargados por delitos que habían cometido.

De nuevo desconocemos cuál fue el resultado de estas diligencias iniciadas en el año 1500. Pero en cualquier caso el hecho que nos interesa resaltar es que a principios del siglo XVI algunas de las familias judías sorianas que más habían destacado por su dedicación al comercio y las finanzas durante el reinado de los Reyes Católicos, se encontraban en Portugal ya convertidas al cristianismo, en una situación financiera probablemente muy difícil, pero esforzándose por tratar de salir adelante. Y para alcanzar este objetivo no dudaron en recurrir una y otra vez ante las autoridades castellanas en demanda de justicia, a fin de recuperar el patrimonio que habían dejado tras de sí en Castilla, en poder de hombres de negocios castellanos en su mayoría judeoconversos.

Desconocemos si la consulta de la documentación portuguesa podría permitirnos seguir la trayectoria de estas familias judeoconversas de origen soriano durante la primera mitad del siglo XVI. Pero en cualquier caso queremos llamar la atención sobre el hecho de que ya a mediados de este siglo la documentación soriana comienza a dejar constancia del avecindamiento en la ciudad del Duero de bastantes mercaderes portugueses, a muchos de los cuales se les presume un origen judeoconverso. Y ya en los años finales de dicho siglo estos mercaderes, y otros instalados en otras ciudades castellanas próximas, nos consta que consiguieron controlar la mayor parte del comercio de exportación de lanas de ganado trashumante de la región soriana, que era sin duda la actividad que más contribuía a dinamizar la vida económica de dicha región en aquel siglo.

Desconocemos si alguno de estos portugueses que negociaron con lanas en Soria a fines del siglo XVI era descendiente de judíos sorianos instalados en Portugal en 1492, pero tampoco lo consideramos demasiado improbable, y quizás con un poco de suerte podría llegar a demostrarse combinando la consulta de la documentación castellana y portuguesa. De manera que siguiendo esta línea de investigación podríamos llegar a determinar en qué medida para algunas familias judías castellanas el exilio iniciado en 1492 representó un simple paréntesis de algo más de medio siglo de duración.

# EL ASCENSO SOCIOPOLÍTICO DE LOS JUDEO-CONVERSOS EN LA CASTILLA DEL SIGLO XVI. EL EJEMPLO DE LA FAMILIA BELTRÁN EN SORIA

*RESUMEN*

Se analiza el proceso de integración y ascenso social y político de la familia de un judío soriano convertido al cristianismo después de un breve exilio en Portugal en 1492. Se sigue la trayectoria de cuatro generaciones de esta familia, dando cuenta, entre otros aspectos, de las actividades económicas desempeñadas por sus distintos miembros, de sus actitudes hacia la religión cristiana, y de su política de concertación de matrimonios. Se demuestra que su incorporación al grupo oligárquico soriano fue temprana y vino facilitada por su rápido enriquecimiento durante la primera mitad del siglo XVI. Finalmente se advierte cómo asumieron pronto los ideales y el modo de vida de la nobleza castellana, realizando importantes inversiones en compras de tierras y señoríos.

*SUMMARY*

The author analyses the process of integration and social promotion of a converso family from the Castilian town of Soria, whose members adhered to the Christian faith after a short exile in Portugal in 1492. He presents the evolution of four generations of that family concerning their economic activities, their attitudes towards the Christian religion, and their political views on marriage. He proves that the Beltrán family reached very soon a high position among the oligarchy of Soria, position that was easily attained because of the increasing economic power of that family during the first half of the sixteenth century. Finally, he shows how the family also assumed very quickly the ideas and the way of life of the Castilian nobility, and made investments of large amounts of money in buying lands and lordships.

En los trabajos de investigación dedicados a la historia de los judíos y judeoconversos castellanos durante la Baja Edad Media y temprana Edad Moderna la ciudad de Soria ha de ser necesariamente tenida en cuenta, dada la importancia de la comunidad judía allí asentada durante el siglo XV[1] y la abundancia relativa de judeoconversos constatable en este mismo núcleo urbano en el siglo XV como en el XVI[2]. Para analizar el proceso de integración y ascenso sociopolítico de las familias judeoconversas castellanas, Soria ofrece por otra parte ejemplos muy ilustrativos, hasta el punto de que en algunos casos se pueden considerar paradigmáticos; a uno de ellos, el de la familia de los Ramírez de Lucena, ya hemos dedicado nuestra atención en un trabajo monográfico[3].

El ascenso de esta familia tuvo lugar en el siglo XV y se vio afectado por todos los factores adversos que determinaron el destino de las familias judeoconversas castellanas de ese siglo, entre los que habría que destacar el de la persistencia de la posibilidad de mantener contactos con judíos, que según algunos autores fue un factor decisivo para que se mantuviese la desconfianza hacia la sinceridad de las conversiones. En concreto este problema afectó muy seriamente a la familia Lucena, puesto que algunos de sus más destacados miembros continuaron profesando la religión judía sin por ello abandonar los contactos con sus parientes judeoconversos, hecho que dio pie a que se llegase a denunciar a varios de estos últimos por prácticas de criptojudaísmo[4].

Para complementar, pues, nuestro trabajo sobre los Ramírez de Lucena, que ilustra un proceso de integración y ascenso en última instancia truncado, hemos

---

[1] Para determinar la importancia de la judería de Soria en relación con otras juderías del reino de Castilla en el siglo XV vid. M. A. LADERO QUESADA, «Las juderías de Castilla según algunos servicios fiscales del siglo XV», Sefarad 31 (1971) 249-264. Entre otras obras que dedican atención a la judería soriana se pueden destacar F. CANTERA BURGOS, «Juderías medievales en la provincia de Soria», en Homenaje a fray Justo Pérez de Urbel, Silos 1976, 445-482; D. GONZALO MAESO, «La judería de Soria y el rabino José Albo», MEAH 20 (1971) 119-142; ÍDEM, «Aportaciones a la historia de la judería de Soria», Celtiberia 56 (1978) 153-168. Entre los varios artículos en los que E. CANTERA MONTENEGRO hace referencias a los judíos de Soria cabría destacar: «Pleitos de usura en la diócesis de Osma en el último tercio del siglo XV», AEM 12 (1982) 597-622; «Conflictos entre el concejo y la aljama de los judíos de Soria en el último tercio del siglo XV», AEM 13 (1983) 583-593; «El apartamiento de judíos y mudéjares en las diócesis de Osma y Sigüenza a fines del siglo XV», AEM 17 (1987) 501-510; véase también M. DIAGO, «Judíos y judeoconversos en Soria en el siglo XV», Celtiberia 83 (1992) 225-253. Al final del texto desarrollamos las abreviaturas utilizadas en este artículo.
[2] Sobre los judeoconversos sorianos del siglo XV proporcionamos noticias en M. DIAGO, «Judíos y judeoconversos» y en ÍDEM, Estructuras de poder en Soria a fines de la Edad Media, Valladolid 1993. Sobre los judeoconversos sorianos del siglo XVI tratamos en M. DIAGO, «Los judeoconversos en Soria después de 1492», Sefarad 51 (1991) 259-298. Uno de los primeros autores que abordó esta cuestión fue F. CANTERA BURGOS, «Conversos y judaizantes en la provincia de Soria (con especial referencia a los Laínez)», Revista de Dialectología y Tradiciones Populares 32 (1976) 87-102.
[3] M. DIAGO, «El protonotario Lucena en su entorno sociopolítico. Nuevos datos sobre su biografía», Sefarad 53 (1993) 249-272.
[4] Ibid.

juzgado de interés reconstruir otro proceso que se desarrolló en unas circunstancias muy distintas a las del siglo XV, como fueron las que se impusieron después de la expulsión de los judíos del reino de Castilla en 1492, proceso que tuvo un desenlace mucho más afortunado. En concreto estuvo protagonizado por una familia, la de los Beltrán, convertida después de 1492, y que por lo tanto nunca se vio afectada por los inconvenientes que para los Ramírez de Lucena se derivaron de la convivencia con parientes y amigos judíos. Sus miembros, muy poco tiempo después de su conversión al cristianismo, intentaron por todos los medios alardear de su adhesión a la nueva fe, fundando capillas y dotando capellanías. Y no parece que tropezasen con muchos inconvenientes a la hora de convencer a sus conciudadanos de la sinceridad de su conversión, pese a que su condición de recaudadores de impuestos y mercaderes rápidamente enriquecidos bien hubiera podido despertar rencores que derivasen en la presentación de denuncias ante la Inquisición. En efecto no nos consta que en ninguna ocasión el tribunal inquisitorial procediese contra miembros de esta familia cuyos orígenes judíos estaban tan cercanos. Y al mismo tiempo no nos deja de sorprender que muchos de sus miembros terminasen incorporándose a cabildos catedralicios y órdenes militares, instituciones en las que, según el punto de vista más difundido, los estatutos de limpieza de sangre habían terminado impidiendo no sólo la entrada de herejes sino también de cualquiera que tuviese antecesores judíos o musulmanes, en aplicación de un principio que muchos han calificado de «racista»[5]. Su integración en la sociedad cristiana fue, pues, total, hasta el punto de que en el siglo XVII habían conseguido ya borrar todo recuerdo de su origen judío, como demuestran las interminables series de declaraciones de testigos en las pruebas de acceso a las órdenes militares donde se repetía machaconamente que distintos descendientes de Vicen Bienveniste, que se convirtió al cristianismo después de 1492, eran cristianos viejos sin ninguna mancha de raza judía en su sangre[6].

## *LA CONVERSIÓN AL CRISTIANISMO DE VICEN BIENVENISTE, LUEGO LLAMADO NICOLAO BELTRÁN*

---

[5] Entre otras obras de interés sobre esta cuestión hay que destacar, A. A. SICROFF, *Los estatutos de limpieza de sangre. Controversias entre los siglos XV y XVI,* Madrid 1985; J. EDWARDS, «Race and religion in the fifteenth and sixteenth century Spain: the purity of blood statutes revisited», en *Proceedings of the Tenth World Congress of Jewish Studies. The History of the Jewish People,* Jerusalén 1990, 159-166; Y. M. LAMBERT-GORGES, «Le bréviaire du bon enquêteur, ou trois siécles d'information sur les candidats á l'habit des ordres militaires», *Mélanges de la Casa de Velázquez* 18 (1982) 165-198.

[6] Véase, por ejemplo, el voluminoso expediente para la entrada en Calatrava de Juan Zapata, en AHN, OOMM, Calatrava, exp. 2.864. Contiene múltiples diligencias realizadas en Soria y otras partes de Castilla para determinar el posible origen judío de los Beltranes. No se encontró ninguna prueba documental y todos los testigos fueron unánimes al declarar que eran cristianos viejos.

No es mucho lo que hemos conseguido averiguar sobre la identidad del judío soriano que, poco después de marchar a Portugal en 1492, decidió regresar a Castilla convertido al cristianismo con el nombre de Nicolao Beltrán [7]. De hecho en la documentación consultada le hemos encontrado nombrado de muy diversas maneras: unas veces simplemente Bienveniste, otras Don Yuça Bienveniste, y con mucha más frecuencia Vicen Bienveniste[8]. Entrar a determinar su grado de parentesco con otros judíos sorianos que se llamaron de una forma parecida resulta sumamente arriesgado, a falta de referencias precisas que proporcionen pistas seguras; pero no hay que descartar tampoco a priori que pudiese estar emparentado con alguno de ellos, entre los que se contaron destacados hombres de negocios.

Por lo que a él se refiere, no faltan pruebas documentales que demuestran que ya desarrolló una cierta actividad de hombre de negocios durante la etapa de su vida en que fue judío. En efecto consta, por ejemplo, que a raíz de abandonar Castilla en 1492, en cumplimiento del decreto de expulsión, traspasó a los judeoconversos Luis de Alcalá y Fernán Núñez Coronel las cantidades de dinero que le debían unos mercaderes burgaleses por ciertas lanas que les había vendido[9]. El hecho de que Fernán Núñez Coronel fuera un converso de recientísima fecha, ya que había adoptado la fe cristiana apremiado por los Reyes Católicos poco antes de abandonar el resto de los judíos el reino, explicaría su elección por Vicen Bienveniste para traspasarle sus deudas, en la confianza de que luego le haría llegar el dinero a Portugal, si no en moneda, ya que estaba prohibida su saca, al menos por medio de letras de cambio[10].

Por otra parte consta que fueron muchos los judíos emigrados a Portugal que dejaron encomendada la gestión de su hacienda en Castilla a este acaudalado judeoconverso segoviano, encargándole en particular que cobrase por ellos las

---

[7] Las referencias a la estancia en Portugal del que luego fue Nicolao Beltrán son varias. Muy clarificadora resulta a este respecto la declaración del sastre judeoconverso de Almazán, Fernán Pérez, quien en 1505 reconoció que siendo criado de Nicolao Beltrán marchó con él a Portugal en 1492, y al poco regresó a Ciudad Rodrigo para convertirse allí al cristianismo, dejando en Portugal a su amo. Vid. C. CARRETE PARRONDO - C. FRAILE CONDE, Fontes Iudaeorum Regni Castellao IV. Los judeoconversos de Almazán 1501- 1505. Origen familiar de los Laínez, Salamanca 1987, pág. 55.
[8] Véase, por ejemplo, AGS, RGS, III-1498, fol. 116. En este documento se hace constar primeramente que Nicolao Beltrán cuando era judío se llamaba Bienveniste, aunque más adelante se indica que su nombre era entonces Don Yuca Bienveniste. Puede verse un documento, entre otros, donde se le identifica como Vicen Bienveniste en AGS, RGS, V-1493, fol. 249.
[9] AGS, RGS, IV-1493, fol. 87 y V-1493, fol. 249. Sobre el papel de los judíos en el comercio de la lana en Soria, vid. M. DIAGO, «El comercio de la lana en Soria en época de los Reyes Católicos», Celtiberia 77-78 (1989) 25-76.
[10] Sobre las figuras de Fernán Núñez Coronel, rabí Mayr Melamed hasta su conversión, y Luis de Alcalá, como miembros principales de una compañía de arrendadores al servicio de los Reyes Católicos vid. C. ALVAREZ GARCÍA, «Los judíos y la hacienda real bajo el reinado de los Reyes Católicos. Una compañía de arrendadores de rentas reales», en Las tres culturas en la Corona de Castilla y los sefardíes, Valladolid 1990, 87-126.

cantidades que se les adeudaban, aunque parece que entre éstos fueron mayoritarios los que tenían cargo de cobrar rentas de la monarquía, en muchos casos quizás como subarrendadores del propio Fernán Núñez Coronel.[11] Por ello entra dentro de lo posible que Vicen Bienveniste perteneciese también a este grupo de arrendadores y que incluso su tardía conversión al cristianismo fuese el resultado de las presiones ejercidas por Fernán Núñez Coronel sobre varios de los arrendadores judíos castellanos exiliados en Portugal para que regresasen convertidos a Castilla[12]. Y, en efecto, Vicen Bienveniste, una vez convertido al cristianismo con el nombre de Nicolao Beltrán consta que sirvió a los Reyes Católicos en varias tareas de recaudación de rentas[13].

Por lo demás, otros documentos prueban que Fernán Núñez Coronel se sirvió de Nicolao Beltrán, cuando todavía era judío y marchó con los demás judíos a Portugal, para que en el vecino reino le sirviese de enlace e efectos de cumplir con los compromisos adquiridos con ciertos judíos de quienes era acreedor. Y así nos lo demuestra por ejemplo el caso de Simuel Abenxuxen, médico del marqués de Villena, quien había prestado cierta cantidad de dinero a Fernán Núñez Coronel, el cual, cuando Abenxuxen decidió marchar a Portugal en 1492, entregó a Bienveniste, judío vecino de Soria que luego se llamaría Nicolao Beltrán, una cédula de cambio por la que le ordenaba que al presentarse en Portugal pagase a Abenxuxen 1.253 ducados[14].

---

[11] C. ALVAREZ GARCÍA, Art. cit. pág. 122, publica allí un memorial presentado por Fernán Núñez Coronel a los Reyes Católicos en el que manifiesta que se había informado a los monarcas «que algunos judíos me dexaron a mí encomendado mucha hasienda e la yo he cobrado de sus debdas so color que eran de las rentas de V. A.». Proporcionamos noticias inéditas basadas en documentos de AGS, RGS sobre traspasos de deudas a Fernán Núñez Coronel efectuados por judíos sorianos emigrados a Portugal, que fueron arrendadores de rentas, con condición de que se les transfiriese el dinero en Portugal, en nuestra comunicación «Los hombres de negocios judíos en Soria en las vísperas de la expulsión», presentada al Congreso Internacional sobre Judíos y Conversos en la Historia (Ribadavia oct. 1991); permanece inédita, pues no ha sido incluida en la reciente edición de las actas del congreso.
[12] C. ALVAREZ GARCÍA, Art. cit. En el referido memorial Fernán Núñez Coronel manifestó que había trabajado mucho junto con sus hijos «por convertyr a algunos de aquellos arrendadores e a muchos dellos tornamos e traximos convertidos».
[13] Véase AGS, RGS, XII-1497, donde se indica que Nicolao Beltrán había sido receptor en Molina de Aragón y su partido en 1493-1494. En AGS, Contaduría Mayor de Cuentas, Ia. época, leg. 67, Nicolao Beltrán figura como receptor de lo encabezado del obispado de Osma de 1505, y su hijo Antonio Beltrán en varios años a partir de 1512.
[14] Véase en AGS, RGS, III-1498, fol. 116 la carta de emplazamiento a Nicolao Beltrán, que inserta una cédula dirigida al licenciado Polanco, alcalde de Casa y Corte, ordenando a Nicolao Beltrán que pagase los ducados que debía a Gabriel Enriquez, físico del marqués de Villena. Dado que en 1497 se decretó el bautismo forzoso de todos los judíos residentes en Portugal, entendemos que fue entonces cuando Simuel Abenxuxen adoptó el nombre cristiano de Gabriel Enriquez, y aprovechó para reclamar la cantidad que en su momento no le había pagado Nicolao Beltrán. De hecho, a partir de 1498 proliferan en el Registro General del Sello solicitudes de judíos de origen castellano convertidos forzosamente al cristianismo en Portugal para que se les pagasen deudas que se les debían desde el momento de la expulsión. Se ofrecen más detalles en nuestra comunicación «Los hombres de negocios judíos» citada en la nota 11; ahí damos cuenta de cómo varios judíos sorianos arrendadores de rentas, al tomar el camino del exilio optaron por dar «algunos dineros a cambios para que se los diesen en Portugal» a diversos individuos entre los que figuraban Fernán Núñez Coronel y su hijo Pedro Núñez, Nicolao Beltrán y varios judeoconversos de Burgos. En una situación semejante a la de Simuel Abenxuxen (Gabriel Enriquez), se vio

Finalmente, las relaciones entre Nicolao Beltrán y Fernán Núñez Coronel continuaron después de que el primero regresara convertido a Castilla, puesto que en 1495 este último y sus hijos le vendieron la mitad del oficio del recaudamiento y receptoría del servicio y montazgo, del que en 1489 los reyes habían hecho merced a Yuce Abravanel y que, tras diversas vicisitudes, había terminado por llegar a manos suyas[15].

Por consiguiente y teniendo en cuenta todos estos hechos, parece bastante probable que la conversión al cristianismo de Vicen Bienveniste estuviese dictada por el deseo de no desvincularse del mundo de los negocios en Castilla, en el que se encontraba muy bien situado dadas sus estrechas relaciones con financieros de primera fila, como eran los Núñez Coronel de Segovia. Algunos indicios sugieren que, a pesar de la propia irregularidad de la conversión, realizada pocos meses después de haber elegido el exilio portugués frente a la forzada adopción de la religión cristiana, los propios Reyes Católicos la aplaudieron e incluso la gratificaron. En concreto así cabe interpretar la concesión en Barcelona, el 30 de abril de 1493, del privilegio de hidalguía a Nicolao Beltrán y a toda su descendencia, que sin duda representó una manifestación de buena voluntad de los reyes hacia un individuo en el que quizás apreciaban sobre todo su valía como financiero y el estar apadrinado por otros financieros todavía más poderosos [16].

## *ACTITUD HACIA LA IGLESIA Y LA RELIGIÓN CRISTIANA*

Como fue muy frecuente entre las familias judeoconversas castellanas tanto del siglo XV como del XVI, Nicolao Beltrán quiso dar prueba de su sincera adhesión a su nueva fe cristiana, destinando a uno de sus cuatro hijos a la Iglesia. El elegido fue Alonso Beltrán, quien consta que en 1519 residía en Roma, donde se había convertido en *scriptor* apostólico[17], y luego regresó a su tierra natal para ocupar la dignidad de maestrescuela de la catedral de Osma[18]. Su carrera sentó

---

también Lope Jiménez, judeoconverso vecino de Portugal, quien en 1499 reclamó 306 ducados que Nicolao Beltrán le debía por letra de cambio. AGS, RGS, V-1499.
[15] Véanse referencias a las vicisitudes del oficio en C. ALVAREZ GARCÍA, Art. cit. págs. 98 y 104-105. El precio que Nicolao Beltrán tuvo que pagar por la mitad del oficio fue de un millón de maravedís y al poco tiempo de efectuarse la venta debió seguir pleito en Chancillería contra Francisco Fernández Coronel, hijo de Fernán Núñez Coronel, ya difunto, por querer éste recuperar la referida mitad alegando que su padre había efectuado la venta «por temor». AChV, RE, C. 176 (1-1503).
[16] Puede verse la confirmación del privilegio otorgado en Barcelona el 30 abril 1493 y ratificado en Madrid el 12 nov. 1494, hecha por Felipe II en Madrid el 22 dic. 1563, a petición de Nicolao Beltrán de Ribera y Antonio Beltrán de Ribera, nietos de Nicolao Beltrán, en RAH, Salazar y Castro, M-112, hojas 167-177.
[17] Véase el Archivo de la iglesia concatedral de San Pedro de Soria, libro 63, registro de 17 junio 1519, donde se hace constar que, a Alonso Beltrán, scriptor apostólico residente en Roma, León X en 1519 le proveyó de una canonjía, que antes era vicaría, en la iglesia de San Pedro de Soria
[18] Ya figura identificado como maestrescuela de Osma en la escritura de fundación de la capilla de los Beltranes

precedentes en la familia, y así por ejemplo su hermano mayor, Antonio Beltrán, destinó al menos dos de su cuatro hijos varones a la carrera eclesiástica, de forma que el mayor de ellos, Francisco Beltrán de Ribera, llegó a ser deán de Soria, y el otro, Juan de Ribera, fue enviado a la Universidad de Salamanca y luego a Roma, donde profesaría votos religiosos, a los que luego sin embargo debió de terminar renunciando [19]. Y este mismo Antonio Beltrán destinó a varias de sus numerosas hijas a la vida contemplativa del convento, llevado seguramente por convicciones religiosas y por el deseo de dejar bien puesta de manifiesto su sincera adhesión a la religión católica, pero tal vez también forzado por factores de índole económica ante la imposibilidad de dotar convenientemente a sus seis hijas para conseguirles «buenos» matrimonios, es decir con personas de condición sociopolítica elevada, como lo fueron los elegidos como maridos de sus dos hijas mayores[20].

Además de destinar hijos e hijas a la Iglesia, los primeros Beltranes hicieron notorios alardes en la construcción y dotación de capillas, destinadas para enterramientos familiares, y en la fundación de capellanías. En concreto Nicolao Beltrán hizo construir la actual capilla de San Nicolás de Bari en la iglesia del monasterio de San Francisco de Soria, que durante el siglo XV había sido el lugar preferido por las familias de la oligarquía soriana e incluso por algunas de la alta nobleza de la región para hacer construir en él sus capillas funerarias[21]. Al hacer construir esta capilla, afortunada mente conservada hasta la actualidad cuando casi todas las demás perecieron en un incendio, el reciente converso que era Nicolao Beltrán ya trataba, pues, de ponerse a la altura de las más encumbradas familias de la nobleza soriana, procurando echar tierra sobre su pasado judío. Por

---

en la iglesia de San Esteban de Soria, fechada el 9 enero 1529. Referencia a esta escritura en AHN, OOMM, Calatrava, Exp. 2264.

[19] En AHPS, C. 3519-7 se recogen bastantes noticias sobre pagos efectuados por Antonio Beltrán a su hijo Juan de Ribera durante los cinco años (entre 1537 y 1541) que permaneció en el estudio de Salamanca y después en sus estancias en Zaragoza, Barcelona y Roma. Entre las muchas partidas de gastos ocasionadas durante su permanencia en Roma figura una referente al pago por una bula «para absolverle de la frailía».

[20] Antonio Beltrán y María de Ribera tuvieron seis hijas. A Catalina la casaron con el caballero soriano Rodrigo Morales de Albornoz, perteneciente a una influyente familia de la oligarquía soriana a la que habían pertenecido miembros del Consejo Real como el licenciado Diego Morales. Al concertarse su matrimonio hacia 1529 se le concedió una dote de 1.600.000 mrs. a los que luego se añadieron otros bienes. Su otra hermana, Francisca de Ribera, fue casada con Pedro Hurtado de Mendoza, señor de Hinojosa de la Sierra, y perteneciente a una rama cadete de una familia de la alta nobleza castellana. No hemos determinado el importe de la dote, pero también debió de ser elevada. Otras dos hijas, Ana de Ribera e Isabel Beltrán, profesaron como monjas en el monasterio de Santiago el Zebedeo de Sigüenza. Se concedió a cada una un dote de 500 ducados, e igual cantidad se prometió a su hermana Elena de Ribera cuando entró en el monasterio de Santa Clara de Soria. No hemos llegado a determinar cuál fue el destino de su sexta hermana, María. Las diferencias entre la dote de Catalina y las dotes de sus hermanas monjas demuestran hasta qué punto la entrada en los monasterios resultaba más barata para los padres, aunque ciertamente Antonio Beltrán tuvo que pleitear con el monasterio de Santiago de Sigüenza, que exigía una mayor participación en la herencia familiar para Ana de Ribera e Isabel Beltrán. Tomamos las noticias de AHPS, C. 3519-7.

[21] Allí se hicieron enterrar por ejemplo el señor de Cameros, Carlos de Arellano, y su mujer Constanza Sarmiento, y el conde de Castro, señor de Gormaz. Las referencias a capillas y enterramientos de familias de la oligarquía soriana son múltiples en documentación en su mayor parte inédita, que hemos manejado para nuestra tesis doctoral y otros posteriores trabajos de investigación.

ello también, además de financiar los gastos de la construcción de la capilla, dejó al monasterio franciscano una renta anual de 3.365 mrs. situados sobre un juro, para que se cantasen varias misas cada año por su alma y las de sus parientes difuntos[22]. A esta donación se sumaron luego las de su esposa Isabel Beltrán, su hija Inés Beltrán y su nuera Isabel Coronel, que dejaron al monasterio de San Francisco de Soria rentas perpetuas de 2.000, 2.500 y 3.000 mrs. anuales respectivamente, con el cargo de que se celebrase una serie de oficios litúrgicos cada año en la capilla de los Beltranes[23].

Años más tarde, por su parte, otros dos hijos de Nicolao Beltrán, su primogénito Antonio y Alonso, maestrescuela de Osma, se comprometieron a edificar a sus expensas una capilla mayor dentro de la iglesia de San Esteban, de la que eran parroquianos ellos y otros muchos judeoconversos sorianos, que sería destinada para enterramientos de la familia[24]. Y años más tarde, en el testamento que otorgaron conjuntamente, Antonio Beltrán y su esposa María de Ribera dispusieron la fundación en la referida iglesia de una capellanía perpetua, adscrita al mayorazgo, con la condición de que el clérigo que la tuviese a su cargo no dispusiese de ningún otro beneficio ni capellanía[25].

En suma, pues, aunque estas disposiciones sobre fundaciones de capillas y capellanías no difirieron sustancialmente de las que se pueden encontrar en las escrituras notariales de otras muchas familias acaudaladas de Soria y del conjunto de Castilla durante el siglo XVI, que fue de relativa prosperidad en todo el reino, no se puede dejar de advertir un cierto afán de ostentación en estos primeros representantes de la familia Beltrán, que en muy pocos años hicieron construir dos capillas y multiplicaron las fundaciones de capellanías, generalmente bien dotadas[26].

---

[22] La escritura de fundación de la capilla al parecer fue otorgada el 7 mayo 1505 ante Gonzalo Gómez de San Clemente. Proporciona la noticia J. M.a MARTÍNEZ FRÍAS, El gótico en Soria. Arquitectura y escultura monumental, Soria 1980, págs. 256¬257. Las noticias documentales sobre el pago de los 3.365 mrs. situados sobre un juro son múltiples. Puede verse, por ejemplo, la numerosa documentación referente a los Beltranes custodiada en AChV, P.C. Zarandona y Balboa, F. envoltorio 139; y las referencias indirectas contenidas en AHN, OOMM, Calatrava, exp. 2864.

[23] Según referencias tomadas del libro de caja del monasterio de San Francisco, de las que se da cuenta en AHN, OOMM, Calatrava, exp. 2864. Presumimos que Isabel Coronel era la esposa de Hernando Beltrán, uno de los cuatro hijos de Nicolao.

[24] La escritura de concierto entre Antonio y Alonso Beltrán de un lado, y el cura y parroquianos de San Esteban de otro, sobre construcción de la capilla mayor se otorgaría el 9 enero 1529, según consta en AHN, OOMM, Calatrava, exp. 2864. Aquí también se describen la capilla y las tumbas tal como se encontraban en el siglo XVII. No hay restos de esta iglesia en la actualidad. Sobre el alto número de judeoconversos entre los parroquianos de San Esteban a principios del siglo XVI llamamos la atención en M. DIAGO, «Los judeoconversos en Soria», págs. 268-269.

[25] Copia de este testamento, fechado en Soria el 1 dic. 1546, en AHPS, C. 3519-7.

[26] A este respecto hay que advertir que Antonio Beltrán y María de Ribera, además de disponer la fundación de la capellanía perpetua de San Esteban, adscrita al mayorazgo, establecieron otras cuatro capellanías por las ánimas

Determinar si junto al afán de ostentación también tuvieron su papel los escrúpulos de conciencia a la hora de mover a algunos miembros de la familia a multiplicar en sus testamentos las disposiciones piadosas es algo que queda prácticamente fuera del alcance del historiador; pero si nos atenemos a la letra del testamento de Antonio Beltrán y María de Ribera podemos presumir que sí, ya que contiene constantes referencias a los muchos tratos y negocios que había tenido el primero durante su vida, y a la consiguiente necesidad de descargar las conciencias de ambos, que habían participado de los provechos económicos derivados de dichos negocios, por medio de disposiciones piadosas[27].

No hay motivos, pues, para dudar de la sinceridad de la conversión al cristianismo de los Beltranes sorianos, que cumplieron escrupulosamente con todas las convenciones que en la época conllevaba la profesión de la religión católica y manifestaron incluso una preocupación por el peligro que para su salvación eterna podía conllevar la dedicación a ciertas actividades económicas consideradas por las autoridades eclesiásticas como sospechosas de propiciar el enriquecimiento ilícito. Hasta qué punto en estas manifestaciones había convencionalismo social y hasta qué punto profunda convicción personal es algo que ningún historiador puede decidir con absoluta seguridad. Pero el hecho constatable es que los Beltranes en muy poco tiempo consiguieron adaptarse plenamente al modo de vida propio de los cristianos viejos de la Castilla del siglo XVI, codeándose incluso con inquisidores generales, como Hernando de Valdés, a quien Antonio Beltrán sirvió como recaudador de sus rentas en el obispado de Sigüenza [28].

## *LOS JUDEOCONVERSOS EN EL MUNDO DE LOS NEGOCIOS: ANTONIO BELTRÁN*

El hijo primogénito de Nicolao Beltrán, Antonio, debió de nacer hacia 1486, de forma que apenas contaría seis años de edad cuando sus padres

---

del purgatorio en los monasterios de San Francisco, La Merced y Nuestra Señora de Gracia, y en la iglesia parroquial del Espino, dotando cada una con 5.000 mrs.

[27] Además de las fundaciones de capellanías ya referidas, entre las disposiciones piadosas contenidas en el testamento se pueden destacar las siguientes: misas en los lugares sagrados de Roma; gastar 1.300 ducados en obras pías, limosnas y sacrificios; compra de cuatro «bulas de compusición», para redención de pecados; establecimiento de un arca de la misericordia con 200 fanegas de trigo en Ledesma, aldea de la Tierra de Soria donde los Beltranes eran principales terratenientes; y fundación de una albóndiga en la villa de Tejado, de la que eran señores, para la cual donaron dos yuntas de heredad.

[28] Sobre Hernando de Valdés *vid.* J. L. GONZÁLEZ NOVALÍN, *El Inquisidor General Fernando de Valdés (1483-1568),* Oviedo 1968-1971. Tomó posesión como obispo de Sigüenza el 17 enero 1540 y el 27 agosto 1546 fue preconizado arzobispo de Sevilla. Antonio Beltrán trabajó a su servicio como recaudador de las rentas de la mesa episcopal de Sigüenza durante 6 años, entre 1540 y 1545. El nombramiento de Valdés como inquisidor general tuvo lugar el 20 enero 1547. Desconocemos si en esta etapa Antonio Beltrán continuó manteniendo relaciones de negocios con él.

decidieron marchar a Portugal, y al igual que sus otros tres hermanos recibiría el bautismo en muy temprana edad, por lo que en consecuencia la asimilación de la religión cristiana debió de resultar mucho más fácil en su caso que en el de sus progenitores.

De los cuatros hijos de Nicolao, nos consta que fue él, Antonio, quien más siguió en la línea de dedicación profesional marcada por su padre. Fue un hombre con una enorme diversidad de intereses en el mundo de los negocios, que por un lado continuó activo en terrenos en que ya había estado presente su padre, como por ejemplo el del arrendamiento de rentas de la monarquía o el comercio de lanas, y por otro se adentró en nuevos ámbitos de actividad en los que su audacia y buena suerte le permitieron cosechar importantes beneficios y acumular una gran fortuna.

Como arrendador de rentas de la monarquía no llegó a alcanzar la categoría de figura de primera fila, de forma que sólo lo encontramos como fiador de algunos arrendadores importantes[29] y como receptor de rentas encabezadas en el obispado de Osma[30]. No obstante, a diferencia de su padre, consta que esta actividad la complementó con la del arrendamiento de importantes rentas eclesiásticas, como fue por ejemplo la renta de la mesa episcopal de Sigüenza, que tuvo a su cargo durante seis años, entre 1540 y 1545, permitiéndole manejar importantes cantidades de dinero y probablemente también de cereal, que sin duda utilizaría en operaciones especulativas[31].

Por lo que se refiere a su actividad como mercader de lanas parece que también fue mucho más ambiciosa que la de su padre, puesto que numerosos indicios sugieren que llegó a aventurarse en negocios de exportación a Flandes[32], en los que muy raramente participaron mercaderes sorianos, relegados casi siempre a desempeñar el papel de intermediarios al servicio de mercaderes

---

[29] Fue por ejemplo fiador de Pedro González de León, arrendador de las salinas de Atienza en los años 1517-1519. AGS, EMR, Hojas e Informaciones, leg. 577-1².
[30] Varios años a partir de 1512, según consta en AGS, Contaduría Mayor de Cuentas, 1.a época, leg. 67.
[31] AHPS, C. 3519-7. Contiene la documentación referente a un pleito sobre reparto de bienes entre herederos de Antonio Beltrán y de su esposa María de Ribera. Se hace constar que el importe anual de las rentas correspondientes al obispo de Sigüenza que Antonio Beltrán tenía que recaudar ascendía a 7.224.080,5 mrs. y que en conjunto la cantidad transferida por él al obispo Hernando Valdés, que luego fue trasladado a Sevilla, por el total de los seis años ascendió a 43.344.483 mrs. El documento no aporta información sobre el margen de beneficios obtenido por Antonio Beltrán de su gestión al servicio del obispo.
[32] Cuando en 1516 se tomaron declaraciones a testigos sobre la solvencia económica de Antonio Beltrán, presentado como fiador por el arrendador de las salinas de Atienza, varios declararon que era un hombre muy rico que tenía fama de poseer más de 30.000 ducados «en dinero y en sacas de lana que envía a Flandes» (AGS, EMR, Hojas e Informaciones, leg. 577-Ia). En el inventario post mortem realizado en 1547 a raíz de la muerte de la mujer de Antonio Beltrán, María de Ribera, figuran varias referencias a cantidades debidas por distintas personas avecindadas o estantes en Flandes. Por ejemplo, un tal Juan de Bilbao de Flandes debía por una partida 3.424.900 mrs. y por otra 2.683.958 mrs. Véase este inventario en AHPS, C. 3519-7.

exportadores, que eran durante el siglo XVI mayoritariamente burgaleses[33].

Probablemente fue esta tarea de exportador de lanas la que más contribuyó a ponerle en contacto con las ferias de Medina del Campo, en las que desarrolló una intensa actividad; pero con posterioridad también debió de verse atraído por otros muchos de los negocios que se llevaban a cabo en esta villa castellana en el siglo XVI. Y así lo sugieren varias de las noticias contenidas en el inventario de las cantidades que se le debían en el año 1547, a raíz de la muerte de su esposa, en el que figuran como deudores individuos de Valencia e incluso de Lyon y de Roma[34]. Lamentablemente esta fuente documental no indica qué tipo de negocios habían dado lugar a que le debiesen estas cantidades vecinos de tan lejanas ciudades, aunque parece poco probable que se tratase de la venta de lanas, ya que este producto nunca se negoció desde Soria con mercaderes valencianos o franceses de la zona de Lyon, sino que se exportó mayoritariamente a Flandes, y en menor cantidad a ciudades italianas como Florencia, pero nunca a Roma. Muy probablemente debieron de ser negocios estrictamente financieros los que llevaron a Antonio Beltrán a relacionarse con valencianos e italianos y franceses, entre otros extranjeros, y cabe incluso presumir que su actividad como gestor de rentas eclesiásticas, como las correspondientes al obispo de Sigüenza, contribuiría decisivamente a familiarizarle con los negocios de transferencia de dinero a través de letras y otros instrumentos de crédito, de los que se sirvieron profusamente los encargados de canalizar hacia la ciudad de Roma las prestaciones debidas al Papa por todo el orbe católico.

El hecho de que el obispo de Sigüenza, Hernando de Valdés, estuviese un tiempo en Flandes, a donde acudió en 1520, entrando allí en contacto con el emperador Carlos V, que le apoyó decididamente en su próspera carrera política, da por otra parte pie a plantear la hipótesis de que Antonio Beltrán, quien ya en la década de 1510 es identificado como exportador de lanas a Flandes, entrase entonces en contacto con este singular individuo en territorio flamenco. Y esta vinculación pudo ser la que llevase al propio Antonio Beltrán a entrar a su vez en contacto con el emperador, quien aparece incluido en la lista de acreedores del año 1547, debiendo la cantidad de 90.937 mrs. de un juro que Antonio Beltrán había comprado en su nombre al tesorero Alonso Gutiérrez[35]. En cualquier caso,

---

[33] Desarrollamos esta cuestión en M. DIAGO, «El papel de la ciudad de Soria como centro del comercio lanero en el siglo XVI», Chronica Nova [en prensa].
[34] Por ejemplo, un tal Sancho de Anda, de Valencia, le debía 1.212.500 mrs., y Juan y Antonio de Reynaldo, también de Valencia, le debían 727.500 mrs. Por su parte Antonio Nonbiso Bonbises, de León, le debía 1.068.000 mrs. Creemos más probable que, por el nombre, este último pueda referirse a la ciudad francesa de Lyon antes que a la española.
[35] AHPS, C. 3519-7, inventario de bienes de 29 dic. 1547.

consta que en 1547 la escribanía mayor de rentas del obispado de Osma formaba parte del patrimonio de Antonio Beltrán, y, aunque no se puede descartar que adquiriese el oficio por compra, es también probable que lo obtuviese como merced gracias a sus contactos en la corte o en premio a servicios de tipo financiero prestados al emperador o a personas de su círculo, como pudiera ser el propio Hernando Valdés.

Por lo demás entre los acreedores de Antonio Beltrán figuran también representantes de la alta nobleza de la región soriana, como el conde de Monteagudo, de manera que cabe presumir que éste desarrolló una notoria actividad como financiero y prestamista en el más alto nivel, la cual quizás en un futuro próximo pueda llegar a ser reconstruida con mayor detalle a través de la consulta de protocolos notariales de Medina del Campo.

El talante de hombre de negocios especulador propio de Antonio Beltrán queda puesto de manifiesto por otra parte en otras muchas de sus actuaciones, entre las que podríamos destacar una singular operación de compra y reventa de un rebaño ovino trashumante de 2.000 cabezas con su posesión en La Serena, que él consiguió adquirir a 9 reales por cabeza y revendió al poco tiempo a razón de 12 reales por cabeza[36].

Gracias a todas esas actividades y a otras muchas que no podremos conocer nunca en detalle por falta de fuentes documentales suficientes, Antonio Beltrán consiguió incrementar considerablemente la fortuna heredada de sus padres, que ya era cuantiosa en el contexto soriano de la época. En 1516 ya se le atribuía un caudal y crédito de más de 30.000 ducados, cantidad sumamente elevada para un individuo muy joven, que rondaba los 30 años[37]. A lo largo de toda la primera mitad del XVI realizó importantes inversiones en la compra de señoríos de vasallos y tierras de labranza, que consiguieron pronto ponerle a la altura de las principales familias de la oligarquía soriana. Una operación de enorme envergadura fue la compra del señorío de la villa de Tejado, realizada a Alonso de Mendoza, hijo del conde de Monteagudo, por una cantidad que no hemos llegado a determinar, a la que luego se tuvieron que sumar 1.200.000 mrs. que costó adquirir de la hacienda regia las alcabalas y tercias de la villa. Otras operaciones importantes se centraron en la compra de tierras de labranza en distintas aldeas de la Tierra de Soria, que le permitieron convertirse en señor de más de cincuenta yuntas de heredad, además de prados, herrenales y otros bienes rústicos. Por su parte en la propia ciudad de Soria, además de hacer construir unas

---

[36] AChV, P.C. Taboada F. envoltorio 146-10.
[37] Según declaraciones de testigos en AGS, EMR, Hojas e Informaciones, leg. 577-1[s].

suntuosas casas principales, se convirtió en propietario de otras muchas casas y mesones en distintos barrios. Las inversiones en compra de juros a la hacienda regia también tuvieron bastante importancia y aseguraron una regular fuente de ingresos a la familia durante todo el siglo XVI. Y por fin las operaciones de préstamo en sus distintas variantes, tanto a miembros de familias de la nobleza como a campesinos necesitados, también drenaron importantes cantidades de capital, que en contrapartida proporcionaron rentas anuales en dinero o en especie de muy distinta envergadura[38].

## *EL ACCESO AL EJERCICIO DEL PODER LOCAL: REGIMIENTOS PARA LOS DOS HIJOS DE ANTONIO BELTRÁN*

A pesar de que Antonio Beltrán llegó a convertirse en uno de los hombres más ricos de la ciudad de Soria y alcanzó incluso la siempre envidiada categoría de señor de vasallos, no deja de llamar la atención que nunca ocupase ningún oficio de gobierno importante, permaneciendo de hecho excluido del grupo oligárquico soriano, que en la primera mitad del siglo XVI comprendía un muy reducido número de familias de caballeros hidalgos, los cuales se repartían los seis regimientos disponibles y otros oficios de rango superior, como eran las procuraciones de Cortes o las fieldades de la Tierra, entre otros[39].

Para acceder al desempeño de todos estos oficios constituía un requisito indispensable la pertenencia a alguno de los doce linajes de caballeros hijosdalgo de la ciudad de Soria y, en principio, los Beltranes estaban excluidos de ellos por su propio origen judío, aunque la obtención del privilegio de hidalguía de los Reyes Católicos ya les abrió una vía de acceso, puesto que estaba admitido que un hidalgo que casase con doncella de alguno de los linajes pudiese ser recibido como miembro en el linaje de su mujer ", Antonio Beltrán no cumplió sin embargo con este requisito, ya que su mujer María de Ribera no era soriana, sino que procedía al parecer de Burgos, y en efecto no nos consta que fuese formalmente admitido en alguno de los doce linajes sorianos, aunque no faltaban precedentes

---

[38] Hay numerosos datos sobre el proceso de constitución de la hacienda de Antonio Beltrán, a partir de lo que heredó de sus padres, en AChV, P.C. Zarandona y Balboa, F. envoltorio 139. También presenta extraordinario interés el inventario de bienes realizado el 29 dic. 1547, a raíz de la muerte de María de Ribera, que además de en el citado fondo documental se puede consultar en AHPS, C. 3519-7. Lamentablemente este inventario no va acompañado de la correspondiente tasación, de gran utilidad para evaluar el montante total de la hacienda y la importancia relativa de los distintos componentes. En AHN, OOMM, Calatrava, exp. 2864, consta que la cuenta y reparto de los bienes que quedaron a la muerte de Antonio Beltrán se realizó ante el escribano de Soria, Francisco Pérez del Aguila, el 29 abril 1568. No hemos conseguido sin embargo localizar su protocolo.
[39] M. DIAGO, *Estructuras de poder*, págs. 293 y ss. e ÍDEM, «Caballeros y ganaderos. Evolución del perfil socioeconómico de la oligarquía soriana en los siglos XV y XVI», *Hispania* 184 (1993) 451-496, 492-494.

de personas que habían sido admitidas sin cumplir con el requisito de casar con doncella de linaje[40].

En cualquier caso si él no se atrevió a dar este paso, sí lo hizo, viviendo él todavía, su hijo primogénito Nicolao Beltrán de Ribera, quien en 1543 ya había accedido al regimiento soriano por el linaje de Don Vela[41]. No hemos podido determinar la fecha exacta en que Nicolao se convirtió en uno de los seis regidores que gobernaban Soria en la primera mitad del XVI, pero teniendo en cuenta que fue bautizado en 1517, es seguro que su ascenso al desempeño de tan apetecido oficio se produjo cuando todavía era muy joven, quizás con apenas 20 años cumplidos[42]. Dado por otra parte que nos consta que su esposa fue Juana de Palafox, hija del noble aragonés Rodrigo de Palafox, señor de Ariza[43], no pudo entrar en el linaje de Don Vela a raíz de su matrimonio.

Entra dentro de lo posible por lo tanto que ya Antonio Beltrán, amparándose en la influencia que le proporcionaba su inmensa riqueza, hubiese presionado en el seno del linaje de Don Vela para que se admitiese en él a sus hijos, con objeto de así asegurarles una rápida carrera política[44]. En efecto, desde todos los puntos de vista la de Nicolao Beltrán de Ribera lo fue, ya que en un momento en que entre los caballeros hidalgos sorianos reinaba un gran descontento por las dificultades que planteaba el acceso al regimiento, debido al escaso número de oficios de regidores existente y a que éstos tendían a traspasarse de padres a hijos, un jovenzuelo recién llegado al linaje de Don Vela consiguió desplazar a otros muchos caballeros pertenecientes a familias de más rancio abolengo, accediendo a un selecto grupo de regidores del que entonces estaban todavía excluidas muy influyentes familias de la sociedad soriana, que tuvieron que esperar hasta la duplicación de oficios de 1543 para ver finalmente representados a sus miembros

---

[40] M. DIAGO, «Aportación al estudio de las estructuras familiares de la nobleza urbana en la Castilla bajomedieval. Los doce linajes de Soria. Siglos XIII-XVI», Studia Histórica: Historia Medieval 10 (1992) 47-72.
[41] Un ejemplo significativo nos lo ofrece el arrendador judeoconverso Juan Ramírez de Lucena, padre del protonotario; vid. M. DIAGO, «El protonotario Lucena», pág. 253. Ver también otros ejemplos en M. DIAGO, «Aportación al estudio de las estructuras familiares», págs. 61 y ss.
[42] Cuando en 1543 se incrementó el número de oficios de regidores sorianos de seis a doce, Nicolao Beltrán de Ribera figura entre los seis regidores del número antiguo, pudiéndose deducir por exclusión que había sido designado por el linaje de Don Vela, que se turnaba en la provisión de regidores con el de San Llórente. Vid. M. DIAGO, «Caballeros y ganaderos». Los historiadores de los linajes sorianos no aportan noticias sobre cómo tuvo lugar su entrada en el linaje Don Vela; M. Martel sólo menciona la entrada en este linaje de su hermano Antonio Beltrán de Ribera; vid. M. MARTEL, Canto tercero de «La Numantina» y su comento: de la fundación de Soria y origen de los doce linajes, Madrid 1968, pág. 83. En otro lugar este mismo autor indica que los Beltranes pertenecían al linaje de San Llórente, pero hay que advertir que los caballeros con este apellido que formaron parte de este linaje nada tienen que ver con la familia de judeoconversos que aquí estamos analizando.
[43] Su partida de bautismo se conserva en el libro de bautismos de la antigua parroquia de San Esteban, hoy custodiado en el Archivo de la iglesia parroquial del Espino de Soria. También hay referencias a ella en AHN, OOMM, Calatrava, exp. 2864. En 1540, cuando tendría 23 años, ya se le identifica como regidor.
[44] Tomamos la noticia de AHN, OOMM, Calatrava, exp. 2864.

en el regimiento[45].

No cabe duda de que la elección del linaje de Don Vela para llevar a su culminación su proyecto de integración en el núcleo del grupo oligárquico soriano no fue llevada a cabo por los Beltranes de forma aleatoria, sino que probablemente lo eligieron porque entonces en su seno no había figuras de gran relieve político o gran fortuna, abundando mucho más los simples hidalgos con modestos medios económicos y escasa influencia, y por ello les había de resultar mucho más fácil imponer en él su dominio[46].

El arrollador avance político de los Beltranes en la Soria de mediados del siglo XVI tuvo por otro lado su traducción en el hecho singular de que no sólo el primogénito Nicolao accedió al regimiento, sino también años después su hermano menor Antonio Beltrán de Ribera, a quien Felipe II hizo merced de un oficio de regidor acrecentado en 1558, la cual fue admitida sin inconvenientes en el ayuntamiento de Soria en contra de lo que solía ser habitual, puesto que el consistorio soriano casi siempre se resistió a tolerar que el rey de forma unilateral acrecentase el número de oficios de regidor[47]. Ciertamente en la segunda mitad del siglo XVI además de los Beltranes hubo alguna otra familia, como por ejemplo la de los Ríos, que consiguió tener al mismo tiempo más de un representante en el gobierno de la ciudad de Soria, puesto que la práctica de venta de oficios por la monarquía, que se intensificó en esta época, favorecía esta situación. Pero hay que tener en cuenta que a mediados de siglo la influencia política de los Beltranes en Soria estaba asegurada no sólo gracias a la presencia de los dos hermanos, Nicolao y Antonio, en el regimiento, sino también por el hecho de que un tercer hermano, Francisco Beltrán de Ribera, era deán de Soria y por lo tanto una de las dignidades eclesiásticas más influyentes de la ciudad.

---

[45] M. DIAGO, «Caballeros y ganaderos», págs. 492-494.
[46] La familia más influyente del linaje por esta época sería la de los Díaz de Caravantes, que había estado representada en el regimiento por dos individuos en la primera mitad del siglo XVI. En concreto, García Ruiz de Caravantes accedió en 1501 por el linaje de Don Vela, al morir el licenciado Andrés Calderón, que había sido regidor por el linaje de San Llórente, que se turnaba con el de Don Vela en la provisión de regidores. En 1513 García Ruiz cedió su regimiento a su sobrino Pedro Díaz de Caravantes. Ya entonces era una familia sin mucha riqueza e influencia, que consiguió acceder al regimiento aprovechando que el licenciado Andrés Calderón, individuo de gran relevancia política por su estrecha relación con los Reyes Católicos, murió sin hijos y dejó por consiguiente al linaje San Llórente desprovisto de personas influyentes. Para más detalles vid. M. DIAGO, Estructuras de poder en Soria, pág. 276.
[47] La merced del oficio de regidor fue presentada en reunión del ayuntamiento de Soria el 26 marzo 1558, según consta por los libros de actas. Sobre la actitud del regimiento soriano ante los acrecentamientos de oficios decididos por el rey en los siglos XVI y XVII trata brevemente M.ª A. SOBALER SECO, «La oligarquía local soriana en el marco institucional de los Doce Linajes (Siglos XVI y XVII)», Arevacon 18 (1994) 29-36, 34-35.

## *EL PROGRESIVO APARTAMIENTO DE LOS NEGOCIOS*

El acceso de los Beltranes al regimiento soriano marcó el inicio del proceso de su total conversión en una familia de nobles rentistas, escasamente preocupada por participar en negocios especulativos, que tan del gusto habían sido de Nicolao Beltrán y de su hijo Antonio Beltrán, los primeros representantes judeoconversos de la familia que todavía habían vivido sus primeros años como judíos.

A Nicolao Beltrán de Ribera, el primero de la familia que accedió al oficio de regidor, todavía le encontramos en cierta medida vinculado con el tradicional negocio familiar del comercio de lanas, pero sólo en calidad de socio capitalista que invirtió en ocasiones fuertes cantidades de dinero en compañías establecidas con el dinámico mercader soriano Juan García de Tardajos, presumiblemente también judeoconverso, que era quien se encargaba de realizar el trabajo propiamente mercantil[48].

Por lo demás no disponemos de muchas noticias sobre la trayectoria vital de este individuo, a quien quizás nuevos hallazgos documentales nos permitan conocer mejor en el futuro. Por el momento, no obstante, un hecho importante que conviene tener en cuenta para definir con más precisión su perfil es el de la concertación del matrimonio de su primogénita María Beltrán con el caballero de origen alemán Jerónimo Valter Zapata, bien conocido por sus actividades en Flandes en los últimos años del siglo XVI y primeros del XVII[49].

De hecho nos ha resultado muy difícil llegar a comprobar documentalmente la existencia de este matrimonio, dado que en la mayor parte de las fuentes que proporcionan datos sobre la figura de Jerónimo Valter Zapata sólo se hacen referencias a su segundo matrimonio, sin indicar siquiera que había estado casado anteriormente, y no se indica que había pasado algunos años de su vida, al menos durante la década de 1580, en la ciudad de Soria[50]. Por otra parte, en las

---

[48] Véase, por ejemplo, AHPS, PN, C. 32-83, Soria 22 marzo 1570. Allí se da cuenta de que Nicolao Beltrán de Ribera y Juan García de Tardajos el mayor habían constituido una compañía el 9 sept. 1564, en la que el primero invirtió 150.000 mrs. y el segundo 75.000. Consta por otras fuentes documentales que el dinero de esta compañía se había empleado en compra de lanas, sobre todo a medianos propietarios ganaderos de aldeas serranas. Véase también AHPS, PN, C. 85-191, fol. 35, Soria 5 febr. 1584. Ana de Ribera, hija de Nicolao Beltrán de Ribera, reconoce haber recibido de Juan García de Tardajos 21.600 reales que se le debían por los siguientes conceptos: 20.000 de resto de 40.000 reales que su padre había puesto en una compañía; y 1.600 reales de las ganancias que había producido la compañía hasta fin de 1583, en que expiró.
[49] G. PARKER, El ejército de Flandes y el Camino Español 1567-1659, Madrid 1991, págs. 147 y 334, da cuenta de su actividad como pagador general del ejército de Flandes entre 1595 y 1600; veedor general del ejército de Flandes entre 1600 y 1603, y mayordomo mayor de los archiduques entre 1602 y 1606. Pueden verse noticias inéditas sobre este individuo y sus orígenes familiares en su expediente de entrada en la Orden de Santiago en 1594 en AHN, OOMM, Santiago, exp. 9019.
[50] Además de las referencias documentales citadas en la nota anterior conviene tener en cuenta para seguir la trayectoria de Jerónimo Valter Zapata a partir de la década de 1590 el expediente de entrada en la Orden de

genealogías de la familia Beltrán no suele aparecer mencionada la hija primogénita de Nicolao Beltrán de Ribera, que en los protocolos notariales hemos podido comprobar que unas veces era identificada como María y otras como Ana, nombre este segundo que en las genealogías y en la mayor parte de los documentos se reserva para su segunda hija, casada con el noble vecino de Calatayud, Juan Zapata.

Este hecho se explica porque la primogénita no tuvo al parecer descendencia de su matrimonio con Jerónimo Valter Zapata y por eso dejó menos huella en las genealogías, al tiempo que el hecho de que unas veces se le llamase María y otras Ana ha contribuido decisivamente a que se la confundiese con su hermana menor[51]. La lectura detenida de varios documentos de los protocolos notariales de Soria de los últimos años de la década de 1580 nos ha demostrado sin embargo que Nicolao Beltrán de Ribera dejó como sucesora de su mayorazgo, en el que ocupaba un lugar principal el señorío de la villa de Tejado, a su hija mayor casada con Jerónimo Valter Zapata, quien es identificado en varios documentos como señor de Tejado[52]. Dado que este matrimonio no tuvo hijos, Jerónimo Valter Zapata, a la muerte de su esposa, que tendría lugar antes de 1588, pasaría a vivir a Madrid, su ciudad natal, mientras que los señoríos y tierras del mayorazgo de los Beltranes quedaban en manos de la segunda hija de Nicolao Beltrán de Ribera, casada con el caballero aragonés Juan Zapata, quien, pese a la coincidencia en el apellido, no era pariente de su cuñado Jerónimo Valter[53].

La concertación de un matrimonio entre vecinos de Soria y de Madrid representa un hecho insólito tanto en el contexto del siglo XV como en el del XVI; pero además el de Jerónimo Valter Zapata con María Beltrán de Ribera presentó la peculiaridad de que el primero era un individuo de origen alemán, más concretamente suabo, hijo de un factor de la compañía de los Fugger en España, Justo Valter [54]. Cómo entró en contacto un regidor judeoconverso soriano, hijo de un activo mercader que había tenido negocios en Flandes y en las propias ferias

---

Santiago de su hijo Lope Zapata Valter, habido de su segundo matrimonio con doña Francisca Velázquez, natural de México. AHN, OOMM, Santiago, 9120.
[51] En la genealogía relativamente completa de la familia Beltrán que figura en AHN, OOMM, Calatrava, exp. 2864, no hay ninguna mención a la primogénita de Nicolao Beltrán de Ribera. Sobre la confusión de nombres entre María y Ana vid. infra nota 52.
[52] La mayor parte de los documentos notariales consultados en que Jerónimo Valter Zapata aparece como señor de Tejado corresponden a los años 1584 y 1585. En un documento datado en Soria, 8 abril 1588, Jerónimo Valter Zapata aparece ya identificado como vecino de Madrid y heredero universal de Ana Beltrán de Ribera (AHPS, PN, C. 88-197, fol. 135). No hay duda de que se refiere a la primogénita, también llamada María, porque en escrituras posteriores a esta fecha aparece otra Ana Beltrán de Ribera, la segunda hija de Nicolao, casada con Juan Zapata, heredera del mayorazgo familiar a la muerte de su hermana mayor y, como tal, señora de Tejado.
[53] Hay que hacer notar no obstante que los Zapata de Calatayud sí estaban lejanamente emparentados con los Zapata de Madrid, de quienes era pariente Jerónimo Valter a través de su madre.
[54] Según declaraciones de testigos tomadas en 1594; véase AHN, OOMM, Santiago, exp. 9019.

de Medina del Campo, con un factor de una compañía financiera y mercantil alemana, estrechamente vinculada con la dinastía de los Habsburgo, para concertar el matrimonio de sus hijos, es algo que no hemos podido llegar a determinar. Pero la simple constatación del hecho del matrimonio nos invita a presumir que todavía la tercera generación de los Beltranes se movió en el mundo de los grandes hombres de negocios de Castilla a través de unas vías que no obstante convendría determinar con mayor precisión.

Por lo demás, si el matrimonio de María Beltrán prueba la persistencia de ciertas vinculaciones con el mundo de los negocios, el de su hermana menor Ana con el caballero bilbilitano Juan Zapata testimonia de forma rotunda el deseo de los Beltranes de incorporarse definitivamente a la nobleza castellana, y de preparar el camino a la entrada en las órdenes militares[55]. En efecto, la desvinculación de Ana Beltrán de Ribera y su marido Juan Zapata de los negocios mercantiles y financieros parece que fue total, a juzgar por las noticias de que disponemos. En sus inventarios de bienes y en los de sus descendientes ya no se encuentran partidas en las que aparezcan como acreedores o deudores de grandes mercaderes u otros hombres de negocios, mientras que en contrapartida abundan las referencias a rentas en cereal y juros de la monarquía[56]. Al mismo tiempo estos representantes de la familia en las postreras décadas del XVI y primeras del XVII aparecen absolutamente desvinculados de una de las actividades más florecientes en el ámbito soriano del momento, la de la ganadería trashumante. En los protocolos notariales sólo se encuentran referencias a su condición de propietarios de un pequeño rebaño de ganado estante, que, por producir lanas de inferior calidad a las de los trashumantes, no les pudo permitir entrar en el negocio de la venta de lanas para exportación, el cual aseguró saneados ingresos a otros representantes de la oligarquía soriana en esos siglos[57].

---

[55] El hermano de Juan Zapata, Manuel Zapata, fue por ejemplo caballero de Santiago y gentilhombre de la boca del rey. No cabe duda de que estos antecedentes familiares favorecieron la entrada en la Orden de Calatrava del nieto de Ana Beltrán de Ribera y Juan Zapata, Juan Francisco Zapata, heredero del mayorazgo, señor de Tejado y regidor de Soria. Puede verse su expediente de entrada, muy voluminoso porque se presentó una denuncia sobre el origen converso de los Beltranes, en AHN, OOMM, Calatrava, exp. 2864. Llama la atención que todavía en la actualidad algunos investigadores rechazan como infundada esta denuncia, cuando tantas pruebas documentales demuestran el origen converso de Nicolau Beltrán. Véase, por ejemplo, V. DÁVILA JALÓN, *Nobiliario de Soria*, Madrid 1967, págs. 193 y ss.

[56] Véase el inventario de bienes a la muerte de Juan Zapata, viudo de Ana Beltrán de Ribera en Soria 27 enero 1604, en AHPS, PN, C. 98-219, fol. 167. Abundan las referencias a juros y censos, muchos de ellos heredados de sus antepasados. El inventario de bienes a la muerte del primogénito del anterior, Don Juan Zapata Beltrán y Palafox, realizado en Soria 8 sept. 1633, figura en AHPS, PN, C. 459-799, fol. 356. Se advierte que no había incrementado apenas los bienes heredados de sus antepasados, e incluso que su hacienda había venido a menos por falta de atención. Consta que gestionaba directamente la explotación de una parte de sus tierras, de la que obtuvo una cosecha de unas 2.000 fanegas, y que el resto las cedía a renteros, que le entregaron en renta unas 700 fanegas.

[57] En 1610, por ejemplo, Juan Zapata Beltrán, señor de Tejado, aparece como vendedor de 50 arrobas de lana

Los descendientes del judío Vicen Bienveniste, que ya a fines del siglo XVI llevaban con orgullo sonoros apellidos de nobleza aragonesa, como Palafox o Zapata, y por entonces comenzaron también a emparentar con caballeros de las Ordenes Militares para poco después ingresar ellos mismos en éstas, terminaron perdiendo su espíritu emprendedor, pasando a apegarse de una forma casi obsesiva a la tierra. Renunciaron de esta manera a seguir acumulando riquezas al ritmo que lo habían hecho sus antepasados, conformándose con la percepción regular de unas rentas que les permitirían llevar una vida desahogada y ociosa, aunque quizás no resultasen suficientes para satisfacer sus ambiciones de ostentación.

Cabe preguntarse no obstante si en todo esto hubo una traición de ideales «burgueses», o por el contrario una percepción clarividente de las dificultades que para la realización de negocios especulativos se estaban planteando en el reino de Castilla ya en la segunda mitad del siglo XVI, que habría llevado a una «retirada a tiempo». No es fácil decidirse por una u otra alternativa, pero no cabe duda que la falta de espíritu emprendedor manifestada por los Beltranes a partir de la cuarta generación impidió a esta familia auparse a los primeros puestos en el seno del grupo oligárquico soriano, de manera que el proceso de su ascenso social, que fue muy rápido en la primera mitad del siglo XVI, terminó viéndose desbordado por el de otras familias que apostaron más decididamente por la ganadería trashumante, compatibilizada por supuesto con las inversiones en señoríos, tierras y juros.

En cualquier caso, la integración dentro del grupo social dominante en el marco urbano de estos judeoconversos fue plena y no llegó en ningún momento a resultar seriamente cuestionada, aunque nunca faltasen denuncias aisladas de su posible origen judío, que en todas las ocasiones fueron convenientemente acalladas. Y finalmente los descendientes de Vicen Bienveniste llegaron a convertirse en marqueses de La Vilueña, accediendo por consiguiente incluso a la nobleza titulada, si bien en un momento en que el reconocimiento social de la pertenencia a este grupo era ya considerablemente menor debido a la multiplicación del número de títulos. Pero al análisis de esta fase de la historia de la familia prestaremos atención en otro momento.

---

churra procedente de su ganado, que entregaría a un mercader de Soria en el lugar de Ledesma, donde él tenía extensas propiedades en tierras (AHPS, PN, C. 104-230, fol. 345, Soria 17 nov. 1610). En 1608 otro representante de la familia, Antonio Beltrán de Ribera Morales de Albornoz, regidor de Soria y señor de Malluembre, tío y a la vez suegro del anterior, aparece vendiendo 338 arrobas de lana churra (AHPS, PN, C. 102-227, fol. 528, Soria 31 oct. 1608). La lana churra, procedente del esquile del ganado estante, alcanzaba en el mercado precios muy inferiores a los de la llamada lana extremeña, la procedente de los ganados trashumantes.

## *ABREVIATURAS*

| | |
|---|---|
| AchV | Archivo de la Chancillería de Valladolid |
| AGS | Archivo General de Simancas |
| AHN | Archivo Histórico Nacional |
| AHPS | Archivo Histórico Provincial de Soria |
| C. | Caja |
| EMR | Escribanía Mayor de Rentas |
| F. | Fenecidos |
| OOMM | Ordenes Militares |
| P.C. | Pleitos Civiles |
| PN | Protocolos Notariales |
| RAH | Real Academia de la Historia |
| RE | Reales Ejecutorias |
| RGS | Registro General del Sello |

# LA MOVILIDAD DE LOS JUDÍOS A AMBOS LADOS DE LA FRONTERA ENTRE LAS CORONAS DE CASTILLA Y ARAGÓN DURANTE EL SIGLO XIV

*RESUMEN*

A pesar de que los judíos fueron considerados formalmente como un elemento más del patrimonio regio en los reinos hispanos medievales, por lo que no tenían reconocida plena libertad de movimientos, en la práctica se constata que cambiaron de residencia de unos reinos a otros con notable facilidad. Los propios reyes trataron de potenciar estos cambios, mediante la concesión de privilegios a algunos de ellos, cuando deseaban que pasasen a residir a su reino. Para profundizar en el conocimiento de esta realidad, el autor analiza en este artículo los cambios de residencia protagonizados por judíos entre los territorios de las Coronas de Aragón y Castilla, y sus consecuencias. Así mismo, demuestra que la frontera entre estos dos reinos no representó obstáculo para muchos judíos que practicaron el comercio y el préstamo al otro lado de la misma. Por último, en el artículo se analizan algunas de las consecuencias que sobre las condiciones de vida de los judíos tuvieron los conflictos bélicos entre ambas monarquías durante el siglo XIV.

*PALABRAS CLAVE:* Castilla, Aragón, judíos, siglo XIV, comercio, finanzas.

*SUMMARY*

Although in theory Jews were considered a simple element of the royal patrimony in the medieval Spanish kingdoms, and consequently they did not enjoy complete freedom of movement, in fact they changed their residence and left one kingdom in order to establish themselves in another one with ease. On the other hand, the kings themselves tried to favor these changes of residence through grants of privileges when they wanted to attract them to their kingdom. In order to advance in the study of this phenomenon, the author analyses in this article the changes of residence between the territories of Aragón and Castile undertaken by the Jews and their consequences. It is shown that the frontier between these kingdoms did not represent an obstacle for many Jews that practiced trade and moneylending in the territories beyond it. Finally, the author draws attention to some of the consequences that the wars between both monarchies during the fourteenth century had over the conditions of life of the Jews.

***KEYWORDS***: Castile, Aragón, Jews, fourteenth century, trade, fin anee.

Los judíos que residieron en la Península Ibérica durante los siglos bajomedievales se caracterizaron por ser personas muy proclives a la movilidad geográfica. Esta tendencia se desarrolló con especial intensidad entre los que tuvieron como principal dedicación las actividades mercantiles y financieras, aunque no hay que descartar que se diese en igual grado entre los dedicados a otro tipo de actividades, como, por ejemplo, el trabajo artesanal, puesto que las fuentes documentales conservadas aportan bastante menos información sobre estos últimos que sobre los primeros. Y, a pesar de ello, también se pueden encontrar en ellas noticias sobre individuos que responden a este perfil que manifestaron una fuerte predisposición a cambiar de residencia en busca de nuevas oportunidades para el desempeño de su trabajo. Como ejemplo paradigmático sirve recordar el caso de Nemies Iseo e Isach Iseo, dos judíos cardadores de lana oriundos del reino de Castilla que en 1404 residían en la ciudad valenciana de Castellón de la Plana, y solicitaron entonces al rey Martín el Humano que les autorizase a mudar su domicilio a otro lugar, porque allí no podían ganarse la vida mediante el desempeño de su oficio[1].

La constatación de esta proclividad a la movilidad geográfica, aunque concuerda con el tópico del «judío errante» que vaga por el mundo por no formar parte de ninguna «nación», resulta, sin embargo, sorprendente si tenemos en cuenta que la legislación vigente en esta época en los reinos hispanos imponía severas limitaciones a la libertad de movimientos a los hebreos en ellos residentes. En concreto, en la Corona de Aragón, según nos recuerda Fritz Baer, los judíos que deseasen abandonar temporalmente el reino, para resolver determinados negocios fuera de él, sólo podían hacerlo con la condición de dejar como rehenes a sus mujeres e hijos, y de depositar ciertos bienes como garantía de que continuarían pagando sus impuestos[2]. E incluso dentro del propio territorio de la Corona, los miembros de las comunidades judía y musulmana de las ciudades y villas del realengo tenían prohibido mudar su domicilio a otro lugar, si no habían obtenido previamente licencia del rey o del baile general para hacerlo.

Esta medida tenía como objetivo evitar su traslado en masa a lugares de señorío, para garantizar el mantenimiento de la capacidad contributiva de las aljamas realengas. Y así nos lo confirma, por ejemplo, la decisión tomada en 1388

---

[1] ACA [= Archivo de la Corona de Aragón], C [= Cancillería], reg. 2175-80 (indicamos siempre el número de registro y, seguido de guión, el primer folio del documento), Valencia 14-IV-1404.
[2] Fritz BAER, Stüdien zur Geschichte der Juden im Königreich Aragonien während des 13. und 14. Jahrhunderts (Berlin 1913) pág. 14..

por el monarca aragonés que, enterado de que muchos judíos y moros que vivían en sus ciudades de Calatayud, Daroca, Teruel, Tarazona y Montalbán se habían ausentado de ellas sin su licencia o la del baile general de Aragón, y habían pasado a fijar su domicilio en lugares de señorío, ordenó que todos los que hubiesen procedido así fuesen inmediatamente devueltos a sus lugares de origen. Pero, al mismo tiempo, dejó abierta la posibilidad de que permaneciesen en sus nuevos lugares de residencia siempre que se comprometiesen a contribuir con alguna de las aljamas de los lugares de realengo próximos, situados a una distancia inferior a cuatro leguas[3]. De este modo reconoció de forma abierta que su interés en restringir la libertad de movimientos de los judíos tenía una motivación de naturaleza estrictamente fiscal, lo que resulta fácilmente comprensible teniendo en cuenta la elevada capacidad contributiva de aquéllos, muy superior a la de los mudéjares.

En otras ocasiones nos consta, no obstante, que los monarcas aragoneses tomaron drásticas medidas para poner freno a las huidas de judíos de las aljamas de sus ciudades. Y, como testimonio ilustrativo, sirva recordar lo dispuesto por Martín I en 1406, como reacción al abandono de sus domicilios sin licencia regia por varios judíos de Calatayud, que habían pasado a residir en diversos lugares de señorío. En efecto, considerando éste el grave perjuicio que estos cambios de domicilio no autorizados causaban a las regalías y a la propia aljama de Calatayud, dio orden de que todos los judíos que se hubiesen marchado sin su licencia tornasen a residir a esta ciudad en un plazo de dos meses, so pena de que, si pasado dicho plazo no habían obedecido, fuesen apresados como «albarranes» por sus oficiales, donde quiera que se encontrasen, y entregados al tesorero del rey. Pero, quizás porque dudaba de la eficacia de esta amenaza, dispuso además añadir otra de carácter espiritual. Así, ordenó a los clavarios y a los jueces de la aljama bilbilitana *(dayaní)* que, si pasado el plazo de los dos meses no tornaban a sus domicilios los judíos desplazados, «los metan en scomunicación del niduy», según en ley de judíos era acostumbrado, haciendo que se les pregonase por excomulgados en las sinagogas de la judería de la aljama una vez cada semana, el día del sábado antes de salir de oración, hasta que tornasen a sus domicilios [4].

A pesar de todas estas duras medidas orientadas a limitar la movilidad geográfica de los judíos, lo cierto, sin embargo, es que éstos cambiaron de domicilio con relativa facilidad, y no sólo en el interior de los distintos reinos, sino que también fueron muchos los que en el transcurso de sus vidas abandonaron

---

[3] ACA, C, reg. 1946-97v, Zaragoza, 8-VII-1388.
[4] ACA, C, reg. 2212-148v, Valencia, 18-VIII-1406.

su reino de origen para fijar su residencia en otro. Y así vamos a tratar de ponerlo de manifiesto en el presente artículo, centrándonos en el análisis de la movilidad geográfica de los judíos entre los territorios de las Coronas de Castilla y Aragón durante el siglo XIV. Entendemos, en efecto, que se trata de una faceta no suficientemente valorada de las condiciones de vida de los judíos hispanos durante la Baja Edad Media, y que su análisis presenta un notable interés, no sólo desde la perspectiva de la historia de los judíos, sino también desde la de la valoración de las consecuencias prácticas que tuvo en esta época la división en reinos del espacio peninsular.

## *MOVILIDAD GEOGRÁFICA DE LOS JUDÍOS EN LOS ÁMBITOS FRONTERIZOS*

A los dos lados de la línea fronteriza que separaba la Corona de Aragón de la de Castilla proliferaron las aljamas judías, algunas de las cuales llegaron a ser muy populosas, como es el caso, por ejemplo, de las de Soria y Calatayud. Con frecuencia se trató también de aljamas en las que se desarrolló una intensa actividad económica, en los terrenos artesanal, mercantil y financiero. Y llama la atención comprobar cómo para muchos de los judíos que residieron en ellas la existencia de la frontera no representó una realidad que marcase de forma significativa sus vidas, ni en el terreno profesional ni en otros muchos.

Una buena prueba nos la proporciona la constatación de la frecuencia con que judíos residentes en estas ciudades fronterizas trasladaron sus domicilios a otras ciudades próximas, pero localizadas al otro lado de la frontera, sin por ello desvincularse plenamente de su lugar de origen, donde solieron continuar manteniendo fuertes intereses económicos. Así lo atestigua, por ejemplo, el caso de Iuce Azarías, judío castellano que, habiendo estado domiciliado durante mucho tiempo en la villa soriana de Deza, muy próxima a la frontera con Aragón, donde contrajo matrimonio, pasó después a residir en la ciudad aragonesa de Calatayud, sin por ello dejar de ser propietario de diversos bienes en Deza. Resulta muy sintomático comprobar que, en su nuevo lugar de residencia, Calatayud, los encargados por la aljama de calcular su capacidad contributiva, los llamados «taxatores sive distribuitores peytarum», tuvieron en cuenta el valor de estos bienes que había dejado tras de sí en Castilla para fijar la tasa por la que debía contribuir en los repartos de impuestos realizados por aquélla. Y por ello este judío, al serle embargados por las autoridades castellanas sus bienes en Deza tras el estallido de la guerra entre Castilla y Aragón en 1356, denunció que los repartidores de impuestos de la aljama bilbilitana le estaban sometiendo a una insoportable opresión, por haber mantenido inalterada su cuota contributiva, a pesar de que había perdido una parte muy importante de su hacienda, la que le había sido embargada en Castilla [5].

En otras ocasiones, por el contrario, algunos judíos trataron de aprovechar sus traslados de domicilio al otro lado de la frontera para eludir el pago de deudas contraídas en sus reinos de origen. Así nos lo pone de manifiesto, por ejemplo, la denuncia presentada en 1372 por Salamon Germán, judío de Calatayud, contra Jacob Fagan, judío que había trasladado recientemente su domicilio de Ariza, en el reino de Aragón, a Medinaceli, en el reino de Castilla, y le estaba adeudando cincuenta libras jaquesas, por virtud de un contrato de obligación otorgado en Aragón, las cuales ahora se negaba a pagarle [6].

En estos casos, en efecto, resultaba bastante más difícil forzar a los deudores a cumplir con los compromisos contraídos con sus acreedores, por haber pasado a residir unos y otros en dos reinos diferentes. Por ello, los acreedores se solían ver forzados a recurrir a otros procedimientos para alcanzar justicia, como era por ejemplo solicitar el embargo de los bienes que el deudor pudiese poseer en el reino donde estaba domiciliado el acreedor. En concreto es lo que hizo el ya mencionado Salamon Germán, quien obtuvo provisión del rey Pedro IV ordenando a sus oficiales que ejecutasen en cualesquier bienes que pudiesen encontrar en el reino de Aragón pertenecientes a Jacob Fagan, residente entonces en Medinaceli, hasta que Salamon Germán hubiese recibido enmienda suficiente por la cantidad que se le adeudaba, y por los gastos en que hubiese incurrido para reclamar su pago.

No obstante, cuando esta opción no era practicable, por no haber bienes susceptibles de embargo, era forzado recurrir a otras alternativas, y la más frecuente fue la reclamación de una carta de marca contra los «conciudadanos» del deudor reacio a honrar sus compromisos, a los que se hacía corresponsables del pago de una deuda contraída por una persona con la que sólo tenían en común el hecho de ser súbditos de un mismo monarca [7].

---

[5] ACA, C, reg. 1179-4v, Calatayud, 10-V-1361. Comisión del rey Pedro IV al baile de Calatayud para que haga justicia a luce Azarías. Se hace constar que lo que el judío había dejado en Deza era lo siguiente: «plura debita et quasi omnia bona sua».
[6] ACA, C, reg. 762-47, Zaragoza, 14-11-1372.
[7] Más detalles sobre la utilización de las cartas de marca como procedimiento de compensación, desde la perspectiva de las relaciones entre las Coronas de Castilla y Aragón durante el siglo XIV, en M. DIAGO HERNANDO, «La 'quema'. Trayectoria histórica de un impuesto sobre los flujos comerciales entre las coronas de Castilla y Aragón durante los siglos XIV y XV», *Anuario de Estudios Medievales* 30/1 (2000) págs. 91-156.

Pero, dejando a un lado esta cuestión, sobre la que volveremos más adelante para analizar en detalle las consecuencias en el terreno económico de la movilidad de los judíos en torno a la frontera castellano-aragonesa, nos interesa ahora llamar la atención sobre el hecho de que la facilidad con que los judíos cambiaron de domicilio de unos lugares a otros a ambos lados de esta frontera propició que a veces se planteasen incluso dudas sobre la auténtica «nacionalidad» de algunos de ellos. Así ocurrió, por ejemplo, en 1328 con Mosse Passago, judío de Calatayud, a quien, según su propio testimonio, le robaron 200 mrs. castellanos en un lugar de la Orden de Calatrava llamado Quadrón, cuando regresaba de las ferias de Alcalá de Henares, en ejecución de una carta de marca decretada contra vecinos de Molina y su Tierra, con el argumento de que él era vecino de esta villa castellana[8].

## *CAMBIOS DE RESIDENCIA «DE LARGO RECORRIDO»*

La circulación de judíos entre las Coronas de Castilla y Aragón no se limitó, sin embargo, a traslados de residencia de corto radio entre lugares muy próximos a las fronteras. Por el contrario, la documentación nos proporciona testimonios de otros muchos que implicaron el recorrido de muy largas distancias, a veces no sólo por tierra, sino también incluso por mar. Es el caso de Toroz Vidal de Narbona, quien después de haber estado residiendo en el Castillo de Garcí Muñoz, en Castilla, pasó a fijar más adelante su morada, junto con su mujer y sus hijos, en la ciudad de Mallorca, donde sabemos que vivía en el año 1377[9]. Otro ejemplo en el mismo sentido nos lo proporciona Salamon Abenlup, judío de origen castellano que a fines de la década de 1370 residía igualmente en la capital balear y denunció ante el monarca aragonés que muchos judíos castellanos que habían pasado a residir en lugares de la Corona de Aragón le adeudaban dinero, y se negaban a pagar sus deudas[10].

Dentro del territorio peninsular fueron también muy frecuentes los cambios de residencia realizados por judíos entre los grandes centros mercantiles de las Coronas de Castilla y Aragón. Así, podemos destacar el caso de la ciudad de

---

[8] ACA, C, reg. 428-278.
[9] ACA, C, reg. 795-36 Barcelona, 20-XII-1377.
[10] ACA, C, reg. 805-61, Barcelona, 9-II-1379. En concreto, la denuncia presentada por este judío fue contra muchos judíos del reino de Castilla «ad térras et regna nostra declinantes». Sobre este mismo judío, *vid.* ACA, C, reg. 1440-33, Barcelona, 16-III-1379, publicado por F. BAER,) *Die juden im christlichen Spanien. Urkunden und Regesten. Vol. I. Aragonien und Navarra* (Berlín 1929) pág. 480. Guiaje para Salamon Abenlup, judío de Castilla, vecino de Mallorca, quien en 1378 había sido arrendador de impuestos en Murcia.

Burgos, el principal centro mercantil castellano del momento[11], de donde procedían varios judíos instalados en ciudades aragonesas durante la segunda mitad del siglo XIV, como, por ejemplo, los hermanos Mahir el Levi y Samuel el Levi, hijos del judío burgalés Açach el Levi, el mayor, quienes en las últimas décadas del siglo xiv residían en la ciudad de Zaragoza, donde desarrollaban una importante actividad al servicio del monarca aragonés Juan I, quien los calificó como «familiares y buenos servidores» suyos[12], o Iucef de Burgos, maestro de piedra de la casa de Pedro iv, quien se instaló en Calatayud procedente de Castilla hacia 1366[13].

Del mismo modo que judíos burgaleses se trasladaron a residir en ciudades aragonesas, también disponemos de testimonios que prueban que en ocasiones tuvo lugar el fenómeno inverso, y judíos de origen aragonés fijaron su residencia en la ciudad del Arlanzón, como es el caso de Benvenist, vecino de ésta en 1383, quien era hijo de luce Benvenist, judío de Tarazona que había sido llevado a Castilla como esclavo durante la guerra de los dos Pedros[14].

Por su parte, entre los grandes centros mercantiles de la Corona de Aragón que atrajeron a judíos de origen castellano se ha de destacar, a juzgar por las informaciones hasta ahora reunidas, la ciudad de Zaragoza, donde fijaron su residencia algunos mercaderes y financieros judíos de notable relieve procedentes de Castilla, entre los que podemos destacar a Samuel Benveniste, individuo originario de Soria que pasó a fijar su residencia en la capital aragonesa poco después de marzo de 1370, cuando el infante Juan le otorgó una carta de guiaje a fin de facilitar su traslado[15]. En efecto, éste, una vez consumado el traslado de domicilio, pronto logró integrarse en el selecto grupo de las familias de máximo rango social de la aljama zaragozana, constituido por las familias «francas» de «la Cavalleria» y «den Abnalazar», con las que llegó a establecer estrechos vínculos

---

[11] Sobre la importancia de Burgos como centro mercantil en el siglo XIV, vid. H. CASADO ALONSO, «Religiosidad y comercio en el siglo XIV. La cofradía de tenderos de paños de Burgos», en Poder y Sociedad en la Baja Edad Media Hispánica. Estudios en homenaje al profesor Luis Vicente Díaz Martín, ed. C. M. REGLERO DE LA FUENTE (Valladolid 2002) págs. 357-374.
[12] ACÁ, C, reg. 1867-20v, Barcelona, 15-VII-1387.
[13] Se hace referencia a este cambio de domicilio en ACA, C, reg. 912-158, Calatayud, 27-V-1366, publicado por F. BAER, *Die Juden*, vol. I, doc. n° 274, pág. 390. Una hermana de este Iucef de Burgos, Clara, contrajo matrimonio poco después en la ciudad de Calatayud con un judío castellano, vecino de Almazán: Jacob Fariello. Noticia en ACA, C, reg. 748-18v, Valencia, 10-XII-1369.
[14] Véase ACA, C, reg. 836-121v, Monzón, 10-VI-1383. Comisión a García Muñoz de Pamplona, jurisperito y baile de Calatayud, para conocer de todas las causas que Benvenist siguiese contra vecinos de Tarazona, relacionadas con la reclamación de los bienes que le correspondían de la herencia de su padre.
[15] La carta de guiaje, fechada en 19-III-1370, en ACA, C, reg. 1678-84; noticia en F. BAER, *Die Juden*, vol. I, pág. 486. La primera referencia sobre su presencia como vecino en Zaragoza data, no obstante, de 1380, lo cual no significa que el avecindamiento se hubiese producido en dicho año. La noticia aparece en una provisión de Pedro IV, otorgada en Barcelona, 21-IV-1380, que publica F. BAER, *op. cit.*, pág. 486.

de parentesco[16].

La movilidad, por otra parte, potenció la consolidación de estrechos vínculos de parentesco entre judíos residentes en ciudades de las Coronas de Castilla y Aragón, con frecuencia muy alejadas entre sí. Así, por ejemplo, sabemos que un judío toledano, Todrog el Levi, era pariente de Alazar Golluf, tesorero de la reina Violante de Bar, esposa de Juan I, uno de los judíos más destacados de la aljama de Zaragoza[17]. Por referencias indirectas también nos consta que a mediados del siglo XIV un judío de Valencia, Benvenist Avincaceç, tenía parientes que residían en Sevilla, los cuales intercedieron para evitar que fuesen vendidos como esclavos en dicha capital andaluza unos judíos que viajaban en un leño en el que se transportaban mercancías del propio Benvenist Avincaceç, el cual fue capturado por castellanos cerca del puerto de Santa Eulalia, en los mares de Ibiza[18]. Y, por fin, para poner un tercer ejemplo, recordaremos que el judío cordobés Assach Abenamias contaba con varios parientes residentes en los dominios del rey de Aragón, los cuales en 1381 intercedieron ante éste para que solicitara al rey de Castilla que permitiese regresar a este reino a aquél, pues se había visto forzado a huir a Aragón hacía unos años por no poder responder de unos arrendamientos de rentas que había tenido a su cargo[19].

La existencia de vínculos de parentesco entre judíos residentes en ciudades de las Coronas de Castilla y Aragón muy distantes entre sí contribuyó, sin duda, a reforzar las relaciones de solidaridad entre las comunidades judías de ambos reinos, que manifestaron un grado de fortaleza sorprendente para una época en que las distancias imponían importantes frenos a las relaciones entre los individuos. Así, desde esta perspectiva, nos ha llamado la atención comprobar cómo judíos residentes en diferentes reinos se esforzaron por mantener vivos los vínculos de parentesco que les unían acudiendo a reuniones familiares con ocasión de algún señalado acontecimiento, como por ejemplo la celebración de unas bodas.

---

[16] En Barcelona, 21-IV-1380, Pedro IV concedió a Samuel Benvenist, y Iucef, su nieto, y al resto de miembros de su familia que, a pesar de que había quedado prohibido que los judíos pecheros de la aljama de Zaragoza participasen con los judíos francos de la Cavalleria y den Abnalazar, «en bodas, circumcisiones, sepulturas e otras solemnidades», ellos pudiesen hacerlo, por haber emparentado con la familia de la Cavalleria. Pocos días antes, en Barcelona, 29-11-1380, este mismo monarca había dado autorización para que todos los judíos de la aljama de Zaragoza, tanto francos como pecheros, pudiesen participar en las celebraciones de la boda de Juçaf Benvenist, judío castellano y pechero (presumiblemente el nieto de Samuel identificado en el otro documento como Iucef), con la judía zaragozana Bonafilla, hija de Vidal dela Cavalleria. Vid. F. BAER, *Die Juden*, vol. I, n° 329, págs. 485-486.
[17] ACA, C, reg. 1868-192, Zaragoza, 6-VL1388.
[18] ACA, C, reg. 644-117v, Valencia, 12-IV-1347. Carta de Pedro IV al rey de Castilla.
[19] ACA, C, reg. 821-13v, Zaragoza, 8-1-1381.

Una reunión de este tipo tuvo lugar en Zaragoza en 1399, con motivo de la celebración de las bodas de un sobrino de Bonafos de la Cavallería, judío vecino de la capital aragonesa. Para asistir a dichas bodas acudieron desde Castilla Iuce Benvenist, Abraham Benvenist, su hermano, Iuce Abenamias y Samuel Pixcuer de Soria, y desde Navarra Samuel Benvenist, vecino de Tudela, a todos los cuales extendió el monarca aragonés una carta de seguro y guiaje, a fin de que pudiesen acudir salvos y seguros a la capital aragonesa «pro decorando nuptias»[20]. Y tenemos constancia, por otra parte, de que no se trató de un caso excepcional, pues el propio Fritz Baer nos informa de otras bodas que se celebraron en Zaragoza a las que asistió Salomo Halevi, judío vecino de Burgos[21].

Del mismo modo que la solidaridad se manifestó en las alegrías, también lo hizo en las penas, según nos lo demuestran las frecuentes intercesiones ante los reyes de Aragón de judíos aragoneses en favor de judíos castellanos en dificultades, de las que da cuenta la documentación cancilleresca. Por poner un ejemplo, recordaremos la de Alazar Golluf en favor de su pariente, el toledano Todroç el Levi, para conseguir que éste pudiese regresar, tras siete años de ausencia, a Castilla, de donde se había tenido que ausentar por habérsele acusado del asesinato de otro judío[22].

## *POLÍTICA DE ATRACCIÓN DE LOS JUDÍOS POR LOS MONARCAS CASTELLANOS Y ARAGONESES*

Los cambios de residencia de judíos que conllevaban el abandono del reino de origen fueron sin duda mal vistos tanto por los monarcas castellanos como por los aragoneses, cuando eran ellos quienes perdían por esta vía contribuyentes o súbditos que les prestaban apreciables servicios. A pesar de ello, unos y otros no sólo toleraron estas prácticas, sino que incluso en ocasiones trataron de potenciarlas, desarrollando una política de atracción de los judíos de los reinos vecinos hacia el suyo propio que, en el caso de los monarcas aragoneses, puede ser analizada con cierto detalle gracias a la abundante información que proporcionan

---

[20] ACA, C, reg. 2171-127v, Zaragoza, 13-V-1399.
[21] F. BAER, *Die Juden,* vol. I, pág. 486.
[22] En concreto, Alazar Golluf, regente de la tesorería de la reina de Aragón, doña Violante de Bar, se dirigió en primer lugar al marido de ésta, el rey Juan I, para que éste a su vez solicitase a su pariente el rey de Castilla el perdón para Todroç el Levi. Juan I accedió a su solicitud, dirigiendo poco después una carta al rey de Castilla, en la que manifestaba su gran interés en que se concediese el perdón solicitado, puesto que debido a los grandes servicios que Alazar Golluf les estaba prestando a él y a su mujer, la reina, sentía una especial afección hacia él y todos los suyos. La carta al rey de Castilla en ACA, C, reg. 1868-192 Zaragoza, 6-VL1388.

sobre esta cuestión los registros de cancillería.

En efecto, éstos nos informan en primer lugar de la frecuente concesión por los reyes de Aragón a judíos castellanos que habían manifestado su intención de mudar su residencia a territorio aragonés de cartas de guiaje, que les proporcionaban plenas garantías de que no se les aplicarían las medidas de represalia dictadas contra súbditos del rey de Castilla[23]. Pero conviene advertir que en más de un caso su concesión fue asociada a la exigencia de un compromiso de avecindamiento en un lugar de la Corona aragonesa durante un período mínimo de años, con frecuencia fijado en diez, que conllevaba además la obligación explícita de pechar junto con el resto de judíos de dicho lugar desde el mismo instante en que fijase allí su residencia. Y, en efecto, con estas condiciones concedió, por ejemplo, Pedro IV cartas de guiaje en 1370 a los judíos Samuel Samell, vecino de Cuenca, y Samuel Qamela, vecino de Moya, quienes al parecer tenían intención de trasladar su domicilio a Molina de Aragón[24]. Lo cual pone bien en evidencia cómo el móvil económico o, si se quiere, fiscal fue factor principal inspirador de la política de atracción de judíos castellanos practicada por los monarcas aragoneses durante el siglo XIV.

Esta política no se limitó, por lo demás, a la concesión de simples cartas de guiaje, sino que en otras ocasiones se ofrecieron alicientes adicionales para el cambio de residencia a determinados judíos, mediante la concesión de otros privilegios. Y así lo atestigua el caso de Samuel Abençaçon, judío que pasó a residir de Soria a Calatayud hacia 1370, quizás identificable con el célebre poeta del mismo nombre.

---

[23] Entre los numerosos ejemplos que nos proporcionan los registros de cancillería, destacaremos a título ilustrativo los siguientes: ACA, C, reg. 1181-8v, Perpiñán, 21-IX-1362. Carta de seguro para Tedroç Ebleni y Iucef Abzecurero de Godalalfaiar (¿Guadalajara?), judíos del reino de Castilla que iban a acudir próximamente a Zaragoza. ACA, C, reg. 917-228, Valencia, 15-X-1369. Noticia en F. BAER, *Die Juden,* vol. I, pág. 425. Carta de guiaje para Rabi Qach Lapapa y Doña Bellida, viuda de Mosse Quatorze, y sus hijos, judíos castellanos que han pasado a residir en Teruel. ACA, C, reg, 1666-80v, Valencia, 20-IX-1382. El rey de Aragón toma bajo su especial custodia a Açach Abenamias, quien deseaba trasladar su residencia desde Castilla a Calatayud. ACA, C, reg. 841-143, Gerona, 23-111385. Guiaje a favor del judío castellano Iafuda Abentiminiel, que deseaba pasar a residir en territorio aragonés. ACA, C, reg.1244-9, Barcelona, 10-VI-1374. Carta de guiaje a favor de Iucef Aznueto y David, su hermano, judíos de Guadalajara. En este caso no se deja constancia de que tuviesen intención de fijar su residencia en la Corona de Aragón. Una visión de carácter general sobre la institución del «guiaje» en la Corona de Aragón se encontrará en I. BURNS, «The Guidaticum Safe-Conduct in Medieval Arago-Catalonia: A Mini-Institution for Muslims, Christians and Jews», *Medieval Encounters* 1 (1995) págs. 51-113.
[24] La carta de guiaje a Samuel Çamela, vecino de Moya, en ACA, C, reg.1230-7, Barcelona 3-VIII-1370. La de Samuel Samell, vecino de Cuenca, en reg.1230-85v, Montblanc, 16-XI-1370. A ambos se puso como condición que debían presentar fiadores ante el baile de Daroca o su lugarteniente, que garantizasen que durante los diez años siguientes pecharían con la aljama de Molina o de cualquier otro lugar del rey de Aragón. Resulta sintomático que otras cartas de guiaje otorgadas entonces por Pedro IV en favor de diversos cristianos vecinos de Moya no se incluyó ninguna cláusula que impusiese a los beneficiarios del guiaje el compromiso de pechar en algún lugar del reino de Aragón durante un período mínimo de diez años.

De hecho los motivos que llevaron a este judío soriano a pasar a residir al reino de Aragón fueron de índole política, pues, al parecer, había apostado de forma decidida por apoyar al rey Pedro el Cruel y, por consiguiente, tras el asesinato de aquél por su hermanastro Enrique de Trastamara, tenía motivos más que sobrados para temer las represalias de este último, convertido en nuevo rey de Castilla[25]. A pesar de ello, Pedro IV manifestó tan decidido interés en atraerlo hacia Aragón que no se limitó a otorgarle la habitual carta de guiaje, para evitar que se le aplicasen las medidas de represalia decretadas contra castellanos, sino que también le concedió un importante privilegio adicional. Así, para facilitarle el cobro de las cantidades de dinero que le adeudaban en Castilla gran número de personas, dispuso que en adelante se embargasen todos los bienes y mercancías de dichos deudores que se encontrasen en territorio de la Corona de Aragón. Para ello, bastaría con que Samuel Abençaçon presentase a los oficiales del rey los documentos notariales probatorios, a la vista de los cuales éstos deberían proceder de inmediato al embargo, aunque se estableció una importante excepción, al quedar prohibido que se aplicasen estas medidas contra aquellos castellanos que hubiesen obtenido carta de guiaje del rey de Aragón, aunque tuviesen contraídas deudas con el referido judío. Pero, además, se le impuso a éste como condición, para poder aprovecharse de dicho privilegio, que al menos la mitad de las cantidades de dinero que consiguiese recuperar de sus deudores castellanos la invirtiese en los dominios del rey de Aragón[26]. Por tanto, la inclusión de esta cláusula nos confirma una vez más que el principal móvil de los monarcas aragoneses al intentar atraer judíos castellanos hacia sus territorios era el económico.

En cualquier caso, las concesiones hechas a Samuel Abençaçon para facilitar su avecindamiento en Aragón fueron consideradas excesivas por muchos de los vasallos del monarca aragonés. Y en concreto así lo denunciaron los representantes de las aldeas de la Comunidad de Calatayud, que se lamentaron ante Pedro IV por los serios perjuicios que de las mismas se estaban derivando para los habitantes de aquella comarca. En efecto, se estaban tomando sus bienes a castellanos que durante los años de la guerra habían venido a residir en las aldeas de Calatayud, y, además, otros castellanos que hasta entonces habían solido llevar a vender a este territorio «viandas, ropas y otras mercaderías» habían dejado de acudir por miedo a que les fuesen embargados sus bienes. Por todo lo cual,

---

[25] Así se hace constar en ACA, C, reg. 1264-140v, Barcelona, 3O-VII-1379, publicado por F. BAER, *Die Juden*, vol. I, pág. 483. Se reconoce que Samuel Abençaçon, «judío que solía estar en Soria», debió de abandonar Castilla por haber tenido «la voç del rey don Pedro», y que, tras su marcha, Enrique II hizo donación de sus bienes a Alvar González de Perrera y otros.
[26] Este privilegio fue concedido a Samuel Abençaçon por Pedro IV por carta otorgada en Tarragona, 2-V-1370. La hemos consultado en versión trasladada en ACA, C, reg. 760-138v, Zaragoza, 17-111-1372.

atendiendo las quejas de sus propios súbditos, el monarca aragonés finalmente accedió en marzo de 1372 a suspender el privilegio concedido a Samuel Abençaçon[27].

A pesar de ello, en los años siguientes continuó ofreciéndole su incondicional apoyo. Y así nos lo confirma en primer lugar la concesión en octubre de 1374 de una nueva carta de guiaje a favor suyo y de su mujer, hijos y compañía[28], a la cual siguieron a lo largo de la segunda mitad de la década de 1370 sucesivas provisiones conminando a sus oficiales a que le prestasen el auxilio necesario para poder cobrar las cantidades que se le adeudaban tanto en Castilla como en Aragón[29]. Por fin, en 1379, nada más acceder al trono castellano su yerno Juan I, Pedro iv se apresuró a solicitarle que tuviese a bien conceder el perdón a este judío por las faltas que hubiese podido cometer contra su padre Enrique n, y le devolviese los bienes que le habían sido embargados por orden de éste[30]. Pero en la carta nada se dice sobre que Samuel Abençaçon tuviese intención de retornar a Castilla en caso de que se le concediese el perdón solicitado, como sugiere Baer, por lo cual presumimos que continuó residiendo en Calatayud.

El compromiso del monarca aragonés en la defensa de los intereses de este judío soriano que había optado por trasladar su residencia a Aragón fue grande, pero ello no significa, que su integración en la sociedad aragonesa estuviese exenta de dificultades. Por el contrario, el propio hecho de que el rey se viese impelido a tener que otorgar tantas provisiones en su defensa sugiere que entre sus oficiales había poca predisposición a hacerlas cumplir, y de hecho así se reconoció de forma explícita en algunas de ellas. Pero si esta falta de predisposición respondía al hecho de que era un judío originario de Castilla, o simplemente era consecuencia de su dedicación a la actividad del préstamo, es algo que de momento resulta imposible determinar con seguridad.

Por otro lado, los monarcas aragoneses del siglo XIV, para favorecer la instalación en sus reinos de determinados judíos procedentes de Castilla, también recurrieron a otros procedimientos, como el ofrecimiento de garantías de que no se procedería judicialmente por deudas contra ellos durante un período de tiempo[31], o incluso la concesión del privilegio de la exención de impuestos. En

---
[27] ACA, C, reg. 760-138v, Zaragoza, 17-III-1372.
[28] ACA, C, reg. 772-166, Barcelona, 20-X-1374.
[29] ACA, C, reg. 777-115v, Lérida, 15-V-1375; reg. 783-162 Monzón, 15-V- 1376; y reg. 1633-102v, Calatayud, 30-XI-1378.
[30] ACA, C, reg. 1264-140v, Barcelona, 3O-VII-1379. Documento publicado por F. BAER, *Die Juden*, vol. I, pág. 483.
[31] ACA, C, reg. 795-36, Barcelona, 20-XII-1377. Pedro IV concedió a Toroz Vidal de Narbona, judío que pasó a residir con su mujer e hijos del Castillo de Garcí Muñoz, en Castilla, a la ciudad de Mallorca, que no se pudiese

concreto, entre los beneficiarios de este último tipo de merced estuvieron Jacob Mosse y Abraham, dos judíos de origen castellano, que la recibieron en 1331 de Alfonso IV, siéndoles después confirmada por Pedro IV en 1360[32]; y, más adelante, Iucef de Burgos, judío avecindado en Calatayud, que sirvió como maestro de piedra en la casa de este último monarca y recibió de él privilegio de exención de impuestos en 1366, aunque más adelante se vio obligado a retirárselo como consecuencia de la enconada resistencia que ofreció la aljama bilbilitana a admitirlo[33].

Y, por fin, para facilitar el traslado a sus tierras de algunos judíos castellanos, los monarcas aragoneses llegaron incluso a dirigirse a las autoridades castellanas para solicitarles que no impidiesen el cambio de residencia a determinados individuos que habían manifestado su deseo de pasar a vivir a Aragón. Así, por ejemplo, nos consta que en 1369 Pedro IV solicitó a Alvar García de Albornoz que permitiese a Salamón Abolafia, vecino de Cuenca, trasladar su domicilio al reino de Aragón, según era su intención, pues este judío le había hecho saber que se temía que este caballero trataría de impedirle que abandonase la referida ciudad castellana, donde era en aquellos momentos la persona más poderosa[34].

La mayoría de los judíos que los reyes de Aragón trataron de atraer hacia sus reinos fueron, a juzgar por las noticias que proporcionan los registros de cancillería, individuos dedicados a las actividades financieras, o al comercio. En este afán, no dudaron incluso en conceder carta de guiaje a individuos sospechosos de haber cometido delitos de carácter financiero en Castilla, y que se veían forzados por ello a huir de dicho reino. Así lo atestigua el caso del judío cordobés Assach Abenamias, quien «viéndose destruido» por no poder cumplir con algunos arrendamientos que había tomado a su cargo en Castilla, recurrió al monarca aragonés Pedro IV para que le acogiese en sus dominios, y éste accedió a concederle el solicitado asilo argumentando que entendía que este individuo no

---

proceder contra él por ninguna deuda durante un período de dos años.
[32] ACA, C, reg.703-36, Zaragoza, 6-VI-1360. Carta de Pedro IV a sus oficiales del reino de Aragón y al comisario de la aljama de judíos de Zaragoza, para que hagan observar el referido privilegio concedido por su padre, en virtud del cual, dichos judíos quedaban exentos durante toda su vida del pago de «peyta questia», y cualquier otro impuesto regio.
[33] El privilegio de concesión de franqueza a Iucef de Burgos en ACA, C, reg. 912-158, Calatayud, 27-V-1366. Ha publicado el documento F. BAER, *Die Juden,* vol. I, doc. n° 274, pág. 390. Sobre la resistencia ofrecida por la aljama judía de Calatayud a observar el privilegio, vid. ACA, C, reg. 733-54, Zaragoza, 15-VI- 1367. Carta de Pedro IV a los adelantados y aljama de judíos de Calatayud, en la que les recuerda que ya por carta anterior, fechada en Zaragoza, 15-VI-1366, les había ordenado que observasen el privilegio de franqueza a este judío. Por reg. 913-109, nos consta, no obstante, que en respuesta a las presiones de la aljama Pedro IV accedió finalmente a revocar el privilegio de franqueza concedido a Iucef de Burgos.
[34] ACA, C, reg. 1551-13, Valencia, 10-VI-1369.

era culpable de ningún delito[35].

Pero a veces también dieron facilidades para que se instalasen en sus dominios judíos dedicados a otras actividades. Y así nos lo demuestra el acuerdo al que llegó en 1371 Pedro IV con un judío de Alcalá de Henares, llamado Jahuda Abengadella, por virtud del cual le autorizó para que pudiese cavar en búsqueda de tesoros escondidos en el lugar de Bocairente y en la sierra de Mariola, estando siempre presente el baile general de Valencia, con condición de que entregase a la hacienda regia la mitad de los tesoros que encontrase, una vez descontados los gastos que se ocasionasen por razón de la búsqueda, pudiéndose quedar él con la otra mitad, y regresar con ella a su tierra de origen. Pero al mismo tiempo le garantizó que, si él y sus compañeros en la empresa de búsqueda de tesoros, que eran dos judíos de Toledo, Iucef Abenbivo y Abraham Abengadella, y un cristiano vecino de Villena, Pero Morello, quisieran mudar su domicilio al señorío del rey de Aragón, les trataría como a vasallos y naturales suyos [36].

Si por un lado los monarcas aragoneses del siglo XIV intentaron atraer a determinados judíos castellanos para que fijasen su residencia en sus dominios, por otro se esforzaron a su vez en impedir por todos los medios a su alcance que los judíos de sus ciudades se marchasen a residir en Castilla. Pruebas de este talante las encontramos ya en diversas actuaciones de Jaime II, como, por ejemplo, cuando en 1297 aplaudió el proceder de los judíos de la aljama de Daroca, que habían ordenado detener a su paso por dicha ciudad a un judío de Zaragoza llamado Iucef Abehandala, cuando éste se disponía a mudar su domicilio a Molina, y, además, se habían esforzado por convencerle de que se quedase a vivir en el reino de Aragón[37].

Sin duda, una de las actuaciones que mejor pone de manifiesto el interés de los monarcas aragoneses del siglo XIV por evitar la salida de sus dominios de los judíos, y muy en particular la de aquellos que les prestaban señalados servicios financieros, es la de Juan I y su esposa Violante de Bar en 1391 en relación a un judío vecino de Zaragoza llamado Samuel Benvenist, que era originario de Soria. En efecto, ese año éste había pasado a resolver algunos negocios a Castilla, relacionados al parecer con el cobro de ciertas cantidades de dinero que allí le adeudaban diversas personas[38]. Tuvo la mala suerte, sin embargo, de que en el

---

[35] Noticia en ACA, C, reg. 821-13v, Zaragoza, 8-1-1381
[36] ACA, C, reg. 1085-131v, Valencia, 16-IX-1371.
[37] ACA, C, reg. 108-143, Lérida, 5-VI-1297. Carta del rey Jaime II a la aljama de judíos de Daroca, aprobando su actuación y animándoles a que continúen tratando de convencer al judío para que se quede.
[38] Ya en 1387, el monarca aragonés intercedió ante el rey de Castilla en favor de este judío, a quien calificó como su vasallo y buen servidor de la reina Violante, su mujer, para que le fuesen pagadas las cuantías de dinero que le adeudaban en el reino de Castilla varios súbditos castellanos que no se mostraban dispuestos a pagar. ACA, C,

transcurso de su estancia en territorio castellano se desencadenaron en ese reino graves desórdenes que amenazaron la seguridad de los judíos, y como consecuencia, cuando ya se disponía a emprender el viaje de regreso a Zaragoza, para ponerse a salvo del peligro, se vio obligado a refugiarse en un castillo perteneciente al señorío del obispo de Osma, situado en la villa soriana de Cabrejas del Pinar. Desconocemos cuánto tiempo permaneció allí refugiado, pero debió de ser relativamente prolongado, porque el monarca aragonés, que según su propia declaración necesitaba urgentemente de sus servicios, terminó por impacientarse y dirigió sendas cartas al obispo de Osma para que le permitiese salir salvo y seguro de Castilla, escoltándole hasta la propia frontera para impedir que pudiese ser atacado[39].

Al parecer, el obispo de Osma respondió que no tenía noticia de que tal judío se encontrase en su castillo de Cabrejas, pero que en cualquier caso lo comprobaría en una próxima visita que era su intención realizar a ese y a otros castillos de su obispado, ofreciéndole garantías de que, si en alguno de ellos se encontraba Samuel Benvenist, se lo entregaría al monarca aragonés salvo y seguro. Al mismo tiempo, no obstante, añadió el obispo en su carta que, si el judío quería convertirse al cristianismo, tal decisión no debería causar «desplacer» al rey de Aragón. Y de esta forma, veladamente, venía a dar a entender que, en efecto, se estaba planteando la posibilidad de su conversión.

La respuesta de la Corte aragonesa a estas insinuaciones del obispo exórnense fue airada, según ponen de manifiesto sendas cartas que le fueron enviadas por la reina Violante de Bar y por su marido el rey Juan I, fechadas en Zaragoza en los días 12 y 16 de julio de 1391, respectivamente. En ambas cartas, de contenido muy parecido, se exigió al obispo que procediese sin tardanza a entregar al judío, con el argumento de que, si era cierto que quería convertirse al cristianismo, podría hacerlo «con más devoción» cuando se encontrase de regreso en Aragón, puesto que allí podría tomar sus decisiones con mayor libertad. No disimularon los reyes de Aragón en estas misivas, por lo tanto, sus sospechas de que se estaba presionando a Samuel Benvenist, al igual que a otros muchos judíos residentes en Castilla, para que se convirtiesen al cristianismo, bajo la amenaza de hacer uso de la fuerza. Y por ello plantearon en términos radicales su exigencia de la inmediata devolución del judío, no tanto porque les preocupase garantizarle el derecho a profesar la religión que desease, sino más bien porque necesitaban

---

reg. 1867-21 Barcelona, 15-VII-1387.
[39] ACA, C, reg. 1878-53v Zaragoza, 3-VII-1391. Carta de Juan I al obispo de Osma, en que justificó en los siguientes términos su decisión de interceder en favor de Samuel Benvenist: «Como nos hayamos menester el dicho judío, y queremos mucho recobrarlo en nuestra señoría».

que volviese a Aragón para que les continuase prestando sus irreemplazables servicios financieros[40].

Desconocemos cómo se resolvió entonces este conflicto, pero en cualquier caso sí nos consta que Samuel Benvenist consiguió regresar a Aragón, y continuó profesando allí la religión judía. Y así nos lo confirma en concreto una carta que en diciembre de 1393 dirigió el monarca aragonés al castellano Enrique m. En ella le hacía saber que su padre, Juan I de Castilla, había otorgado en vida varias provisiones en favor de este judío para facilitarle el cobro de las cantidades de dinero que le adeudaban diversas personas en Castilla, pero que, a pesar de ello, no había conseguido cobrarlas por habérselo impedido los levantamientos que habían tenido lugar contra los judíos. Por esta razón, le volvió a solicitar una vez más que tomase las medidas necesarias para asegurar que el referido Samuel Benvenist cobrase cuanto antes todo lo que se le seguía adeudando en el reino de Castilla[41].

## *JUDÍOS CON INTERESES ECONÓMICOS AL OTRO LADO DE LA FRONTERA*

Los cambios de residencia propiciaron que los judíos avecindados en ciudades de la Corona de Aragón mantuviesen intereses económicos, y a veces incluso también propiedades, en la Corona de Castilla, y viceversa. Ciertamente, la capacidad reconocida a los judíos para poseer bienes inmuebles en el reino de Castilla estuvo sometida a restricciones cada vez más severas a partir de finales del siglo XIII, sobre todo en lo que se refiere a tierras[42], aunque sí les fue reconocida sin inconveniente la propiedad de otro tipo de bienes inmuebles en ámbitos urbanos, como casas, solares, molinos, batanes, tintes, lavaderos o tenerías. Y este tipo de bienes nos consta que en ocasiones incluso fueron poseídos por judíos que residían fuera del reino, en concreto en ciudades aragonesas, como es el caso, por

---

[40] La carta de Violante de Bar al obispo de Osma, fechada en Zaragoza, 12-VII 1391, fue publicada por F. BAER, *Die Juden,* vol. I, n° 411, pág. 659. La de Juan I, fechada en Zaragoza, 16-VII-1391, en ACA, C, reg. 1878-71. En la misma fecha Juan I escribió otra carta al rey de Castilla para que ordenase al obispo la inmediata liberación del judío *(ibidf* Y, por su parte, la reina Violante de Bar dirigió desde Zaragoza el 16-VII-1391 al arzobispo de Toledo una carta solicitándole que ordenase al obispo de Osma que entregase al judío. Ha publicado esta carta F. BAER, *Die Juden,* vol. I, n° 411, pág. 660. El texto de las cartas enviadas por Juan I y su esposa al obispo de Osma es en su mayor parte idéntico, lo que sugiere que el escribiente de la cancillería empleó un mismo modelo, aunque hay algunas variantes de detalle entre ambas versiones. La más importante es que en la carta de la reina Violante se informa al obispo oxomense de que le envía a su portero Jaime Sala para que le haga entrega de la persona de Samuel Benvenist, a quien califica de «judío nuestro propio». De aquí deducimos que era la reina la principal interesada en el regreso del judío, probablemente porque éste se encontraba directamente a su servicio.
[41] ACA, C, reg. 1885-38, Tortosa, 12-XII-1393.
[42] Véase F. BAER, Studien, pág. 71.

ejemplo, de unos molinos en término de la ciudad de Soria, que en los últimos años del siglo XIII eran propiedad de Ysmael de la Portiella, vecino de Tarazona, a quien le fueron ocupados tras el estallido de la guerra entre Castilla y Aragón en 1295, según él mismo denunció cuando, después de acabada la misma, exigió su devolución en cumplimiento de lo dispuesto en los acuerdos de paz[43].

Del mismo modo, en contrapartida, la posesión por judíos residentes en Castilla de bienes inmuebles en el reino de Aragón también está bien constatada, pudiéndose comprobar que no siempre se trató de individuos residentes en lugares muy próximos a la frontera, como nos testimonia el caso de Iucef Gallef, judío residente en la villa castellana de Sepúlveda, quien poseía unas casas en la judería de Calatayud, por las que siguió pleito a fines del siglo XIV contra Todroz Contesti, hijo de Salamon Contesti, y Gracia, su mujer, a quienes acusó de habérselas ocupado[44].

Los factores que propiciaron la posesión de bienes inmuebles en un reino por judíos que residían en otro no suelen resultar fácilmente identificables mediante el análisis de la documentación disponible, pero es seguro que incidieron varios, aparte de los cambios de residencia de los propietarios. Por ejemplo, nos consta que a veces algunos judíos adquirieron bienes inmuebles en otro reino gracias a habérseles cedido como garantía hipotecaria de un préstamo. Y en concreto fue por esta vía como una familia de judíos residente en Burgos adquirió en las últimas décadas del siglo XIII una heredad en Alagón, en el reino de Aragón. Así lo manifestó en 1330 Samuel Rabaxa, judío vecino de Burgos, quien informó que hacía mucho tiempo su padre, Iucef Ravaxa, había prestado a Abraham de la Cavalleria, judío de Zaragoza, seis mil sueldos jaqueses, por razón de los cuales éste había entregado a Mira, su madre, mujer de Iucef Ravaxa, una heredad que poseía en Alagón, que más tarde, al declararse la guerra entre Castilla y Aragón, fue embargada por el monarca aragonés, quien hizo donación de la misma a un judío llamado David Nascara, el cual luego a su vez la traspasó al caballero aragonés Juan Garcés de Alagón[45].

Además de la posesión de propiedades inmuebles, otro factor que propició que los judíos castellanos y aragoneses tuviesen fuertes intereses económicos

---

[43] Véase ACA, C, reg. 136-215, Barcelona, 26-VIII-1305. Carta de Jaime II al juez y alcaldes de Soria, pidiéndoles que restituyan a Ysmael de la Portiella, judío de Tarazona, las dos muelas de molino que le tenían ocupadas Sancho Fernández de Sauquiello y Sancha Martínez de Barrionuevo, vecinos de Soria, en los molinos de La Hoz, en término de dicha ciudad.
[44] ACA, C, reg. 2113-121, Zaragoza, 6-III-1398. Comisión a Rabi Joña, judío de Calatayud, para que entienda en la referida causa.
[45] ACA, C, reg. 438-61v Barcelona, 29-III-1330. Carta de Alfonso IV a Juan Garcés de Alagón, a petición de Samuel Ravaxa.

fuera del reino donde residían radicó en el propio carácter de sus actividades profesionales, entre las que ocuparon un lugar muy destacado el comercio y el préstamo. Para empezar, nos encontramos con que bastantes de los judíos que en el transcurso del siglo XIV cambiaron su residencia de la Corona de Castilla a la de Aragón, o viceversa, estuvieron dedicados a estas actividades, y como consecuencia continuaron manteniendo fuertes intereses económicos en sus reinos de origen durante prolongados períodos de tiempo después de su cambio de residencia. Cuando tomaron la decisión de emigrar, habitualmente debieron de dejar sin cobrar muchas deudas que habían contraído con ellos personas a las que o bien habían prestado dinero, o bien habían vendido mercancías a crédito. Y por ello, debieron continuar manteniéndose en contacto con las autoridades del reino del que se habían marchado, para intentar conseguir el cobro de estas deudas; esta tarea, por razones fácilmente comprensibles, con frecuencia estuvo plagada de dificultades.

Así les ocurrió, por ejemplo, a los hermanos Mahir el Levi y Samuel el Levi, judíos de origen castellano residentes en Zaragoza, quienes en 1387 denunciaron que los concejos de Santa María del Campo, lugar del señorío de Diego López de Estúñiga, y Mahamud, Presencio y Ciadoncha, lugares de señorío de Juan Hurtado de Mendoza, les estaban adeudando una cantidad próxima a los 80.000 mrs. por razón de ciertas cuantías de dinero que en su día había prestado a dichos concejos su padre, Açach el Levi, el mayor, que había sido vecino de Burgos. Tras muchos esfuerzos, dichos judíos habían conseguido que la Audiencia del rey de Castilla diese sentencia a su favor; por ella se conminaba a los concejos a que les hiciesen efectivas las cantidades adeudadas. Sin embargo, dicha sentencia no se pudo llevar a ejecución, según denunciaron los propios judíos, debido al favor del que Diego López de Estúñiga y Juan Hurtado de Mendoza gozaban en la Corte castellana. Por ello, ante la falta de perspectivas de que las autoridades castellanas les hiciesen justicia, recurrieron ante el propio rey de Aragón, para solicitarle que apremiase al monarca castellano a que ordenase llevar a ejecución inmediatamente la sentencia dictada por su propia Audiencia[46].

Los hermanos Mahir y Samuel el Levi tuvieron que trabajar mucho para lograr cobrar unas deudas en Castilla que les correspondieron como parte de la herencia paterna. Pero otros muchos judíos de origen castellano que pasaron a residir en Aragón se vieron obligados a seguir frecuentando este reino para poder cobrar las cantidades que les adeudaban personas e instituciones castellanas por razón de préstamos que ellos mismos les habían efectuado, como bien atestiguan,

---

[46] ACA, C, reg. 1867-20v, Barcelona, 15-VII-1387. Carta del rey de Aragón al rey de Castilla.

entre otros, los casos de Samuel Abençaçon y Samuel Benvenist, judíos sorianos que pasaron a residir en Calatayud y Zaragoza respectivamente, a quienes ya nos hemos referido extensamente con anterioridad. Ahora bien, lo que no es seguro es que todas estas deudas se hubiesen contraído antes del traslado de su residencia al reino de Aragón, sino que en muchos casos es probable que se hubiesen originado en un momento posterior [47].

En efecto, independientemente de los cambios de residencia de judíos de un reino a otro, una práctica muy arraigada entre los judíos residentes en ciudades próximas a la línea fronteriza entre Castilla y Aragón a lo largo de todo el siglo xiv fue la concesión de préstamos a vecinos e instituciones radicadas al otro lado de la frontera, a pesar de los evidentes riesgos que este tipo de actividad entrañaba, puesto que el cobro a deudores morosos planteaba muchas más dificultades cuando éstos residían en un reino distinto. Pero lo cierto es que, a pesar de ello, los judíos hispanos no tuvieron inconveniente en ocasiones en aceptar como medio de pago el traspaso del derecho de cobro de cantidades debidas por extranjeros. Y así nos lo pone de manifiesto el siguiente caso, del que nos informa un documento de la cancillería de Fernando de Antequera, que proporciona una magnífica ilustración de los procedimientos de compensación de deudas entre personas e instituciones ubicadas en distintos reinos que estaban en vigor en la Península a fines del siglo XIV y comienzos del XV. En concreto, refiere dicho documento que un judío castellano vecino de Calahorra llamado Jacob Albella había efectuado un préstamo al concejo y jurados de Peralta, en el reino de Navarra, que quedó obligado a entregarle en cierto plazo quinientos florines de oro de Aragón. Más adelante, el judío traspasó el derecho a cobrar dicha deuda a otro judío aragonés llamado Açach Amato, vecino de Zaragoza, en compensación por deudas que con él tenía contraídas. Sin embargo, cuando este último envió un procurador suyo a Peralta para cobrar los quinientos florines, no consiguió que se los pagasen, por lo que una vez más se vio forzado a recurrir al socorrido procedimiento de presentar denuncia ante el rey de Aragón, para que éste a su vez reclamase ante el rey de Navarra el pago de la deuda [48].

Las fronteras entre reinos no representaron, por lo tanto, relevantes obstáculos disuasorios para los judíos hispanos que en el siglo XIV se dedicaron a las actividades financieras. Fueron sobre todo aquellos que tuvieron fijada su residencia en ciudades ubicadas en comarcas fronterizas los que con mayor

---

[47] Así, como hemos indicado, Samuel Benvenist viajó en 1391 a la región soriana para tratar de cobrar ciertas deudas, pero cuesta creer que para fecha tan tardía éste continuase sin cobrar cantidades que se le adeudasen del tiempo en que había tenido fijada su residencia en Soria.
[48] ACA, C, reg. 2367-150v, Zaragoza, 22-III-1414. Carta del rey de Aragón, Fernando I, al rey de Navarra.

frecuencia se arriesgaron a invertir su dinero en préstamos a personas e instituciones radicadas fuera del reino en el que residían. Y es el análisis de la documentación generada por la cancillería aragonesa el que, a falta de un equivalente de este tipo de documentación en la Corona de Castilla, mejor nos permite comprobar la notable difusión de esta práctica.

En primer lugar, en efecto, dicha documentación demuestra que el número de judíos que efectuaron préstamos de dinero en la Corona de Aragón durante el siglo XIV fue muy crecido, aunque, por supuesto, los datos cuantitativos que puedan extraerse de un exhaustivo análisis de la misma han de ser tomados con extrema precaución, pues debe tenerse en cuenta que nos informa preferentemente sobre operaciones de préstamo que dieron lugar a litigios.

En segundo lugar, además, esta documentación pone de manifiesto que con notable frecuencia judíos avecindados en ciudades de Aragón muy próximas a la frontera con Castilla prestaron dinero a instituciones y personas particulares de este reino. Así, por ejemplo, disponemos de testimonios de préstamos efectuados por judíos de Tarazona en Agreda y su entorno[49]; por judíos de Calatayud en otras villas castellanas muy próximas a la frontera, como Deza, Cihuela o Serón[50]; o por otros judíos con domicilio no determinado en la comarca de Molina de Aragón[51]. A estas referencias hay que sumar otras relativas a judíos avecindados en estas mismas ciudades aragonesas que efectuaron préstamos a castellanos, sobre los que desconocemos el lugar exacto de residencia[52]. Casi siempre se trató de préstamos de pequeña cuantía efectuados a personas particulares, pero en algunas ocasiones también se concertaron operaciones de mayor envergadura con

---

[49] ACA, C, reg. 439-135, Teruel, 9-X-1330. El escudero Rodrigo González de Torres, vecino de Agreda, manifestó que había tomado en préstamo, apremiado por la necesidad, ciertas cantidades de dinero de judíos vecinos de Tarazona, en condiciones usurarias, y con obligación de entregar en prenda algunos vestidos suyos y viñas y piezas de tierra en término de Tarazona.

[50] ACA, C, reg. 619-101, Barcelona, 25-V-1342. Pedro IV ordena a Blasio de Aynsa que averigüe si ha intervenido usura en los préstamos efectuados por algunos judíos aragoneses a vecinos de Deza y Cihuela, e imparta justicia. ACA, C, reg.1 1 1-282v, Barcelona, 26-V-1298. Benvenist y Mosse, hijos de Abrahim el Rabi, judíos de Calatayud, denunciaron que varios vecinos de Serón que les debían dinero no les querían pagar.

[51] ACA, C, reg.l25-22v Monasterio de Sixena, 10-VIII-1302. Carta al justicia, jurados y concejo de Molina, recogiendo la denuncia presentada por Abrahim, judío físico súbdito del rey de Aragón, a quien adeudan dinero algunos vecinos de Molina que se niegan a pagarle.

[52] Véase ACA, C, reg.1830-76, Barcelona, 8-X-1387. Todroz Avenaba, Abrahe, hijo de luce Pitagon, Soli y Garnile, en su propio nombre y como tutores de Abrahe, Traque, luce y Ceti, hijos de Benvenist Arnet y de la dicha Garnile, todos judíos de Calatayud, denunciaron dificultades en el cobro de cantidades que se les debían por razón de préstamos, depósitos y comandas, por vecinos de Calatayud y sus aldeas, y de diversos lugares del reino de Castilla. ACA, C, reg. 1843-28, Monzón, 1 -XII-1389. Iucef Avencabra, físico de Calatayud, denuncia que no puede recuperar las cuantías de dinero que se le deben en Calatayud, Daroca y diversos lugares del reino de Castilla. ACA, C, reg.1858-182, Tortosa, ll-XII-1393. Sabat Qahadia y Oro su mujer, Salamon y Jamila su mujer; Salamon Alhazan y Mossef Alhazan, hijos de Salamon Alhazan, todos judíos de Calatayud, han de seguir pleitos para cobrar diversas cantidades de dinero que se les deben por razón de depósitos, comandas y préstamos en Calatayud y sus aldeas, Daroca y sus aldeas, por las universidades de aldeas de Calatayud y Daroca, por algunos lugares de señorío de nobles y caballeros, y, por fin, por algunos lugares de Castilla.

instituciones de gobierno local, como por ejemplo el sexmo de Frentes, de la Universidad de la Tierra de Soria, que adeudaba en 1397 al judío bilbilitano Mossef Albi la cantidad de ochocientos florines de oro de Aragón[53], o el concejo de la villa de Atienza, que tenía contraída una deuda hacia 1383 de cuantía no especificada con otro judío vecino de Calatayud, Salamon Abenduhet[54]. Y, por supuesto, los prestamistas no fueron individuos especializados en la clientela castellana, sino que muchos de los que tomaron de ellos dinero en préstamo fueron súbditos aragoneses, en su mayoría campesinos avecindados en aldeas de las Comunidades de Calatayud y Daroca.

Este flujo de dinero por vía de préstamos efectuados por judíos aragoneses a súbditos del reino de Castilla fue compensado por otro igualmente importante en sentido contrario, resultado de préstamos que realizaron judíos castellanos a súbditos del rey de Aragón, de los que también abundan las noticias en la documentación cancilleresca. Así, disponemos de testimonios sobre préstamos efectuados por judíos de Molina en la comarca de Daroca[55] e incluso en Teruel[56], por judíos de Deza en la comarca de Calatayud[57], y por judíos de Soria en la comarca de Ariza[58].

Esta abundancia de noticias sobre préstamos realizados al otro lado de la frontera castellano-aragonesa por los judíos de los dos reinos que ésta separaba

---

[53] ACA, C, reg. 2119-69v, Zaragoza, 17-XII-1398. Se hace constar que Mossef Albibi, judío de la aljama de Calatayud, había obtenido sentencia del gobernador de Aragón, pronunciada en Calatayud 5-XII-1397, por la que condenaba a los hombres pecheros de todas las aldeas del sexmo de Frentes, en la Tierra de Soria, y a Vicente Pérez de Villaciervos, vecino de Villaciervos, Pascasio García de Herreros, vecino de Herreros, Domingo Fernández, vecino de Ortiellos (?), Pascasio Domíngues el Ruvio, vecino de Vinuesa, y Pascasio Muñoz, vecino de Cido- nes, a pagarle ochocientos florines de oro de Aragón, que éstos se habían obligado por instrumento público a entregarle, renunciando a la jurisdicción de sus propios jueces locales. Dado que el judío no había podido obtener satisfacción, el rey le concedió licencia para pignorar bienes de los pecheros del sexmo de Frentes hasta obtener satisfacción de la cantidad que se le debía.
[54] ACA, C, reg. 828-163, Monzón 8-VIII-1383.
[55] Referencias a los préstamos efectuados por Jahuda Azezech (otras veces llamado Jahuda Agauches), judío de Molina, en Daroca y sus aldeas, en ACA, C, reg. 131-109, Calatayud, 15-III-1304. Un ejemplo de fecha posterior en ACA, C, reg. 2145-163v, Perpiñán, 27-11-1406. Samuel Abenafia, judío de Molina, había denunciado que, encontrándose en Calatayud para proceder judicialmente contra varios vecinos de Villafranca, aldea de Daroca, que le debían dinero por instrumentos públicos, varios de éstos con palabras falaces le engañaron y llevaron a casa de Juan de Linyan, vecino de Calatayud, y allí le quitaron con suma violencia nueve cartas de deudas que sumaban cuatrocientos florines, y treinta y cinco florines de oro que llevaba consigo.
[56] ACA, C, reg. 142-253, Daroca, 25-X-1308. Salamon Noziell, judío de Molina, denunció que Juan Marcho de Valespesa, Miguel Fernández de Carrión y Pascasio Sánchez de Menestril, vecinos de Teruel, le debían por instrumento público cierta cantidad de mrs. de Castilla, que Juan Marcho de Valespesa estaba obligado a entregarle por razón de una fianza efectuada en favor de Sancho Izquierdo, vecino de Molina.
[57] ACA, C, reg.666-13v, Perpiñán, 16-XI-1351. Infuda, judío de Deza, recaudador de los diezmos del reino de Castilla, había denunciado que muchos vecinos de Malanquilla, aldea de Calatayud, le debían ciertas cantidades de dinero, que no le querían pagar, amparándose en un privilegio de concesión de moratoria que habían obtenido del rey de Aragón.
[58] ACA, C, reg.777-116, Lérida, 14-V-1375. Carta dirigida a la justicia, baile y alamín de Ariza, en que se les informa que Samuel Gaon, judío de Soria, había denunciado que el baile general de Aragón trataba de impedirle el cobro de las cuantías que se le adeudaban en Ariza.

llama particularmente la atención si tenemos en cuenta que esta práctica conllevaba en la época un enorme riesgo, que, además, si ya de por sí era alto en períodos de paz, se incrementaba de forma extraordinaria en tiempos de guerra. Así, tenemos constancia de que, entre las medidas de represalia contra el enemigo que tanto los monarcas castellanos como los aragoneses tomaron cuando estaban en guerra entre sí, figuró la del embargo de las cantidades adeudadas en el propio reino a súbditos del monarca enemigo. De este modo, por ejemplo, durante la guerra entre Jaime II y Fernando IV, que se prolongó entre 1295 y 1304, sabemos que el primero ordenó que todas las cuantías de dinero que sus súbditos adeudasen a judíos vecinos de la ciudad castellana de Molina de Aragón fuesen cobradas por sus oficiales, y se ingresase el producto obtenido de su cobro en las arcas regias[59]. Más adelante, sin embargo, cuando ya estaba próximo el momento de la firma de la paz, el monarca aragonés concedió a alguno de dichos judíos, y muy en concreto a Jahuda Azezech, que pudiese volver a exigir el pago de las cantidades a él adeudadas en Aragón que le habían sido embargadas[60]. Esta decisión generó importantes conflictos en el momento de su aplicación, como bien atestigua una denuncia presentada por los vecinos de las aldeas de Daroca, que acusaron a los jurados de esta ciudad de exigirles el pago de deudas que ya habían satisfecho a los diputados designados por Jaime II para recaudar los bienes confiscados a súbditos del rey de Castilla[61].

Además del préstamo, otra actividad que propició que los judíos castellanos mantuviesen importantes intereses económicos en la Corona de Aragón, y, a la inversa, los judíos aragoneses en la Corona de Castilla, fue la práctica del comercio. En efecto, muchas son las noticias que proporciona la documentación sobre judíos que traspasaban la frontera terrestre castellano-aragonesa para comerciar con productos muy diversos en el vecino reino, unas veces para comprarlos, otras para venderlos, y en la mayoría de las ocasiones para realizar de forma simultánea ambas actividades. Pero conviene precisar que, a juzgar por las informaciones de las que hoy por hoy disponemos, la mayor parte de estos judíos fueron modestos mercaderes, o incluso a veces simples tenderos o buhoneros, y sólo en muy pocos casos alcanzaron la categoría de grandes

---

[59] ACA, C, reg. 108-76, Lérida, 28-V-1297. Se hace referencia a una denuncia presentada por dos judíos vecinos de Daroca, Samuel Abendala y Salamon Azegeig, sobre abusos cometidos en la aplicación de esta norma.
[60] Así se hace constar en carta de Jaime II al justicia y jurados de Daroca, en ACA, C, reg. 131-109, Calatayud, 15-III-1304. Se nos informa, además, de que se había concedido esta merced al judío atendiendo una súplica del infante Juan, hijo de Alfonso X, y se aclara que, en principio, del importe total de las deudas confiscadas la hacienda del rey sólo se había quedado con una parte, y el resto había permanecido en poder de los deudores. También se informa de que la cantidad correspondiente a la hacienda regia del cobro de las cuantías de dinero que se adeudaban en Aragón a Jahuda Azezech se había entregado a Pedro Fernández y Pedro Pérez de Molina, para compensarles por la pérdida de bienes que habían dejado en Molina, tras decidir el traslado de sus domicilios a Aragón para entrar al servicio de Jaime II.
[61] ACA, C, reg. 133-6v, Zaragoza, 18-VI-1304.

mayoristas con elevado volumen de negocio.

Así, en primer lugar, los registros de pago del impuesto de la «quema» en la tabla de Zaragoza correspondientes a varios meses del año 1386 conservados en el Archivo de la Corona de Aragón[62] nos ponen de manifiesto que un elevado número de judíos avecindados en pequeñas ciudades y villas de las comarcas castellanas más próximas a la frontera de Aragón, de las actuales provincias de Rioja y Soria, realizaban frecuentes viajes a este vecino reino para vender en él pequeñas cantidades de determinadas mercancías de las que Castilla era excedentaria, y comprar a su vez allí otras que luego revendían en territorio castellano. En concreto, tenemos constancia de que a esta actividad se dedicaron judíos vecinos de Cornago, Cervera del Río Alhama, Enciso, Agreda, Soria y Medinaceli, que llevaron a vender a Aragón cueros al pelo, queso, lienzos, margas, estopa y hierro, y trajeron de dicho reino para vender en Castilla paños de muy diversa procedencia, aceite, papel, pimienta, azafrán y otras especias[63].

Los referidos registros también dejan constancia de la actividad desarrollada por otros judíos no residentes en comarcas fronterizas, o de los que simplemente se desconoce el lugar de residencia, como exportadores de mercancías de Aragón hacia Castilla. Entre ellos habría que destacar a varios vecinos de Burgos, como Sentó, Açach, Jaco, Iuce, Iafuda y Abram Pardo, que en diversas partidas sacaron de Aragón una amplia gama de mercancías, entre las que destacaban los fustanes, las especias, y los productos de mercería y buhonería[64]. En la mayor parte de los casos tampoco se trató de partidas de gran volumen, aunque sí algo mayor que el habitual entre los judíos del anterior grupo, avecindados en lugares próximos a la frontera, por lo que es probable que estos judíos burgaleses fuesen mercaderes de mayor rango. Para confirmarlo, sin

---

[62] ACA, MR (=Maestre Racional), leg. 2908, fols. 2 y 3. Se trata de dos registros correspondientes a tan sólo cuatro meses. Uno de ellos ha sido publicado y analizado por J. A. SESMA MUÑOZ, «Zaragoza, centro de abastecimiento de mercaderes castellanos a finales del siglo XIV», *Aragón en la Edad Media* 13 (1997) págs. 125-158. Se trata, no obstante, del registro en el que sólo se da cuenta de salidas de mercancías de Aragón hacia Castilla. El otro, que no publica este autor, incluye tanto salidas como entradas.

[63] A título ilustrativo, indicaremos que Soriano, judío de Medinaceli, metió en Aragón 43 cueros al pelo, 400 condos de lienzo, 23 condos de margas y 2 quintales de hierro. Abraham, judío de Cornago, sacó en una ocasión un paño de Berga, 5 arrobas de aceite y una onza de azafrán, y en otra 24 condos de paño de Berga y de la ciudad. Açach, judío de Cornago, metió en una ocasión 100 condos de margas y 3 piezas de estopa, y sacó en otra ocasión 8 condos de paños de Berga, y en otra, 9 arrobas de aceite, 4 libras de pimienta y dos resmas de papel. Simuel, judío de Cornago, sacó 5 arrobas de aceite, 5 resmas de papel y 3 libras de pimienta. Iuce, judío de Cervera, sacó 28 condos de paño «sotil» de la ciudad, una libra de pimienta, una onza de azafrán y media arroba de aceite. Sentó, judío de Cervera, sacó 19 condos de paño de la ciudad. Iuge, judío de Enciso, metió 560 condos de margas, 80 condos de lienzo y 120 condos de estopa. Abraham, judío de Agreda, sacó en una ocasión 4 condos de paño «sotil», y en otra un paño de Ripoll. Sentó, judío de Agreda, sacó en una ocasión 25 condos de paños, y en otra 15 condos de paños de Berga. Salamon, judío de Agreda, sacó 6 condos de paño. Y Benvenist, judío de Soria, metió 160 cueros al pelo y 8 arrobas de queso. Todos los datos proceden de ACA, Maestre Racional, 2908-2.

[64] Todas las referencias a estos judíos se contienen en el registro publicado por J. A. SESMA MUÑOZ, «Zaragoza, centro de abastecimiento».

embargo, deberíamos contar con más elementos de información sobre estos individuos.

Un perfil semejante al de estos judíos burgaleses lo presentan otros varios correligionarios suyos de los que desconocemos el lugar de residencia, tales como Namias, Açach Abenamir, Simuel Enbito, Jaco Pisquer, Açach Corell, Simuel de Coriell, Ysach, Nombre Bueno y Salamo Caruxel, nombres a los que habría que añadir los de Baruc Qava de Molina, Açach de Haro y Iafuda de Sevilla; en ellos, la presencia del apellido toponímico proporciona una pista fiable sobre su lugar de procedencia. Sospechamos que todos estos individuos eran mercaderes profesionales, y quizás en algunos casos tratantes al por mayor, que se encargaban de proveer a otros mercaderes y a tenderos y regatones. No obstante, dado que apenas disponemos de más datos referentes a ellos, no lo podemos afirmar con absoluta seguridad. De cualquier modo, todo apunta a concluir que no se trataba en ningún caso de ambiciosos hombres de negocios, dedicados a la especulación y a la inversión a gran escala en la compraventa de mercancías, sino que tenían un rango más bien modesto.

Además de Zaragoza, otro núcleo urbano de la Corona de Aragón que ejerció gran poder de atracción sobre los judíos castellanos dedicados a la actividad mercantil durante el siglo xiv fue Valencia. Así lo demuestra, por ejemplo, el registro de cosas vedadas del año 1381, que deja constancia de la presencia en esta ciudad de judíos vecinos de Soria, Molina de Aragón y Cuenca, que adquirieron allí variados productos metálicos y de mercería, para exportarlos a Castilla[65]. Otros documentos cancillerescos, por su parte, nos informan de la participación de judíos castellanos en actividades de marcado carácter especulativo en la ciudad del Turia, como era, por ejemplo, el comercio con metales preciosos, en concreto con plata[66].

Además de estas informaciones puntuales, algunos otros indicios nos confirman que la afluencia de judíos castellanos a Valencia para practicar el comercio fue importante. Por ejemplo, sabemos que en 1327 los arrendadores de la tabla del peso de esta ciudad denunciaron que habían resultado fuertemente perjudicados por haber autorizado el rey a la aljama de los judíos a establecer una nueva imposición en su seno, puesto que como consecuencia de ello los judíos

---

[65] Véase M.ª D. CABANES PECOURT, *Coses vedades en 1381* (Valencia 1971). Por ejemplo, Jacob de Soria pasó de Valencia a Castilla 50 dedales, 1.600 agujas de coser, 50 agujas de apuntar paños, 6 docenas de aguijones de lezna, 4 docenas de cuchillos, media grosa de botones de latón y 2 grosas de anillos. Salamo de Molina 10 pares de cardas, 4 grosas de botones de latón y 16 docenas de sortijas. Y Jacob Francés, judío de Cuenca, 2 tijeras de recortar, unas tijeras de sastre y 2.000 agujas.
[66] ACA, C, reg. 1081-125, Valencia, 11-IX-1369. Pedro IV ordena a Laurencio Terrats que tenga secuestrada hasta nuevo aviso toda la plata que había comprado un judío castellano en la ciudad de Valencia para sacarla del reino.

castellanos habían dejado de acudir con sus mercancías a la capital del Turia para evitar tener que pagar el referido impuesto. Atendiendo a esta denuncia, el rey ordenó al baile general de Valencia que averiguase si era cierto que, como consecuencia del cese de la llegada de judíos castellanos a esta ciudad, habían disminuido los derechos de la tabla del peso, para que, en caso de comprobarse que así había ocurrido, en adelante se eximiese a los judíos castellanos de la obligación de contribuir en la nueva imposición aprobada por la aljama valenciana[67].

Por otra parte, del mismo modo que los judíos castellanos se desplazaron con regularidad a ciudades de la Corona de Aragón para practicar el comercio, también lo hicieron los judíos súbditos del rey de Aragón para hacer lo propio en territorio de la Corona de Castilla. A juzgar por las noticias reunidas, que no han sido muchas, parece que en su mayor parte se trató de modestos negociantes, residentes en ciudades próximas a la frontera, que en bastantes casos practicaban un comercio minorista de carácter ambulante. A este perfil, por ejemplo, responde el judío bilbilitano Jucef Benvenist, quien denunció que en 1372 unos castellanos procedentes de la fortaleza de Vozmediano (Soria) le robaron, cuando viajaba desde Calatayud hacia el reino de Castilla, 115 onzas de hilo de oro, 30 libras de azafrán, 4 piezas de fustán, 10 cajas llenas de confites, y un paño de Ripoll [68]. Pero también tenemos constancia de que otros judíos súbditos del monarca aragonés se involucraron en actividades mercantiles más ambiciosas en territorio castellano. Este sería el caso de dos judíos vecinos de Barcelona, B. de Viana y D. Astruch, quienes en la última década del siglo XIII sabemos que recibieron en comanda ciertas mercancías de dos cambiadores vecinos de esa misma ciudad, Guillermo Pérez de Usay y Pedro Zapata, para que las llevasen a vender en los reinos de Aragón y Castilla en el viaje que tenían intención de realizar a estos territorios, y empleasen el dinero obtenido de su venta en la compra de otras mercancías, que habrían de entregar a aquéllos a su regreso a Barcelona[69].

## *LAS GUERRAS ENTRE CASTILLA Y ARAGÓN Y SUS EFECTOS SOBRE LA SITUACIÓN DE LOS JUDÍOS*

Los frecuentes intercambios de bienes y personas entre los territorios de las Coronas de Castilla y Aragón que podemos constatar durante el siglo xiv, en los que, como hemos visto, tuvieron un relevante protagonismo los miembros de la

---

[67] ACA, C, reg. 250, s.f, Barcelona, 8-VII-1327.
[68] ACA, C, reg. 766-23, Barcelona, 3-1-1373.
[69] ACA, C, reg. 102-167v Barcelona, 9-XII-1295. Guillermo Pérez de Usay y Pedro Zapata habían denunciado que hacía unos cinco años que habían entregado las mercancías a los dos judíos, según constaba por instrumentos notariales, pero éstos no habían regresado todavía a Barcelona de su viaje.

comunidad judía, se produjeron, paradójicamente, en un marco de muy difíciles relaciones políticas y diplomáticas entre las dos monarquías. Las guerras entre los dos reinos se prolongaron, en efecto, durante muchos años, y en algunos momentos llegaron a alcanzar notable virulencia, en especial a raíz de la ocupación por las tropas castellanas del rey Pedro el Cruel de extensos territorios en Aragón y Valencia a mediados del siglo.

Para concluir nuestro estudio sobre la movilidad de los judíos entre los reinos de Castilla y Aragón, hemos considerado necesario, por tanto, dedicar brevemente nuestra atención a comprobar en qué modo la misma se vio afectada por la realidad bélica, la cual no puede ser ignorada en una visión global sobre el siglo xiv hispano. Desde esta perspectiva, hemos de llamar la atención, en primer lugar, sobre el hecho de que, en contra de lo que la asunción del mito del «judío apátrida» nos podría llevar a pensar, cuando estallaron conflictos entre los monarcas castellanos y aragoneses durante este siglo, bastantes judíos, en lugar de refugiarse en una posición de neutralidad, asumieron un fuerte compromiso político, apoyando a una de las partes contendientes.

Un primer testimonio lo encontramos en la trayectoria del judío soriano Samuel Abençaçon, quien, según ya hemos adelantado, por razón de su fuerte compromiso en apoyo de la causa del rey Pedro el Cruel, debió tomar el camino del exilio tras la muerte de este monarca a manos de su hermanastro Enrique de Trastamara, quien, en represalia, hizo embargar todos los bienes que dejó tras de sí en Castilla[70]. Y otro judío que también mantuvo una firme actitud de lealtad al rey Pedro el Cruel, incluso después de su muerte, fue Samuel Abolafia, vecino de Molina, quien desempeñó un papel de primera fila entre los representantes de esta villa que negociaron en 1369 su entrega a Pedro iv de Aragón, para evitar que pudiese adueñarse de ella Bertrand Du Guesclin, el capitán de mercenarios francés que había sido principal aliado de Enrique de Trastamara. En honor a la verdad, sin embargo, se ha de hacer constar que, además de su lealtad a la memoria del rey Pedro, y del temor a caer en poder de Enrique de Trastamara, otro importante factor contribuye a explicar su toma de postura en favor del rey de Aragón en 1369. Este no es otro que los numerosos privilegios que a él y a otros miembros de su familia les concedió como premio por la colaboración prestada[71].

---

[70] ACA, C, reg. 1264-140v, Barcelona, 3O-VII-1379, publicado por F. BAER, *Die Juden,* vol. I, pág. 483.

[71] Muchos de los documentos que contienen mercedes de Pedro IV a Samuel Abolafia y su familia han sido publicados por L. BENÍTEZ MARTÍN, *Documentos para la historia de Molina en la Corona de Aragón: 1369-1375. (El registro 1551 de la cancillería de Pedro IV)* (Zaragoza 1992). En concreto, hay que destacar los siguientes. Doc. n° 8, Valencia, 5-VI -1369. Merced del «portado e del peso e de las paladas» de Molinahasta en cuantía 2.000 mrs. anuales. Doc. n° 9, Valencia, 5-VI-1369. Nombramiento de Samuel Abolafia como recaudador general de las rentas reales en Molina. Doc. n° 11, Valencia, 5-VI-1369. Pedro IV absuelve a Samuel Abolafia, y

En cualquier caso, la relación de estrecha colaboración en el terreno político que se estableció entre Samuel Abolafia y el rey Pedro iv de Aragón propició que éste recurriese a sus servicios para el desempeño de otras delicadas misiones diplomáticas, que tendrían como probable objetivo tratar de convencer a los gobernantes de las ciudades y villas de la Castilla oriental de que siguiesen el ejemplo de Molina y se incorporasen voluntariamente a la Corona de Aragón. Así, en concreto, tenemos constancia de que a fines del año 1370 le encargó negociar cierto asunto con el concejo de Moya, y con dos vecinos de esta villa conquense en particular, Simón Fernández y Fernán Gutiérrez[72]. Pero, al mismo tiempo, para captar apoyos adicionales en estas comarcas fronterizas, este monarca también recurrió a otros judíos castellanos vecinos de las mismas, como, por ejemplo, los hermanos Samuel y Iuce Abravalla, vecinos del Castillo de Garcí Muñoz, y Samuel Cohén, vecino de Cuenca, a los que en octubre de 1369 concedió carta de guiaje para que pudiesen acudir a su presencia a tratar algunos negocios que, según propia confesión, «son servicio nuestro»[73].

En la Corona de Aragón también se dieron casos relevantes de judíos que mantuvieron durante los años de guerra una actitud de inquebrantable lealtad hacia su rey. Un buen ejemplo nos lo proporciona Gento de Narbona, judío vecino de La Almunia de Doña Godina, a quien el monarca castellano Pedro I intentó ganarse para su causa cuando invadió las tierras aragonesas, prometiéndole que le devolvería todos los bienes que le había tomado en Calatayud y sus aldeas, La Almunia, y Riela, si entraba a su servicio. Éste, sin embargo, rechazó el ofrecimiento, prefiriendo continuar bajo el dominio del rey de Aragón, para lo cual trasladó su residencia a la ciudad de Zaragoza. Y por ello, finalmente, este último le recompensó mediante la concesión en junio de 1360 del privilegio de exención de impuestos a título personal para el resto de sus días, merced que en diciembre de 1363 hizo extensiva a todos sus descendientes, siempre que permaneciesen al servicio de los reyes de Aragón [74].

No todos los judíos aragoneses, sin embargo, adoptaron una actitud de

---

a Mair y Abrahim Abolafia, sus hermanos, de la obligación de entregar los 80 cahices de pan que adeudaban a Ruy Gutiérrez de Sigüenza, cogedor que fue del rey Pedro de Castilla. Doc. n° 12, Valencia, 5-VI-1369. Privilegio de exención de impuestos (pechas, sisas y pedidos) para Samuel Abolafia y el hijo suyo que desee designar, y para Mahir y Abrahim, sus hermanos, y Iuce Abolafia, hijo de Mail, y Mosse el nieto, su sobrino, y rabi Iusseff. También les concede «que podades prestar a logro segunt el coto e ordinación nuestra d'Aragón». Por fin, consta igualmente que se le había concedido para él y sus descendientes el oficio de «rab e oydor de los pleytos e questiones de los judios» de Molina, por referencia que se hace al privilegio en doc. n° 45, Valencia, 14-VIII-1371.
[72] ACA, C, reg. 1230-83, Montblanc, 16-XI-1370. Carta de creencia a favor de Samuel Abolafia, dirigida por Pedro IV al concejo de Moya y a Simón Fernández y Fernán Gutiérrez
[73] ACA, C, reg. 1223-51, Valencia, 21-X-1369, publicado por F. BAER, Die Juden, vol. I, doc. n° 295, pág. 430
[74] Véase. F. BAER, Die Juden, vol. I, doc. n° 265, págs. 373-5. Privilegio otorgado por Pedro IV en Barcelona, 6-XII-1363, que confirma y amplía uno anterior otorgado en Zaragoza, 23-VI-1360.

semejante lealtad a su rey en los difíciles tiempos de la guerra. Por el contrario, tenemos constancia de que algunos de ellos no se resistieron a la tentación de cambiar de bando. Así, por ejemplo, recordaremos que esto es lo que hizo, poco después de declararse la guerra en 1356, el judío bilbilitano Iaco Catorze, quien se apresuró a pasarse al bando del rey de Castilla, precipitando así la confiscación de sus bienes en Aragón, y en concreto de sus casas en la judería de Calatayud, por orden de Pedro iv[75]. En cualquier caso, ésta no fue una forma de proceder exclusiva de los judíos, sino que también incurrieron en ella bastantes cristianos, en particular en los años en que extensos territorios del reino de Aragón pasaron a quedar bajo dominio efectivo del monarca castellano.

El compromiso político de algunos judíos en los períodos de guerra entre Castilla y Aragón también se tradujo, por otro lado, en el frecuente desempeño por su parte de misiones diplomáticas, en su mayoría de carácter secreto. Ya en el contexto de la guerra entre Jaime ti y Fernando IV, a principios del siglo xiv, tenemos noticia de la actuación de individuos de esta religión como espías al servicio de estos monarcas. Como ejemplo testimonial baste recordar el caso de Azmel de la Portiella, cuyas actuaciones, no obstante, están documentadas sólo en el momento en que se estaba negociando la firma de la paz entre los dos reinos.

En efecto, por una carta de Jaime II, fechada el 31 de mayo de 1304, sabemos que éste había estado en Castilla junto con García Martínez de la Figuera, de donde ambos habían traído información al monarca aragonés, quien inmediatamente encargó a Azmel de la Portiella que emprendiese de nuevo viaje a ese reino para recabar nuevas informaciones[76]. Nada del contenido de esta carta permite, sin embargo, sospechar que su misión hubiese tenido un carácter secreto, pero otra que le dirigió pocos días después este mismo monarca lo sugiere de forma mucho más abierta. En efecto, en ella le pidió que viajase a Burgos para recabar información sobre el contenido de los acuerdos a los que pudiesen llegar Diego López de Haro y el infante Juan con el gobernador de Navarra, en las vistas que tenían previsto celebrar, pero le insistió en que desistiese de realizar el viaje en caso de que considerase que podría poner en peligro su persona [77].

Fue, sin embargo, durante la llamada guerra de los dos Pedros, a mediados del siglo XIV, cuando, a juzgar por los indicios reunidos, más proliferaron las misiones de espionaje realizadas por judíos. Así, por ejemplo, sabemos que en 1365 Pedro iv llegó a sospechar del zaragozano Salamon de la Cavallería, porque

---

[75] Noticia en ACÁ, C, reg. 1155-65v, Cariñena, 6-VIII-1357.
[76] ACA, C, reg. 235-79, Zaragoza, 31-V-1304, publicado por F. BAER, *Die Juden,* vol. I, doc. n° 153, pág. 177.
[77] ACA, C, reg. 235-86, Zaragoza, 10-VI-1304, publicado por F. BAER, *Die Juden,* vol. I, doc. n° 153, pág. 177.

había enviado a otro judío llamado Vidal, que era familiar y doméstico Suyo, a Castilla, sin haber pedido licencia para poder hacerlo ni a él ni a sus oficiales. Sus sospechas se vieron además reforzadas por el hecho de que el referido Vidal había permanecido durante bastante tiempo en lugares de Castilla donde entonces se encontraba el rey Pedro I, luego regresó a Zaragoza, para hospedarse en la casa de Salamon de la Cavallería, y poco después fue de nuevo enviado a territorio castellano por este último. A juicio del rey de Aragón eran, por tanto, muchos los indicios que apuntaban a que Salamon de la Cavallería pudiese estar realizando «tratos siniestros contra nuestra Corona». Por ello, ordenó a su consejero, el doctor en leyes Pedro Terre- ni, que averiguase la verdad sobre este asunto, recurriendo, si fuese necesario, a someter a tormento al propio Salamon de la Cavallería para que confesase[78]. Por desgracia, desconocemos cuál fue el resultado de su inquisición y, por tanto, no podemos afirmar con certeza que este judío zaragozano fuese efectivamente un espía y un conspirador. Pero consideramos que el propio hecho de que sus actuaciones despertasen fuertes sospechas en Pedro IV constituye un indicio muy sintomático sobre cuál era el estado de ánimo dominante en la Corte aragonesa en aquellos momentos.

Comprensiblemente, quienes mayores sospechas despertaron en las autoridades aragonesas fueron los judíos de origen castellano que durante los años de la guerra deambularon por territorio de la Corona de Aragón. En ocasiones, nos consta que dichas sospechas estuvieron infundadas, como lo prueba el caso de Nagan de Molina, judío oriundo de Castilla. En efecto, sabemos que, encontrándose éste en el año 1362 en la comarca del Berguedá en Cataluña, fue detenido y despojado por el vicario de Berga y Berguedá de un instrumento musical y otros bienes que llevaba consigo, acusado de ser un espía («exploratorem») del rey de Castilla. Poco después, sin embargo, se pudo comprobar que se trataba de un simple juglar que hacía tiempo que se encontraba en territorio de la Corona de Aragón, donde había acudido en el séquito de Enrique de Trastamara[79].

No todos los sospechosos resultaron, sin embargo, finalmente inocentes. Así, por ejemplo, tenemos certeza de que un judío castellano llamado Açach desempeñó misiones de espionaje para el rey Pedro I de Castilla en Zaragoza, a comienzos de la década de 1360. Para desarrollar mejor su actividad, contó con la colaboración que le prestó otro judío originario de Castilla que entonces residía en la capital aragonesa, Todros Levi, quien lo tuvo oculto en su casa durante cierto

---

[78] ACA, C, reg. 1076-79, Tortosa, 17-1-1365
[79] ACA, C, reg.1180-49. Barcelona, 1-VIII-1362. Carta de Pedro IV a Guillem de Palacio, vicario de Berga y Berguedá y a otros oficiales, ordenándoles que devolviesen los bienes que hubiesen tomado al referido juglar judío.

tiempo. Como consecuencia, el propio Todros Levi fue después procesado por la autoridades aragonesas acusado de traición, y se le condenó a pena de destierro del reino de Aragón, aunque finalmente obtuvo el perdón en julio de 1364, en consideración a que no había actuado con mala intención, sino sólo por ignorancia[80].

En esta época, no obstante, los judíos no sólo tomaron parte en arriesgadas misiones de carácter secreto, sino que los monarcas castellanos y aragoneses también recurrieron en ocasiones a ellos para que les sirviesen como embajadores plenamente acreditados. Así, por poner algunos ejemplos, recordaremos que en 1312 el infante castellano Don Pedro envió a su suegro Jaime n a su almojarife, el judío don Qag, para tratar sobre cierto negocio[81]. Algunos años antes el propio monarca castellano, Sancho iv, había encomendado a un judío de su Corte, don Samuel, la misión de establecer contactos con el rey de Aragón y organizar una entrevista entre ambos[82]. Por su parte, el rey Pedro iv de Aragón también encargó a algunos judíos de su entorno el desempeño de misiones diplomáticas en Castilla, aunque a un más bajo nivel, como cuando envió hacia septiembre de 1367 a Moya a un tal Baru para resolver ciertos negocios no especificados en la carta de guiaje que entonces le otorgó[83].

Por contraste con esta intensa participación judía en actividades diplomáticas, apenas disponemos de noticias sobre la intervención directa de individuos de esta religión en acciones bélicas. Todos los indicios apuntan a sospechar que los ejércitos que combatieron en las guerras entre Castilla y Aragón durante el siglo XIV estuvieron constituidos en su mayor parte por cristianos. Algún testimonio aislado confirma, no obstante, que individuos de religión judía tomaron parte activa en relevantes acontecimientos bélicos, aunque no podemos afirmar con absoluta certeza que lo hiciesen en calidad de combatientes armados. Así, por ejemplo, nos consta que Gento de Narbona, judío vecino de La Almunia de Doña Godina, comenzó sirviendo al monarca aragonés Pedro iv en la guerra de Cerdeña, a la que acudió formando parte del grupo que llevó consigo el noble Juan Martínez de Luna, y después participó en la batalla de Araviana contra el rey de Castilla, por lo cual en junio de 1360 este monarca, en premio a sus servicios, le hizo una merced, declarándole exento del pago de impuestos para el resto de

---

[80] La concesión del perdón por Pedro IV a Todros Levi, en ACA, C, reg. 167889, Zaragoza, 27-VII-1364. Ha publicado el documento F. BAER, *Die Juden,* vol. I, doc. n° 271, pág. 387.
[81] F. BAER, *Die Juden,* vol. I, doc. n° 165, págs. 203-4. Carta del infante Pedro a Jaime II, fechada en Almazán, 4-II-1312.
[82] J. ZURITA, *Anales de la Corona de Aragón* (Zaragoza 1967-86) vol. 2, pág. 404.
[83] ACA, C, reg. 1218-11, Zaragoza, 15-IX-1367.

sus días[84].

La escasa participación de los judíos en las acciones militares, derivada de su escasa o nula integración en los ejércitos combatientes, tuvo como principal consecuencia que los miembros de este grupo, al igual que los mudéjares, sufriesen todas las consecuencias negativas de las guerras entre príncipes cristianos, sin apenas beneficiarse de las «compensaciones» que éstas podían ofrecer en la forma de obtención de botín, pues éste quedaba reservado para los soldados que combatían, o que saqueaban y robaban a los súbditos del enemigo. Y de ahí que los miembros de estas dos comunidades residentes en las comarcas fronterizas hayan de ser considerados como las principales víctimas de los conflictos entre los ejércitos de los reyes de Castilla y Aragón durante el siglo XIV. De hecho, para muchos de ellos la guerra, además de graves perjuicios económicos, también conllevó la pérdida de la condición de hombres libres.

En efecto, en las guerras que tuvieron por escenario el espacio peninsular durante los siglos bajomedievales fue práctica muy frecuente la de convertir en cautivos a los súbditos del enemigo que se conseguía apresar. Pero, para los cristianos que eran apresados por otros cristianos en estas operaciones, el peligro de convertirse en auténticos esclavos era prácticamente inexistente, pues estaban muy arraigados los escrúpulos de conciencia que impedían vender como esclavos a individuos de la misma religión, aunque hubiesen sido capturados en guerra. Y así lo atestigua un caso ocurrido en Tudela en el año 1357, poco después de haberse declarado las hostilidades entre los reinos de Castilla y Aragón, que fue denunciado por unos vecinos de Zaragoza. Informaron éstos entonces que, encontrándose ellos en esta ciudad navarra, acudieron allí algunos castellanos que llevaban a vender unos hombres de Borja que habían cautivado en la guerra, los cuales les fueron arrebatados por varios hombres navarros, que consiguieron liberarlos. Y cuando los castellanos denunciaron ante la justicia de Tudela esta acción, considerada como robo, los vecinos de Zaragoza que se hallaban presentes les recriminaron por la mala obra que habían pretendido realizar de llevar a vender cristianos como esclavos [85].

Los judíos cautivados en acciones de guerra, por el contrario, nos consta que sí eran en ocasiones vendidos como esclavos sin que lo impidiese la interposición de escrúpulos de conciencia que considerasen inmoral tal acto. Y como prueba sirva recordar la azarosa trayectoria de Abraham Alfaqui, hijo de

---

[84] El privilegio de merced le fue otorgado por Pedro IV, en Zaragoza, 23-VI-1360. Ha sido publicado por F. BAER, *Die Juden*, vol. I, doc. n° 265, págs. 373-375.
[85] ACA, C, reg. 1150-225, Magallón, 13-V-1357.

Salamon Alfaqui, quien fue cautivado por los castellanos cuando éstos ocuparon Tarazona, y más adelante fue vendido en Sevilla a un mercader que se lo llevó consigo a Lisboa, donde, en circunstancias no conocidas en detalle, debió de recobrar la libertad. Consiguió, así, regresar al cabo de los años a su ciudad natal, donde tropezó con muchas dificultades para recuperar sus propiedades, que le habían sido ocupadas durante su prolongada ausencia[86]. Pero, en honor a la verdad, hay que hacer constar que los judíos no sólo estuvieron expuestos al peligro de ser apresados y vendidos como esclavos cuando residían en lugares de frontera en tiempos de guerra, sino también en otros contextos muy diferentes. Así nos lo pone de manifiesto, por ejemplo, una denuncia presentada en 1347 por Benvenist Avincaceç, judío vecino de Valencia, quien hizo saber a las autoridades aragonesas que un leño en el que él transportaba mercancías desde Valencia hasta Mallorca fue atacado por una nave castellana cuando se encontraba cerca del puerto de Santa Eulalia, en los mares de Ibiza. En esta operación, los atacantes no se limitaron a apoderarse de las mercancías que había en el leño, sino que también apresaron a los judíos que viajaban en él y se los llevaron a Sevilla, donde los quisieron vender como esclavos. Finalmente, sin embargo, no lo hicieron, pues intervinieron para impedirlo varios parientes de los referidos judíos, que residían en la capital andaluza[87].

Por otro lado, muchos de los judíos apresados en acciones de guerra no llegaron a ser vendidos como esclavos, pero en contrapartida sufrieron penosos desplazamientos fuera de sus lugares y reino de origen, que con frecuencia se les impusieron con la intención de exigir rescates por ellos a sus familiares. Como consecuencia, debieron sobrevivir en precarias condiciones fuera de sus hogares durante prolongados períodos de tiempo, como les ocurrió a varios judíos y mudéjares de la villa aragonesa de Borja, que durante los años de la ocupación castellana fueron tomados como rehenes por el maestre de Calatrava, Diego García de Padilla, quien se los llevó consigo a Castilla tras la evacuación de la ciudad de Tarazona por las tropas castellanas. Todavía a comienzos del año 1366, este grupo de judíos y mudéjares seguía en poder del referido noble castellano, que los mantenía presos en su fortaleza de Zorita, en la actual provincia de Guadalajara[88].

Además, en el ambiente revuelto de la guerra, los judíos no sólo sufrieron

---

[86] ACA, C, reg. 764-90, Barcelona, 16-VIII-1372. A su regreso a Tarazona denunció a Abraham Arruet, que había sido su tutor, y en su ausencia había vendido gran parte de sus bienes, alegando que le había hecho donación de ellos.
[87] ACA, C, reg. 644-117v Valencia, 12-IV-1347. Carta de Pedro IV al rey de Castilla.
[88] ACA, C, reg. 728-38, Zaragoza, 5-V-1366. Cartas de Pedro IV al rey Enrique II de Castilla y a Bertrand Du Guesclin.

con mayor intensidad los efectos de la violencia desplegada por los enemigos, sino que también estuvieron más expuestos a resultar víctimas de los abusos cometidos por sus propios conciudadanos. Así nos lo demuestra el caso de Qadiano Alborge, judío de Tarazona, quien, cuando las tropas de ocupación castellanas evacuaron esta ciudad, se vio obligado a marchar tras ellas para intentar recuperar a un hijo suyo que se habían llevado cautivo. Entonces, aprovechando su ausencia de la ciudad, muchos convecinos suyos, no sabemos si judíos o cristianos, o miembros de ambas comunidades, entraron por la fuerza en su casa y le robaron todos los bienes que en ella tenía[89].

Los registros de Cancillería del Archivo de la Corona de Aragón nos proporcionan otras muchas noticias sobre las penalidades sufridas por miembros de las comunidades judías hispanas durante los años de las guerras entre Castilla y Aragón, y muy en particular durante la llamada guerra de los dos Pedros. Pero con los ejemplos aportados basta para advertir cuáles fueron algunas de las consecuencias principales que, sobre estas comunidades, y más en particular sobre las que estaban ubicadas en comarcas fronterizas, tuvieron las situaciones bélicas.

En cualquier caso, aunque no cabe ninguna duda de que las guerras entre los monarcas castellanos y aragoneses a lo largo del siglo xiv tuvieron efectos muy negativos sobre las condiciones de vida de sus súbditos judíos, no representaron un obstáculo importante para la libre circulación de éstos entre uno y otro reino, sino que, por el contrario, en parte, contribuyeron incluso a intensificarla. Por lo tanto, recapitulando, podemos concluir que la fragmentación del espacio peninsular en los siglos bajomedievales en diversos reinos, con estructuras y tradiciones políticas bastante diferentes entre sí, aunque sin duda generó importantes obstáculos para el desarrollo económico del territorio, sobre todo por razón de las limitaciones que impuso al comercio y de los efectos destructivos de las rivalidades entre reinos, no tuvo consecuencias importantes sobre la movilidad de las personas, que cambiaron de residencia con bastante facilidad de unos reinos a otros.

---

[89] ACA, C, reg. 728-68, Zaragoza, 30-VI-1366.

# EL PROTONOTARIO LUCENA EN SU ENTORNO SOCIOPOLÍTICO NUEVOS DATOS SOBRE SU BIOGRAFÍA

*RESUMEN*

El autor aporta en este artículo algunas noticias inéditas sobre la biografía de Juan Ramírez de Lucena y trata de encuadrar su figura en el contexto político y social de la Castilla del siglo XV: en primer lugar, da cuenta de los orígenes familiares del protonotario y en particular de la actividad económica y posición política de su padre, arrendador judeoconverso vecino de Soria; a continuación se centra en el análisis de su biografía, poniendo de manifiesto su papel como colaborador político de los Reyes Católicos; y por último, analiza su enfrentamiento con la Inquisición y las consecuencias que esto tuvo para él y para su familia. El autor aporta también noticias inéditas sobre los últimos años de vida del protonotario y sobre la trayectoria de sus parientes en el siglo XVI.

*SUMMARY*

The author presents in this article some new evidence about Juan Ramírez de Lucena's biography, and he tries to place his figure in the political and social context of Castile at the end of the 15th century: first, he gives an account of Lucena's family origins with particular attention to the economic activity and the political position of his father, a well-known converso landlord in Soria; next, the author analyses some aspects of Lucena's biography, and shows some evidence about his role as a political collaborator of the Catholic Kings; and finally, he reports Lucena's confrontation with the Inquisition and the subsequent effects upon him and his family. The author also publishes some news about the last years of Lucena's life and about his relatives in the 16th century.

A pesar de que ya se han dedicado algunos estudios monográficos, aunque de muy breve extensión, a la figura del protonotario Juan Ramírez de Lucena[90] son muchas las incógnitas en torno a él que quedan sin resolver, muchas las contradicciones manifiestas referentes a su identificación, y por fin también varias las falsedades que en torno a su persona se han vertido. De hecho, las fuentes documentales disponibles, que presumiblemente podrían ampliarse a través de la exploración de fondos inéditos, son poco abundantes y en la mayor parte de los casos insuficientemente explícitas, por lo que en muy escasa medida resulta posible ofrecer un panorama más detallado sobre la trayectoria vital de este controvertido individuo que el que las investigaciones hasta ahora dadas a conocer han permitido reconstruir.

No obstante, nuestras investigaciones en la masa documental de que se dispone para la reconstrucción de la historia bajomedieval de Soria, nos han permitido conocer algunos detalles nuevos sobre la persona de Juan Ramírez de Lucena y su familia, que en algunos casos resultan bastante esclarecedores y contribuyen a resolver ciertas dudas sobre los orígenes de este protonotario apostólico, presentes en las investigaciones que hasta ahora se han ocupado de su biografía. Por ello hemos considerado de interés darlos a conocer en un nuevo intento de reconstrucción de esta compleja biografía, con el objetivo último de tratar de situar a nuestro personaje en un contexto social y político más preciso, cuyo conocimiento quizás permita a nuestros filólogos e historiadores de la literatura acceder al análisis de su obra literaria desde una perspectiva diferente hasta ahora no tenida en cuenta.

En cualquier caso, nosotros en el presente trabajo no vamos a hacer ninguna incursión en el terreno del análisis filológico y literario de la obra de Juan de Lucena, sino que por el contrario nos vamos a limitar a analizar aquellos aspectos de su figura referentes a posición socioeconómica y actividad política, que son los

---

[90] Hay que destacar la reciente publicación de C. CARRETE PARRONDO, «Juan Ramírez de Lucena, judeoconverso del renacimiento español», en A. MIRSKY, A. ÜROSSMAN, Y. KAPLAN (eds.), Exile and Diaspora. Studies in the History o/ the Jewish People Presented to Professor Haim Beinart, Jerusalén 1991, págs. 168-179. En este artículo da cumplida cuenta de todas las investigaciones hasta ahora dedicadas a la figura de Juan Ramírez de Lucena, y corrige muchos de los errores contenidos en las mismas. Deja perfectamente establecida su genealogía, aunque no profundiza en la identificación de su padre ni en la caracterización de la vinculación de la familia con la ciudad de Soria. A los comentarios que efectúa sobre los resultados de las investigaciones precedentes simplemente nos interesa añadir que el desconocimiento de la personalidad del protonotario se había revelado incluso en obras dedicadas a la identificación de la sociedad política en época de los Reyes Católicos y de Carlos V. Es el caso de la obra de P. GAN GIMÉNEZ, El Consejo Real de Carlos V, Universidad de Granada 1988. En concreto al identificar a Juan Ramírez, que fue escribano del Consejo en 1495 y renunció su oficio en su hijo Gaspar Ramírez de Vargas en 1517, dice que era de Lucena y protonotario (págs. 255-256). Evidentemente se trata de un gran error, pues el referido escribano Juan Ramírez nada tiene que ver con el protonotario Juan Ramírez de Lucena, quien por lo demás no procedía de esta villa andaluza sino de Soria.

que la documentación que hemos utilizado mejor permite esclarecer.

## ORÍGENES FAMILIARES

Ya varios autores apuntaron la posibilidad de que Juan Ramírez de Lucena hubiese nacido en Soria, pero pocos se han mostrado verdaderamente convencidos de la veracidad de esta hipótesis, en particular por aferrarse a la idea de que era hijo del médico del marqués de Santillana, Martín González de Lucena[91].

No alcanzamos a ver qué razones asisten a quienes han propuesto esta filiación para el protonotario Lucena, pero lo cierto es que se puede comprobar con documentos absolutamente veraces que éste era hijo del conocido arrendador judeoconverso Juan Ramírez de Lucena, que estuvo avecindado en Soria durante los reinados de Juan II y Enrique IV[92].

Según ha demostrado C. Carrete Parrando, su padre fue judío que se convirtió al cristianismo, al igual que su madre Catalina Ramírez, hermana de otro conocido arrendador soriano, Don Isaque Pesquer, quien permaneció fiel a la religión de sus antepasados[93]. De hecho los Ramírez de Lucena siguieron teniendo después de su conversión bastantes parientes judíos en Soria[94] y al parecer mantuvieron buenas relaciones de amistad con algunos de sus antiguos correligionarios, por lo que cuando la Inquisición comenzó sus pesquisas en la ciudad del Duero no faltaron los testigos que recordaron estos hechos para reforzar la veracidad de la acusación de realización de prácticas judaizantes presentada contra varios miembros de la familia, y más en particular contra el

---

[91] A. ALCALÁ, «Juan de Lucena y el pre-erasmismo español», Revista Hispánica Moderna 34 (1968) 108-131, 111-112, se refiere a la noticia que proporciona Mosquera sobre el nacimiento en Soria de Juan Ramírez de Lucena y le niega credibilidad, aunque es un hecho constatable que la práctica totalidad de las noticias que proporciona este autor referentes al siglo XV son verídicas, dejando de ser fiable cuando en sus intentos de remontar los orígenes de los linajes sorianos a las épocas más remotas se refiere a siglos anteriores. En cualquier caso, resulta posible comprobar que todo cuanto dice sobre el protonotario Lucena es cierto, salvo la noticia de que escribió una Crónica sobre los Reyes Católicos, que de momento resulta absolutamente desconocida. El origen soriano del protonotario Lucena queda demostrado en el artículo citado de C. Carrete Parrando.

[92] Aparte de los documentos citados por C. Carrete Parrondo que prueban su filiación, hay que destacar uno del archivo de la iglesia de San Pedro de Soria, libro 31, fol. 186 en el que se indica expresamente que Juan Ramírez de Lucena, protonotario de la sede apostólica, era hijo de Juan Ramírez de Lucena y de Catalina Ramírez, y quiso que se hiciese un aniversario por sus padres en la iglesia de Santo Tomé (actualmente de Santo Domingo) de Soria, para lo cual el Papa había anexionado a la mesa capitular de San Pedro el préstamo de Sauquillo de Boñices.

[93] Proporcionamos algunas noticias inéditas sobre Simuel Pesquer, abuelo del protonotario, e Ysaque Pesquer, su tío, en nuestra tesis doctoral La Ex/remadura soriana y su ámbito a fines de la Edad Media, Universidad Complutense 1990, págs. 1.039 y SS.

[94] Datos sobre los parientes judíos del protonotario en C. CARRETE PARRONDO, art. cit.

protonotario y su madre[95].

Ya como cristiano, Juan Ramírez de Lucena consiguió convertirse en escribano de Cámara del rey, pero sobre todo destacó por su dedicación al arrendamiento y recaudación de rentas de la monarquía, no sólo en el ámbito geográfico del obispado de Osma, sino en otros muchos del reino de Castilla, contándose entre los miembros de las compañías que a fines del reinado de Juan II y principios del de Enrique IV tomaron a su cargo el arrendamiento de todas las alcabalas y tercias del reino por masa[96]. Sus relaciones con los hombres de negocios de las principales ciudades de Castilla más próximas al ámbito soriano fueron notorias, destacando en particular las establecidas con los burgaleses, entre los que, como resulta bien sabido, abundaban entonces los judeoconversos[97].

En suma consideramos, pues, que se trató de un hombre de negocios de primera fila en la Castilla de su tiempo, que fijó su residencia en Soria, donde estaba emparentado con destacados hombres de negocios judíos, pero que tuvo intervención en muchos otros ámbitos del reino, quedando en concreto constancia de su vinculación con Valladolid, donde al parecer dejó bienes a su muerte[98]. Esta amplitud de horizontes le caracterizaba como miembro prototípico de la "clase media" castellana del momento y le asemejaba a sus antiguos correligionarios judíos, quienes manifestaron a lo largo del siglo XV un amplio grado de movilidad e interrelación entre las distintas comunidades[99], y de hecho sentó las bases para la posterior conducta de sus hijos que, como veremos, en una auténtica diáspora, se terminaron por avecindar en las más diversas ciudades del reino de Castilla.

En contrapartida no obstante Juan Ramírez de Lucena también demostró preocupación por quedar integrado en el seno de la sociedad local soriana, y así lo prueba en particular su admisión en el linaje de los Chancilleres, que representó

---

[95] Varias referencias a este respecto en C. CARRETE PARRONDO, Fontes Judaeorum Regni Castellae. 11. El tribunal de la Inquisición en el obispado de Soria (1486-/502), Salamanca 1985. Entre los amigos judíos del protonotario Lucena se cita a Yuça Levi y, entre las amigas judías de su madre, a Doña Vellida, que residió en Soria hacia 1460 y luego pasó a vivir a Fuentepinilla.
[96] Numerosas noticias sobre la actividad como arrendador de Juan Ramírez de Lucena en AGS (=Archivo General de Simancas), EMR (=Escribanía Mayor de Rentas), leg. 6.
[97] Cuando en 1460 tomó a su cargo los diezmos de la mar por 6 años fueron sus fiadores los burgaleses Pedro González del Castillo, Lope González del Castillo y Gonzalo García de Alfaro, mercader. Vid. AGS, EMR, leg. 15, fol. 78. Sobre los judeoconversos de Burgos, vid. F. CANTERA BURGOS, Alvar García de Santa María. Historia de la judería de Burgos y de sus conversos más egregios, Madrid 1982. También Y. GUERRERO NAVARRETE, Organización y gobierno en Burgos durante el reinado de Enrique IV de Castilla (1453-1476), Madrid 1986.
[98] En AGS, RGS (= Registro General del Sello), 1-15IO se indica que al haberse condenado por hereje la memoria de Catalina Ramírez, mujer de Juan Ramírez de Lucena, se habían confiscado sus bienes en la villa de Valladolid y en el obispado de Osma.
[99] Para el caso de Soria así lo demostramos en nuestra comunicación «Los hombres de negocios judíos en Soria en las vísperas de la expulsión», presentado al Congreso Internacional Judíos y conversos en la historia, celebrado en Ribadavia entre el 14 y el 17 de octubre de 1991.

todo un logro, puesto que en aplicación de la norma consuetudinaria observada por los doce linajes de Soria no le correspondía formar parte de ninguno de ellos, pues dados sus orígenes judíos no tenía sangre hidalga y, no formando parte de ninguno de los linajes por nacimiento, tampoco podía aspirar a ingresar en ellos por casamiento con doncella hija de hidalgo de linaje, puesto que su esposa era, al igual que él, de origen judío[100]. A pesar de todo Juan Ramírez de Lucena consiguió su ingreso en el linaje de Chancilleres, pero no fue el único que entró de forma irregular en un linaje de Soria a lo largo del siglo XV; puede destacarse, por las similitudes que presenta con su caso, el del también judeoconverso, escribano y arrendador Hernán Martínez de San Clemente, quien en 1432 ya se había incorporado precisamente al linaje de Chancilleres, que al parecer fue uno de los más receptivos en esa época[101].

Por lo demás, sin embargo, la entrada en el linaje de Chancilleres no parece que le aseguró a Juan Ramírez de Lucena una triunfante carrera política en la ciudad de Soria, a diferencia de su consuegro, el ya referido Hernán Martínez de San Clemente, que fue durante muchos años lugarteniente de fiel de la Tierra de Soria[102]. En concreto no nos consta que desempeñase ningún oficio político destacado durante su vida, que se debió prolongar hasta fines de la década de 1460, y esta situación de falta de influencia política en Soria repercutió en la suerte de sus hijos, quienes, al igual que el padre, nunca alcanzaron oficios preeminentes en esta ciudad, a diferencia de nuevo de sus parientes los Sanclemente, al tiempo que tropezaron con serias dificultades para que se les siguiese admitiendo como miembros del linaje de Chancilleres después de su muerte. De hecho en 1479 los Reyes Católicos tuvieron que intervenir directamente para obligar a los caballeros y escuderos del referido linaje a que admitiesen como miembros de pleno derecho al protonotario y a sus hermanos en el tercio de Alvar Gómez de Hizana, uno de los tres en que se dividía el linaje, puesto que en él había sido recibido su padre, el difunto Juan Ramírez de Lucena[103]. Cabe presumir que la orden regia fue obedecida, pero de hecho la actividad política tanto del protonotario como de sus

---

[100] Sobre normas de admisión en los linajes de Soria, vid. nuestra tesis doctoral, págs. 1.119 y SS.
[101] En la distribución por tercios de los miembros del linaje de Chancilleres, acordada por sentencia arbitral del año 1432, se asignó a Fernán Martínez de San Clemente al de Alvar González de Hizana. En aquella ocasión no se menciona a Juan Ramírez de Lucena, quien no habría por consiguiente ingresado todavía en el linaje. La sentencia arbitral en versión trasladada se puede consultar en AChV (= Archivo de la Chancillería de Valladolid), P.C. (= Pleitos Civiles) Fernando Alonso, F. (= Fenecidos) c. (= Caja), 1406-5.
[102] Constanza Ramírez de Lucena, hija de Juan Ramírez de Lucena, estuvo casada con Lope de San Clemente, hijo de Fernán Martínez de San Clemente. Vid. AGS, RGS, 11-1480, fol. 70. A las actividades políticas de los Sanclemente nos referimos en nuestra tesis doctoral, págs. 1.503 y ss. Vid. también F. MENÉNDEZ PIDAL Y NAVASCUÉS, «La caída de Juan de Luna: una nueva relación de la muerte de los fieles de Soria» Celtiberia 25 (1963) 7-28. Más datos sobre esta familia y su presunto origen judeoconverso en nuestra tesis doctoral, págs. 1.071 y ss.
[103] AGS, RGS, XII-1479, fol. 66.

hermanos en Soria fue muy escasa, mucho más de lo que era habitual en individuos tan allegados a la monarquía, como fueron el propio protonotario y su hermano el Comendador Diego Ramírez de Lucena. En cualquier caso, sin embargo, se logró que los Ramírez de Lucena no fuesen expulsados del linaje de Chancilleres, y así consta que durante la primera mitad del siglo XVI, cuando ya casi todos los miembros de la familia residían fuera de Soria, otro Juan Ramírez de Lucena, sobrino del protonotario y su heredero universal, que fue escribano del ayuntamiento de la ciudad, se encontraba entre los miembros del linaje[104].

Es bastante probable que los orígenes judíos de los Ramírez de Lucena frenasen de forma perceptible su promoción política en la ciudad de Soria, aunque es cierto que otras familias con idénticos orígenes, tales como los Sanclemente en el siglo XV o los Beltrán en el XVI, superaron con relativa facilidad los obstáculos que con tal motivo pudieron aparecer en su camino[105]. No obstante, a diferencia de estas otras familias, la suerte de la del protonotario fue particularmente adversa, quizás porque sus miembros mostraron una más abierta adhesión a la religión judía.

Y así, tenemos en primer lugar que contra la madre del protonotario declararon a fines del siglo XV muchos testigos ante los tribunales de la Inquisición, poniendo de manifiesto que después de su conversión al cristianismo había continuado manteniéndose fiel a las prácticas y costumbres de los judíos. Y según la gravedad de las acusaciones, los inquisidores de la «herética pravedad» llegaron a condenar y declarar por hereje su memoria y fama, dado que ella ya llevaba muerta varios años cuando se pronunció la sentencia y a decretar la confiscación de todos sus bienes[106].

En 1510, sin embargo, su hijo Carlos de Lucena, hermano del protonotario que había pasado a residir a Alcalá, reclamó estos bienes confiscados, integrados por diversas propiedades en la ciudad de Soria y su tierra y otras en Valladolid no identificadas[107], aunque desconocemos por qué vía, nos consta que le fueron de

---

[104] Sobre este Juan Ramírez de Lucena, sobrino del protonotario y su heredero universal, hay bastantes datos en ACh V, P.C. Lapuerta, F. C. 352-1. Se incluye el testamento del protonotario en que le nombra su heredero. Consta que formaba parte del linaje de Chancilleres en 1526 por AMSo (= Archivo Municipal de Soria), Linajes, nº 7.
[105] Tanto unos como otros consiguieron acceder al regimiento de la ciudad. Para más noticias al respecto remitimos a nuestra tesis doctoral. Cf. nota 13. Sobre el papel de los judeoconversos sorianos en la vida política tratamos en particular en págs. 1.503-1.506.
[106] Vid. AGS, RGS, I-1510. Provisión dirigida a Carlos de Lucena, vecino de Alcalá. Se hace referencia a la condena de Catalina Ramírez.
[107] Por su vinculación con Catalina Ramírez, cuyos bienes confiscados reclama, entendemos que el Carlos de Lucena, vecino de Alcalá, del documento citado en nota anterior, es el hermano del protonotario; de él proporciona algunos datos C. CARRETE PARRONDO en art. cit., págs. 177-178. Creemos que alternó estancias en Soria y en Alcalá, y que en esta última ciudad contraería un segundo matrimonio, después de fallecida su primera esposa, la soriana Beatriz Martínez. Así lo sugieren las noticias sobre parentescos de sus hijos Gaspar de Lucena, maestro

hecho devueltos, ya que, cuando años más tarde su hijo Gaspar de Lucena, también vecino de Alcalá, fue condenado por la Inquisición y sus bienes fueron confiscados por esta institución y puestos a la venta, figuraban entre ellos algunos que habían pertenecido a Catalina Ramírez[108].

En las dos primeras décadas del siglo XVI dos miembros de la familia Lucena, abuela y nieto, fueron, pues, encontrados culpables de herejía por el tribunal inquisitorial, aunque la primera llevaba ya bastante tiempo muerta cuando fue sentenciada. Su nieto por el contrario fue condenado en vida, aunque no hemos podido llegar a determinar con precisión qué pena se le impuso y de qué delito se le encontró culpable. Es bastante probable, no obstante, que se le acusase de luteranismo, puesto que su hermana Petronila de Lucena fue procesada por la Inquisición a comienzos de la década de 1530 acusada de profesar la fe de Lutero, y entre las pruebas aportadas figuraban algunas declaraciones sacadas del proceso contra Gaspar de Lucena y otras procedentes del proceso contra su otro hermano el maestro Juan del Castillo, quien confesó que en una ocasión le había entregado un libro de los prohibidos[109].

Según los datos del proceso contra Petronila de Lucena se puede presumir que a su hermano Gaspar también se le debía considerar sospechoso de mantenerse fiel a las prácticas judaizantes, aunque las denuncias más explícitas fueron dirigidas contra su mujer, a la que se acusó de haber lamido con la lengua el crisma de la frente de un hijo suyo recién bautizado y de haber amasado pan cenceño. Dada la condición del testigo que presentó estas denuncias, una criada resentida por un castigo, existen motivos para no prestarles crédito y considerarlas como simples difamaciones que buscaban la perdición de aquellos que por ser conversos podían resultar más sospechosos a los ojos de la Inquisición.

Pero en contrapartida, por las declaraciones contenidas en el proceso se puede deducir que los tres hermanos, el maestro Juan del Castillo, Gaspar de

---

Juan del Castillo y Petronila de Lucena contenidas en AHN, Inquisición, lll-114. Se indica que Gaspar de Lucena era hijo de Carlos de Lucena en AChV, P.C. Taboada, F. envoltorio 160, n. 5.

[108] Noticias sobre la condena de Gaspar de Lucena por la Inquisición en AHN, Inquisición 111-114 y AChV, P.C. Taboada, F. envoltorio 160, n. 5. Este último documento se refiere a un pleito seguido por el concejo de Soria con uno de los compradores de los bienes confiscados a Gaspar de Lucena y subastados por la Inquisición. Se trata del término de El Royal, próximo a la ciudad de Soria, y que en 1510 aparecía citado junto con los otros bienes que habían pertenecido a Catalina Ramírez. Eran estos bienes los siguientes: mitad de unas casas en Soria en la collación de San Clemente, mitad de una heredad en Carbonera, mitad de la Torre de Golmayo con su molino y término, y mitad de la heredad llamada Las Casillas, El Royal y Royalejo.

[109] Todos estos datos sobre Petronila de Lucena y sus dos hermanos, y los que proporcionaremos a continuación proceden de AHN, Inquisición, 111-114. Además de los datos ya aportados, prueba que eran descendientes de Carlos de Lucena el hecho de que en este proceso inquisitorial se indique que a éstos les pertenecía una heredad muy cerca de Alcalá llamada La Garena o La Garcena, que había sido comprada hacia 1495 por un Carlos de Lucena vecino de Alcalá. Este último dato es aportado por C. CARRETE PARRONDO, art. cit., págs. 177-178. Este autor no se atreve, sin embargo, a identificar a este Carlos de Lucena con el hermano del protonotario.

Lucena y Petronila de Lucena, participaban de una misma inquietud intelectual, que les llevaba a mantener posturas en el terreno del dogma religioso próximas a la heterodoxia. Y, aunque las declaraciones son bastante confusas, hay algunos indicios en ellas que hacen sospechar que estuvieron en cierta medida vinculados con el duque del Infantado, quien en estas fechas de las primeras décadas del siglo XVI habría mantenido una postura de cierta simpatía hacia algunos elementos del luteranismo, según se desprende de las siguientes palabras del maestro Diego Fernández referidas a Petronila de Lucena:

«La llevaron al duque del Ynfantazgo difunto, que envio por ella para su maldonada. Y dende a ocho días que ella fue falleció el duque. Y fue su hermano Luçena y un licenciado su pariente y otros por ella cuando supieron la muerte del duque. Y entonçes me dixo el susodicho Luçena en Santiago que hera el duque gentil e que creya que estava en lo de la salvaçion general con lo de Lutero que no desconformava en el sentirlo y no sé sy me dixo que también en lo del libre alvedrío estava y el mismo Luçena me dixo que su hermana hera muger de grand marco e que si el duque viviera e hablara con ella que provara mucho con él por que le diera a sentir grand cosa».

Todas estas noticias invitan a concluir, pues, que en el seno de la familia Lucena hubo una cierta propensión hacia la adhesión a corrientes heterodoxas en materia religiosa, que llevaron a muchos de sus miembros a enfrentarse con la Inquisición, desde la madre del protonotario, pasando por él mismo[110], para acabar en sus tres sobrinos.

## *ALGUNOS DATOS BIOGRÁFICOS DEL PROTONOTARIO*

Juan Ramírez de Lucena otorgó testamento en Soria el 10 de septiembre de 1501 ante el escribano Sancho de Morales, declarando entonces que tenía 70 años de edad, por lo que cabe presumir que nació hacia 1430[111].

Apenas se sabe nada sobre su infancia y juventud, aunque parece probable que muy tempranamente se le destinase a la carrera eclesiástica, hecho que no deja de resultar singular teniendo en cuenta que presumiblemente se trataba del hijo primogénito y que habría nacido muy pocos años después de convertirse al

---

[110] C. CARRETE PARRONDO en Fontes Iudaeorum recoge bastantes declaraciones de testigos presentadas contra el protonotario Lucena, acusándole de prácticas judaizantes. Sobre un proceso que el inquisidor de Zaragoza, Fernando de Montemayor, arcediano de Almazán, habría seguido contra él y su hermano hacia 1503, da noticia CARRETE PARRONDO en art. cit., pág. 176.
[111] Cf. nota 15.

cristianismo sus padres[112]. No obstante estos fenómenos no eran excepcionales en la Castilla del siglo XV[113], y así en Soria hubo otro destacado judeoconverso que hizo una carrera en la Iglesia muy semejante a la del protonotario Lucena, el bachiller Fernán Rodríguez de San Clemente, que llegó a convertirse en arcediano de Soria[114].

Fernán Rodríguez de San Clemente y Juan Ramírez de Lucena pertenecieron a la misma generación, ambos estuvieron al parecer vinculados al cabildo de Osma, adquirieron la titulación de bachilleres en decretos, y sin duda fueron dos de los eclesiásticos sorianos con mayor proyección exterior durante el reinado de Enrique IV[115].

No obstante es poco lo que sabemos sobre la actividad pública del protonotario durante esta época, puesto que sólo nos consta que fue promoviéndose en el escalafón de los titulados universitarios, pasando de bachiller en decretos a licenciado en decretos y por fin a doctor en Utroque iure[116]. Paralelamente fue adquiriendo algunos beneficios eclesiásticos a lo largo y ancho de la geografía castellana[117], que se incrementaron de forma muy notable a partir del reinado de los Reyes Católicos[118]. Pero parece probable que gran parte del

---

[112] Resulta difícil de aceptar la tesis de C. CARRETE PARRONDO de que Catalina Ramírez, la madre del protonotario, se habría convertido al cristianismo hacia 1462 (vid. art. cit., pág. 171), puesto que consta que su marido ya era converso desde fechas bastante anteriores y que su hijo había alcanzado gran preeminencia en la corte pontificia para la década de 1460.

[113] El caso más conocido es el de los García de Santa María de Burgos, analizado por F. CANTERA en Alvar García. También recoge bastantes ejemplos de judeoconversos que hicieron temprana carrera en la Iglesia castellana A. DOMINGUEZ ORTIZ en Los judeoconversos en España y América, Madrid 1988.

[114] Una hermana del protonotario estaba casada con un hermano del arcediano San Clemente. Cf. nota 13. Más noticias sobre este arcediano en nuestra tesis doctoral, págs. 1.015 y ss.

[115] Sobre la posible existencia de vinculaciones entre el arcediano Fernán Rodríguez de San Clemente y Enrique IV, aporta algunas noticias F. MENÉNDEZ PIDAL. en «La caída de Juan de Luna». Sobre la vinculación de Juan Ramírez de Lucena al cabildo de Osma, que nosotros no hemos tenido ocasión de comprobar, aporta una noticia Beltrán de Heredia recogida por otros diversos autores, entre ellos C. CARRETE PARRONDO, art. cit. pág. 172. Al conferírsele una canonjía en Sevilla en 1458 se le identifica como clérigo de Osma.

[116] En 1458, cuando tenía en torno a 28 años, era bachiller en decretos. En 1461 era ya licenciado en decretos. Datos aportados por M. CARRIÓN, «Gómez Manrique y el protonotario Lucena: Dos cartas con memoria de Jorge Manrique», Revista de Archivos, Bibliotecas y Museos. '81 (1978) 565-582, 568. El primer documento en el que lo encontramos ya caracterizado como doctor es el de su nombramiento para el Consejo de Fernando el Católico el 2-1-1470, en AGS, M. y P. (=Mercedes y Privilegios), leg. 98. fol. 39.

[117] En 1458 se le confirmó una canonjía en Sevilla. En 1462 reclamó los frutos de una canonjía en Burgos. Y en 1463 obtuvo un canonicato y prebendas en Salamanca. Más detalles a este respecto en C. CARRETE PARRONDO, art. cit., pág. 172-173. También hay referencias en M. CARRIÓN, op. cit., pág. 568, y A. ALCALÁ, op. cit., pág. 115.

[118] Vid. AGS, RGS, IX-1478, fol. 81. Nominación en virtud de indulto y bula de Su Santidad a Juan Ramírez de Lucena para la primera dignidad, canonjía o prebenda que vacare en la iglesia de Oviedo. AGS, RGS, IX-1479, fol. 60. Amparo a Juan Ramírez de Lucena en la posesión de varios beneficios que tenía en Talavera de la Reina. También consta por varios documentos de la década de 1490 que fue abad de Covarrubias. Vid. en particular AGS, RGS, VIII-1491, fol. 165. Referencia al pleito pendiente entre el cabildo de Covarrubias y el protonotario sobre el derecho a corregir y castigar los delitos, fol. 164. Se hace constar que el protonotario había denunciado a los alcaldes de Covarrubias porque no le obedecían y cometían crímenes. En IX-1492 también se otorgaron varias cartas y provisiones referentes a problemas que se le plantearon al protonotario en Covarrubias. El doc. del fol. 276 recoge una queja contra el Condestable, que tenía en encomienda a los vasallos de la abadía, siendo de

reinado de Enrique IV la pasase en Roma, donde al parecer entró al servicio del Papa Pío II, quien le nombraría protonotario apostólico[119].

No podemos entrar a determinar por qué vía llegó él a establecer contacto con el referido Papa, y no nos queda otra alternativa que remitirnos a las noticias ya dadas a conocer por otros investigadores, que en ocasiones tratan de ver en su vinculación con la casa de Mendoza la razón que explicaría su presencia en Roma[120].

Y aquí sí se nos plantea un motivo de reflexión puesto que hasta ahora se había explicado esta vinculación a partir de la aceptación de la hipótesis según la cual Juan Ramírez de Lucena sería hijo del médico del marqués de Santillana. Pero como ya hemos demostrado que su padre fue un arrendador del mismo nombre, avecindado en Soria, esta explicación se viene abajo. Un hecho constatable, sin embargo, es que la familia de Soria de los Ramírez de Lucena sí estuvo vinculada de hecho al linaje de los Mendoza. Y así, en concreto, sabemos por sus propias declaraciones que un hermano del protonotario, Carlos de Lucena, estuvo desde muy joven al servicio del cardenal Mendoza como criado, tanto durante el reinado de Enrique IV como en el de sus sucesores los Reyes Católicos[121]. Y tan estrecha debió de ser la vinculación entre ambos que a la muerte del cardenal fue a este mismo Carlos de Lucena a quien se designó como juez ejecutor de las deudas dejadas por su difunto señor[122].

El propio protonotario Lucena es presentado por algunos investigadores como criado y hechura del cardenal Mendoza[123], pero lamentablemente no hemos logrado encontrar ninguna noticia documental de primera mano que lo confirme.

---

Patronato Real. En el doc. del fol. 47 se ordena a las autoridades laicas prestar favor y ayuda al protonotario para la reforma de los clérigos de la abadía. En el doc. del fol. 26 se llega incluso a autorizar al protonotario a resignar su abadía, permutándola con Luis Hurtado de Mendoza, abad de San Zoilo de Carrión. No hemos llegado a determinar si se llevó adelante esta permuta.
[119] Sobre su estancia en Roma, vid. A. ALCALÁ, art. cit., y C. CARRETI•: PARRONDO, art. cit., págs. 172-173.
[120] A. Alcalá, piensa que Juan de Lucena acompañó a Íñigo López de Mendoza, futuro conde de Tendilla, en sus embajadas en Nápoles y Roma, entrando así en contacto con Alfonso V de Aragón y con E. S. Piccolomini, futuro papa Pío 11 (art. cit., págs. 115-118). Hay que advertir no obstante que no existen pruebas firmes para apoyar esta hipótesis, y que en parte ésta se apoya en presupuestos falsos, pues no es cierto que el protonotario Lucena fuese hijo del médico del marqués de Santillana, padre de Íñigo López de Mendoza, conde de Tendilla.
[121] Según declaraciones del propio Carlos de Lucena efectuadas en 1518 cuando contaba en torno a 65 años de edad. Hace constar que fue criado del cardenal Pedro González de Mendoza, y que por esta razón anduvo mucho tiempo en la Corte, hasta que falleció la reina Isabel. En declaraciones de testigos del pleito de Hinojosa en AChV, P.C. Z. y Walls (= Zarandona y Walls) F.C. 303-1 y ss.
[122] Vid. AGS, RGS, 1-1498, fol. 196. Se indica que Carlos de Lucena era juez ejecutor de las deudas del Cardenal de España. Otros documentos que amplían esta misma información en VI-1498, fol. 34 y III-1498, fol. 104. Consta que Carlos de Lucena, hermano del protonotario, se había avecindado en Alcalá, perteneciente al señorío del arzobispo de Toledo, por AGS, RGS, 1-1510, Cf. notas 17 y 18. Ya hemos indicado cómo su hija Petronila de Lucena sirvió durante breve espacio de tiempo al duque del infantando. Vid. AHN, Inquisición, 111-114.
[123] Así lo afirma T. DE AZCONA en op. cit., pág. 202. Lamentablemente no indica en qué fuente documental se basa para sostener esta afirmación.

En cualquier caso no obstante, aun admitiendo que esto sea cierto, sigue quedando sin explicar qué origen tenía esta vinculación de los dos hermanos con el poderoso arzobispo de Toledo, si bien hay que hacer constar que también otros vecinos de Soria formaron parte de la amplia clientela política del cardenal Mendoza, en algunos casos después de haber sido vasallos del arzobispo Carrillo, su antecesor en la sede primada[124].

## *EL PROTONOTARIO LUCENA AL SERVICIO DE LOS REYES CATÓLICOS*

En todas las obras que hasta ahora se han dedicado a la figura de Juan Ramírez de Lucena se ha puesto más énfasis en su vinculación con grandes mecenas del humanismo, tales como el Papa Pío ll y el rey Alfonso V de Aragón, que con los propios reyes de Castilla. De hecho, no se dispone de noticias que prueben que nuestro personaje estuviese presente en la Corte de Enrique IV, comprobándose por el contrario que fue durante gran parte de su reinado cuando transcurrió su estancia en Roma al servicio del Papa.

Por el contrario, sí se dispone de un número relativamente importante de noticias que prueban que Juan Ramírez de Lucena estuvo estrechamente vinculado con los Reyes Católicos como colaborador político, llegando a alcanzar por ello la dignidad de capellán real[125]. Y a pesar de que éste es el aspecto de la vida pública del protonotario que, hoy por hoy, encontramos mejor documentado, ocurre que ha sido precisamente el menos atendido por sus biógrafos. En el análisis de las relaciones del protonotario Lucena con los Reyes Católicos llama en primer lugar la atención lo temprano de la fecha en que figuraba entre sus colaboradores políticos, puesto que ya el 2 de enero de 1470 Fernando el Católico, titulándose príncipe de Castilla y León, tuvo a bien nombrarle para su Consejo, asignándole la quitación anual de 30.000 mrs.[126] No hay que olvidar que hacía apenas unos pocos meses que Isabel y Fernando habían llevado a efecto su matrimonio y que, cuando tuvo lugar el nombramiento como consejero de Juan de Lucena, los príncipes se encontraban en Valladolid ante una situación que iba resultando progresivamente más difícil para ellos, abiertamente enfrentados con

---

[124] Proporcionamos algunos datos en nuestra tesis doctoral, págs. 1.478-1.479.
[125] Son varios los documentos del Registro General del Sello y otros fondos de Simancas en que los Reyes Católicos se dirigen al protonotario Juan Ramírez de Lucena como «nuestro capellán y criado». Vid. entre otros AGS, M. y P. leg. 98, fol. 40.
[126] AGS, M. y P. leg. 98, fol. 39. Doc. fechado en Valladolid el 2-1-1470.

el monarca Enrique IV y sin contar todavía con el apoyo del papado[127]. No hay duda, por consiguiente, de que nuestro personaje fue un colaborador político de primerísima hora de los futuros monarcas, y así se entiende mejor el sentido de una frase contenida en una carta dirigida por Gómez Manrique al protonotario en la que lo reconocía como amigo, puesto que

> «por tales nos devemos reputar aquellos que en las necessidades grandes de nuestros excellentisimos príncipe y princesa que agorason nuestros soberanos Rey y Reina suframos iuntamentc las necessidades que sabeys»[128].

Pero esta constatación nos lleva a advertir que, si es cierto que Juan Ramírez de Lucena, al igual que su hermano Carlos, era criado del cardenal Mendoza, su toma de posición en favor de Isabel y Fernando se produjo mucho antes que la de su señor, puesto que no fue hasta después de marzo de 1472, fecha en la que gracias a las gestiones del futuro rey Católico y del legado Borja obtuvo el tan anhelado capelo cardenalicio, cuando éste comenzó a mostrarse más dispuesto a aceptar la candidatura de Isabel abandonando la causa de la princesa Juana, hasta entonces defendida por él y su familia[129]. Dado, no obstante, que no hemos podido determinar si es cierta la noticia de Azcona sobre la vinculación de Lucena con este poderoso cardenal y, en tal caso, precisar en qué momento y condiciones entró a servirle, no consideramos prudente sacar conclusiones de la constatación de estos hechos. Pero en cualquier caso interesa hacer constar que no sólo Juan Ramírez de Lucena, por su temprano compromiso con la causa de los Reyes Católicos, consiguió asegurarse un puesto en su Corte, sino que también su hermano Carlos, gracias a ser criado del cardenal Mendoza, la frecuentó hasta la muerte de la reina Isabel[130], y su otro hermano, el comendador Diego Ramírez de Lucena, fue contino de estos mismos monarcas en su calidad de hombre de armas[131]. Probablemente cada uno de ellos siguió una vía distinta para alcanzar sus metas en la vida política y, con los datos disponibles, no resulta posible conocerlas con detalle, pero de momento no hay pruebas suficientes para demostrar que una supuesta vinculación común de toda la familia con la casa de

---

[127] Como principal obra de referencia para el conocimiento de los acontecimientos políticos en estos años habría que destacar la de L. SUAREZ, Los Reyes Católicos. La conquista del trono, Madrid 1989.
[128] Vid. M. CARRION GOMEZ, art. cit., pág. 580. Esta carta se escribiría poco después de octubre de 1480
[129] Vid. L. SUÁREZ, op. cit.
[130] Cf. nota 32. Llama la atención el hecho de que, aunque el cardenal Mendoza murió varios años antes que la reina Isabel, Carlos de Lucena en sus declaraciones confesase haber frecuentado la Corte hasta la muerte de la reina.
[131] Se indica su condición de hombre de armas en AGS, Casa y Sitios Reales, leg. 3, fol. 215. Se le califica como contino de la Casa Real en AGS, RGS, V-1494, fol. 468. Parece tratarse de la misma persona que es identificada como regidor de Toledo en AGS, RGS, III-1488, fol. 22. Consta que el comendador Diego Ramírez de Lucena era hermano del protonotario por AGS, RGS, XII-1479, fol. 66.

Mendoza habría representado para ellos tres el factor principal que les aseguró la promoción en la Corte de los Reyes Católicos.

Al año siguiente de haber tenido lugar la designación del doctor Juan Ramírez de Lucena como consejero de los príncipes nos lo encontramos desempeñando misiones diplomáticas al servicio de éstos. Y así en concreto nos consta que primeramente lo enviaron a Flandes a fin de negociar con el duque de Borgoña asuntos que afectaban al comercio castellano-flamenco e interesaban particularmente a los vizcaínos, quienes favorecían la causa de Isabel y Fernando[132]. Antes de llegar al país flamenco, sin embargo, hizo una escala en Inglaterra para tomar contacto con el nuevo rey Eduardo IV, quien había salido recientemente victorioso de la batalla de Tewkesbury[133], y ya en su definitivo punto de destino negoció en Abbéville con los representantes del duque de Borgoña, Carlos el Temerario, el establecimiento de una alianza de la Casa de Borgoña, primero con la Corona de Aragón, renovando la que ya existía, pero hecha extensiva después a los reyes de Sicilia y príncipes de Asturias, como representantes de los intereses castellanos[134].

Isabel y Fernando, que tantos y tan hábiles diplomáticos pusieron a su servicio durante su reinado, marcado por una notable apertura castellana hacia Europa, tuvieron en el protonotario Lucena, por consiguiente, uno de sus primeros colaboradores en estas tareas relacionadas con la política internacional, precisamente cuando no eran todavía los legítimos representantes del Estado castellano y su actuación en estos terrenos tenía ciertamente un carácter un tanto irregular.

Por su parte, la segunda actuación diplomática del protonotario Lucena de la que se tiene noticia participó de unas características parecidas a las de la anterior, pues también tuvo lugar antes del acceso al trono de Isabel y Fernando. Según Tarsicio de Azcona tuvo como objetivo conseguir del rey de Francia el reconocimiento del derecho de estos príncipes a la Corona de Castilla, y respondió probablemente a una iniciativa del cardenal Mendoza, quien tenía personalmente pendientes de la Corona francesa intereses beneficiales, y propondría por consiguiente como embajador a su criado Juan Ramírez de Lucena[135]. Luis Suárez por su parte llama la atención sobre el hecho de que este embajador fue enviado

---

[132] L. SUÁREZ, op. cit., pág. 54.
[133] Ibid.
[134] Ibid. Vid. también AGS, Patronato Real, nº 3594. Cédula firmada por el doctor Juan de Lucena sobre la alianza y amistad de los Reyes Católicos con el duque de Borgoña, para socorrerle contra el rey de Francia, fechada en Abbéville, 12-IX-1471.
[135] T. DE AZCONA, op. cit., pág. 202.

por Isabel estando ausente Fernando y que su misión consistía en confirmar a Luis XI el compromiso de un eventual matrimonio entre Carlos de Francia e Isabel de Castilla[136]. Su actuación por lo demás parece que no fue favorable a los intereses de la Corona de Aragón, puesto que en palabras de Tarsicio de Azcona «sólo consiguió embrollar manifiestamente las relaciones internacionales hispánicas con Inglaterra, Bretaña y Borgoña»[137], pero ni este autor ni otros que han analizado la política internacional de los Reyes Católicos aportan noticias precisas sobre los motivos del fracaso de sus acciones diplomáticas y las circunstancias en que tuvo lugar. Nosotros por nuestra parte simplemente hemos podido constatar que estas misiones diplomáticas tuvieron un carácter en ocasiones arriesgado, y así lo pone de manifiesto el propio protonotario en su testamento, quien, recordando los grandes servicios que había prestado a los monarcas, hizo constar también que éstos le debían más de 10.000 doblas «de salaryos e de robos que por mar e por tyerra andando en sus serviçios rescebymos de françeses»[138]. Por otro lado, da idea de los peligros que debió de correr el protonotario en sus misiones diplomáticas en la década de 1470 el hecho de que durante su ausencia en Inglaterra y Borgoña se le llegase a dar por muerto y algunos aprovechasen para impetrar en la corte romana varios de sus beneficios eclesiásticos[139].

La última de las misiones diplomáticas en las que intervino nuestro protonotario, de las que tenemos noticia, fue la que le llevó en 1482 a Inglaterra en compañía de Lope de Valdivieso[140], pues más adelante ya no lo volvemos a encontrar en el desempeño de estas funciones. Por su parte, aunque había sido designado en fecha tan temprana para el Consejo del príncipe Fernando, Juan Ramírez de Lucena, a quien siempre se dirigieron los Reyes Católicos reconociendo su condición de consejero, no consta que ejerciese con mucha frecuencia las funciones propias del cargo. De hecho, un análisis de toda la documentación del Registro General del Sello pone de manifiesto que el protonotario rara vez aparece entre los firmantes de los documentos, hasta el punto de que sólo hemos logrado encontrar algunas aisladas referencias correspondientes a los años 1475 y 1479, que nos recuerdan que Juan Ramírez de Lucena seguía siendo un miembro activo del Consejo Real[141].

Tal vez por su mayor dedicación a las funciones de embajador tuvo menos

---

[136] L. SUÁREZ, op. cit., pág. 69.
[137] Cf. nota 46.
[138] Sobre el testamento del protonotario, cf. nota 15. Indica en el mismo testamento que en satisfacción de la deuda los reyes sólo le habían mandado dar 200.000 mrs.
[139] Vid. c. CARRETE PARRONDO, art. cit., págs. 173-174.
[140] Vid. c. CARRETE PARRONDO, art. cit., pág. 174.
[141] Vid. M.ª A. MENDOZA, A. PRIETO y C. ÁLVAREZ TERÁN, Registro General del Sello, vol. 11, Valladolid 1951, págs. XIV-XVI.

ocasión de intervenir en asuntos de política interior, pero en cualquier caso existen indicios que nos trasmiten la impresión de que los Reyes Católicos, aun habiendo tenido en el protonotario un fiel servidor en los momentos más difíciles de su trayectoria política, no se mostraron tan entusiastas a la hora de requerir sus servicios una vez que se consolidaron en el trono. Y aunque no dejaron de premiarle los servicios prestados a través de la concesión de privilegios de juro de por vida[142] finalmente no dudaron en prescindir de él cuando, a raíz de su polémica con el canónigo Alfonso Ortiz, su posición se hizo más precaria.

En concreto el día 3 de junio de 1490 Juan Ramírez de Lucena escribía una carta al rey protestando contra la actuación del Tribunal de la Inquisición, y los puntos de vista que allí sostenía debieron de parecer tan graves, que el canónigo toledano Alfonso Ortiz se apresuró a replicarle y finalmente el protonotario tuvo que retractarse en un acto público celebrado en Córdoba[143]. Pues bien, desde esta misma ciudad el día 30 de junio de ese mismo año los Reyes Católicos hicieron saber a sus Contadores Mayores que la merced de los 40.000 mrs. que el protonotario tenía anotada en los libros de ración y quitación como contino de la Casa Real los siguiese percibiendo durante el resto de su vida, si bien por su edad e invalidez era ya razón de que se fuese a reposar a su casa[144].

La vinculación entre el envío de la carta contra la Inquisición y la determinación de retirar al protonotario de la Corte resulta, pues, a la luz de estos datos bastante probable, pero no obstante en la década de 1490 Juan Ramírez de Lucena, aunque retirado en Soria, todavía continuó desarrollando cierta actividad política, sobre todo aprovechando su condición de abad de Covarrubias[145]. Y no fue sino después de su muerte cuando la Inquisición se ensañó con diversos miembros de su familia, hasta bien entrada la década de 1530, según hemos puesto ya de manifiesto.

## *LA MUERTE DEL PROTONOTARIO Y EL DESTINO DE SU FAMILIA*

Desconocemos la fecha exacta en que falleció Juan Ramírez de Lucena, aunque por haber redactado su testamento en septiembre de 1501 presumimos que

---

[142] Entre otros nos consta que el protonotario cobraba los siguientes juros: 500 cántaras de vino situadas en las tercias de Soria y su tierra por privilegio otorgado en Valladolid el 30-1-1494; 40.000 mrs. de juro por privilegio otorgado en Zaragoza el 10-XII-1488; otros 40.000 mrs. y 500 fanegas de pan situadas en las tercias de Soria que se le concedieron en Córdoba el 30-VI-1490, cuando los monarcas dispusieron que se retirase de la Corte. Todos estos datos en AGS. M. y P. leg. 98, fols. 39-42. Vid. también AGS, RGS, VIII-1491, fol. 308. Noticias sobre el concierto entre el protonotario y el judío soriano Simuel Naci para el cobro de los juros correspondientes al primero.
[143] Vid. c. CARRETE PARRONDO, art. cit., págs. 175-176.
[144] AGS, M. y P. leg. 98, fol. 42.
[145] Vid. documentos citados en nota 29.

su muerte no sería muy posterior. Por Jo demás tampoco disponemos de muchas noticias sobre su actividad en Soria en los últimos años de su vida, aunque sí nos consta que fue entonces cuando la Inquisición estuvo más activa en la toma de declaraciones de testigos que les denunciaron tanto a él como a su madre por la realización de prácticas judaizantes[146].

No cabe duda, por consiguiente, que sus últimos años de existencia, cuando ya por otra parte su edad era considerablemente avanzada, se vieron enturbiados por esta encarnizada persecución inquisitorial, y hay bastantes motivos para relacionarla con el envío de la carta al rey en junio de 1490 denunciando el modo de proceder de la Inquisición contra los judeoconversos.

Ciertamente no parece que los inquisidores fuesen más allá de la mera toma de declaración de testigos, pero después de la muerte del protonotario, quien habría continuado conservando cierto apoyo político en la Corte como estrecho colaborador que había sido de los reyes, ya sí osaron ir más allá. Y si bien la memoria del autor de *De vita beata* no llegó a ser manchada con la condena explícita de herejía, sí se condenó por hereje la memoria y fama de su madre Catalina Ramírez, ya difunta, según hemos adelantado en varias ocasiones.

La condena de la memoria de Catalina Ramírez y la confiscación de sus bienes no fue, sin embargo, el único acontecimiento adverso en la trayectoria de la familia del protonotario durante los primeros años del siglo XVI. Más trágica fue sin duda la suerte de su hija, a la que en su deseo de conseguir la promoción sociopolítica de su linaje en su Soria natal había entregado en matrimonio al nieto y heredero principal del regidor Gonzalo Gil de Miranda, que llevaba el mismo nombre que su abuelo. De hecho la documentación deja bien claro que el novio había recurrido al matrimonio para hacer frente a las múltiples deudas que le acosaban, siguiendo el ejemplo de muchos caballeros hidalgos de familias de prestigio que atravesaban dificultades económicas y que entroncaban con familias judeoconversas en busca sobre todo de su dinero[147].

---

[146] Vid. c. CARRETE PARRONDO, Fontes Judaeorum, y también art. cit., pág. 176. A título de simple ilustración indicaremos que en 1501 declaró contra el protonotario un vecino de Burgos que le había servido como criado durante más de I O años y les acusó a él y a su madre de hacer oraciones de judíos en hebraico y en presencia de sus criados.
[147] Todas las noticias sobre la boda de Gonzalo Gil de Miranda con la hija del protonotario Lucena y acontecimientos que se sucedieron tras la misma, en AChV, P.C. Lapuerta, F. C. 352-1. En esta documentación no se hace constar que el protonotario tuviese ningún hijo reconocido, y parece improbable que lo tuviese si tenemos en cuenta que nombró como heredero universal a su sobrino Juan Ramírez de Lucena, que fue escribano del concejo de Soria. Si tuvo un hijo llamado Luis de Lucena, como admite C. CARRETE PARRONDO en art. cit., pág. 178, cabe presumir que éste habría fallecido ya en 1501, fecha en que redactó su testamento el protonotario.

La carta de dote fue firmada en Soria el 29 de julio de 1499 y por virtud de la misma el protonotario entregó al joven caballero Miranda en concepto de dote la cantidad de 300.000 mrs., que, si bien no era particularmente elevada en un matrimonio en el que con el dinero se trataba de limpiar la mancha del origen judeoconverso, al menos era suficiente para que este último afrontase la amenaza de quiebra inminente que pesaba sobre su patrimonio.

Las relaciones entre el caballero Miranda y la hija del protonotario, unidos por conveniencias sociales y económicas, fueron sin embargo difíciles desde el primer momento, y consta expresamente a través de declaraciones de testigos que uno de los factores que más contribuyó a deteriorarlas estuvo representado por los prejuicios anticonversos de Gonzalo Gil de Miranda, quien al parecer maltrataba continuamente a su esposa, prodigándole insultos y llamándola «vellaca, judiuela, judía hija de un judío y tus parientes judíos». Evidentemente estos prejuicios se combinaron con otros factores de carácter pasional, que son los que explican el comportamiento adúltero del caballero, y el resultado final fue el asesinato de la hija del protonotario por su propio marido[148].

No cabe duda que episodios como éste no eran excepcionales en una sociedad que quizás estaba todavía más marcada por el signo de la violencia que la española actual, pero no hay que olvidar que en este caso el asesino fue el propio miembro adúltero del matrimonio, y que además pertenecía a una de las familias más representativas de la oligarquía soriana bajomedieval, que precisamente había tenido el honor de acoger en sus casas principales a Juan I de Castila y a Carlos III de Navarra, cuando ambos eran todavía infantes y acudieron a Soria en 1375 a celebrar sus bodas[149]. La gravedad de su actuación es, pues, evidente, y sin embargo no llegó a ser castigada en consecuencia, por lo que cabe presumir que los prejuicios anticonversos estaban ciertamente muy infiltrados en la conciencia colectiva de la Castilla de la época, hasta el punto de permitir que crímenes como el del caballero Miranda quedasen impunes[150].

El protonotario Lucena no vivió para conocer las adversidades que se precipitaron sobre su familia en el siglo XVI, estableciendo así un notable contraste con la que había sido su trayectoria en el siglo XV. No obstante al

---

[148] Ibid.
[149] Con este motivo se concedió a los Miranda un juro de heredad para mantenimiento y reparación de sus casas, al que se hace alusión en la documentación citada en nota 58, puesto que Gonzalo Gil de Miranda, para hacer frente a sus dificultades financieras, se había visto obligado a venderlo, aunque posteriormente su familia consiguió recuperarlo.
[150] Para hacernos idea de hasta qué punto su crimen quedó impune y su figura política se vio pronto rehabilitada, a pesar de que su posición económica era bastante desventajosa, indicaremos que Gonzalo Gil de Miranda fue uno de los dos procuradores enviados por la ciudad de Soria a las Cortes de Valladolid de 1518.

redactar su última voluntad en 1501 ya optó por no vincular su patrimonio a su hija, quizás movido primordialmente por el hecho de que se trataba de una mujer, ya que el inconveniente de la ilegitimidad, derivado de su condición clerical, se podía ciertamente superar[151]. Probablemente él deseaba la perduración de su apellido y de su linaje y por ello escogió como heredero universal a su sobrino Juan Ramírez de Lucena, hijo primogénito de su hermano Alfonso. En comparación con sus antepasados homónimos este Juan Ramírez de Lucena fue una figura menor, aunque parece que llegó a ejercer en alguna ocasión el oficio de corregidor de Salamanca, y una vez establecido en Soria consiguió acceder al de escribano del concejo[152].

En comparación con la trayectoria sociopolítica de los principales representantes de otras conocidas familias de judeoconversos sorianos, como los Sanclemente y los Beltrán, la carrera de este único representante de los Ramírez de Lucena que quedó en Soria en la primera mitad del XVI resulta, sin embargo, sumamente modesta. Y teniendo en cuenta que en contrapartida esta familia había sido la que en el siglo XV había alcanzado posiciones de mayor preeminencia en la Corte, este hecho, al margen de resultar paradójico, viene una vez más a sugerirnos que la última etapa de la vida del protonotario Lucena estuvo marcada por una notable pérdida de influencia, probablemente relacionable con su abierta toma de postura en contra de la Inquisición.

La diáspora de su familia, cuyos miembros se repartieron inicialmente por las ciudades de Toledo, Madrid, y Alcalá de Henares[153] demuestra por otro lado que el desarraigo característico de las familias judías castellanas del siglo XV marcó también la trayectoria de algunas familias judeoconversas. El propio

---

[151] Prueba de ello es que su contemporáneo y pariente, el arcediano de Soria Fernán Rodríguez de San Clemente, transfirió toda su herencia, que era ciertamente importante, a su hijo Pedro de San Clemente, aunque hay indicios de que el cabildo de Osma, al que pertenecía el arcediano, se opuso a la medida e intentó participar en la herencia. Vid. AGS, RGS, VI-1477, fol. 245.

[152] La noticia sobre su presencia en Salamanca como corregidor la tomamos de declaraciones de testigos referidas en AChV, RE, (= Registro de Ejecutorias) C. 352 (1-1522).

[153] El Comendador Diego Ramírez de Lucena aparece como regidor de Toledo en 1488. Vid. AGS, RGS, 111-1488, fol. 22. Carlos de Lucena aparece designado como vecino de Alcalá de Henares ya en varios documentos de la década de 1490 (cf. nota 33). A pesar de ello, diversos documentos de la primera década del siglo XVI atestiguan su presencia en Soria, como señor de ganados y vendedor de lanas. No hay duda de que el vecino de Alcalá es el mismo de Soria, hermano del protonotario, por el doc. de 1-1510 citado en nota 33. Alonso de Lucena, un tercer hermano del protonotario, vivía en Madrid, según declaraciones de testigos que recoge C. CARRETI: PARRONDO, Fontes Iudaeorum, pág. 54. Éste fue el padre de Juan Ramírez de Lucena, heredero universal del protonotario. En la relación de hermanos del protonotario que figura en AGS, RGS, XII-1479, fol. 66 no se menciona a este Alonso de Lucena, pero sí a otro hermano, Hernando de Lucena, del que no sabemos apenas nada, salvo que fue elegido como testamentario junto con Alonso por su hermano el protonotario, C. CARRETE PARRONDO en art. cit., pág. 177 considera que Fernando de Lucena, hermano del protonotario Juan Ramírez de Lucena, fue también protonotario, consejero real y embajador. No obstante, las noticias documentales que aporta son un tanto contradictorias, y entendemos que no son suficientes para probar la identificación propuesta. Confiamos que futuros hallazgos documentales contribuyan a esclarecer esta confusa cuestión.

protonotario, a pesar de que durante su vida demostró participar de un cierto espíritu cosmopolita, mantuvo sin embargo una permanente vinculación afectiva a la ciudad de sus antepasados, y por ello quiso enterrarse en la misma iglesia que sus padres, la románica de Santo Tomé, que hoy con el nombre de Santo Domingo sigue destacando como una de las principales joyas arquitectónicas de Soria. Allí también tuvieron su enterramiento los Sanclemente, judeoconversos por varias razones vinculadas a los Ramírez de Lucena, y otros destacados linajes de la oligarquía local, como los Torres. Y para que su tumba quedase bien identificada frente a la de estos otros notables caballeros sorianos, el protonotario dispuso en su testamento que, en su sepultura, que estaba al pie de la de su padre a ras de suelo, se labrasen sus armas «por memoria». Esto indica que, a pesar de su origen judío, había asimilado algunos de los ideales de la nobleza urbana, si bien hay que hacer notar que su testamento, comparado con los de otros representantes de ese grupo sociopolítico o incluso con los de miembros de las capas populares de la sociedad, destaca por la escasa prodigalidad de mandas piadosas.

De hecho, en ningún momento deja establecido que se diga después de su muerte ni una sola misa por el descanso de su alma, ni que se celebre ninguna de las otras ceremonias piadosas que era habitual exigir en los testamentos. A la iglesia de Santo Tomé ciertamente le donó 10.000 mrs. para ayuda de un retablo, más dos casullas, una almática de brocado y carmesí y unos órganos para que a cambio se dijese un responso cantado sobre la sepultura de su padre todas las semanas. Igualmente, ya con anterioridad, había dispuesto que se dijese un aniversario por el descanso eterno de sus padres en la misma iglesia de Santo Tomé[154], pero en contraste con esta preocupación por sus progenitores destaca la ausencia de disposiciones sobre la celebración de actos litúrgicos que tras su muerte sirviesen como actos propiciatorios para su salvación eterna.

En contrapartida insistió en su última voluntad testamentaria en solicitar a sus hermanos, sobrinos, parientes y criados

> «que no fagan ny çelebren nuestras osequyas con llantos ni con lutos ni con ropas lugubres por quanto syempre nos paresçieron çerymonias mas gentiles que christianas pero rogamosles que nos ayuden con ora9iones con lymosnas e con sacryfiçios scgund byen visto sea por mis executores y herederos».

Estas fórmulas se pueden encontrar en otros muchos testamentos, pero el hecho de que la práctica totalidad de las disposiciones piadosas queden resumidas

---

[154] Cf. nota 3.

en las mismas sugiere que el protonotario sentía poco afecto por muchas de las ceremonias en que se traducía la religiosidad europea a fines del medievo, y que en los países de la Contrarreforma continuaron perviviendo en gran medida hasta el final del Antiguo Régimen, cuando las medidas desamortizadoras asestaron un duro golpe a costumbres en algunos casos milenarias. Si esta actitud que creemos entrever en el protonotario Lucena guarda alguna relación con ese talante pre-erasmista que detecta Ángel Alcalá en este mismo autor es algo que no nos atrevemos a afirmar por no disponer de elementos de juicio suficientes, pero en cualquier caso hemos considerado preciso referirnos brevemente a esta cuestión para poner a disposición de los estudiosos e investigadores un nuevo elemento de referencia con el que poder valorar mejor la figura histórica y sobre todo literaria de Juan Ramírez de Lucena.

Y de hecho éste ha sido en términos generales nuestro modesto propósito en el presente trabajo, corregir errores y aportar nuevos datos sobre una figura interesante para la reconstrucción de la historia intelectual y literaria de la Castilla del siglo XV, y para el conocimiento de la suerte de las familias judeoconversas más destacadas en este mismo ámbito y época, en particular en el terreno sociopolítico. Con todo, siguen siendo muchas las incógnitas y esperamos que en el futuro nuevos hallazgos documentales contribuyan a resolver al menos algunas de ellas.

# LOS JUDEOCONVERSOS EN SORIA DESPUÉS DE 1492

*RESUMEN*

Se analiza la comunidad judeoconversa de una ciudad castellana, Soria, que contó hasta 1492 con numerosa población judía. Se da cuenta de la tendencia a la concentración en ciertos barrios de los miembros de la referida comunidad y a continuación se indican cuáles fueron los ámbitos de la vida económica en que los judeoconversos sorianos estuvieron más presentes tras decretarse la expulsión de los judíos, advirtiéndose que frecuentemente fueron los mismos en que estos últimos más habían destacado, a saber, el comercio, el arrendamiento de impuestos y el préstamo. En conjunto, por lo demás, se hace un gran esfuerzo por identificar a los miembros de la comunidad judeoconversa soriana del siglo XVI, que hasta ahora era prácticamente desconocida.

*SUMMARY*

The community of converted Jews is analyzed in Soria, a Castilian town that until 1492 had had a large Hebrew population. In a first approach, the author highlights a trend among the members of that community to concentrate their dwellings in specific city quarters, and subsequently points out the spheres of economic life where, after the decree sanctioning their expulsion from Castile, the Sorian converted Jews particularly excelled in commerce, tax-farming and lending, which were, coincidentally, more often than not, the same as in former times. On the other hand, an effort is made throughout the article to identify the members of the Sorian Jewish community in the 16th century, who, hitherto, were practically unknown.

Resulta de sobra conocido que Soria contó durante los siglos bajomedievales con una muy importante comunidad judía asentada tanto en el interior del recinto del castillo como en otros sectores de la ciudad, en particular en uno localizado entre San Juan de Rabanera y la plaza mayor[1]. Algunos autores han relacionado esta circunstancia con una hipotética situación de prosperidad que habría conocido esta ciudad hasta fines del reinado de los Reyes Católicos, y en consecuencia han visto en el decreto de expulsión de 1492 el origen de la decadencia económica y demográfica de Soria, aunque relacionando también esta decadencia con la unión de las coronas de Aragón y Castilla, que conllevó el que Soria perdiese su condición estratégica[2]. Ciertamente estas afirmaciones de tan amplio alcance resultan muy difíciles de probar, y en cualquier caso quienes las han efectuado no las han fundamentado en una base empírica suficientemente consistente. Nosotros, por nuestra parte, no vamos a entrar aquí en debatir si esta tesis responde o no a la realidad, puesto que no contamos con una base de conocimientos suficientes sobre la realidad socioeconómica de Soria en la primera mitad del XVI que nos permita llevar a cabo un análisis comparativo con momentos anteriores, que conocemos con mayor detalle gracias a las investigaciones que hemos llevado a cabo últimamente, aparte de que la propia naturaleza de las fuentes documentales conservadas rara vez permite llevar a cabo este tipo de análisis con satisfacción sobre todo cuando se trata de jugar con datos cuantificables. A pesar de ello, sí es nuestra intención efectuar una pequeña aportación que permita en el futuro discutir esta hipótesis explicativa del sentido

---

Abreviaturas utilizadas:
| | |
|---|---|
| AChV | = Archivo de la Chancillería de Valladolid. |
| AGS | = Archivo General de Simancas. |
| AHN | = Archivo Histórico Nacional. |
| AHPS | = Archivo Histórico Provincial de Soria. |
| AMSo | = Archivo Municipal de Soria. |
| C. | = Caja. |
| CMC | = Contaduría Mayor de Cuentas. |
| E. | = Envoltorio. |
| EMR | = Escribanía Mayor de Rentas. |
| F. | = Fenecidos. |
| OOMM P.C. | = Órdenes Militares. Pleitos Civiles. |
| PN | = Protocolos Notariales. |
| RAH | = Real Academia de la Historia. |
| RE | = Registro de Ejecutorias. |
| RGS | = Registro General del Sello. |
| Z. y Balboa | = Escribanía de Zarandona y Balboa. |
| Z. y Walls | = Escribanía de Zarandona y Walls. |

[1] Vid. F. CANTERA BURGOS, «Juderías medievales de la provincia de Soria», Homenaje a fray Justo Pérez de Urbe/, 1, Abadía de Silos 1976, pp. 445-482. También se ocupa de la localización de la judería de Soria E. CANTERA en "Relaciones judeocristianas en la diócesis de Osma en el último tercio del siglo XV", en Encuentros en Se/arad, Ciudad Real 1987, pp. 103-135.
[2] Es la tesis de L. TORRES BALBÁS en su artículo «Soria: interpretación de los orígenes y evolución urbana», Celtiberia 3 (1952) pp. 7-31.

de la evolución histórica de la ciudad de Soria teniendo a disposición una serie de referencias sobre la realidad empírica algo más concretas que aquellas de las que hasta ahora disponemos. Entendemos, pues, nuestra aportación a este debate, de interés central para la explicación del transcurrir histórico de Soria, como una de carácter parcial que ha de ser complementada con otras muchas a fin de que en una segunda fase se pueda proponer una conclusión de carácter sintético. Y concretando ya algo más cuál es el alcance de nuestro proyecto, advertiremos que nos interesa sobre todo dar cuenta del papel que desempeñaron en la vida socioeconómica de la ciudad de Soria después de 1492 aquellos individuos que decidieron permanecer en Castilla tras la promulgación del decreto de expulsión de los judíos, y que para ello adoptaron la religión cristiana, en muchos casos incluso después de haberse exiliado en Portugal.

Ciertamente el llevar a cabo esta tarea resulta sumamente difícil por varias razones. En primer lugar porque, a diferencia de otras ciudades castellanas[3], para Soria no se conservan padrones de conversos que fuesen redactados a principios del XVI, lo cual impide hacer una estimación de su número y calcular qué porcentaje de los judíos sorianos abandonó la ciudad tras 1492, aunque en cualquier caso este cálculo tampoco se podría llevar a cabo con entera satisfacción porque, en primer lugar, desconocemos el número exacto de judíos que estaban avecindados en Soria a fines del XV y, en segundo lugar, hay que tener en cuenta que no todos los que fuesen considerados conversos a principios del XVI habrían adoptado la religión cristiana después de 1492. Pero, al margen de esta dificultad en la estimación del número de conversos, existe otra que se refiere a la identificación de los mismos, la cual se hace sentir también de forma muy intensa en el caso de Soria porque no hay constancia de que se haya conservado documentación generada por tribunales de la Inquisición que haga referencia a vecinos de esta ciudad, dado que el tribunal de Cuenca, del que tanta documentación se conserva, y en particular referente a conversos de Almazán, Berlanga, Medinaceli y Deza, no tenía jurisdicción sobre Soria y su Tierra[4]. A falta de estas informaciones, la identificación de los judeoconversos sorianos se ha de basar en los registros del tribunal de la Inquisición que actuó en el obispado de Osma entre 1486 y 1502, que han sido publicados por C. Carrete[5], los cuales contienen muy pocas noticias de interés sobre personas que se hubiesen convertido después de 1492, y fuera de estos registros en otro conjunto

---

[3] En Segovia, por ejemplo, se conserva un padrón de conversos publicado por M. Bataillon que contiene referencias sobre 209 familias de conversos segovianos. Más noticias al respecto en M. ASENJO, Segovia. La ciudad y su tierra a fines del Medievo, Segovia 1986, pp. 335-337.
[4] Vid. D. PÉREZ RAMIREZ, Catálogo del archivo de la Inquisición de Cuenca, Madrid 1982.
[5] C. CARRETE PARRONDO, El tribunal de la Inquisición en el Obispado de Soria (1486-1502), Fontes Iudaeorum Regni Castellae, 11, Salamanca 1985.

sumamente disperso de fuentes documentales que contienen indicios más o menos seguros para llevar a cabo dicha identificación.

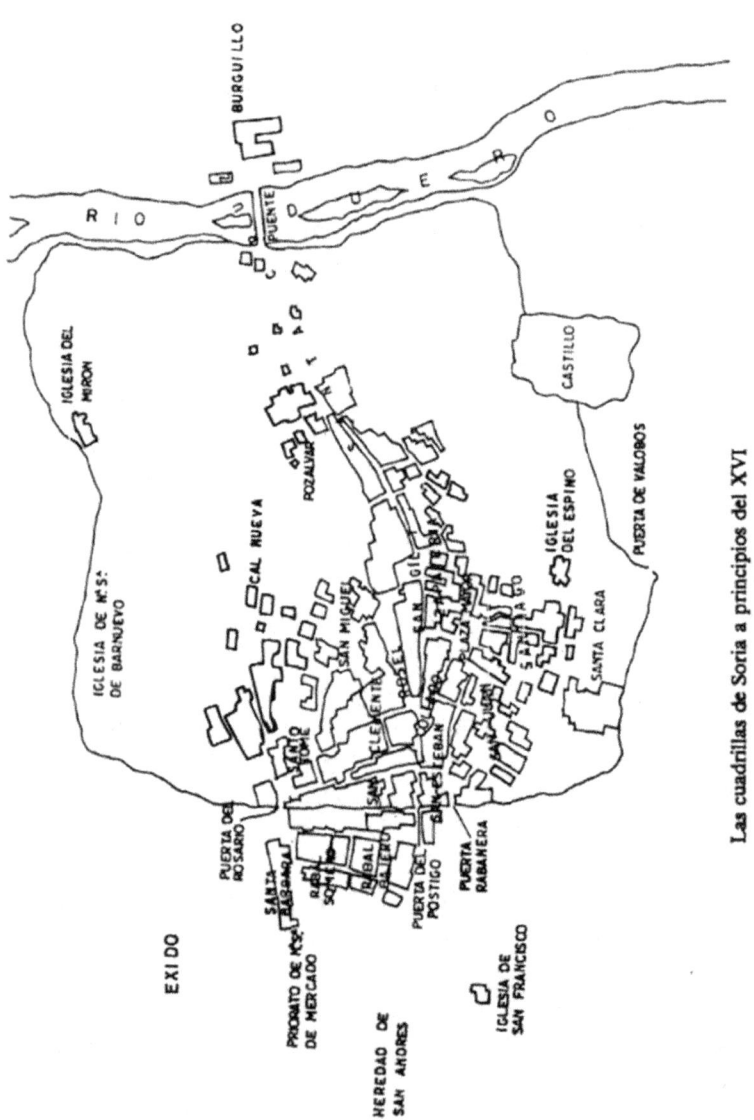

Las cuadrillas de Soria a principios del XVI

Entre dichas fuentes documentales se cuenta una que, aunque presenta muchos problemas a la hora de su utilización, tiene un enorme interés como elemento de referencia, y se trata concretamente de los padrones del Común de pecheros que se conservan para la última década del XV y primera del XVI, ya que en los mismos hubieron de ser incluidos la mayor parte de los judíos que, a raíz del decreto de expulsión, de forma inmediata o incluso después de haber abandonado el reino, decidieron convertirse al cristianismo. De hecho, a partir de 1492 se advierte un notable incremento en el número de cabezas de pecho a las que se cargan impuestos en los repartimientos, y así hay que llamar la atención sobre el salto que se produce entre el repartimiento efectuado el 6 de julio de 1492, en el que figuraron 523 cabezas, y el de 28 de agosto de 1493, en el que el número de éstas había ascendido ya a 578, número que, por otra parte, se seguiría incrementando en los años posteriores[6]. Este aumento en el número de cabezas no cabe duda que hay que atribuirlo a la incorporación de conversos a la Comunidad de pecheros, que ya se habría producido para agosto de 1493, aunque después de esta fecha parece probable que se seguirían produciendo algunas otras incorporaciones aisladas. No obstante, este fenómeno no se puede seguir con la misma facilidad a través del análisis comparativo de los padrones de pecheros, ya que no se conserva ninguno de la década de 1480, y el primero de la de 1490 conservado está sin fechar y, aunque es probable que se redactase en su primera versión poco antes del decreto de expulsión, posteriormente fue siendo ampliado mediante la anotación de nuevos nombres en los márgenes, algunos de los cuales se puede demostrar que corresponden a individuos de religión judía convertidos al cristianismo entre 1492 y 1493[7]. En consecuencia, consideramos bastante probable que la mayor parte de los nombres que fueron añadidos a este padrón corresponderían a judeoconversos que habían adoptado la religión cristiana después de 1492, y a esta misma conclusión nos invitan a llegar también algunos otros indicios. Y para dar cuenta de algunos de éstos vamos a continuación a centrar el análisis en el caso de algunas cuadrillas que estos mismos indicios nos invitan a distinguir de las del resto de la ciudad por haber sido preferidas por la mayor parte de los judeoconversos sorianos para fijar su residencia, si es que ya no la habían tenido fijada en las mismas con anterioridad mientras habían permanecido fieles a la religión judía.

---

[6] Datos tomados del segundo libro de cuentas del Común, en AMSo, libros de actas.
[7] Vid. cuadro adjunto de conversos en la cuadrilla de San Juan de Rabanera. El padrón se incluye en el libro de cuentas citado en nota anterior.

## *DISTRIBUCIÓN TOPOGRÁFICA DE LA POBLACIÓN JUDEOCONVERSA EN SORIA*

Entre las cuadrillas con mayor presencia de judeoconversos habría que destacar en primer lugar la de San Juan de Rabanera, que todavía a principios de la década de 1490 comprendía todo el sector de la ciudad adyacente a la parte meridional de la muralla hasta el mismo confín de ésta con el castillo, alcanzando por el otro lado hasta la propia plaza Mayor, puesto que consta que la calle Lagunas pertenecía a dicha cuadrilla[8]. A partir de 1505 ésta, sin embargo, quedaría escindida en dos a raíz de la creación de la de Santiago, a la que se asignó todo el sector más próximo a la iglesia de Santa María del Espino, en la que se efectuaban de hecho sus reuniones durante la primera mitad del XVI[9], alcanzando hasta la propia plaza Mayor por el lado de la calle de Sorovega, puesto que consta que los Beteta, alcaides de Soria, que tenían sus casas principales en la así llamada Torre de Doña Urraca, eran vecinos de esta cuadrilla en la primera mitad del XVI[10]. Pero dejando a un lado la delimitación de la cuadrilla de Santiago frente a la de San Juan, vamos a centrarnos en el análisis del espacio urbano abarcado por ambas y que todavía en la última década del XV, cuando debió de producirse la incorporación masiva de conversos al Común de pecheros, formaba parte de una única cuadrilla, que entonces se llamaba San Juan de Rabanera. Pues bien, en esta cuadrilla se observa que el incremento del número de cabezas que ya advertimos que se produjo entre el repartimiento de 6 de julio de 1492 y el de 28 de agosto de 1493 en el conjunto de la ciudad tuvo una mayor intensidad que en el resto de las cuadrillas, de forma que pasó de contar con 68 cabezas y media en la primera fecha a 87 en la segunda, mientras que el número de millares, que expresaba la riqueza total estimada del conjunto de los vecinos de la cuadrilla, también experimentó un notable incremento, pasando de 289 a 434. Expresado en términos porcentuales nos encontraríamos, pues, que el incremento experimentado en el núll\ero de cabezas de pecho por la cuadrilla de San Juan en agosto de 1493 con respecto a julio de 1492 fue del 21 por 100 y en el número de millares, del 33 por 100. Otras cuadrillas que también experimentaron incrementos significativos fueron las de San Gil, con un 31 por 100 en las cabezas y un 36 por 100 en los millares; Miguel de Rosell, con un 18 por 100 en las cabezas y un 15 por 100 en los millares, y Collado, con un 7,8 por 100 en las cabezas y un 19,8 por 100 en los millares. Como se puede observar, pues, los incrementos porcentuales sólo fueron superiores a los de la cuadrilla de San Juan en la de San Gil, si bien en

---

[8] Vid. AChV, RE, C. 191, VI-1504 y C. 272, año 1512.
[9] AHPS, Protocolos Notariales, C. 5-14. Doc. de 9-XII-1537.
[10] Así consta en el vecindario de 1561, en AGS, Expedientes de Hacienda, leg. 176-1.

términos absolutos los incrementos fueron mucho más importantes en la primera que en la segunda, tanto en cabezas como en millares, ya que San Gil tan sólo pasó de 25 cabezas y media y 73 millares en 1492 a 37 cabezas y 114 millares en 1493[11].

Pero dejando a un lado estas comparaciones, sobre las que volveremos y a las que hemos querido aquí acudir para analizar con una mínima perspectiva el caso de la cuadrilla de San Juan, conviene continuar analizando las incorporaciones de pecheros producidas en esta cuadrilla en la última década del XV, para determinar hasta qué punto se trató mayoritariamente de incorporaciones de judeoconversos.

Y un interesante indicio en este sentido nos lo proporciona el padrón de comienzos de la década de 1490 al que nos hemos venido refiriendo, en el que, según ya indicamos, aparecen anotados en los márgenes numerosos nombres, que según hipótesis que adelantábamos, podían corresponder a judíos conversos. En la cuadrilla de San Juan en concreto, el número de nombres anotados en la columna principal de este padrón era de 66 y el de nombres anotados en columnas marginales ascendía a 36, pudiéndose comprobar en muchos casos que varios de los individuos anotados al margen eran conversos[12]. Posteriormente se incorporaron algunos otros individuos a esta cuadrilla que no aparecen en el padrón al que nos acabamos de referir por razones difíciles de precisar, ya que se comprueba que al menos algunos de ellos eran judeoconversos que antes de 1492 habían vivido como judíos en Soria, como era el caso, entre otros, de Alonso Rodríguez, Fernán Álvarez de la Fuente y Guzmán Cubero[13]. En suma, pues, el número de personas identificables como conversos avecindadas en la cuadrilla de San Juan en los primeros años del siglo XVI es relativamente elevado, habida cuenta de la precariedad de fuentes documentales con las que contamos para llevar a cabo su identificación, pero a este respecto conviene precisar que, dentro del ámbito urbano que entonces comprendía la cuadrilla, estos judeoconversos tendían a concentrarse en el sector más próximo a Santa María del Espino, y en consecuencia también más próximo al castillo, donde probablemente habrían tenido fijado su lugar de residencia bastantes de ellos mientras habían sido judíos, aunque otros ya entonces, según hemos adelantado, habrían residido en la ciudad en el sector más próximo a la plaza Mayor. Y esta concentración de judeoconversos entre la plaza Mayor y Santa María del Espino nos consta que sé

---

[11] Estos datos los tomamos del libro de cuentas citado en nota 6.
[12] Vid. cuadro citado en nota 7.
[13] Sobre el origen converso de Alonso Rodríguez vid. C. CARRETE, op. cit., pp. 141-142. Sobre Fernán Álvarez de la Fuente, p. 114. Sobre Guzmán Cubero, pp. 65-66.

dio en la primera mitad del XVI porque desde el propio momento en que quedó constituida la cuadrilla de Santiago, que, como ya adelantamos, abarcaba todo este sector, la mayor parte de los individuos identificables como judeoconversos que nos habíamos encontrado en los anteriores padrones incluidos en la cuadrilla de San Juan pasaron a incluirse dentro de la de Santiago, que de esta manera se convirtió en una cuadrilla con clara mayoría judeoconversa[14].

Junto a la de San Juan, otra cuadrilla que, atendiendo a los incrementos en el número de cabezas y millares que conoció entre 1492 y 1493, pudo haber sido lugar de asentamiento de bastantes judeoconversos fue la de San Gil y la Zapatería, en la que según algunos indicios habrían estado avecindados judíos antes de 1492[15]. No obstante, dado que en el libro de cuentas del Común donde se incluye el primer padrón de pecheros de la década de 1490 al que estamos haciendo referencia no aparece mencionada esta cuadrilla, tal vez por haberse perdido alguna hoja, resulta difícil seguir la pista de las incorporaciones por el procedimiento utilizado en el caso de la cuadrilla de San Juan de Rabanera. Y centrándonos en el siguiente padrón, elaborado en torno a 1500, advertimos que no son muchos los individuos que resultan identificables como conversos, mientras que en la vecina cuadrilla de Miguel de Rosel son algo más numerosos, de manera que en el padrón de en torno a 1492 aparecen ya añadidos nombres como los de la viuda de Diego Delgado, criado de Jorge de Beteta, o Juan García el Roxo[16], mientras que en padrones posteriores irían apareciendo otros que o bien pueden ser identificados sin duda como correspondientes a conversos, caso de Francisco de Guzmán y Francisco el Sastre[17], o bien existen indicios que invitan a sospechar que participaban a su vez de este origen, como sería el caso de Sebastián de Atienza, Juan de Atienza y Sacedo, su yerno[18]. La cuadrilla del

---

[14] La cuadrilla de Santiago es mencionada por primera vez en 1504. Numerosos padrones del tercer libro de cuentas del Común contienen relaciones nominales de sus vecinos pecheros.
[15] Vid. AGS, RGS, IX-1489, fol. 157.
[16] V. DAVILA JALÓN en Nobiliario de Soria, Madrid 1967, p. 44, da cuenta de que Juan García el Roxo, zapatero de oficio, había sido penitenciado por la Inquisición. Diego Delgado, por su parte, además de criado del alcaide Beteta, protector de conversos, era yerno del escribano Gonzalo Sánchez Caballero. Sobre el origen converso de este último vid. C. CARRETE, op. cit., n. 368.
[17] Sobre Francisco de Guzmán vid. C. CARRETE, op. cit., n.0 123. Sobre Francisco el Sastre, ibid, n. 253. Se hace referencia a que éste tenía una tienda, presumiblemente de sastrería.
[18] En C. CARRETE, op. cit., n.253, se cita a un tal Sazedo, cristiano nuevo, que, aunque es identificado por este autor con Juan de Salcedo, que por edad no podía ser yerno de Sebastián de Atienza, nosotros pensamos que podía ser una persona distinta, identificable con el Sazedo que. fue ahorcado junto con el procurador Bartolomé García Platero durante los disturbios de las Comunidades en Soria, por las inclinaciones procomuneras de ambos. Esta noticia en V. HIGES, «Soria en la época de las Comunidades», Celtiberia 1 (1954) pp. 119-129. En este contexto se le identificó como Sazedo el de Mercado, el mismo que bautizó a sus hijos en 1512 y 1514 en la parroquia de San Esteban, según consta en el libro de bautismos de esta parroquia que se conserva en el archivo parroquial del Espino. A través de este libro de bautismos se observa que estaba estrechamente relacionado, probablemente por parentesco, con el arrendador de carnicerías Martín Ruiz y con Sebastián de Atienza, del que pudo ser cuñado puesto que en los padrones se le presenta como yerno de Juan de Atienza. De la vinculación existente entre Sebastián de Atienza y el arrendador de carnicerías Martín Ruiz da cuenta un documento en que él y la viuda de

Collado, por fin, bastante antes de 1492 había sido lugar preferido por conversos acomodados dedicados al comercio y al mundo de los negocios en general para fijar su residencia[19] y también algunos de los que se convirtieron después de 1492 optaron por hacer lo mismo, en algunos casos quizá porque ya como judíos habían vivido allí, ya que consta que fueron más de uno los miembros de este grupo étnico que residieron en la que ya era entonces su principal calle comercial de la ciudad[20]. En cualquier caso, entre los nombres anotados al margen en el padrón de en torno a 1492 en el apartado correspondiente a la cuadrilla del Collado figuran los de algunos conocidos conversos, tales como Nicolao Beltrán o Gastón de San Juan[21], junto a los de otros que según algunos indicios podrían haber participado también de este mismo origen, entre los cuales destacaríamos en particular a Diego de Luzón, de quien nos ocuparemos más adelante.

Fuera de estas cuadrillas a las que nos hemos estado refiriendo, y que formaban el núcleo central de la ciudad de Soria a fines del Medievo, donde estaba avecindado el sector más acomodado de la población, en el resto de las cuadrillas de la ciudad apenas se constata la presencia de judeoconversos, a excepción del Rabal Bajero, que ciertamente en los últimos años del siglo XV y en las primeras décadas del XVI fue un barrio en plena expansión que acogió a una masa social muy heterogénea, en la que se llegaron a contar incluso miembros de la oligarquía[22].

Pero para terminar con estas consideraciones sobre la ubicación de los judeoconversos en la ciudad de Soria después de 1492, interesa llamar la atención sobre un hecho singular que se puede constatar a partir de la lectura del registro de bautismos más antiguo que se conserva en esta ciudad, que arranca de la

---

éste, Catalina Ruiz, venden conjuntamente una viña (AHPS, PN, 3-7, 10-11-1533). Llama la atención que tanto la mujer de Martín Ruiz, Catalina Ruiz, como la de Sebastián de Atienza, María de Atienza, lleven el mismo apellido que sus maridos, fenómeno bastante frecuente en los matrimonios conversos sorianos. Por fin hay que llamar la atención sobre la vinculación de Sebastián de Atienza con el alcaide Jorge de Beteta, del que fue criado, el cual consta que actuó en cierta manera como protector de conversos

[19] Éste fue el caso, entre otros, de Ferrán Martínez Trapero y de sus hermanos Blasco Martínez y, Pero Martínez, según consta en los libros de cuentas del Común. Sobre el origen converso de la familia vid. C. CARRETE, op. cit., n.0 9. El bachiller Alonso Rodríguez, por su parte, también tenía sus casas principales en el Collado y otras en la plaza de San Esteban, también perteneciente a esta cuadrilla (AGS, EMR, Hojas e Informaciones, leg. 552). Sobre su origen converso, C. CARRETE, op. cit., n. 3. También en la plaza de San Esteban tenía sus casas principales Antón Sanches de Soria (AGS, EMR, Hojas e Informaciones, leg. 554), hijo del escribano converso Gonzalo Sánchez Caballero (C. CARRETE, op. cit., n.0 368).

[20] Vid., por ejemplo, declaración de Divas, mujer de Salomón Levi, que vivía en una casa junto a la del bachiller Alonso Rodríguez. C. CARRETE, op. cit., n. 2. Por su parte, Symuel Bienveniste el Mayor tenía sus casas principales en 1485 en la calle del Collado, estando valoradas en unos 250.000 mrs. (AGS, EMR, Hojas e Informaciones, leg. 546).

[21] Sobre el origen judío de Nicolao Beltrán, antes Vicén Bienveniste, vid. AGS, RGS, V-1493, fol. 249. Para Gastón de San Juan vid. AChV, P.C., Lapuerta, F., C. 871-1. En declaraciones de testigos se presentó como hijo de' Don Bayel, que había servido como recaudador a Simuel Bienveniste.

[22] Allí construyó sus casas principales el hacendado ganadero Juan de las Heras, y posteriormente el también hacendado mercader judeoconverso Antonio Beltrán.

segunda década del XVI, el de la parroquia de San Esteban[23]. Y en concreto nos referimos a la intensa presencia de conversos entre los parroquianos de esta iglesia, muchos de los cuales por su lugar de residencia no cabría esperar que hubiesen sido adscritos a la misma, tal cual sería el caso de Sebastián de Atienza, vecino de la cuadrilla de Miguel de Rosel y que eligió para su enterramiento la iglesia de San Gil[24]. De hecho entre los que bautizaron a sus hijos en esta parroquia había miembros de familias convertidas al cristianos antes de 1492, tales como los de apellido Ríos, Cuéllar e incluso tal vez Solier[25], y también de otras que se convirtieron a raíz del decreto de expulsión o meses después, tales como los Beltranes, Núñez, Espinosas, Rodríguez, Rodríguez de Santa María y probablemente también Rodríguez de San Clemente, Atienzas y otros[26]. Si dispusiésemos de otros libros de bautismos podríamos determinar hasta qué punto era más intensa la presencia de conversos en esta parroquia que en otras, pero en cualquier caso llama la atención comprobar el fenómeno en una iglesia que, por ser la principal del ámbito del Collado, cabía esperar que hubiese acogido a conversos, pero en muy menor medida que las iglesias de San Juan de Rabanera y Santa Maria del Espino, que eran las que correspondían al ámbito donde hemos detectado una mayor presencia conversa y donde tenían fijado su lugar de residencia varios de los que se pueden identificar como parroquianos de San Esteban. Por lo demás, aunque es cierto que se conocen varios casos de enterramientos y fundaciones de capellanías por judeoconversos en la iglesia de San Esteban[27] parece que fueron muchos más los miembros de este grupo social que prefirieron la iglesia de Santa María del Espino para ser enterrados[28].

En suma, pues, todos los indicios apuntan a concluir que los judeoconversos sorianos, que antes de 1492 habían mostrado una cierta

---

[23] Se conserva, según ya anticipamos, en el archivo parroquial de la iglesia de Santa Maria del Espino, de Soria.
[24] Según consta en el testamento de su mujer en AHPS, PN, C. 3-7, 25-III-1532.
[25] Sobre la condición judeoconversa de los Ríos, descendientes de Fernán Martinez Trapero, que no hay que confundir con los Ríos ganaderos procedentes de Yanguas, vid. AChV, P.C., Z. y Walls, F., C. 766-2. Sobre la condición judeoconversa del escribano Francisco de Cuéllar, hijo del tesorero Alvaro de Cuéllar, llegado a Soria desde fuera en algún momento del último tercio del XV, en C. CARRETE, op. cit.,n. 131. El origen judeoconverso de los Solier no está demostrado. Eran descendientes de Fernán Sánchez de Soria, que intervino en arrendamientos de rentas en la primera mitad del XV al que se le concedió privilegio de hidalguía, que el Común de pecheros no quiso reconocerle. Vid. V. DAVILA JALÓN, Nobiliario de Soria, p. 133.
[26] Remitimos a las referencias que ya hemos proporcionado y que proporcionare- mos más adelante sobre los distintos individuos pertenecientes a estas familias.
[27] Caso, por ejemplo, del escribano Juan Rodríguez de Soria, padre del bachiller Alonso Rodríguez, que hizo testamento el 3-IX-1475 fundando una capellanía en San Esteban. Vid. F. MENÉNDEZ PIDAL DE NAVASCUÉS, «La caída de Juan de Luna: Una nueva relación de la muerte de los Fieles de Soria», Celtiberia 25 (1963) p. 19. Los Beltranes, por su parte, también hicieron capilla en la iglesia de San Esteban, y alli se mandó enterrar Maria de Ribera, esposa de Antonio Beltrán. Vid. AChV, P.C., Z. y Balboa, F., E. 139.
[28] Hemos constatado en particular enterramientos de presuntos judeoconversos vinculados al alcaide Beteta en la iglesia de Santa Maria del Espino, como sería el caso de Mencia Núñez y de Juan García el Rico; La dispersión de la documentación no nos ha permitido, sin embargo, establecer una relación exhaustiva utilizable como base para determinar posteriormente porcentajes.

preferencia por instalarse en el Collado y en menor medida en la cuadrilla de San Clemente, conviviendo en ambos casos con hacendadas familias de cristianos viejos, dedicadas al comercio y profesiones liberales en el primer caso y pertenecientes a la nobleza de los linajes en el segundo[29], siguieron mostrando después de aquella fecha una idéntica preferencia por asentarse en los barrios más acomodados de la ciudad, según lo demuestra su adscripción por cuadrillas y por parroquias, al tiempo que trataron de seguir viviendo agrupados en barrios donde hubiese mayoría judeoconversa, del mismo modo que ocurrió en Almazán[30], y así nos lo ha puesto de manifiesto la constatación de la elevada concentración de judeoconversos en la cuadrilla de Santiago.

Esta mayor presencia de conversos en los que hemos denominado barrios acomodados tenía en parte su explicación en el hecho de que los miembros de este grupo social fueron en muchos casos personas dedicadas a actividades mercantiles y financieras que les reportaban saneados ingresos, aunque las diferencias de nivel socioeconómico en el seno del grupo converso eran también fuertes, de forma que no resultaba excepcional encontrarse a principios del XVI con algunos que vivían al borde de la miseria, incluso aunque hubiesen pertenecido a familias relativamente hacendadas. Y como prueba vamos a recordar el ejemplo que nos proporciona la comparación de la trayectoria de dos de los hijos del judeoconverso vecino del arrabal de Soria Alonso Fernández de la Fuente. Uno de ellos se llamó Fernán Álvarez de la Fuente y fue mercader, dedicado entre otras actividades a la venta de trigo «al fiado» a los campesinos, llegando a acumular una modesta fortuna de forma que para 1525 se contaba ya entre los máximos contribuyentes del Común de pecheros[31]. Su hermano Juan Álvarez de la Fuente, sin embargo, habiendo contraído al igual que aquél la enfermedad de las «bubas»[32], según su esposa

> «no sabía ofiçio ni tenía bienes ni trato ni yndustria ni fuerzas para poder adquirir ni ganar cosa alguna»,

por lo que había tenido que acogerse a vivir como pobre en un hospital de Zaragoza y después en el de San Salvador de Soria, después de haber gastado el dinero que había recibido en dote con aquélla cuando se habían casado según la

---

[29] En la cuadrilla de San Clemente tuvieron su residencia, entre otros destacados conversos, el arrendador Juan Ramirez de Lucena, el fiel Hernán Martinez de San Clemente y sus hijos, el procurador del Común Fernando de Maluenda y su primo Diego Martinez de Soria. De esta circunstancia y de la concentración de casas nobiliares junto a la muralla en las cuadrillas de San Clemente y Santo Tomé damos cuentas en nuestra tesis doctoral.
[30] Vid. C. CARRETE y C. FRAILE CONDE, Los judeoconversos de Almazán. 1501-1505. Origen familiar de los LQlnez, Salamanca 1987.
[31] Sobre su intensa actividad como vendedor de trigo «al fiado» vid. AHPS, PNC. 1-4 (moderna).
[32] Vid. CARRETE, op. cit.' n. 255.

ley judía y que había ascendido a 30.000 mrs.[33] Al igual que este Juan Álvarez de la Fuente habría probablemente otros varios judeoconversos en Soria que viviesen en condiciones económicas precarias, pero las fuentes documentales no son tan explícitas a la hora de proporcionarnos noticias sobre ellos como lo son para proporcionárnoslas sobre aquellos que destacaban por su participación en el gran comercio o en otras actividades del mundo de los negocios.

## *LOS CONVERSOS SORIANOS EN EL PAPEL DE MERCADERES*

Resulta indudable que en la ciudad de Soria antes de 1492 los judíos representaban un elevado porcentaje en el conjunto de individuos dedicados a las actividades mercantiles, porcentaje que se incrementaría aún más si a ellos se añadiesen los judeoconversos. Y por lo que se refiere en concreto al comercio de la lana, uno de los principales productos con los que se traficaba en la ciudad de Soria, esta circunstancia viene puesta de manifiesto en la queja presentada por los judíos de la aljama soriana ante la monarquía con motivo de la imposición por el concejo de un tributo sobre la venta de lana en la ciudad, alegando que en Soria sólo vendían lanas diez o doce judíos de la aljama y cinco o seis cristianos[34]. Después del decreto de expulsión de 1492 varios mercaderes judíos abandonarían la ciudad de forma definitiva, y entre ellos se podría destacar a Don Bienveniste de Calahorra, quien traspasó todas las deudas y señales que le debían en Soria y su Tierra, que ascendían a 2.800.000 mrs., al mercader burgalés Andrés de Escobar[35]. Otro mercader presuntamente avecindado en Soria y dedicado al comercio de lanas que en un principio decidió abandonar Castilla, traspasando sus deudas a los judeoconversos Luis de Alcalá y Fernán Núñez Coronel, fue Vicen Bienveniste, quien no obstante después decidió regresar de Portugal y avecindarse de nuevo en Soria, adoptando el nombre de Nicolao Beltrán[36]. Caso parecido fue el de Juan Álvarez Mercader, quien a raíz del decreto de expulsión decidió vender sus casas[37] y marchar al exilio, de forma que en agosto de 1492 se encontraba ya en La Reygada, aldea del reino de Portugal, desde donde volvería para avecindarse de nuevo en Soria, donde en la primera década del XVI destacó como

---

[33] Vid. AChV, RE, C. 303, VIII-1513. Ejecutoria a petición de Isabel Ferrandes, vecina de Soria.
[34] AGS, ROS, XI--1483, fol. 103. Publicado en L. SUÁREZ, Documentos acerca de la expulsión de los judíos, Valladolid 1964, pp. 210-212.
[35] AGS, Casa y Sitios Reales, leg. 10, fols. 94 a 98.
[36] Vid. AGS, RGS, V-1493, fol. 249. Sobre su viaje a Portugal y vuelta a Soria ya bautizado vid. C. CARRETE y C. FRAILE CONDE, Los judeoconversos, p. 53. Copia del privilegio de hidalguía que se le concedió a su vuelta en RAH, Col. Salazar y Castro, M-112, hojas 167-77.
[37] AGS, RGS, V-1493, fol. 73.

uno de los principales mercaderes de lana[38].

Y, aparte de estos judíos que marcharon para luego volver, también hubo otros que consta que después de convertidos siguieron viviendo en Soria y dedicándose allí a las actividades mercantiles de la forma que lo habían hecho ellos mismos o sus padres siendo judíos, y entre ellos podríamos destacar, por ejemplo, a Francisco Rodríguez, hijo de Don Bueno Cambiador[39], que fue un individuo dedicado tanto al comercio de lanas como de cereales[40], además de a otras actividades relacionadas con el mundo de los negocios, tales como el arrendamiento de rentas eclesiásticas[41] y de alcabalas al por mayor[42].

De hecho, y aunque existen dificultades para probar la condición conversa de bastantes individuos, se puede constatar que en la ciudad de Soria de la primera mitad del XVI los judeoconversos estaban altamente representados entre los mercaderes, constatándose, por otra parte, que eran frecuentes los matrimonios entre distintos miembros de familias conversas dedicadas a las actividades mercantiles. Según nuestra hipótesis, éste sería el caso de familias como los Núñez, García de Tardajos, Molinas y Luzones, a las que pertenecieron algunos de los más destacados mercaderes de la ciudad de Soria en el siglo XVI.

Y comenzando con los Núñez hay que hacer constar que éste fue apellido de conversos adnamantinos, dedicados bastantes de ellos al comercio[43], si bien en las averiguaciones de limpieza de sangre que se efectuaron en los siglos XVI y XVII se concluyó que los de Soria no estaban emparentados con ellos y pertenecían a una familia de cristianos viejos procedentes de Calatañazor[44]. No obstante, no hay que otorgar una gran credibilidad a estas conclusiones a las que se llegaba en las averiguaciones sobre limpieza de sangre, siempre aceptadas al pie de la letra por Dávila Jalón, ya que más de una vez se puede comprobar que

---

[38] Vid. C. CARRETE, El tribunal de la Inquisición, n.0 164. En n.0 437 un testigo en el año 1502 declara, sin embargo, que Juan Alvares de Vera estaba ya difunto. No obstante, el nombre de Juan Alvares, mercader, también llamado Juan Álvares de Vera, aparece en la lista de igualados de las lanas del año 1506 (esta lista se puede consultar en AGS, Contaduría Mayor de Cuentas, 1.ª época, legs. 41 y 67). Puede que se trate de algún hijo del anterior.
[39] Vid. AChV, RE, C. 191, VI-1504 y C. 272, ai\o 1512.
[40] En AChV, P.C., Masas, F., C. 158-1 y 159-1, Francisco Rodríguez declara como testigo que había traído pan de fuera de la ciudad para vender el año 1505, y haber vendido los años siguientes en diversas aldeas de la Tierra.
[41] En la documentación citada en nota anterior también se le menciona como arrendador de préstamos.
[42] Vid. AGS, ROS, VIII-1515. Él, junto con el escribano Gabriel de Cuenca y el escribano Pero Sánchez de Osenilla, había tomado cargo del cobro del encabezamiento de las alcabalas de la ciudad de Soria por cuatro años. Noticias sobre el arrendamiento por su parte de alcabalas al por menor también son varias en ROS, y en AMSo, primer libro de actas del concejo, 1508-1514.
[43] Vid. C. CARRETE y C. FRAILE CONDE, Los Judeoconversos, p. 101 (Gabriel Núñez, tendero, procesado en 1547-1553), p. 132 (Francisco Núñez, tendero, yerno del licenciado Bernal, médico) p. 83 (Isabel Núñez, hija de Lope García, que se fue del reino y volvió cristiano).
[44] AHN, OOMM, Pruebas de Caballeros de Santiago, leg. 290, exp. n.0 3.721. Lo analiza V. DAVILA JALÓN en op. cit., pp. 40-42.

no se llegó a encontrar en las mismas pruebas del origen judío de linajes que hoy podemos demostrar que lo tenían, como es el caso de los Beltranes[45]. El hecho, pues, de que con motivo de la solicitud de un tal Diego Gutiérrez de Montalvo y Núñez, Pamplona y Morales para entrar en la Orden Militar de Santiago, la prueba de hidalguía y limpieza de sangre del linaje Núñez originase la paralización de las pruebas y diese lugar a largas informaciones testificales y documentales que retardaron la finalización de las averiguaciones nada menos que catorce años, invita a pensar que había motivos más que suficientes para sospechar que el linaje tenía origen judío, y de hecho en las averiguaciones no se aporta ninguna prueba documental en que aparezca algún Núñez como cristiano antes de 1492. En concreto lo único que se prueba es que a principios del XVI había varios hermanos apellidados Núñez distribuidos entre Calatañazor, San Esteban de Gormaz y Soria, y que el avecindado en esta última ciudad se llamaba Juan Núñez y estaba casado con Isabel García de Tardajos[46]. Por otras fuentes documentales nos consta que este Juan Núñez, mercadero, fue procurador del Común de pecheros de la ciudad de Soria en el año 1534[47], si bien no hemos conseguido localizarlo en los padrones de pecheros, conservados únicamente hasta 1525, aunque consta que ya para antes de esta fecha residía en Soria, pues en 1516 fue bautizado en la iglesia parroquial de San Esteban, a la que tantos conversos sorianos estuvieron vinculados, su hijo primogénito, Juan, actuando como padrinos Andrés García de Tardajos y María de Luzón, mientras que el año anterior había sido bautizada en esta misma iglesia su hija Inés, de la que fueron padrinos Antonio de Molina y la mujer de Diego de Luzón el Mozo[48]. Por qué antes de 1525 no se le incluyó en los padrones resulta una incógnita, e igualmente resulta prácticamente imposible determinar cuál fue su origen y si llegó emigrado a la ciudad de Soria a principios del XVI. No obstante, no fue el único Núñez avecindado en la misma, y así tenemos noticias también de la presencia de una tal Mencía Núñez, casada con Francisco de Molina, quien hizo testamento el año 1540 mandándose enterrar en la iglesia de Santa María del Espino en la capilla de su señor Julián de Molina, el hijo del que fue ayo del alcaide Jorge de Beteta, Gonzalo de Molina, y estableciendo por heredero universal de todos sus bienes a este alcaide de Soria,

---

[45] Se demuestra su origen converso, en concreto de Nicolao Beltrán, de judío Vicen Bienveniste, en los documentos citados en nota 36. Este punto, sin embargo, no se consiguió demostrar a pesar de todos los intentos de averiguación efectuados cuando un descendiente suyo, Juan Zapata, solicitó ingresar como caballero en la Orden de Calatrava. Vid. AHN, OOMM, Pruebas de Caballeros de Calatrava, exp. 2864. También otro descendiente suyo consiguió el ingreso en la Orden de Calatrava sin que se demostrasen sus antecedentes conversos (exp. 2761). V. DAVILA JALÓN en op. cit., p. 193 y ss., acepta al pie de la letra las conclusiones a las que llegaron en sus averiguaciones los investigadores del XVII y no cuestiona la condición de cristianos viejos de los Beltranes, pudiéndose demostrar en este caso que se equivocaba al proceder así
[46] Cf. nota 44.
[47] AMSo, segundo libro de acuerdos del Común.
[48] Cf. nota 23.

a quien nombró testamentario junto a su marido y al regidor de origen converso Juan de San Clemente[49]. Y hemos considerado oportuno detenernos a recoger todos estos detalles porque contribuyen a apoyar la hipótesis sobre el origen converso de los Núñez de Soria, en primer lugar, porque abundan en demostrar la presencia de vinculaciones entre Núñez y Molinas, y en segundo lugar porque ponen de manifiesto la existencia de una intensa relación de éstos con los alcaides del castillo, que contaron entre sus criados con bastantes conversos.

En cualquier caso, no cabe duda de que los Núñez desempeñaron un destacado papel como mercaderes en la Soria del XVI, ya que al padre le seguirían en el ejercicio de esta actividad al menos sus hijos el licenciado Juan Núñez y Francisco Núñez, quienes formaron una compañía mercantil que en 1571 se asoció con un mercader francés residente en Medina del Campo, llamado Francisco Nevers, para comerciar con lana castellana que habría de ser exportada hacia Francia[50].

Otra familia de presuntos conversos vinculada por lazos de matrimonio a los Núñez y que también se dedicó al comercio en general y al de la lana en particular fue la de los García de Tardajos[51], cuyo origen aparece tan rodeado de misterio y confusión como el de aquéllos. Y en concreto en las ya mencionadas averiguaciones de limpieza de sangre para el ingreso en la Orden de Santiago, de Diego Gutiérrez de Montalvo este apellido fue objeto de larga pesquisa por existir sospechas de que tuviese origen converso, aunque finalmente se concluyó que no lo tenía[52]. En cualquier caso, y aunque consideramos que no se dispone de datos que permitan dar una solución definitiva al problema, hay que hacer constar que un tal bachiller Rodrigo de Tardajos, que se habría convertido antes de 1492, fue acusado de judaizante[53] y que las vinculaciones familiares de los García de Tardajos que conocemos fueron con personas de apellidos sospechosamente conversos, de forma qué Pedro García de Tardajos, cuñado de Juan Núñez, estuvo casado con una Isabel de Molina y nombró como testamentario suyo a Juan Ramírez de Lucena, a quien calificó como su hermano, pudiendo tratarse de su

---

[49] AHPS, PN, C. 3-7 (moderna), 11-X-1540.
[50] Las relaciones de parentesco a partir de documentación citada en nota 44. El dato sobre la formación de la compañía en F. H. ABED AL-HUSSEIN, «Las ferias de Medina del Campo y el comercio de la lana: 1514-1573», en Historia de Medina del Campo y su Tierra, vol. 11, Valladolid 1986, pp. 29-30.
[51] Entre otros documentos que demuestran su dedicación a este comercio vid. AHPS, PN, C. 1478-2214· (moderna), 22-IX-1537. Un vecino de Ytuero se obliga a pagar al escribano Juan García de Tardajos 50 lanas merinas finas a 26 mrs. cada lana por tres ducados de oro que de él había recibido. También 17-VI-1537 Pedro de Garnica y Miguel de Segovia, vecinos de Soria, se obligan a pagar 7.310 mrs. al escribano Juan García de Tardajos por 18 arrobas de lana que le habían comprado a 395 mrs. cada una.
[52] Cf. nota 44. En particular p. 44 de la obra de V. DAVILA JALÓN.
[53] C. CARRETE, El tribunal de la Inquisición, n.0 140.

cuñado[54]. Andrés García de Tardajos, hermano del anterior, estuvo casado por su parte con una tal Juana Morales, apellido éste que también fue adoptado por algunos conversos sorianos, constando que tenía su vivienda junto a la de Juan Núñez, mercader, en una calle cercana a la plaza Mayor, en un sector de la ciudad con densa presencia de conversos[55]. Por su parte, María García de Tardajos, también hermana de los anteriores, estuvo casada con un tal Antón Gómez de Torrubia, presunto converso[56].

El apellido Molina, por su parte, también se prodigó bastante en Soria durante todo el siglo XVI, si bien hay que distinguir entre unos Molina de condición noble descendientes de Gonzalo de Molina, criado que fue del alcaide Gonzalo de Beteta, ayo de su hijo Jorge[57], y otros que fueron pecheros, a quienes comenzamos a encontrar incluidos en los padrones del Común en los márgenes del que hemos fechado en torno a 1492, concretamente en la cuadrilla de San Juan de Rabanera. Entre ellos habría que destacar a Gonzalo de Molina, que aparece incluido en dicho padrón con la cuantía de cuatro millares, junto con su hermano, cuyo nombre no se expresa, a quien se le asignó la de dos millares. Por su parte, el nombre de Gonzalo de Molina aparece en el siguiente padrón, fechado en torno a 1500, en dos ocasiones dentro de la misma cuadrilla de San Juan, una en la columna principal asignándosele la cuantía de cuatro millares y otra al margen asignándosele la elevada cuantía de 25 millares. Desconocemos a qué se debió este fenómeno, pero en cualquier caso un Gonzalo de Molina falleció poco después de 1500, ya que, en un tercer padrón, fechado en 1504, se incluye dentro de la recién creada cuadrilla de Santiago a su viuda con la cuantía de cuatro millares, si bien luego fue tachada del padrón, y por su parte ningún otro Gonzalo de Molina aparece mencionado en este padrón de 1504. Sí aparece, sin embargo, dentro de la cuadrilla de Santiago un tal Alonso de Molina con la cuantía de ocho millares, al cual en el padrón de en torno a 1500 se le había asignado la cuantía de cuatro millares, pudiéndose tratar del hermano de Gonzalo de Molina citado

---

[54] Un resumen de su testamento que contiene estos datos se incluye en documentación citada en nota 44.
[55] La noticia en un libro de aniversarios del cabildo de curas de Soria en el archivo parroquial de la iglesia del Espino, libro n.0 4. Concretamente estas casas de Juana de Morales, viuda de Andrés García de Tardajos, mercader, estaban en el barrio de San Juan de Rabanera en la calle que iba del Collado al Mercado. Junto a ellas estaban las casas de Juan Núñez, mercader, más allá las de Juan de Garnica, heredero de Hernando de Garnica el Viejo (sobre la condición de converso de éste vid. C. CARRETE, op. cit., n.0 373), y más allá de éstas, siempre en la misma calle que iba del Collado a la plaza, las casas de Diego de Luzón el Mayor y de su esposa, Isabel García. Sobre este último dato vid. AHPS, PN, 4-10 (moderna), 21-VII-1535 (venta por estos últimos de las citadas casas a Christobal de Quesada).
[56] V. DÁVILA JALÓN, op. cit., p. 44.
[57] En concreto a esta familia pertenecía Julián de Molina, hijo precisamente del mencionado Gonzalo de Molina, según se hace constar en AGS, RGS, XI-1501. Este Julián de Molina se hizo enterrar, al igual que los Beteta, en la iglesia de Santa Maria del Espino, y del mismo modo que éstos, contó con presuntos conversos entre sus criados. Así, por ejemplo, Mencia Núñez, mujer de Francisco de Molina, le menciona en su testamento como su señor, disponiendo querer ser enterrada en la capilla que él había construido en la citada iglesia. Cf. nota 49.

en el primer padrón. En cualquier caso hay que llamar la atención sobre el progresivo incremento experimentado por las cuantías asignadas a este Alonso de Molina, que, entre otras, se dedicaba a las actividades financieras y mercantiles[58], ya que en el padrón de 1523, cuando ya había pasado de la cuadrilla de Santiago a la del Collado y había comprado probablemente la escribanía de Ruy Fernández de Castellanos, se le llegó a asignar la elevada cuantía de 28 millares, aunque por ser escribano no debería habérsele incluido en el padrón, y de hecho así se procedió ya en 1525, cuando el Común se limitó a empadronar a sus hijos en la cuadrilla de Santiago asignándoles la cuantía correspondiente al valor de los bienes heredados de su difunta madre, si bien luego sus nombres hubieron de ser retirados del padrón al demostrarse que seguían viviendo bajo la tutela paterna y que, por tanto, quedaban exentos de pagar impuestos hasta tanto fuesen mayores de edad, dada la condición de escribano de su padre[59].

No cabe duda, pues, de que tanto Gonzalo como Alonso de Molina fueron personas vinculadas al mundo de los negocios que probablemente lograron hacer fortuna a lo largo de su vida, circunstancia que explicaría el progresivo incremento de las cuantías que les iban siendo asignadas. Por su parte, otro individuo que también llevó el apellido de Molina, que consta que fue mercader y prestamista, pero al que nunca se le llegaron a asignar cuantías particularmente elevadas, fue Antonio de Molina, quien, como ya adelantamos, estuvo vinculado al mercader Juan Núñez y a su esposa, Isabel García de Tardajos, según lo confirma la noticia sobre su actuación en 1515 como padrino de Inés, hija de éstos[60]. A su vez otro individuo con este mismo apellido fue Francisco de Molina, conocido por su actividad como prestamista en la primera mitad del XVI, el cual estuvo casado con Mencía Núñez y al servicio de Julián de Molina, hijo del que fuera ayo del alcaide Beteta, Gonzalo de Molina[61]. Todos estos individuos sospechamos que fueron conversos por la confluencia de indicios que apuntan en este sentido y que más o menos explícitamente hemos ido relacionando, pero a título de conclusión interesa recordar que nos consta expresamente que la hija de un hacendado judío vecino de Soria, Bienveniste Alasar, quien vendió sus casas al alcaide Jorge de Beteta, adoptó al convertirse al cristianismo este apellido, llamándose Teresa de

---

[58] A él eligió, por ejemplo, el Común de pecheros en 1520 para recaudar las alcabalas del encabezamiento de la ciudad, que había tomado a su cargo la citada institución. Carta de poder de 17-VI-1520 en AMSo, primer libro de acuerdos del Común.
[59] Sobre la adquisición de la escribanía de Ruy Fernández de Castellanos por Alonso de Molina hay referencias en declaraciones de testigos en diversos pleitos de Chancillería. No hemos localizado, sin embargo, el documento de traspaso.
[60] Vid. libro de bautismos de la parroquia de San Esteban.
[61] Cf. nota 46. Sobre su actividad como prestamista vid., por ejemplo, diversos censos de los años 1529-1537 en AHPS, PN, C. 3-7 (moderna).

Molina, la cual casó con un físico vecino de Calahorra[62].

Por fin, para dar por concluido este repaso de noticias sobre vinculaciones familiares y afectivas entre miembros de cuatro destacadas familias de mercaderes sorianos del XVI, que probablemente tuvieron en su conjunto un origen converso, conviene hacer una breve referencia a los Luzones, entre los que también hay que distinguir a los que fueron hidalgos de los linajes de los pecheros, que, según nuestra hipótesis, serían conversos[63]. En concreto el primer individuo con este apellido que encontramos incluido en los padrones es un tal Diego de Luzón, que aparece en el que hemos fechado en torno a 1492 al margen en la cuadrilla del Collado con la cuantía entonces no muy elevada de 10 millares. En el siguiente padrón, elaborado ya después de la puesta en práctica del nuevo sistema de asignación de cuantías que había tenido por principal efecto la reducción drástica de las mismas, la cuantía asignada a Diego de Luzón fue sin embargo más elevada al quedar fijada en 15 millares, quedando colocado así ya entre los dieciséis máximos contribuyentes del Común de pecheros[64]. El proceso de incremento de su cuantía no se detuvo sin embargo aquí, de forma que en 1514 ya había ascendido a 20 millares, pasando así a colocarlo entre los cuatro máximos contribuyentes del Común, junto a Hernán González de Soria, que tenía 20, y Pero Sánchez de Osenilla y Francisco Rodríguez, que tenían 28. En 1525 su cuantía todavía conoció un nuevo incremento, quedando fijada en 22 millares, al tiempo que se pasó a incluir también como pechero a su hijo Diego de Luzón el Mozo, quien comenzó teniendo asignada la cuantía de cinco millares.

Diego de Luzón el Mayor, quien, como hemos podido comprobar, fue enriqueciéndose notablemente a lo largo de las primeras décadas del XVI gracias probablen1:ente a su dedicación al comercio como tendero y al préstamo[65], estuvo casado con una tal Isabel García, con la que tuvo, entre otros hijos, a Diego de Luzón, escribano, que casó con Francisca de Molina y falleció antes de 1536; al bachiller Juan de Luzón y a Francisco de Luzón, quien consta que poseyó unas casas en nuestra ya conocida calle que iba del Collado a la plaza Mayor, en la que, según ya indicamos, residieron varios conversos[66]. Son varios, pues, los indicios que apuntan a hacernos pensar en el origen converso de los Luzones, y al mismo

---

[62] AGS, ROS, IX-1496, fol. 47.
[63] Concretamente a la familia de los hidalgos perteneció Pedro de Luzón, que fue paje y maestresala del alcaide de Soria Juan de Luna (AHN, Osuna, leg. 2189-25-23. Declaraciones de testigos). También fue vasallo del rey. En 1465 tenía 10.000 mrs. situados en las rentas de Ágreda (AGS, CMC, 1.ª época, leg. 107).
[64] Todos estos datos los tomamos de los libros de cuentas del Común.
[65] Consta su dedicación al préstamo por una noticia en AGS, ROS, XI-1514.
[66] Todos estos datos genealógicos sobre los Luzones en AHPS, PN, antigua C. 19, 13-111-1536. Respecto a las casas cf. nota 55. Las casas fueron heredadas por Diego de Luzón el Mayor y su esposa, Isabel García, de su hijo difunto Francisco de Luzón.

tiempo también son diversos los datos que nos confirman que esta familia siguió una trayectoria similar a la de otras familias de pecheros conversos que trataron de que sus miembros se incorporasen progresivamente a los grupos exentos, ya dedicándolos a las letras o mediante la compra de escribanías[67]. Por esta razón es frecuente encontrar mercaderes conversos entre los vecinos de la ciudad de Soria de la primera mitad del XVI en todos los grupos sociales, tanto hidalgos como letrados, escribanos o pecheros, aunque a la larga en su práctica totalidad llegaron a alcanzar la condición hidalga y a conseguir borrar toda huella de su origen judío, como lo demuestra el éxito obtenido en la segunda mitad del XVI o principios del XVII por descendientes de Beltranes, Núñez o García de Tardajos al pretender entrar en las Órdenes Militares, que exigían a sus miembros el tener sangre de cristianos viejos por los cuatro costados. Por lo tanto, parece seguro que dentro del conjunto de población de origen converso avecindada en Soria después de 1492 fueron los dedicados al gran comercio, gracias al cual consiguieron amasar las mayores fortunas, los que con mayor facilidad lograron integrarse en la nueva sociedad cristiana a la que se incorporaron tras su conversión, de la misma manera que les había ocurrido a los que se habían convertido en la primera mitad del siglo XV, aunque entre estos últimos, aparte de los grandes mercaderes, también se contaron entre los más rápidamente asimilados los grandes arrendadores de impuestos, como fue el caso de los Ramírez de Lucena y San Clementes, entre otros[68].

## *LOS CONVERSOS SORIANOS EN EL ARRENDAMIENTO DE IMPUESTOS*

Como resulta de sobra conocido, uno de los terrenos en que los judíos más sobresalieron en Castilla durante los siglos XIV y XV fue en el de arrendamiento de los impuestos de la monarquía y también en ocasiones de diezmos pertenecientes a instituciones eclesiásticas, y a este respecto los judíos que

---

[67] Sin entrar a dar cuenta de los conversos sorianos que a lo largo del XV consiguieron acceder a escribanías del número en Soria y que fueron bastantes (sobre esta cuestión nos ocupamos en nuestra tesis doctoral), circunscribiéndonos al siglo XVI hemos de mencionar, entre otros, a Alonso de Molina, a Juan García de Tardajos, a Alonso Núñez, hijo de Juan Núñez, mercader, y, aunque pertenecía a una familia de conversos de la primera mitad del XV, a Juan Ramírez de Lucena. Entre los letrados tendríamos que destacar al bachiller Juan de Luzón, hijo de Diego de Luzón el Mayor; al licenciado Juan Núñez, hijo de Juan Núñez, mercader, y al bachiller Rodrigo de Tardajos, del que no nos consta si tenía vinculaciones de parentesco con los García de Tardajos. Entre los conversos del XV también fueron numerosos los letrados, aunque no vamos a entrar aquí en enumerarlos. Simplemente hemos querido ilustrar cómo estas familias de mercaderes del XVI soriano, que muy probablemente tendrían origen converso, ya a partir de la segunda generación tendían a integrarse en los grupos exentos a través de las «letras» y de las escribanías.
[68] Sobre estas familias tratamos extensamente en nuestra tesis doctoral, a la cual remitimos.

estuvieron avecindados en la ciudad de Soria no constituyeron excepción, sino que, antes al contrario, hubo entre ellos muy destacados arrendadores que trabajaron al servicio de la monarquía[69] y también otros que arrendaron diezmos de obispos y otros altos dignatarios de la Iglesia, aunque la identificación de estos últimos resulta más difícil por carencia de fuentes documentales[70]. Del mismo modo, durante el siglo XV destacaron en Soria por su intervención en estas tareas, además de los judíos, algunos judeoconversos, entre los que podríamos citar nombres tan destacados como los de Juan Ramírez de Lucena, padre del protonotario, y Hernán Martínez de San .Clemente, fiel de la Tierra[71].

Después de 1492 hay que reconocer que los vecinos de la ciudad de Soria no estuvieron tan bien representados entre los arrendadores al servicio de la monarquía como lo habían estado durante todo el siglo XV, y no cabe duda que esta circunstancia obedeció en gran medida a que la mayor parte de los judíos vecinos de Soria que se habían dedicado a estas tareas con más intensidad o bien decidieron salir de Castilla o, si permanecieron en el reino ya convertidos al cristianismo, no optaron por volver a avecindarse en la ciudad de Soria, como sería el caso, por ejemplo, de los hijos de Abraham Bienveniste[72]. No obstante hubo entre los judíos que después de 1492 decidieron seguir viviendo en Soria ya convertidos al cristianismo algunos que se pusieron al servicio del aparato fiscal de la monarquía, actuando como arrendadores o recaudadores no sólo en la ciudad de Soria o en el obispado de Osma, sino también fuera de él, y entre ellos habría que destacar a Nicolao Beltrán y a su hijo Antonio Beltrán[73]. Aparte de ellos hubo otra serie de personas en Soria que a fines del siglo XV y en las primeras décadas del XVI tomaron parte activa en la recaudación de rentas, en la mayor parte de los casos de esta ciudad y de su Tierra, bien como arrendadores principales o como fiadores suyos, entre los que se contaron varios conversos identificables como tales, en muchos casos pertenecientes a familias convertidas en la primera mitad del XV, bastantes de los cuales colaboraron a su vez con otros judeoconversos de otras ciudades castellanas muy activos en las tareas de arrendamiento de

---

[69] Algunas noticias sobre esta cuestión proporcionó ya en su momento M. A. LADERO, «Los judíos castellanos del siglo XV en el arrendamiento de impuestos reales», Cuadernos de Historia 6 (1975) pp. 417-439. Ampliación de estos datos en nuestra tesis doctoral.
[70] F. CANTERA señala que en 1440 Juan Díaz de Coca hizo a Çag el Levi, vecino del castillo de la ciudad de Soria, un importante arrendamiento de préstamos eclesiásticos en el obispado de Osma. Vid. «Juderías medievales», p. 478. Otro ejemplo de participación de judíos sorianos, conjuntamente con cristianos, en el arrendamiento de rentas eclesiásticas en AGS, ROS, IX-1485, fol. 103.
[71] Según los datos de AGS, EMR. Para más detalle vid. nuestra tesis doctoral.
[72] Vid. AGS, RGS, 1-1500, fol. 20. Se menciona a Juan Enriquez, hijo de Abrahen Bienveniste, vecinos ambos que habían sido de Soria.
[73] Entre otras muchas referencias documentales mencionaremos a título de ilustración las siguientes: AGS, RGS, XII-1497 (Nicolao Beltrán, receptor en Molina y su partido en 1493-1494). AGS, CMC, l.ª época, leg. 67. Nicolao Beltrán fue receptor de lo encabezado del obispado de Osma de 1505; Antonio Beltrán, de varios años a partir de 1512.

impuestos de la monarquía, como fueron los arandinos Francisco de Mena y Pedro de Santa Cruz[74]. Y para precisar más diremos que entre estos individuos se contaron el bachiller Alonso Rodríguez, mercader judeoconverso, hijo del que fue escribano de la Universidad de la Tierra, Juan Rodríguez de Soria[75]; los escribanos Antón Sánchez de Soria y Gonzalo Gómez de San Clemente, también pertenecientes a familias de conversos de la primera mitad del XV[76], y García de Esparça, criado del alcaide Jorge de Beteta, y su hermano el bachiller Martín de Esparça, quienes se sospecha que pudieron ser conversos, aunque no existe total seguridad al respecto[77]. Por fin, nombres como el del escribano Gabriel de Cuenca, los mercaderes de paños Pero Sánchez de Osenilla, tío y sobrino, y el caballero vinculado al mundo de los negocios Diego de Solier fueron también personas destacadas dentro de este grupo de sorianos que después de la expulsión de los judíos estuvo interviniendo activamente en los arrendamientos de alcabalas, tercias y otras rentas pertenecientes a la monarquía, pero sobre sus orígenes apenas disponemos de datos, a excepción del caso de este último, perteneciente a una familia que a lo largo de varias generaciones estuvo al servicio del aparato fiscal de la monarquía y que intentó repetida- mente que se le reconociese su condición hidalga frente a los intentos del Común de pecheros por empadronar a sus distintos miembros, lo que hace sospechar que en origen éstos no eran hidalgos[78].

En suma, pues, el papel desempeñado por los judíos sorianos, frecuentemente actuando en compañía con judíos vecinos de otras varias ciudades del reino, como arrendadores mayores de rentas de la monarquía, fue asumido en Soria después de 1492 por bastantes conversos avecindados en esta ciudad y pertenecientes en su mayoría a familias convertidas en la primera mitad del XV, por otros individuos dedicados a los negocios financieros y a las actividades comerciales avecindados también en esta misma ciudad, y por vecinos de otras

---

[74] Sobre la condición conversa de Pedro de Santa Cruz vid. C. CARRETE, op. cit., n.0 147. Por su parte, parece que Francisco de Mena era pariente suyo. De hecho, resultaría preciso efectuar una investigación monográfica sobre estos importantes hombres de negocios arandinos, sobre los que existe abundante información dispersa en documentación de AGS y AChV. Sobre su presencia en el ámbito geográfico soriano ya dimos cuenta en nuestro artículo «El comercio de las lanas en Soria en época de los Reyes Católicos», Celtiberia 77-78 (1989) pp. 25-75.
[75] A él nos referimos en el artículo citado en nota anterior. Sobre su colaboración como fiador en arrendamientos con Francisco de Mena vid. AGS, EMR, Hojas e Informaciones, leg. 554.
[76] Sobre Antón Sánchez de Soria cf. nota 19. Sobre Gonzalo Gómez de San Clemente vid. C. CARRETE, op. cit., n.0 135. Sobre ambos vid. AGS, EMR, Hojas e Informaciones, legs. 552 y 549-1.0 y 554.
[77] Vid. AGS, EMR, Hojas e Informaciones, leg. 549-2.0 García de Esparza tomó a renta las alcabalas de Soria y sus arrabales de los años 1501 a 1502. Carta de poder del alcaide Beteta a García de Esparza, su criado, para que cobre algunas rentas, en leg. 554. Sobre su posible origen converso vid. C. CARRETE, op. cit., n.0 57. Se hacen algunas acusaciones contra la mujer de Machín de Esparza, madre de García de Esparza, referentes a prácticas judaizantes, entre las que se incluía la de ser mujer loguera. También apunta a hacernos pensar que García de Esparza era converso su matrimonio con Isabel de Rueda, perteneciente a una familia también conversa (sobre los Rueda vid. C. CARRETE, op. cit., n.0 8).
[78] Cf. nota 26.

ciudades del reino, entre las que se podría destacar Aranda y Toledo[79], que acudieron al ámbito geográfico soriano a hacer negocios en una proporción relativamente mayor que en el siglo XV, circunstancia que se podría interpretar como un indicio de que la «clase media» de la ciudad de Soria había quedado relativamente debilitada a raíz de la expulsión de los judíos de 1492.

Pero, dejando a un lado a los arrendadores mayores de alcabalas y tercias y otras rentas de la monarquía, cuyo papel por otra parte decayó en cierta manera en las primeras décadas del XVI a raíz de la difusión del sistema de encabezamiento de alcabalas, conviene prestar atención también a los que actuaron como arrendadores al por menor de estas mismas rentas, muchos de los cuales a veces a su vez actuaron como arrendadores mayores o fiadores de los mismos. En cualquier caso, lo cierto es que entre estos arrendadores al por menor figuraron conocidos judeoconversos, tanto de antes como de después de 1492, entre los que podríamos destacar, aparte de los que ya hemos mencionado al tratar de los arrendadores mayores y sus fiadores, a Francisco Rodríguez[80], Bartolomé García Platero[81] y Diego de Santa Fe[82], por citar sólo aquellos sobre cuya condición judeoconversa existen pruebas irrefutables.

Por otro lado, una actividad que guardaba bastante relación con el arrendamiento de rentas regias, y en particular con el de alcabalas, era la del arrendamiento de diezmos y otras rentas pertenecientes a distintas personas e instituciones eclesiásticas. Como ya señalamos, existe constancia de que los judíos sorianos intervinieron también en esta actividad, aunque se dispone de pocas noticias para probarlo[83] mientras que, por el contrario, son abundantes las que nos informan sobre la intervención de los judeoconversos en el arrendamiento de rentas eclesiásticas a lo largo de toda la primera mitad del siglo XVI. Y para comenzar a dar cuenta de esta realidad hay que recordar la queja presentada por un mercader burgalés avecindado en Soria ante las instituciones centrales de la monarquía manifestando que, en incumplimiento de la disposición emitida por estas instituciones que prohibía a los judíos recientemente convertidos al cristianismo tras 1492 que arrendasen cualquier tipo de rentas durante unos años para que tuviesen ocasión de afianzar su formación en la nueva religión que habían adoptado, en la ciudad de Soria había muchos cristianos nuevos que

---

[79] Sobre los arandinos cf. nota 74. Entre los vecinos de Toledo podemos destacar a Alonso de León, que arrendó las alcabalas de Soria de 1503 a 1505, presentando como fiador a Fernando de Barrionuevo, fiel de la Tierra de Soria, diputado de la Hermandad y alcalde mayor de Almazán. Vid. AGS, EMR, Hojas e Informaciones, leg. 552.
[80] Cf. nota 42.
[81] Varias noticias en AGS, ROS. También AMSo, primer libro de actas, fols. 44-45.
[82] Ibid.
[83] Cf. nota 70.

«con favores que dis que tienen de caballeros e otras personas» arrendaban rentas pertenecientes a la monarquía, al obispo de Osma y a distintas iglesias[84].

La identidad de algunos de los judeoconversos que intervinieron en el arrendamiento de rentas de la monarquía y que fueron denunciados por Miguel de Frías ya la hemos revelado, aunque es seguro que fueron bastantes más de los que hemos mencionado. Por su parte, a continuación, nos ocuparemos de revelar la de aquellos que arrendaron diezmos de obispos y otras instituciones eclesiásticas, si bien hemos de llamar la atención sobre el hecho de que bastantes de los que hemos logrado identificar pertenecieron a familias de conversos de la primera mitad del XV, de forma que no podía ser a ellos a quienes aludía Miguel de Frías en su denuncia, ya que no les afectaba la disposición regia ya aludida. Entre ellos habría que destacar nombres como los del bachiller Alonso Rodríguez, del que ya hemos hablado; Diego de Vesga[85], Diego Martínez de Soria[86], Pero de San Clemente y Gonzalo Gómez de Espinosa, quienes consta que actuaron en compañía arrendando los pontificales del obispo de Osma, Alonso de Fonseca, de la ciudad de Soria y su partido y Tierra por tres años, que comenzaron en 1499[87]. Otros conversos que consta que arrendaron rentas eclesiásticas por estos años finales del XV e iniciales del XVI fueron, por ejemplo, Fernando de Maluenda[88], Pedro de Espinosa, hermano de Gonzalo Gómez de Espinosa[89], y, aunque en su caso no tenemos pruebas definitivas sobre su condición conversa, también Sebastián de Atienza, hombre de negocios pechero que sirvió como criado al alcaide Jorge de Beteta, según nuestra hipótesis destacado protector de conversos de la ciudad de Soria[90].

Todos estos individuos fueron por uno u otro motivo protagonistas destacados de la historia de la Soria de la época, pero a los efectos que ahora nos interesan resulta de particular interés el análisis de la figura de Gonzalo Gómez de Espinosa, pese a todas las dificultades que este análisis presenta por los

---

[84] AGS, ROS, VII-1504. Sobrecarta al corregidor de Soria.
[85] Vid. C. CARRETE, op. cit., n.0 368. El licenciado Diego de Vesga era hermano del escribano Antón Sánchez de Soria.
[86] Era hijo de García Martinez y nieto de Fernán Martínez Trapero, convertido al cristianismo en la primera mitad del XV (C. CARRETE, op. cit., n.0 9). Los datos sobre relaciones de parentesco en AChV, P.C., Z. y Walls, F., C. 766-2.
[87] AChV, RE, C. 227 (IX-1508).
[88] AGS, RGS, VI-1493, fol. 228. No había abonado por completo el arrendamiento que había hecho de los frutos del arciprestazgo de Rabanera. Sobre sus orígenes conversos vid. AChV, P.C., Z. y Walls, F., C. 766-2.
[89] Aparece como arrendador de préstamos de la iglesia de San Pedro. Vid. archivo de esta iglesia, libro 31, fol. 128.
[90] Se le cita como criado de Jorge de Beteta en AChV, P.C., Lapuerta, F., 1250-1.

problemas que plantea el seguimiento de la genealogía de los Espinosa de Soria, familia que nosotros nos inclinamos a considerar de origen judeoconverso aunque no contamos con ninguna prueba definitiva que corrobore esta hipótesis[91]. En cualquier caso, consta que ya en 1481 Gonzalo Gómez de Espinosa era mayordomo del monasterio de Santa Clara, de la ciudad de Soria[92], y que su posición social y política fue muy destacada en tiempos de los Reyes Católicos, hasta el punto de que llegaría a ejercer el oficio de alcalde de sacas[93] e incluso a entrar al servicio de los monarcas como contino[94]. Por su parte, otro indicio que revela la elevada posición social alcanzada por la familia a fines del XV lo proporciona la noticia que presenta a su hermano Pedro de Espinosa como mayordomo de la cofradía de hidalgos de Santa Catalina[95], el cual, aunque aparece calificado profesionalmente como espadero, consta que también se dedicó al arrendamiento de rentas de muy diverso género[96].

Gonzalo Gómez de Espinosa, por su parte, consta que estuvo casado con una tal Mari Alonso de Espinosa, que, como se puede observar, tenía el mismo apellido que su marido, fenómeno que se dio con relativa frecuencia en matrimonios de presuntos conversos[97], e hijos de este matrimonio fueron Bartolomé de Espinosa y Melchor de Vera, dos destacados individuos vinculados

---

[91] La confusión que existe en torno a esta familia es grande. Por un lado, tenemos que existió un Pero Gómez de Espinosa, que era capellán real en 1483 y bachiller, al cual los Reyes Católicos designaron para una dignidad en Osma (AGS, RGS, 11- 1494, fol. 435). En el siglo XVI aparece algún otro, Pero Gómez de Espinosa y más de un Pero de Espinosa, uno en concreto hermano de Gonzalo Gómez de Espinosa, el alcalde de sacas del que nos ocuparemos más adelante. En concreto en el libro de bautismos de la parroquia de San Esteban se mencionan varios Espinosas, y entre ellos un Gonzalo de Espinosa, cura de Santa María del Espino. Un Pero de Espinosa, que aparece también allí citado, es presentado como hermano del cura de San Esteban, Juan Rodríguez de San Clemente, y del escribano Antón Rodríguez de San Clemente, y como primo del también escribano Gonzalo Rodríguez de San Clemente. También hay que destacar entre los mencionados en este libro de bautismos a Juan de Espinosa, que bautizó a cuatro hijos suyos entre 1510 y 1516, el cual estaba casado con una hermana de Garçía de Esparza, quien, según advertimos en nota 77, tendría probablemente origen judeoconverso (sobre el matrimonio de Juan de Espinosa vid. AGS, RGS, VII-1515). También se cita entre los bautizados a Mencia de Espinosa, hija de Hernando de Espinosa y de Beatriz de Santa Cruz, a quien en 1544 entregó su hermano Alonso de Espinosa una dote de 40.000 mrs. al casar con el vecino de Vinuesa Juan de Montenegro (AHPS, PN, 21-48, 5-VI-1544). El padrino de Mencía fue Alonso de Santa Cruz, seguramente su tío, la mujer del cual actuó a su vez como madrina de una hija de Juan de Espinosa. Este Alonso de Santa Cruz aparece entre los anotados al margen en la cuadrilla de San Juan de Rabanera en el padrón de en torno a 1492 y en la relación de Sambenitos que había en el trascoro de San Pedro de Soria. Vid. cuadros adjuntos. Tal vez pueda identificarse con el Santacruz corredor y que entendía en el peso de la ciudad, hermano de Antonio Morales, avecindado en Aranda, citado en C. CARRETE, op. cit., n.0 350.
[92] AHPS, Hacienda, 8-6.
[93] Vid. AGS, RGS, 111-1504. Se le llama alcalde de cosas vedadas.
[94] Vid. entre otras muchas referencias AGS, RGS, IX-1496, fol. 149.
[95] AMSo, primer libro de actas del concejo, 31-X-1509.
[96] Fue arrendador, por ejemplo, de la sisa del virio impuesta por la Comunidad de pecheros en el año 1492, según consta en AMSo, segundo libro de cuentas del Común. Debe de tratarse del mismo Pedro de Espinosa que en 1499 es citado como hijo de Gonzalo Gómez de Espinosa (AMSo, ordenanzas de zapateros, sin catalogar). Documentos del año 1518 mencionan a un Pedro de Espinosa como promotor de la justicia de la ciudad de Soria.
[97] Ya hemos recordado con anterioridad algunos ejemplos. Por añadir uno de conversos sobre cuya condición no hay dudas recordaremos que la esposa de Nicolao Beltrán, antes Vicen Bienveniste, adoptó el nombre de Isabel Beltrán.

al mundo de los negocios en la ciudad de Soria en la primera mitad del siglo XVI[98]. Ambos, por otra parte, intervinieron activamente en el arrendamiento de rentas eclesiásticas, siguiendo así la tradición paterna[99], y al igual que ellos hubo otros destacados conversos a quienes todavía a mediados del XVI encontramos ejerciendo un papel activo en el arrendamiento de este tipo de rentas, tal cual sería el caso de Alonso Rodríguez, hijo del judeoconverso del mismo nombre que llegó a ser procurador de la Comunidad[100], y de su cuñado Íñigo Ruiz Platero, quienes junto con Melchor de Vera aparecen obligándose al arrendamiento de pontificales del obispo don Pedro de Acosta en la década de 1530[101]. Por su parte, otros nombres destacados aparte de éstos serían los de Alonso Rodríguez de Santa María[102], Alonso de Pardilla[103] y Juan García de Tardajos[104].

## *LOS CONVERSOS SORIANOS EN EL PAPEL DE PRESTAMISTAS*

Es ya tópica la imagen del judío prestamista y usurero, y de hecho a través de la documentación se constata que en el ámbito geográfico soriano los judíos actuaron repetidamente efectuando préstamos tanto a campesinos como a vecinos e instituciones de la ciudad de muy diversas maneras, entre las que, aparte del

---

[98] Estas relaciones de parentesco quedan puestas de manifiesto en sendos documentos fechados en Soria el 21-VI-1548, en AHPS, PN, 21-48. Melchor de Vera casó con Alfonsina de San Clemente, que por su apellido podía ser con gran probabilidad conversa, y tuvieron, entre otros hijos a Maria de Vera, a quien se prometió en dote cuando casó con Pero de Angulo, entre otros bienes, unas casas en la collación de Santiago, tasadas en 300 ducados, y que tenían por aledaños las casas de Alonso Rodríguez de San Clemente y las de Juan de Soria, mercader. Melchor de Vera era señor de ganados (AHPS, PN, 5-14, 3-XII-1552). También consta que tuvo arrendada la escribanía eclesiástica de Soria y su partido (ibid., 14-1-1541).
[99] Varias referencias sobre la participación de Bartolomé de Espinosa en estos arrendamientos, que le llevaría finalmente a avecindarse en el Burgo de Osma, en AHPS, PN, 5-14. Referencias sobre Melchor de Vera en AHPS, PN, 1478-2214, 21- VII-1541; C. 5-14, 22-XII-1551. Hay que hacer constar que Alonso de Espinosa, hijo de Hernando de Espinosa y Beatriz de Santa Cruz, mencionado en nota 91, también intervino en arrendamientos de beneficios eclesiásticos. En concreto en 1548 arrendó en compañía con otros los frutos del beneficio del tesorero de San Pedro Juan de Verástegui. AHPS, PN, C. 21-48.
[100] Vid. C. CARRETE, El tribunal, pp. 118 y 141.
[101] AHPS, PN, 1478-2214, 21-VII-1541.
[102] Sobre la condición conversa de los Rodríguez de Santa Maria, que convivieron en Soria con los Rodríguez, Rodríguez de Soria y Rodríguez de San Clemente, apellidos todos ellos de conversos, no contamos con pruebas documentales definitivas, aunque en el libro de bautismos de San Esteban abundan los indicios que apuntan a hacer pensar que eran descendientes de judíos. Y así, por ejemplo, consta que el padrino de Maria, hija de Francisco Rodríguez de Santa Maria, bautizada en 1519, fue un hijo de Alegre. El resto de los padrinos y madrinas de los hijos de este Francisco y de Antonio Rodríguez de Santa Maria, según "diversos indicios, podrían ser también identificados como conversos, y en concreto figuró entre ellos Alonso Rodríguez, presentado como hermano de Francisco.
[103] El origen judeoconverso de éste no está: probado. Únicamente consta que por su matrimonio con Ana de Prado se vinculó a la familia judeoconversa constituida por los descendientes del escribano Sancho González de Rueda. Sobre el origen judeoconverso de éste vid. C. CARRETE, op. cit., n.0 8. Noticias sobre sus descendientes y su vinculación con Alonso de Pardilla en AHPS, hojas sueltas de protocolos, l- VII-1522, y otro documento otorgado por Francisco de Rueda, sin fechar. Sobre participación de Alonso de Pardilla en arrendamientos de rentas eclesiásticas vid. AHPS, PN, 21-48, 25-11-1547.
[104] Vid. AHPS, PN, 5-14, 12-11-1556.

simple préstamo de dinero en metálico, se incluirían las ventas de trigo y otros cereales «al fiado» y las propias compras de lanas también «al fiado», consistentes en el adelanto, por parte del comprador de las lanas al vendedor, del dinero por el que se había concertado la venta de las mismas meses antes de que se efectuase su entrega, compensándose este adelanto del dinero mediante la fijación de unos precios inferiores a los que se establecerían en condiciones normales de contratación[105]. Entra dentro de lo posible, no obstante que, durante el siglo XV, aparte de los judíos, otras personas se dedicasen a estas actividades condenadas de forma más o menos abierta por las autoridades eclesiásticas, pero la práctica inexistencia de protocolos notariales en Soria para este siglo nos impide conocer su identidad, mientras que, por el contrario, a través de indicios más o menos directos se puede probar documentalmente la intervención de judíos en todas ellas.

Para la primera mitad del XVI el panorama que nos "Ofrecen las ya más numerosas fuentes documentales conservadas es más detallado, y de hecho disponemos de muchas más noticias para la identificación de todos aquellos individuos relacionados con las actividades del préstamo, entendidas en sentido amplio, es decir, incluyendo en las mismas los contratos de censos consignativos, que fue en aquella época cuando comenzaron a proliferar en toda Castilla[106], las ventas de trigo «al fiado», que también se prodigaron mucho por entonces, y las ventas de lana por el procedimiento que acabamos de describir. Y, aunque no es éste el momento de entrar en caracterizar a aquellos individuos y grupos que actuaron como «prestamistas», simplemente hay que advertir que pertenecieron a un espectro social relativamente amplio en el que estaban bastante bien representados los miembros de la nobleza media local. Ciertamente los judeoconversos, siguiendo la tradición de sus antepasados judíos, estuvieron representados entre ellos, pero bajo ningún concepto se puede afirmar que su importancia porcentual fuese muy elevada, y en cualquier caso bastante menos que en el desempeño de otras actividades como arrendamiento y recaudación de impuestos o actividades mercantiles en general. Y es que hay que advertir que en Soria no parece que en la primera mitad del XVI la práctica del préstamo fuese una activi- dad propia de «clases medias» dedicadas a los negocios especulativos, dada la alta participación de los miembros de la nobleza, muchos de ellos prioritariamente rentistas, que verían en la misma una inversión segura y rentable

---

[105] Algunas referencias a este procedimiento de compra de lanas por parte de algunos vecinos judíos de Soria en nuestro articulo "El comercio de las lanas".
[106] Sobre la difusión de los censos consignativos en la comarca burgalesa a fines de la Edad Media vid. H. CASADO ALONSO, Señores, mercaderes y campesinos. La comarca de Burgos a fines de la Edad Media, Valladolid 1987, pp. 474 y ss.

a través de la cual se obtenían beneficios aprovechando las dificultades económicas de los campesinos y otros grupos sociales avecindados en la ciudad de Soria, de forma que quienes practicaron este tipo de préstamos actuaron, más que en calidad de burguesía promotora del desarrollo económico, como grupo social parasitario que explotando al campesinado anuló muchas posibilidades de progreso económico en el sector agropecuario, según puso de manifiesto ya hace tiempo Bennassar analizando el ejemplo de Valladolid[107].

Pero dado que nuestro interés principal en el presente trabajo se centra en los judeoconversos sorianos en la primera mitad del XVI, vamos a dar cuenta a continuación de la identidad de algunos de éstos que destacaron por su papel de prestamistas en dicha época, dedicándose a alguna de las facetas del préstamo a las que nos hemos referido.

Y así en primer lugar comenzaremos ocupándonos de su intervención en las ventas de pan «al fiado», actividad en la que, a juzgar por las noticias documentales conservadas, destacó en particular un mercader judeoconverso que negó a convertirse en un individuo bastante acomodado dentro del Común de pecheros de la ciudad de Soria en la primera mitad del XVI. Nos referimos en concreto a Hernán Álvarez de la Fuente, hijo de Juan Álvarez de la Fuente, quien consta que siendo todavía judío marchó a Portugal a raíz de la publicación del decreto de expulsión, retornando luego a Soria ya convertido al cristianismo[108]. Las fuentes documentales le designan como mercader, si bien no disponemos de noticias que nos ilustren sobre las actividades mercantiles a las que se dedicaba. Sí nos consta, por el contrario, que, al igual que otros varios mercaderes conversos, su enriquecimiento en las primeras décadas del XVI fue progresivo, a juzgar por el incremento experimentado por las cuantías que le fueron asignadas en los distintos padrones, hasta el punto de que en 1525 después de Diego de Luzón, que tenía asignada la cuantía máxima de 22 millares, figuraba él con 20 millares, lo que le convertía en el segundo individuo más rico del Común en el momento, admitiendo que las cuantías reflejaban fielmente las diferencias de riqueza entre los pecheros. Y no cabe duda de que a este progresivo enriquecimiento debió de contribuir su dedicación a los préstamos o ventas «al fiado» de cereales a los campesinos de la Tierra de Soria, que, según nos demuestra un protocolo notarial de los años 1529 y 1530 fue muy intensa. En concreto en este protocolo se incluyen al menos treinta y dos contratos de obligación por los que distintos campesinos avecindados en aldeas de la Tierra de

---

[107] B. BENNASSAR, Valladolid au Siecle d'Or, Paris, 1967, pp. 253-272.
[108] Cf. notas 32 y 33.

Soria se comprometían a pagar cierta cantidad de dinero a Hernán Álvarez de la Fuente en pago de trigo que les había adelantado[109]. Para 1532 Hernán Álvarez de la Fuente había ya fallecido, pero llama la atención comprobar que ese año su viuda, María de San Juan, contrató con bastantes campesinos de la Tierra de Soria la compra de censos en cereal, por virtud de la cual ella adelantaba cierta cantidad de dinero a estos campesinos, que lo necesitarían para hacer frente a sus deudas, a cambio de que ellos quedasen comprometidos a entregarle cada año una cierta cantidad de trigo en concepto de censo, y que el hijo del difunto, también llamado Hernán Álvarez de la Fuente, contrató a su vez varias de estas compras de censos de cereal en dicho año de 1532[110]. De esta forma distintos miembros de una misma familia buscaron hacer fortuna aprovechando las dificultades económicas de los campesinos mediante dos procedimientos diferentes, pero al mismo tiempo complementarios, de manera que mientras, por un lado, se les adelantaba trigo a cambio de exigirles un elevado precio en dinero, luego, por otro, cuando ya no podían hacer frente a sus deudas, se les hacia un préstamo en dinero a cambio de que hipotecasen parte de su cosecha anual para entregarla al prestamista, lo que contribuía a colocarles en una posición peligrosa ante los años de malas cosechas, en que muchos de ellos se verían de nuevo obligados a efectuar compras de trigo «al fiado», bien para alimentarse o para sembrar en el otoño. Este doble mecanismo contribuía, pues, a hacer entrar a los campesinos en un círculo vicioso del que no podían salir y que les llevaba a la ruina progresiva, mientras que, por el contrario, los vecinos de la ciudad que disponían de dinero y cereal con el que comerciar obtenían saneados beneficios a su costa, aunque con este procedimiento estuviesen truncando las oportunidades para el desarrollo económico en el campo.

Junto a Hernán Álvarez de la Fuente otros varios conversos actuaron en la primera mitad del XVI como destacados vendedores de trigo «al fiado», y como prueba podemos citar los nombres de Antonio Beltrán[111], Melchor de Vera[112], García de Esparza[113] y Juan de Santa Fe[114], de forma que se puede afirmar que fueron judeoconversos de muy variada condición socioeconómica los que intervinieron en esta actividad, hecho que por lo demás no resulta particularmente insólito ya que en términos generales el conjunto de vecinos de la ciudad de Soria vendedores de trigo «al fiado» fue muy heterogéneo, según ya adelantamos.

---

[109] AHPS, PN, C. 1-4.
[110] Ibid.
[111] AHPS, PN, C. 1478-2214 (moderna). Año 1537.
[112] Ibid.
[113] Ibid., C. 1-4 (moderna). Año 1532.
[114] Ibid., C. 1478-2214 (moderna). Año 1537.

## CONCLUSIÓN

Tras haber pasado revista a un conjunto de datos tan diversos y a veces tan inseguros e inconexos, pero en la mayor parte de los casos hasta ahora totalmente ignorados, conviene, para dar por finalizado nuestro análisis, reflexionar brevemente sobre la utilidad de los mismos de cara a la resolución de la cuestión principal que aquí ha centrado nuestra atención Y a este respecto consideramos que, pese a todas sus limitaciones, los datos que hemos recopilado permiten afirmar con bastante seguridad que en la ciudad de Soria durante la primera mitad del siglo XVI los judeoconversos constituyeron un componente fundamental de ese grupo social que se conviene en llamar «clase media» y al que otros califican de burguesía, caracterizado por su preferente dedicación al mundo de los negocios en mayor o menor escala. Los más destacados entre estos hombres de negocios judeoconversos aprovecharon las fortunas que lograron amasar para acceder a los grupos sociales privilegiados, y muy en particular al nobiliario, tras lo cual la mayor parte de ellos fueron abandonando progresivamente su primitiva dedicación profesional para convertirse en rentistas propietarios de tierras o en señores de ganados, según ilustra de forma paradigmática el ejemplo de la familia Beltrán. No cabe duda de que su forzado o libre cambio de religión representó una condición sine qua non para que dicho proceso tuviese lugar, pero en cualquier caso el fenómeno del abandono de la dedicación a los negocios mercantiles y financieros para adoptar un género de vida más acorde con los ideales nobiliarios estuvo muy difundido en la tardía Edad Media y temprana Edad Moderna tanto en Castilla como en muchos otros ámbitos de la Europa occidental.

La actitud adoptada por los judeoconversos hombres de negocios sorianos no difirió, pues, en lo fundamental de la adoptada por sus colegas de otros grupos étnicos, y se explica en gran parte por razones que nada tienen que ver con la supuesta existencia en la Castilla de la época de una obsesión por conseguir la ratificación de la pureza de sangre a través del acceso al grupo noble, aunque este factor en cierta medida pudiese influir[115].

De haberse tolerado la religión judía en el reino de Castilla no cabe duda de que esta fuga de hombres de negocios hacia el grupo noble no habría alcanzado tales dimensiones, y probablemente Soria podría haber seguido contando con una

---

[115] Esta tesis está muy presente en la obra de J. P. LE FLEM, refiriéndose al caso de Segovia. Vid. «Vraies et fausses splendeurs de !'industrie textile ségovienne (vers 1460-vers 1650)», en Produzione, comercio e consumo del panni di lana (nei secolç XII-XVIII), Atti delle Settimane di Studio di Prato, Firenze 1976, pp. 525-536.

clase media más estable a lo largo de todo el siglo XVI. Pero dejando a un lado tan aventuradas hipótesis contrafactuales, el hecho constatable es que la expulsión de los judíos decretada en 1492 no conllevó en esta ciudad castellana del Duero una desaparición repentina del grueso de la clase media dedicada a las actividades mercantiles y financieras, puesto que no fueron excepcionales los hombres de negocios judíos que decidieron seguir viviendo allí convertidos al cristianismo, a los que por su parte se sumaron otros procedentes de ciudades o villas del entorno que habían optado también por permanecer en Castilla.

Los orígenes del debilitamiento de la clase media o burguesía en Soria, que de forma tan apremiante todavía sigue haciendo sentir su peso sobre la vida de la ciudad y su entorno en la actualidad, no hay que buscarlos, pues, en 1492, aunque no quepa duda de que la trascendental decisión tomada ese año por los Reyes Católicos de expulsar a los judíos también tuvo efectos en este terreno. Determinar dónde más hay que buscar esos orígenes es algo que no podemos pretender hacer aquí, pero al menos con las reflexiones y datos traídos a colación esperamos haber despertado el interés de más de uno por hacerlo.

## APÉNDICE

### Conversos en la cuadrilla de San Juan de Rabanera

Incluimos la relación de nombres anotados al margen en el padrón de pecheros fechado en torno a 1492. Subrayamos los que por otras fuentes se pueden identificar como conversos. También anotamos la cuantía que tienen asignada:

- El mesonero de los Porteros. 5.
- Antón de Maluenda. 2.
- Juan de Vesga. 10.
- Juan Álvarez. 10. Va al Collado.
- Francisco Rodrigues. 14.
- Alonso de San Clemente. 1.
- Diego de Santa Fe. 2. Va al Collado.
- Gonzalo de Molina. 4.
- Su hermano. 2.
- Diego Garcfa el Rico. 14.
- Yñigo Lopes. 4.
- Gonzalo Lopes. 14.
- Juan García el Rico. 2.

- Pero Gonzales. 2.
- Juan de Soria. 1.
- Ruy Mendes. 14.
- Hernando de Andrada. 2.
- Juan de San Clemente. 3.
- Rodrigo de Ágreda Zapatero. 1.
- Juan de Sasedo. 2.
- Antón Sanches Zapatero. 1.
- Juan Álvares de la Cuesta. 6.
- Juan García Sastre. 1.
- Alonso de Santa Cruz. 1.
- Fernando Martines de Lumbreras. 1.
- Gonzalo de Quintana. 14.
- Jorje. 1.
- Simón Pellijero. 1.
- Juan de Ledesma. 1.
- García Lopes. 1. Sastre.
- Andrés Delgado. Se empadrona el 30-IX-1496.
- El hijo de Martín Álvares.
- Pedro el Ferrero.
- El yerno de Diego Martines. Cf. Diego Martines.
- Miguel Ferrandes.

***Relación de Sambenitos que había en el siglo XVI en la iglesia de San Pedro, de Soria, detrás del coro[116]***

- Alonso Carniçero.
- Diego Ferrandes de los Palaçios[117]
- Diego de Grazian Jublar.
- Diego de Villarroel.
- Francisco Martínez Serrano[118]
- Juan Morales.
- Juan Sanches de Almazán.

---

[116] Esta relación de Sambenitos se encuentra incluida en AHN, OOMM, Pruebas de Caballeros de Calatrava, exp. 2864.
[117] Diego Fernández de los Palacios fue un judeoconverso de la primera mitad del XV, padre del escribano Antón Sánchez Cavallero. Vid. C. CARRETE, El tribunal de la Inquisición, n.o 31, 42, 71, 110 y 111.
[118] Ibid., n.08 5, 9, 66, 110 y 277.

- María Álvares[119]
- Manuel Rodrigues de Cordoba.
- Pedro Sanches de Almazán.
- Catalina Ramires.
- Rodrigo Morán.
- Rodrigo Martines.
- Alonso de Santa Cruz[120]
- Francisco de Soria.
- Francisco Françes[121]
- Jorje Martines.
- Juan de Salçedo[122]
- Martín Díaz.
- Ana de Soria.
- Álvaro Rodrigues[123]
- Francisco de Guzmán[124]

***Otros conversos no identificados por C. Carrete ni por F. Cantera***

- Lorenzo Álvares de la Fuente, criado de Pero Sanches de Osenilla, hijo de Alonso Fernández de la Fuente[125]
- Juan Álvarez de la Fuente, hijo de Alonso Fernández de la Fuente.
- Ysabel Fernández, esposa del anterior[126]
- Teresa de Molina, hija de Bienveniste Alasar, judío vecino de Soria, esposa de maestre Diego, físico vecino de Calahorra[127]
- Hernand Beltrán, hijo de Nicolao Beltrán (Vicén Bienveniste). Casado con Ysabel Coronel[128]
- Alonso Beltrán, hermano del anterior. Scriptor apostólico, residente en Roma. En 1519 era curador de sus bienes Antonio de Molina[129]

---

[119] Ibid., n.05 110 y 111.
[120] C. CARRETE, en op. cit., n.01 131 y 150, proporciona datos sobre un Santacruz, vecino de Soria y judeoconverso, hermano de Antonio de Morales, vecino de Aranda de Duero. Cf. relación de presuntos conversos de la cuadrilla de San Juan de Rabanera, donde aparece un tal Alonso de Santa Cruz
[121] CARRETE, op. cit., n.0 431.
[122] Ibid., n.08 124, 125, 131 y varios más.
[123] La Inquisición siguió proceso contra un Álvaro Rodríguez, vecino de Soria, en 15 34, ·según doc. de Archivo Diocesano de Cuenca.
[124] CARRETE, op. cit., n.0 123.
[125] Vid. AChV, RE, C. 303, VIII-1513. Ejecutoria a petición de Isabel Fernández. Vid. también AGS, RGS.
[126] Vid. AChV, RE, C. 303, VIII-1513.
[127] AGS, RGS, IX-1496, fol. 47.
[128] Vid. AChV, P.C., Z. y Balboa, E. 139.
[129] Ibid. Vid. también Archivo de la iglesia de San Pedro, de Soria, libro 63, 17-VI- 1519 (su cuñado Íñigo López de Medrano toma posesión por él, residente en Roma, de una canonjía en esta iglesia).

- Antonio Beltrán, hermano mayor de los anteriores. Casado en 1511 con María de Ribera. Fue su curador el escribano converso Gonzalo Gomes de San Clemente[130]
- Isabel Beltrán, esposa de Nicolao Beltrán, madre de los anteriores.

---

[130] AChV, P.C., Z. y Balboa, E. 139.

# THE QUARTERS OF THE JEWISH AND MUSLIM MINORITIES IN THE SPANISH TOWNS UNTIL THE EXPULSION OF THE CONVERTED MOORS (MORISCOS) IN 1609[1.]

During long periods of the past, in particular in the Middle Ages, we may find in the Spanish kingdoms an important number of towns that offered relatively complex spatial structures as a consequence of the fact that three perfectly differentiated communities coexisted in them, whose members were obliged to dwell in separate quarters because they had different religious creeds. Bringing to mind this peculiar feature of the Spanish history, and at the same time trying to take profit of it, many towns in Spain offer themselves today to the potential tourists as *towns of the three cultures*, Christian, Jew and Muslim.

But not in all the Spanish towns in which communities of Jews and Muslims coexisted with the Christian majority during the Late Middle Ages the urban landscape became fragmented as a consequence of the juxtaposition of separate quarters, each of them assigned to the members of one religious community. Certainly the words *morería* (Muslim quarter) and *judería* (Jewish quarter) may be found in a big number of towns in the Spanish medieval and modern documents, or even today in the names of the streets or other urban elements, like surviving gates. But these words not always make reference to closed quarters, with well-defined boundaries, where the members of a certain ethnic minority were obliged to dwell. On the contrary, in many towns they allude to an urban sector, sometimes not much more than a single street, where the homes of numerous members of a minority were concentrated, and a mosque or a synagogue was built, while many other members of the same minority lived scattered in other quarters of the town.

Certainly many treaties of capitulation that were signed in the course of the Christian conquest of al Andalus specifically prohibited intermingling of dwelling places for Christians and Muslims. But such prohibitions were not respected in practice. Afterwards measures of segregation against Moors and Jews were

---

[1]This work has been prepared as a contribution to the Research Project "Identidades, contactos, afinidades. La espiritualidad en la Península Ibérica. (Siglos XII-XV)". Financed by DIGICYT. With reference HAR2013-45199-R

introduced by the Christian authorities, but at a relative late date, in most cases not until the beginning of the fifteenth century. And very often these measures were not successfully enforced.

## SEPARATE QUARTERS FOR THE ETHNIC MINORITIES IN THE TOWNS OF THE CROWN OF ARAGON MUSLIM QUARTERS

In many Muslim towns of the kingdoms of Aragon and Valencia, at the time of their conquest by the Christians, the Muslim population that had inhabited them was forced to move out to a new quarter, called *morería*, that in most of the cases was set in a suburb (*arrabal*) of the ancient *medina*, outside the walls. Many of these quarters were also surrounded by a brick wall, that was intended not so much to protect the Moors but to make it easier their control by the Christian authorities.

One of the oldest and most important quarters of this kind is the *morería* of Zaragoza. After the conquest of the city by the king Alfonso I in 1120, the Muslims were forced to leave their homes in the old Islamic *medina* and to settle in a suburb, outside the Roman wall, that already existed in the Islamic period. This suburb was surrounded by a brick wall, where several gates were opened. One of these gates subsists today with the name of *Puerta del Carmen*, called *Puerta de Baltax* at the time when it gave access to the *morería*. All the Muslims of Zaragoza had to dwell inside this closed quarter, except those who had the status of slaves, that were kept by their masters in their own homes. The quarter underwent many transformations in the course of the centuries, and an increasing number of houses went into the hands of Christians. But it survived as a separate quarter until the beginning of the seventeenth century, when the Converted Moors (*moriscos*) were expelled from Spain, because the Muslims of Zaragoza, even after their forced conversion to the Christian faith in 1525, continued to dwell there[2].

In many other Aragonese towns the Moors were also compelled to live in isolated quarters set in the suburbs of the walled town. That is the case of Daroca, where the native Muslims had to leave their homes in the Islamic city after the conquest, to settle in a suburb placed on the slopes of the hill of St. George[3].

---

[2]Enrique MAINÉ BURGUETE, El urbanismo de la morería zaragozana a fines del siglo XIV, in: VI Simposio Internacional de Mudejarismo, Teruel, 1996, pp. 619-634.
[3] Francisco Javier GARCÍA MARCO, "El urbanismo de la morería de Daroca en el siglo XV", in: VI Simposio (see note 2), pp. 635-662.

Nevertheless, there were exceptions to this general trend, because in Calatayud, another important Islamic city conquered by the same Aragonese king that conquered Zaragoza and Daroca, Alfonso I, the native Muslim population was allowed to remain within the walls of the ancient *medina* after its conquest. The quarter assigned to them by the Christian authorities was set in a very steep area of the ancient *medina*, that was considered by the Christians too unsuitable to settle. This savage character of the site has favoured its preservation, because after the expulsion of its inhabitants in 1609 it became an inhabited place, where no urban reforms were undertaken. So, today it survives as a deteriorated and marginal place, but the traces of the long period of the past when it was a Moorish quarter can still be perceived[4].

In the kingdom of Valencia many Muslim quarters were established in the suburbs of royal towns, and also of towns under the jurisdiction of noble lords. In the capital city of the kingdom, Valencia, by far the most populous one, the Muslim quarter, mentioned in the *Llibre del Repartiment* as *vicus sarracenorum*, was established by the king James I short after the conquest in one of the suburbs. It was a complete new settlement because no population had been residing there during the Islamic period. But in the course of time the growth of the city provoked that this small quarter ended up by being placed increasingly closer to the homes of the Christians, so that very often conflicts aroused. The growing tension between both communities arrived to provoke grave social disorders, that culminated in the assault of the *morería* by the Christian mob in June of 1455, that did not provoke many deaths because most its inhabitants had previously fled, because they had been informed about the intentions of the Christians[5].

Much more importance than the Muslim suburb of the city of Valencia attained other similar suburbs established in middle-sized and small towns of the kingdom, in some cases shortly after the conquest, but in many other cases much later, mainly in the course of the fifteenth century, when kings and nobles erected many of them in order to increase their capacity of control of their Muslim vassals The most extensive and populous one was the *morería* of Xátiva, erected in 1252. The area then assigned to it was very wide, almost one third of the territory of the whole town, although it included a not urbanized sector. At the beginning of the fifteenth century 457 tax-payers lived in this suburb. In certain towns the Muslim suburb could arrive to assemble even more inhabitants than the Christian town

---

[4] Francisco Javier GARCÍA MARCO, Las comunidades mudéjares de Calatayud en el siglo XV, Calatayud, 1993.
[5] Manuel RUZAFA, *Façen-se cristians los moros o muiren*, in: Revista d´Història Medieval, 1 (1990), pp. 87-110. Idem. La morería de Valencia en la Baja Edad Media: aljama, municipio y ciudad (1350-1530) in: XVII Congrés d´Història de la Corona d´Aragó, ed. by Salvador CLARAMUNT, Barcelona, 2003, vol. II, pp. 353-360. Carmen BARCELÓ, La morería de Valencia en el reinado de Juan II, in: Saitabi, 30 (1980), pp. 49-72.

itself, as it was the case in Oliva. Most of these *morerías* had dividing walls, to avoid intermingling with the Christians, but in certain cases it was a natural obstacle, like a gully, that guaranteed the isolation of the quarter, as it was the case in Cocentaina[6].

In contrast with these towns where the Moors lived in closed quarters, most of them situated in a walled suburb, we find also in the Crown of Aragon many other towns with an important number of Muslim inhabitants where no separate Muslim quarter was established, or, if it existed, it was not completely closed or isolated. Such was the case of two of the most important towns of the kingdom of Aragon, Huesca, where the urban sector inhabited by the Moors had very blurred boundaries[7], and Teruel, where the Muslims had their homes inside the walls of the town, and no closed quarter was finally established for them[8].

## *JEWISH QUARTERS*

The seclusion of the Jews in separate and closed quarters was a much more common phenomenon in the kingdoms of the Crown of Aragon than in the Crown of Castile, at least until the fifteenth century. Nevertheless there were also in these kingdoms many towns where the Jews lived mingled with the rest of the urban population, or where the separate quarters were erected for them at a relatively late date[9]. For instance, in the capital city of the Isle of Mallorca it was not until 1300 that they were forced by the king James II to dwell in a separate quarter, the *call*, that was then closed by walls. This quarter was assaulted in 1391, and many of its inhabitants were killed, while others fled to North Africa by sea, but those that survived continued to dwell there until the whole community decided to convert to Christianity in 1435[10]. In other important towns we are informed about attempts to confine the Jews in isolated quarters at even later dates. For instance in Teruel king Peter IV ordered the closure of the Jewish quarter in 1348, while

---

[6]About the *morerías* in the kingdom of Valencia see Josep TORRÓ ABAD, "El urbanismo mudéjar como forma de resistencia. Alquerías y morerías en el reino de Valencia (Siglo XIII-XVI)", in: VI Simposio (See note 2), pp.335-398. Some interesting documents are published in José HINOJOSA MONTALVO, Los mudéjares. La voz del Islam en la España cristiana, Teruel, 2002, vol. 2. The privilege of James II of 23-I-1252, establishing the *morería* of Xátiva, pp. 123-126.
[7]Anchel CONTE, La aljama de moros de Huesca, Huesca, 1992.
[8]Vidal MUÑOZ GARRIDO, La morería de Teruel. Un espacio abierto, in: VI Simposio (see note 2), pp. 677-86.
[9] In Catalonia Jewish quarters, closed by walls, are to be found only in Girona, Lérida, Tortosa, Perpignan, Mallorca, Vilafranca Penedés, Montblanc, Puigcerdá, Cervera, Balaguer and Tarrega. See Jaume RIERA I SANS, Juderías y sinagogas en Cataluña. Diez años después, in: Juderías y sinagogas de la Sefarad medieval. En memoria de José Luis Lacave Riaño, ed, by Ana Mª. LÓPEZ ÁLVAREZ and Ricardo IZQUIERDO BENITO, Cuenca, 2003, pp. 229-252.
[10] José Luis LACAVE RIAÑO, Juderías y sinagogas españolas, Madrid, 1992, pp. 84-87.

in Tarazona such orders arrived in 1361[11]. In fact, the erection of isolated quarters for the Jews was not always the result of an imposition by the Christian authorities. On the contrary, in certain cases the Jews themselves required the monarchs to allow them to live in closed quarters, for their own security. For instance, in 1291 and 1298 the Jews of Vilafranca Penedés and Montblanc, in Catalonia, obtained from the king a privilege that allowed them to close with gates the street where they lived. And the Jewish community of Calatayud asked the king in 1452 to allow them to close their quarter. They informed the monarch that they had lived in a closed quarter in the past, but, after the conversion to the Christian faith of the most prominent members of the community at the beginning of the fifteenth century, it had been opened. Thereafter those who had remained Jews had suffered many attacks from the Christians, and did not feel safe in their homes. That was the reason why they asked to be allowed to keep their quarter closed again[12].

Among the most antique and blooming Jewish quarters in the Crown of Aragon we have to name those of Barcelona and Girona, both towns without noteworthy Islamic past. Barcelona, that became the capital of the principality of Catalonia, had a separate Jewish quarter (*Call,* later named *Call Mayor*) set within the ancient walls of the city, below the castle of the count, near the cathedral. Because of its central position it soon became too small, crowded and oppressive, so that a second quarter, called *Call Menor,* had to be established later nearby[13]. Both quarters were destroyed as a result of the attacks of 1391, and the Jewish community of the city disappeared, since many of their members were killed, and the rest took refuge in other places. The Jewish quarter of Girona also occupied a central position in the city, around the street of La Força. It arrived to assemble more than a thousand families, some of great wealth or intellectual prestige, and it stands out today because of its good preservation and medieval flavour, that make it one of the main tourist attractions of this Catalan town[14].

The Jewish quarters of the most important Muslim cities that were incorporated by the Christians to the Crown of Aragon can be traced back to the time of their conquest. In the case of Zaragoza, taken by king Alfonso I in 1118, no documents have survived that give information about the terms that were

---

[11] RIERA, Juderías (see note 9), p. 239. John BOSWELL, The Royal Treasure. Muslim Communities under the Crown of Aragon in the Fourteenth Century, New Haven, 1977, pp. 65-68.
[12] Archivo Corona Aragón, Cancillería, reg. 2551, fol. 164v, Nápoles, 9-XII-1452.
[13] Yitzhak BAER, A history of the Jews in Christian Spain, Philadelphia, 1978, vol. I, p. 79 and vol. II, p. 36. LACAVE, Juderías (see note 10), p. 22.
[14] Per a una Història de la Girona jueva, ed, by David ROMANO, Girona,1988. Jaume RIERA I SANS, Els jueus de Girona: la seva organització: segles XII-XV, Girona, 2012.

granted by this monarch to the Jews that were then settled in the city. Nevertheless, we may assume that he allowed them to go on living in the same quarter that they had inhabited under the Muslim rule, namely the south-eastern sector of the walled Roman city. It is probable that during this first period after the conquest Christian families settled next to them in this same sector of the city, because we find there a Christian parish church, *San Andrés*[15]. Later, maybe when the authorities decided to put in practice the measures against the Jews approved in the Fourth Lateran Council (1215), the decision was taken to close the quarter, forbidding the Jews to intermingle with the Christians. The interior brick wall, that we find mentioned in the documents of the fourteenth and fifteenth centuries, would then be erected, and as a consequence the church of *San Andrés* would then become the only Christian building within the Jewish closed quarter. Six gates were opened, three in the old stone wall, and three in the new brick wall, and a castle was built within the quarter, with seven high stone towers that were adhered to the wall. This old Jewish quarter within the Roman wall, as it happened in Barcelona and Valencia, soon became too small for the growing Jewish population. So, at the end of the thirteenth century some Jewish tanners began to place their workshops in the sector outside the walls, and later they settled there, giving birth to the new Jewish quarter *(judería nueva)*, next to the old one, but outside the roman wall, that was also closed by a brick wall[16].

Among other towns of the kingdom of Aragon where important Jewish communities were established when they were conquered from the Muslims we have to name Calatayud and Huesca. The closed Jewish quarter in Calatayud also probably dates from the times of the conquest, although it underwent some important changes later. It was placed upon the slopes of the hill of Torre Mocha and Doña Martina, within the walls of the old Islamic city. Later, at the middle of the thirteenth century king, James I granted to the Jewish *aljama* the tower of Torre Moya, attached to the town wall, with a large plot of land that surrounded it, upon a hill, where they should build their homes, on condition that they assumed the responsibility of guaranteeing the security of that segment of the town wall, and of the tower itself. A new wall was also built then, to prevent contact with the Christians settled nearby, and several gates were opened[17]. In consequence the closed Jewish quarter of Calatayud was set in a very rugged and

---

[15] Asunción BLASCO MARTÍNEZ, La iglesia de San Andrés de Zaragoza: ¿Bastión cristiano en la judería?, in: Castilla y el mundo feudal. Homenaje al profesor Julio Valdeón, ed. by Mª. Isabel DEL VAL VALDIVIESO and Pascual MARTÍNEZ SOPENA, Valladolid, 2009, vol. II, pp. 265-277.
[16] Asunción BLASCO MARTÍNEZ, La judería de Zaragoza en el siglo XIV, Zaragoza, 1988. Mª. Isabel FALCÓN, Zaragoza en el siglo XV, Zaragoza, 1988, pp. 61-2.
[17] Isabel MUÑOZ JIMÉNEZ, Juderías de realengo y juderías de señorío: La judería de Calatayud, in: Juderías y sinagogas de la Sefarad (see note 9) pp. 159-188.

fortified sector of the old Islamic city, and was most suitably prepared for its defence, because it also included a castle, although in times of war its control escaped the Jews. That is what happened during the war with Castile, at the middle of the fourteenth century, and then the Jewish community did not recover the control of the fortress until king Martin I ordered its restitution to the *aljama* in 1398[18].

In Huesca the Jewish quarter may also be traced back to the Islamic period, but it was very different from that of Calatayud, because it was placed beyond the stone town walls, in a suburb. Nevertheless it was also a closed quarter, because a brick wall surrounded it, in which several gates were opened[19].

Among the Catalan towns whose Jewish quarters date from the time of the conquest from the Muslims we have to name Tortosa and Lérida. In Tortosa, conquered in 1148, the king Ramón Berenguer IV allotted to the Jews a fortified area for the construction of 60 dwellings, although it is not sure that it is the same place where the Jewish quarter was placed later[20]. In Lérida the Jewish quarter, called Coiraza, that at the end of the twelfth century was set in a fortified sector of the town, may be assumed that it was already located there since the time of the conquest in 1149[21].

In the city of Valencia king James I granted the Jewish population in 1244 a separate quarter where they should live according to the laws and traditions of the *aljama* of Barcelona. In the privilege he marked out the area of the quarter, naming several milestones, and this demarcation was again confirmed in another privilege granted in 1275[22]. Nevertheless, as it happened in the Jewish quarters of Barcelona and Zaragoza, in the course of time that of Valencia became also too small and oppressing for an increasing population[23]. An enlargement became unavoidable, and it was finally decided by the council authorities in 1390, when they ordered the erection of a new wall, that enclosed a wider area. But the Jews of Valencia could enjoy their new enlarged quarter only for a few months, because in 1391 they were savagely attacked by the Christian mob, and the whole quarter was completely destroyed. There were later some attempts to reconstruct it, in a much more reduced size, but they were not completely successful. In consequence

---

[18] Idem, p. 163.
[19] A. NAVAL MAS, El arrabal de la judería oscense, in: Sefarad, 40 (1980), pp. 75-97.
[20] BAER, History (see note 13) vol. I, p. 56.
[21] Idem, p. 57.
[22] Mª. Concepción LÓPEZ GONZÁLEZ, Nuevas aportaciones al estudio del recinto de la judería de Valencia delimitado en 1244, in: *Sefarad*, 74-1 (2014), pp. 7-31.
[23] José HINOJOSA MONTALVO, "El reino de Valencia: Juderías y Sinagogas", in: Juderías y sinagogas de la Sefarad (see note 9) pp. 383-396.

it was the community of Morvedre, today Sagunto, who had received many fugitives from Valencia in 1391, that became thereafter the leading Jewish community of the kingdom until the expulsion of 1492. The Jews in this town lived also in its own closed quarter, at the foot of the castle, where its members could find refuge in times of danger, as it happened in 1391. The quarter had been closed by royal decree in 1321, though no traces of a wall have been found. At that time all the streets were bricked up, so that the access was only possible through the *Portal de la juhería*, today called *Portalet de la Sang*. It contained around one hundred dwellings, that after the decree of expulsion of 1492 were abandoned. But the local council of Morvedre encouraged then the settlement of artisans in this quarter. This way it could be revitalized, and it stands out today as one of the best preserved Jewish quarters of Spain, that keeps still some medieval flavour[24].


## SEPARATE QUARTERS FOR THE ETHNIC MINORITIES IN THE TOWNS OF THE CROWN OF CASTILE.

### MUSLIM QUARTERS

During the Late Middle Ages and the sixteenth century the Muslim population was less numerous in the Crown of Castile than in the Crown of Aragon, with the only exception of the kingdom of Granada, until the rebellion against Philip II in 1568. And, also in contrast with the kingdoms of Valencia and Aragon, where most of the Muslims were settled in rural areas, in Castile the Muslim communities are to be found at this time mainly in towns, with the exception, again, of the kingdom of Granada and certain areas of Murcia. In many cases they were small communities, but even in those towns where they arrived to assemble a big number of members, the Moors did not usually live in separate quarters, at least not until the beginning of the fifteenth century.

### *A Muslim suburb following the model of the Crown of Aragon: The Arrixaca of Murcia*

In contrast with the big Muslim cities conquered by the kings of Aragon, those conquered by the kings of Castile lost most of their Muslim population at the moment of the conquest or shortly afterwards. That is the case of Toledo,

---

[24] Idem, pp. 84-85. Mark D. MEYERSON, Jews in an Iberian frontier kingdom: society, economy and politis in Morvedre, 1248-1391, Leiden-Boston, 2004.

conquered by Alfonso VI in 1085, because, although the terms of the treaty of surrender allowed the Muslims to go on dwelling in the city and to maintain the control of their mosques, they were soon violated. So, the main mosque was confiscated in 1102 to be consecrated as cathedral, and during the two succeeding generations the Muslims were gradually forced to leave the city. Certainly during the last two centuries of the Middle Ages Muslims continued to live in Toledo, but they were relatively few in number, and they did not have their own quarter, as the Jews did, because they dwelt mingled with the Christian population[25]. The same happened in the big Muslim cities conquered by the Castilian kings during the thirteenth century, that lost all their original population shortly after the conquest. So, in Córdoba and Seville, the two most prosperous cities of the Islamic period in Spain, an almost insignificant number of free Moors lived at the end of the Middle Ages[26].

The only significant exception to this general trend may be found in the city of Murcia. In 1243 a Christian protectorate was imposed upon this Muslim kingdom, that guaranteed the native population the right to remain in the old city (*medina*), that could preserve this way its Islamic character. Nevertheless, after the Muslim rebellion of 1264, the city of Murcia was conquered by the Christian troops sent by the king James I of Aragon, and immediately transferred to his son-in-law, the king of Castile Alfonso X, who incorporated it into his kingdom. Shortly afterwards, in 1266, this monarch ordered the expulsion of all the Muslims from the *medina*. They were forced to settle in a suburb called *Arrixaca*, where some Christian families had previously settled. The intention of the Castilian monarch was that these Christian families should leave their homes to the Muslims, but in fact many of them never did. In consequence the suburb did not become properly a Muslim ghetto. That is confirmed by the references found in the documents to the *Arrixaca nueva de los cristianos*, that is the sector of the suburb where the Christians were settled[27].

## *Erection of new Muslim quarters during the fifteenth century*

As well as in the case of the Jews, it was not until the fifteenth century that the authorities in the kingdom of Castile introduced new laws that made it

---

[25] Jean Pierre MOLENAT, Quartiers et communautés à Tolède (XIIe-XVe. Siècles), in: En la España Medieval, 12 (1989), pp. 168-9.
[26] Antonio COLLANTES DE TERÁN, Los mudéjares sevillanos, in: I Simposio Internacional de Mudejarismo. Actas, Madrid-Teruel, 1981, pp 226-230. Juan ARANDA DONCEL, Los moriscos en tierras de Córdoba, Córdoba, 1984, pp.42-3, 48.
[27] Alfonso ROBLES FERNÁNDEZ and Elvira NAVARRO SANTA CRUZ, Urbanismo de la morería murciana: Del arrabal de la Arrixaca a la morería, in: VI Simposio (see note 2), pp. 753-766. Juan TORRES FONTES, Los mudéjares murcianos en el siglo XIII, in: Murgetana, 17 (1963), pp. 57-90.

compulsory for the Moors to live isolated in closed quarters, in order to avoid their keeping contact with the Christians. It was the widow queen Catherine of Lancaster, influenced by the teachings of Saint Vicente Ferrer, the first to introduce such legislation with the Ordinance of Valladolid of 1412.

In some towns the enforcement of this Ordinance led to the immediate creation of new Moorish quarters. Such is the case of Valladolid, where the Muslim community, whose members had dwelt until then scattered throughout the town, signed a contract in 1414 with the chapter of the collegiate Church of *Santa María*, taking at perpetual lease a plot of land in a marginal southern sector of the town, within the walls, next to the gate of *El Campo*, composed of two previous orchards with a waterwheel. They took it with the condition that they could build in it as many buildings as they needed for their dwellings and other uses. For the usufruct of this land they had to pay to the chapter an annual rent of 40 florins. A total of more than 150 houses were built, and also a mosque and a house for the celebration of the weddings according to the Muslim tradition. Given the fact that almost half of the Moorish community of Valladolid was composed of carpenters, the erection of such a big number of buildings in such a short period of time can be perfectly explained. The quarter was closed with a wall, in which only one gate was opened to allow the access. And in this closed quarter the Muslims dwelt during the rest of the fifteenth century, as a distinct community, with their own institutions, beliefs and cultural traditions, until they were forced in 1502 to convert to Christianity. The forced conversion put an end to the existence of the community as such. And that is why the chapter of *Santa María* tried then to recover the control of its property. The canons ordered the demolition of the two most important public buildings of the quarter, the mosque and the house for the weddings, but the community of Converted Moors, after a long lawsuit against the chapter, succeeded in maintaining the usufruct of their homes, and they remained dwelling in that same quarter until their expulsion from Spain in 1609[28].

Nevertheless, the case of Valladolid must be considered as an exception in the Castilian context. In many other Castilian towns, the attempts to seclude the Moors in closed quarters after the publication of the Ordinances of 1412 were not so successful, although some measures were taken to try to enforce this legislation. For instance, in Ávila we are informed that the cathedral chapter faced

---

[28] María del Carmen GÓMEZ RENAU, Comunidades marginadas en Valladolid: mudéjares y moriscos (s. XV-XVI), Valladolid, 1993. Olatz VILLANUEVA and Manuel MORATINOS, Consecuencias del decreto de conversión al cristianismo de 1502 en la aljama mora de Valladolid, in: Sharq al-Andalus, 16-17 (1999-2002), pp. 121-144.

then difficulties to rent their houses, since the Jews and the Moors had begun to transfer their homes to the closed quarters (*cerrados*), because a big number of houses of the chapter had been inhabited until then by members of these two religious minorities. But the process did not arrive then to a conclusion, and many Moors continued to dwell scattered in different quarters of the town. Otherwise it would not have been necessary to take new measures again after 1480, to force them to transfer their homes to a place in the suburbs that was later known as *morería*. We are informed about the problems that these changes of residence provoked after 1480, because some Moors denounced then the abuses committed by the Christians, who offered them little money for the houses they had to leave, or charged them high rents for the houses they had to take in the newly erected *morería*[29].

In towns of Andalusia, such as Seville and Córdoba, the attempts by the Queen Catherine of Lancaster to seclude the Moors in isolated quarters were also unsuccessful, and in consequence the first proper *morerías* were not erected there until the beginning of the decade of 1480. Then the royal commissioner assigned the Moors of Córdoba a sector in the quarter of St. Nicholas, but the community became increasingly smaller, so that at the time of the forced conversion of 1502 it had almost disappeared[30]. In Seville it was not until 1483 that the royal commissioner Ramiro Núñez de Guzmán succeeded in establishing the Moorish quarter in the parish of St. Peter. But it was a very small quarter, where only 32 families dwelt at the time of the forced conversion[31].

The examples of erection of new Moorish quarters in the decade of 1480, when the Catholic Monarchs insisted on the enforcement of the legislation of the Cortes of Toledo of 1480, are relatively numerous. In some cases the Moors were forced to leave their homes inside the walled town, to settle in a suburb, where a completely new quarter was established, that was kept isolated by the erection of a small wall, and even a ditch, as was the case in Aranda de Duero[32]. But not always the enforcement of this legislation provoked such radical changes of home. On the contrary, in towns where no closed *morerías* had existed, but where, during long periods of time, the Moors had showed a tendency to choose their homes in a certain sector of the town, the royal commissioners after 1480 decided to establish the closed *morerías* in that same sector. We find an interesting example

---

[29] Serafín DE TAPIA SÁNCHEZ, La comunidad morisca de Ávila, Salamanca, 1991, pp. 52, 57, 225.
[30] ARANDA, Los moriscos (see note 26), pp.42-3, 48.
[31] COLLANTES, Los mudéjares (see note 26), pp. 226-230.
[32] Jesús G. PERIBÁÑEZ OTERO, Violencia y espacio urbano. La percepción espacial de las relaciones sociales entre judíos, mudéjares y cristianos en la ribera del Duero burgalesa": in Castilla y el mundo feudal (see note 15) vol. II, p. 40.

in Madrid, where during the Middle Ages an important number of Moors had been concentrated in a sector of the walled town called *morería*, that was not a closed quarter or ghetto. In fact, many other Muslims lived in other sectors of the town, and, after the middle of the fifteenth century, some of them obtained licence from the town council to build their new homes in a suburb, that ended up by being called *morería nueva* (New Moorish quarter), because of the big number of Moors that settled there. When, after 1480, the monarchs compelled the Moors to live in an isolated quarter, the authorities of Madrid decided that it should be established around their mosque, in the old *morería*, where apparently some sort of wall was then built to keep the homes of the Moors isolated from those of the Christians. But even then many Moors continued to live in the *morería nueva* of the suburb, that apparently was not closed. And that is why the German J. Münzer, who visited Madrid in 1495, informs us about the existence of two *morerías* in this town, relatively small at the time [33]. But even then the seclusion of all the Moors of each town in a closed quarter was not carried out in a systematic way. For instance, in Cuenca even after 1480 no Moorish quarter was established, because there were too few families dwelling in the town at that time, just seven, and the town council itself asked Queen Isabel to exempt them from the obligation of living apart from the Christians, arguing that otherwise they could move out of the town, what should be avoided, because they were very necessary in it[34]. In other towns, like Segovia, we know that the Moors had been living throughout the Middle Ages in one suburb, but in an open quarter, without physical barriers between them and the Christians. And we have no information about the erection of such barriers after 1480[35].

## *A peculiar community: The Muslims of the castle of Ágreda*

Although in most of the Castilian towns the Muslim quarters (*morerías*) had very blurred boundaries or were established at a very late date, we may also find exceptional cases, that is, very exclusive quarters for the Muslim minority that existed during long periods of time. That is the case of the *morería* of Ágreda, a small Castilian town near the border with the kingdoms of Navarra and Aragon, where during the Late Middle Ages a numerous and dynamic Muslim community lived, whose members kept close contacts with the abundant Muslim communities of the Ebro valley. The proximity of the kingdom of Aragon explains the existence of such a vigorous community in a region where the presence of Muslim

---

[33] Juan Carlos DE MIGUEL, La Comunidad mudéjar de Madrid, Madrid, 1989, pp. 109-115.
[34] Mercedes GARCÍA ARENAL, "La aljama de moros de Cuenca en el siglo XV, in: Historia. Instituciones. Documentos, 4 (1977), pp. 43-45
[35] Juan de CONTRERAS, La morería de Segovia, Segovia, 1958.

population was and had always been very weak, and where the most important town, Soria, had no Muslims at all among its inhabitants at the end of the Middle Ages[36]

This community also offered the singularity that all its members were settled within the walls of a fortress, called castle of the *morería*, that was placed under the jurisdiction of a noble tenant appointed by the king. We are not informed about the time when they settled there, but we may infer from the few documents that we have at our disposal that they resided in this citadel during most of the Middle Ages. In consequence of this fact this community developed a strong sense of identity, that it kept even after the forced conversion of 1502, until the expulsion of 1609[37]. The Moors of Ágreda enjoyed a high degree of autonomy in relation with the authorities of the Christian adjacent town, that could exercise no jurisdiction within the walls of the citadel where the *morería* was established. But they were not completely independent, because they were placed under the jurisdiction of the knight that the king had appointed as tenant of the fortress. And they were obliged to render several services of vigilance at the gates and around the walls, called *velas*, and to be responsible for the upkeep of the fortifications, following the instructions of this tenant. But in reward of all these services they enjoyed certain tax-exemptions[38]. After the forced conversion of 1502 conflicts aroused with the tenant, who feared he could lose his jurisdictional rights over the inhabitants of the fortress[39]. But the fact must be stressed that after this date the Converted Moors of Ágreda continued to be settled as a separate community there. So they were allowed to go on holding their own assemblies for the election of their own officials every year, such as the steward (*mayordomo*), and they continued to have at their disposal their own butchery and their own corn hall (*pósito*), among other facilities. The name *morería* disappears from the documents, substituted by that of *Villanueva*, and later by that of *Barrio Nuevo*, that survived until 1609. Certainly in 1516 the Inquisition attempted to force the Converted Moors to leave their homes in the citadel, bringing old Christians (*cristianos viejos*) to settle there. But this attempt failed, among other reasons because the new settlers were not ready to render the military services to the tenant of the fortress that their predecessors had used to[40]. The Moors returned to their

---

[36] Miguel Ángel LADERO QUESADA, Los mudéjares de Castilla en tiempos de Isabel I, Valladolid, 1989. Idem. Los mudéjares de Castilla en la Baja Edad Media, in: Historia. Instituciones. Documentos, 5 (1978), pp. 257-304.
[37] Máximo DIAGO HERNANDO, Mudéjares castellanos en la frontera con Aragón. El caso de Ágreda, in: Proyección Histórica de España en sus tres culturas: Castilla y León, América y el Mediterráneo, Valladolid, 1993, vol. I, pp. 62-72. Enrique CANTERA MONTENEGRO, La comunidad morisca de Ágreda (Soria) a fines del siglo XVI, in: Espacio. Tiempo y Forma. Historia Moderna, 7 (1994), pp. 111-142.
[38] Archivo General Simancas, Registro General Sello, IX-1514 (2°).
[39] Archivo General Simancas, Cámara-Pueblos, Ágreda, 33.
[40] Ibid. XII-1516.

citadel and they remained there until 1609, as a separate community, of more than one hundred families, with strong sense of identity, that put much care in the preservation of its own cultural traditions.

## JEWISH QUARTERS

### Jewish quarters in the old big Muslim cities after their conquest by the Christians: Toledo, Seville, Córdoba, Murcia and Granada

During the Islamic period the Jews had dwelt in Toledo in their own quarter, called *madinat al-yahud* (the city of the Jews), that was already surrounded by a wall at the beginning of the ninth century. After the Christian conquest of the city the king allowed them to go on living in this same quarter, situated in the southwestern sector of the city, that remained isolated from the rest of the city by a wall. It covered such a wide surface that it has been considered as a town of its own and it was also endowed with important infrastructure for its defence. So a fortress known as the Jews Citadel existed inside this quarter, that was used as a stronghold in periods of war. In 1355 several Christian knights from the city, loyal to the king Peter I, took refuge in this fortress, offering a desperate resistance, together with the Jews, to the attacks of the troops of the bastard brother of the king, Henry of Trastamara[41]. This quarter had attained prestige in the Jewish world in the thirteenth and fourteenth centuries because of its plenty of space and the high quality of its synagogues and other buildings. And the memory of its ancient splendour subsists today, thanks also to the survival of two of its most emblematic buildings, the synagogues of *El Tránsito* and *Santa María la Blanca*, that attract thousands of tourists and admirers of the Sephardi culture.

In the same way as in Toledo, the Jewish population of the big cities of Andalusia after their conquest from their Islamic rulers was allowed by the new Christian monarchs to go on living in the same quarters, whereas the Muslims were forced to move out. These quarters were closed by walls, where several gates were opened, and in certain cases we know that castles were built within them, as in many other important Jewish quarters of Spain. Two of these Andalusian Jewish quarters, those of Córdoba and Seville, stand out for their size, and the traces they had left, important enough to make it possible that they never ceased to be identified by the local population as the old *juderías*. And they are exhibited

---

[41] MOLENAT, Quartiers (see note 25), pp. 172-3.

today as such by the tourism industry, with evident success.

In Córdoba the Jewish quarter was placed near the palace of the bishop and the mosque, that subsists today as Christian cathedral. It is a colourful quarter in which we may still find some traces of its glorious Jewish past. So, one of the synagogues that its Jewish inhabitants built in the Middle Ages is still extant, and a very beautiful building, decorated with plenty of inscriptions in Hebrew. The names of some streets also give testimony of the Jewish past of the quarter[42].

The same may be said about the Jewish quarter of Seville, also a colourful place in the city centre that boasts of its Jewish past to attract tourists. According to a legend, when Ferdinand III conquered this city to the Muslims in 1248, the Jews that lived there went out joyous to greet him as their new lord, and handed him over the golden key of their quarter. This key, with a Hebrew inscription on it, is today exhibited with the treasure of the cathedral. In fact, this monarch assigned the Jews a quarter near the royal castle (*Alcázar*), where they should dwell isolated from the rest of the urban population, thanks to a new wall that was then built, connected with the main wall of the city. Several gates were opened in this wall. The most important one was the gate called of the *Judería*, that subsists today with the name of *Puerta de la Carne* (*Gate of the Meat*)[43].

In Murcia, the king Alfonso X shortly after the conquest also assigned the Jews their own quarter, placed within the walls of the town, adjoining the *Gate of Orihuela*, in a place not far from the cathedral. During a long period of time only one gate gave access to this quarter, but at the end of the fifteenth century at least three had already been opened.

Finally, in Granada the Jewish community that had been settled there under Islamic rule was dissolved a few months after the Catholic Monarchs took possession of this city, in January of 1492, as a consequence of the publication of the decree of expulsion of the Jews from the Spanish kingdoms that was signed by these monarchs in Granada itself that very same year. The Jewish quarter of the Islamic period, that according to the German J. Münzer, who then visited the city, had been placed between the *Torres Bermejas* and the *Puerta Real*, was demolished following the orders of Ferdinand the Catholic, and a hospital and a church were built there[44].

---

[42] LACAVE, Juderías (see note 10) pp. 359-61.
[43] Idem. pp. 347-9.
[44] Idem. p. 369.

## *Communities of Jews settled within fortresses*

With exception of these Jewish quarters of the big Muslim cities conquered during the thirteenth century we have talked about, most of the separate Jewish quarters we find in the Crown of Castile during the Middle Ages, at least until the fifteenth century, were placed within the walls of large fortresses or citadels. This was not an exclusive phenomenon of the Crown of Castile. We find also some interesting exemples in the Crown of Aragon, like Barbastro, Egea and Uncastillo[45]. And also in the kingdom of Navarre, in towns like Estella, where the Jews transferred their homes to the castle after 1135, and Tudela. In this town of the Ebro Valley a prosperous Jewish community had already been established during the Islamic period, whose members were compelled in 1170 by the king Sancho VII to leave their homes in order to settle within the walls of a big fortress built upon a hill. They signed then a treatise with this monarch, promising to keep the walls of the citadel in repair, and to defend it against the attacks of the enemies of the king, while at the same time they were allowed to utilize the fortifications in defending themselves against anti-Jewish violence[46].

But it is in the Crown of Castile where the settlement of Jewish communities within large fortresses became a more common thing during the Middle Ages[47]. In very few cases we have information about the date and circumstances of the settlement of these communities in the castles. Only in the case of the small town of Haro, in Rioja, we are informed about the fact that king Alfonso VIII, who incorporated this region, previously attached to the kingdom of Navarre, to the Castilian territory, made donation of the castle to the Jewish community *ad habitandum*. This donation was included in the local law code (*fuero*) that this monarch then granted to the Jewish community, different from the *fuero* that at the same time he conceded to the Christians of Haro. So, two quite distinct communities, that were governed according to different local laws, coexisted in Haro after the reign of Alfonso VIII. We do not know exactly how long this situation persisted, but in the fifteenth century we find no more confirmations of the privilege by the new monarchs. In fact at that time most of the Jews of Haro had ceased to live within the walls of the castle, and were settled in a quarter placed at the foot of it, where they remained until the expulsion of 1492, when the lord of the town made donation of around 55 houses they had left

---

[45] Idem. p. 41. BAER, History (see note 13) vol. I, p. 142.
[46] BAER, History (see note. 13) vol. I, pp. 79-80. Juan CARRASCO, Juderías y sinagogas en el reino de Navarra, in: Juderías y sinagogas de la Sefarad (see note 9), pp. 295-340.
[47] Pilar LEÓN TELLO, La estancia de judíos en castillos, in: Anuario de Estudios Medievales, 19 (1989), pp. 451-467.

empty in that quarter to the town council and to new Christian settlers[48].

Many other Jewish quarters originally set within fortresses disappeared in the course of the Middle ages, as a consequence of the progressive dispersion of their inhabitants throughout the adjacent town. In certain cases, we know something about the circumstances that provoked the disappearance of these quarters. So, for example, in the city of León in 1196 the Castilian king Alfonso VIII and his ally, the king of Aragon Peter II, in reprisal for an attack of the king of Leon to Castilian territory, assaulted the castle where the Jews were settled. They burnt the synagogue and the homes of the Jews, and captivated many of them. Certainly the king of Leon managed to recover possession of the castle shortly afterwards, but the Jews did not return, because there were no Jews in it when this monarch donated the castle to the cathedral of Leon[49].

Also in the Castilian capital, Burgos, the Jews were settled in the twelfth century, according to the *Historia Compostelana,* in the lower sector of the hill that was topped by a very fortified castle. They enjoyed there a high degree of jurisdictional autonomy, so that in the thirteenth century, whenever the royal law enforcement officer wished to enter the Jewish citadel in search of criminals, the Jews were required to hand over to him the keys to the gates and to assist him in his mission[50]. In 1366 the Jews that resided there, along with the garrison of the castle, supported the king Peter I, while the town of Burgos seconded his rival, his bastard brother Henry of Trastamara, who, after he attained victory, imposed the Jews the payment of a huge quantity of money[51].

At the end of the Middle Ages the number of Jewish communities that resided within the walls of castles in the Crown of Castile had become considerably smaller. But still some important ones, as was the case of those of Soria and Huete, survived until the very moment of the expulsion in 1492. In both cases the area protected by the walls of the fortress, placed under the jurisdiction of a noble royal tenant, was very wide, and an important number of houses and other public buildings, such as synagogues or butcheries, had been built there, so that each one constituted a town in its own.

In Huete it was a Muslim fortification of the tenth century, while that of Soria was built by the Christians at the beginning of the twelfth century, in the

---

[48] LACAVE, Juderías (see note 10), p. 166.
[49] Idem. p, 454.
[50] BAER, History (See note. 13) vol. I, p.80.
[51] Teófilo LÓPEZ MATA, Morería y judería, in: Boletín de la Real Academia de la Historia, 129 (1951), pp. 357-8.

course of the process of colonization of that region, where almost no Muslim population had settled during the centuries of Islamic hegemony. In both cases the area protected by the walls was very extensive, so that hundreds of persons could dwell there. The Jews that built their homes within these citadels enjoyed certain privileges of tax-exemption, that were granted to them by the Castilian monarchs to compensate them for the contribution they made to the vigilance and maintenance of the fortifications, and to guarantee the loyalty of the stronghold to the royal power in times of civil war. And the *aljamas* enjoyed a higher degree of autonomy because the local authorities of the adjoining town could exercise no jurisdiction within the fortresses. But, on the other side, they were placed under the authority of the tenant of the fortress, who was a powerful Christian knight, who could also act in a tyrannical way. That is for example what the *aljama* of Jews of the castle of Soria denounced in 1488, when they accused the royal tenant, Jorge of Beteta, of going too far in the exercise of his jurisdictional prerogatives, as he tried to intervene as judge in disputes in which both litigants were Jews. They also complained that he forced them to lodge guests in their homes, to deliver clean bed clothes, and to perform services of vigilance in times of peace, in spite of the fact that they were obliged to perform them only in times of war[52].

But the relationship between the tenant and the Jews under his jurisdiction was not always a tense and troublesome one. On the contrary, sometimes the tenants interceded on behalf of the Jews under his jurisdiction when the urban authorities took decisions that could cause damage to them. So, for instance, in Soria, the tenant Jorge of Beteta, denounced in 1484 that the local authorities of the town had introduced a new ordinance that did not allow to the citizens to bring foodstuffs and other products into the castle to supply the Jews that were dwelling there. He tried to convince the monarchs that if this ordinance was observed the Jews could not go on living in the fortress, and it would become depopulated[53]. In fact the tenant had a strong interest in keeping the Jews under his jurisdiction in the castle, and it was made manifest when at the beginning of their reign the Catholic Monarchs ordered the seclusion of the Jews in closed quarters, because a conflict then arouse in Soria between the tenant of the castle, Gonzalo of Beteta, on one side, and all the other members of the urban oligarchy, on the other, because these wanted to establish the new Jewish quarter inside the town, while the tenant insisted that it should be set within the fortress[54]. In order to understand the sense of this dispute we must keep in mind that, although a big number of

---

[52] Enrique CANTERA MONTENEGRO, Conflictos entre el concejo y la aljama de judíos de Soria en el último tercio del siglo XV, in: Anuario de Estudios Medievales, 13 (1983), pp. 583-599.
[53] Archivo General Simancas, Registro General Sello, VIII-1484, fol. 128.
[54] Ibid, III-1480, fol. 118.

Jews dwelt within the royal castle of Soria, many other Jewish families had their homes during the fifteenth century inside the walls of the town, in close proximity to the Christians. So, at this time the fortress did not have the character of a *ghetto* for the Jews, because those who did not want to live there were allowed to choose their residence in the town, at least until 1480, and in fact probably until the very moment of the expulsion in 1492.

In the case of Huete, the Jews that inhabited the citadel kept also a very close relationship with its tenant, usually a member of the Castilian high nobility. What happened during the civil war between Isabel the Catholic and the king of Portugal, Alfonso V, married with the daughter and legal heiress of the former Castilian king Henry IV, gives us a good proof of this fact. During the war the tenant of the castle of Huete, Lope Vázquez de Acuña, supported the king of Portugal, and in retaliation Isabel took several measures against him. Among them was a decree of seizure of all the property belonging to the Jews that inhabited the castle of Huete. Only after Isabel signed a treaty with this powerful noble, who recognised her as queen in exchange of her pardon and other concessions, she cancelled the donations of goods pertaining to these Jews that she had made to several of her followers, and the Jews of Huete could recover all their property, that they had lost only because they had been loyal to the tenant of the fortress where they lived[55].

After the expulsion of 1492 these fortresses, where large communities of Jews had been residing, became suddenly depopulated, and they underwent a process of degradation that provoked that all the traces of former habitation completely disappeared. In Huete the process of demolition of the houses began shortly after 1492, and documents of 1497 already make mention to timber and tiles that had been taken in big quantities from the houses that the Jews had left behind in the castle[56]. In Soria the place where the Jews had built their homes, synagogue, butchery and other facilities, is now a public garden, with very beautiful sights over the river Duero, but where no traces of its Jewish past, and very few of the fortifications themselves, can be perceived.

## *Dispersion of the Jews and enforcement of the seclusion decrees*

The first important attempt by the authorities of the Crown of Castile to confine the Jews in closed quarters took place after 1412, as a result of the enforcement of the legislative measures promoted by the widow queen and regent,

---

[55] Ibid. XII-1476, fol. 842.
[56] Ibid. IV-1497, fol. 141.

Catherine of Lancaster. In some towns, where Jews had previously been living mixed with the Christians, new Jewish quarters were then established for the first time. That is the case of Valladolid, where until 1412 the Jews had been scattered throughout the whole town, although many of them had chosen to dwell near the royal castle, seeking its protection. After 1412, following the example of the Muslims, the Jewish *aljama* decided to take at least a plot of land from the Dominican Monastery of St. Paul, in order to establish a closed quarter there, where the members of this community dwelt until 1492. After this date the quarter changed its name for that of *Barrio Nuevo* (new quarter), and the monastery proceeded to rent the houses to new settlers, that contributed to change its character in such a way that no trace can be found today in this sector of the town of its Jewish past[57].

But, again, we should consider the case of Valladolid as an exception, because in many other Castilian towns the Jews, in the same way as the Muslims, continued to dwell during the fifteenth century mixed with the Christians. Otherwise it would not had been necessary to issue new orders after the Cortes of Toledo of 1480, and to send royal commissioners to confine the members of these communities in closed quarters. In fact, this attempt of the beginning of the decade of 1480 started with much more determination than the previous one of the beginning of the century. And in fact the sources give us information about the decisions taken by the town authorities, following the recommendations of the royal commissioners, to build new walls to guarantee the isolation of the Jews. In Madrid, for instance, the minutes of the town council inform us that it decided to build the wall at its own expense because the Jews were very poor. But, although in the decade of 1480 we may perceive more interest, not only in the monarchs but also in the local authorities, in the enforcement of the decrees of seclusion, many problems aroused that quite often forced to arrive to a compromise, so that in many towns the seclusion of all the Jews in a single *ghetto* did not succeed completely. So, in Segovia, one of the most prosperous Jewish communities of Castile at the end of the fifteenth century, several sites had to be assigned for the residence of the Jewish population[58]. The same happened in Ávila, another leading Jewish community at that time[59]. And in Soria, where the Jews made up a high proportion of the total population, there are reasons to believe that Jewish families dwelt in the centre of the walled town after 1480, while the majority

---

[57] LACAVE, Juderías (see note 10), p. 223.
[58] Yolanda MORENO KOCH, "La judería y sinagogas de Segovia", in: Juderías y sinagogas (see note 9), pp. 383-396.
[59] Pilar LEÓN TELLO, Judíos de Ávila, Ávila, 1963, p. 23.

continued to reside in the castle.

Anyway these measures of confinement, whether they were rigorously enforced or not, arrived too late for the consolidation of the newly established quarters. That is especially true in the case of the big cities of Andalusia, because the Jews were already expelled from them in the decade of 1480. But in the rest of Castile they were allowed to stay only for a few years more, until 1492. After this date, if they decided to remain converted to the Christian faith, they were allowed to dwell wherever they wanted. In certain cases of massive conversion these Converted Jews continued to live together in certain quarters, as it has been proved in the case of Almazán (Soria)[60]. But these quarters did not have the character of *ghettos* any more, and they tended to lose soon their idiosyncrasy, among other reasons as a consequence of the constant vigilance of the Inquisition.

## *CONCLUSION*

The co-existence of the Christian, Muslim and Jewish cultures in many of the Spanish towns in the past has not left so many traces in the urban landscapes of this country as certain campaigns of tourist promotion would make believe. In fact, the juxtaposition of isolated quarters, inhabited exclusively by the members of one community, that would have better preserved this way its cultural peculiarities, was not a very common phenomenon, or at least, in the case of many towns, not during long periods of time. From this point of view, we perceive a certain contrast between the Crown of Aragon, where we find this sort of juxtaposition in a g number of towns, especially among the big ones, such as Zaragoza or Valencia, and the Crown of Castile, where the intermingling of Christians, Jews and Muslims in the same quarters was much more common.

But even in those towns where well-defined and isolated quarters, reserved for the members of the religious minorities, existed during long periods of time, they have not necessarily left more perceptible traces in the urban landscape of today. That is the case, for instance, of Zaragoza, where both the *morería* and the *judería* persisted in the same place as isolated and walled quarters during several centuries, since the twelfth century until the beginning of the seventeenth, the first, and until the end of the fifteenth, the second. But this fact has not hindered the complete disappearance of any kind of trace of the presence in the past of

---

[60] Carlos CARRETE PARRONDO and Carmen FRAILE CONDE, Los judeoconversos de Almazán, 1501-1505. Origen familiar de los Lainez, Salamanca, 1987.

representatives of the Muslim or the Jewish culture in these sectors of the town. Such traces may still be found of course in other towns, and, from this point of view, the importance of the extant synagogues of Toledo and Córdoba must be stressed. But most of the traces that we are able to find in the Spanish towns of today, in many cases after hard archaeological work, are much less impressive, because the process of cultural unification that began in the Spanish kingdoms during the reign of the Catholic Monarchs has favoured the destruction of many elements of the cultural heritage of Muslims and Jews. And their contribution to the shaping of the urban landscape has been one of the elements most affected by this destructive process.

www.ingramcontent.com/pod-product-compliance
Lightning Source LLC
Chambersburg PA
CBHW072120290426
44111CB00012B/1727